THOMAS VITTNER

DAS TRADING TAGEBUCH

THOMAS VITTNER

DAS TRADING TAGEBUCH

So funktioniert echtes Trading in der Praxis

FBV

Bibliografische Information der Deutschen Nationalbibliothek
Die Deutsche Nationalbibliothek verzeichnet diese Publikation in der Deutschen Nationalbibliografie; detaillierte bibliografische Daten sind im Internet über **http://d-nb.de** abrufbar.

Für Fragen und Anregungen:
vittner@finanzbuchverlag.de

1. Auflage 2014

Nymphenburger Straße 86
D-80636 München
Tel.: 089 651285-0
Fax: 089 652096

Redaktion: Marion Reuter
Korrektorat: Leonie Zimmermann
Umschlaggestaltung: Pamela Machleidt
Umschlagabbildung: unter Verwendung von iStock Bildern
Satz: Grafikstudio Foerster, Belgern
Druck: CPI Ebner & Spiegel, Ulm
Printed in Germany

ISBN Print 978-3-89879-859-4
ISBN E-Book (PDF) 978-3-86248-600-7
ISBN E-Book (EPUB, Mobi) 978-3-86248-601-4

Inhalt

Vorwort: Wer nichts weiß, muss alles glauben[1]

An der Börse ist der Glaube weit verbreitet. Man glaubt den Gurus und Marktpropheten, man glaubt den Finanznachrichten, man glaubt der Politik, man glaubt den Analysten, man glaubt den CEOs, man glaubt an die Markttechnik, der Fed und der Lehre der Candlesticks. Man glaubt an Bollinger-Bänder oder an die Trendfolge. Man glaubt daran, Gewinne laufen zu lassen und Verluste zu begrenzen. Man glaubt den Berichten in diversen Trading-Magazinen. Und man glaubt all den Buchautoren (inklusive Thomas Vittner).

Aber ist so viel Glaube gut? Wäre es nicht besser, weniger zu glauben und mehr zu wissen? Lassen Sie mich Ihnen bitte zehn wichtige Fragen stellen.

1. Welche Produkte handeln Sie und warum?
2. Welche Märkte handeln Sie und warum?
3. Was ist der Unterschied zwischen Frage 1 und Frage 2?
4. Wie haben Sie Ihr Regelwerk entwickelt, baut es auf Fakten auf?
5. Welche übergeordneten Trading-Strategien existieren und worauf spricht Ihr gewünschter Zielmarkt besser an?
6. Wie stark beeinflussen die Broker-Gebühren die Entwicklung Ihres Kontostandes und wie sähe Ihre Performance aus, wenn Sie die Hälfte/das Doppelte an Kommissionen zahlen würden/müssten?
7. Welchen Hebel verwenden Sie, welchen Hebel dürfen Sie verwenden, damit Sie keinen Totalverlust erleiden, und wie wirkt sich ein (hoher) Hebel auf die Performance und den Drawdown aus?
8. Wie steigen Sie in einen Trade ein und bringt dieser Einstieg erwiesenermaßen einen statistischen Vorteil?

---

[1] Die österreichische Comedy Truppe »Science Busters« hat dieses Statement für ihre humorvoll aufbereiteten wissenschaftlichen Experimente verwendet. Quelle: http://sciencebusters.agentur-o.de

9. Wie beenden Sie einen Trade und bringt dieser Ausstieg erwiesenermaßen einen statistischen Vorteil?
10. Welche (jährliche) Rendite dürfen Sie mit Ihrem System erwarten, wie viele Trades setzen Sie in der Woche oder im Monat ab, wie hoch ist dabei der maximal zu erwartende Drawdown und wie lange kann dieser andauern?

Seien Sie versichert: Diese zehn Fragen (eigentlich waren es mehr als zehn) kratzen nur an der Oberfläche, denn in Wahrheit könnte ich Ihnen 100 oder mehr davon stellen. Sie sind nur die kleine Spitze eines großen Eisberges, den es für Sie (auch unter Wasser) zu erkunden gilt. Fragen Sie sich daher bitte: Was weiß ich über das (mein) Trading?

Sie müssen lernen, auf Fakten zu vertrauen, denn mit Glauben alleine werden Sie an den Finanzmärkten nicht weit kommen. Aber seien wir ehrlich. Wahrscheinlich haben viele Trader auf die meisten (alle?) dieser zehn Fragen keine Antwort. Zumindest keine, die mit Tatsachen untermauert werden kann. Aber wenn man keine Fakten vorzuweisen hat, worauf baut dieser Glaube? Auf der guten Börsenfee? Auf einem gesunden Selbstbewusstsein? Auf Erfolgen? Wie lange muss man erfolgreich traden, um ehrlich zu sagen, ob es Glück oder Können war?

Dieses Buch könnte das wichtigste Ihrer Trading-Karriere werden. Wenn Sie es aufmerksam lesen, sich die Ratschläge zu Herzen nehmen und es als Ihre Initialzündung sehen, sich mit ernsthaftem Trading zu beschäftigen. Begeben wir uns also gemeinsam auf die Faktensuche, damit Sie den Glauben durch echtes Wissen ersetzen können. Denn Sie wissen schon: Wer nichts weiß, muss alles glauben!

Abschließend möchte ich mich bei Ihnen für den Kauf dieses Buches bedanken. Ich wünsche Ihnen alles Gute für Ihren weiteren Börsenerfolg. Mit den nachfolgenden Inhalten und mit viel Engagement Ihrerseits wird sich Ihr Erfolg mit Sicherheit einstellen, davon bin ich überzeugt.

Wien, im Winter 2014
Thomas Vittner

Einleitung

Für wen dieses Buch geschrieben wurde

Dieses Buch richtet sich in erster Linie an den ambitionierten privaten Trader, der schon einige Erfahrungen mit dem Echtgeld-Handel gesammelt hat und dabei – wie leider so oft – vermutlich auf keinen grünen Zweig gekommen ist. In den nachfolgenden Kapiteln werde ich diese Trader auf wichtige Fakten hinweisen, die in der üblichen Fachliteratur leider vernachlässigt werden, obwohl sie immens wichtig für erfolgreiches Trading sind. Die Buchinhalte werden, davon bin ich überzeugt, wesentlich dazu beitragen, dem Leser eine neue Sichtweise auf den aktiven Börsenhandel zu präsentieren.

Angehende Trader, die noch wenige Erfahrungen haben oder die vielleicht noch nie ein spekulatives Börsengeschäft getätigt haben, werden die Inhalte ebenso verstehen und einen Nutzen daraus ziehen. Doch sie werden die Aha-Effekte nicht erleben, auf die ich abziele, weil ihnen manche Erfahrungsgrundlagen fehlen. Trotzdem sind alle Themen auch für Einsteiger immens wichtig, weil man sich nach Verinnerlichung der Materie künftig mit den richtigen Fragen beschäftigt und sich korrekte Handlungsweisen angewöhnt.

Keineswegs wurde das Buch für institutionelle Händler oder Fondsmanager geschrieben, denn deren Trading-Welt hat nichts mit jener eines privaten Händlers gemein. Die professionellen Marktteilnehmer nutzen andere Technik, verfügen über umfangreichere Datenquellen oder bessere Ausführungsmöglichkeiten. Vielfach können sie sogar auf maßgeschneiderte Gesamtlösungen zurückgreifen, die eigens für ihre aktuellen Bedürfnisse angefertigt wurden. Private Trader müssen hingegen mit den kommerziellen Produkten, die der Markt bietet, vorliebnehmen und sich die gesamte Logistik nach den eigenen Bedürfnissen zusammenstellen. Das muss bei etwas Geschick kein Nachteil sein, denn dadurch ist der private Händler pragmatischer und praktischer als der Professional. Ein weiterer Vorteil von kommerziellen Lösungen: Der private Trader kann sich darauf verlassen, dass diese im Großen und Ganzen fehlerfrei sind und regelmäßig gewartet werden.

Obwohl sich dieses Buch nicht an institutionelle Marktteilnehmer richtet, habe ich es mir nicht nehmen lassen, einen Anhang für Fortgeschrittene aufzunehmen. Dort werden einige Fachthemen, die uns in den einzelnen Abschnitten begegnen, unter einem wissenschaftlichen Aspekt besprochen und zum Beispiel mit Formeln hergeleitet. So können Sie, wenn Sie den Ehrgeiz verspüren, noch weiter in die Materie eintauchen und selbstständig weiterforschen.

Trotz dieses anspruchsvollen Anhangs werden Sie im Hauptteil manchmal folgendes Statement (oder so ähnlich) von mir finden: »... wir werden dieses Thema nicht weiter ausführen ....« Für Sie, liebe Leser, gilt grundsätzlich das Pareto-Prinzip von 80/20. Die Dinge, die ich nicht anspreche, oder jene, die ich im Anhang für Fortgeschrittene aufbereite, sind grundsätzlich nicht unbedeutend oder unnütz, doch sie verursachen unverhältnismäßig viel Aufwand für einen relativen kleinen oder kleinsten Mehrwert.

Ich kann und will Sie natürlich nicht daran hindern, sich auch mit komplexen Themen aus der Mathematik, der Statistik oder der Physik zu beschäftigen. Und mehr zu wissen schadet bekanntlich nie. Ich will damit nur zum Ausdruck bringen, dass sich ein privater Trader bloß an wenigen Grundlagen orientieren muss, um erfolgreich zu sein. Solch komplexe Sachverhalte mögen zwar interessant sein, vor allem wenn man sieht, wie manche Fakten auf wissenschaftlicher Basis hergeleitet werden können. Sie bringen dem privaten Trader aber meiner Ansicht nach wenig zählbaren Nutzen. Dieser ist ja keine Bank und kein Hedgefonds und hat weder eine Compliance-Abteilung im Nacken noch die Finanzmarktaufsicht.

In jedem Fall setzt dieses Buch ein gewisses Grundwissen voraus. Denn im ersten Satz dieses Abschnitts schrieb ich das Wort »ambitioniert«. Das bedeutet, dass Fachbegriffe wie long oder short, wie Stopp-Loss oder Kursziel, wie Dax oder S&P 500, wie Margin oder Dividenden und vieles mehr nicht näher erklärt werden. Auch gewisse Zusammenhänge, die den Börsenhandel im Allgemeinen betreffen, werden nicht (mehr) hergeleitet sondern einfach als gegeben dargestellt. Wenn Sie dieses Grundwissen nicht mitbringen oder wenn dieses Buch Ihr erstes Trading-Buch überhaupt ist, bitte ich Sie, es mit weiterführender Fachliteratur zu ergänzen. Erst dann werden die nachfolgenden Seiten ihre volle Wirkung bei Ihnen entfalten können.

Aber nun genug der Vorrede. Lassen Sie uns damit beginnen, den Börsenhandel auf eine etwas andere Art und Weise zu verinnerlichen.

Einige offene Worte für den Anfang

Freitag, 12. April 2013 – vorbörslich minus 22 Prozent bei einer Aktie! Und ich bin long positioniert. Mitten in einem Trading-Seminar. Beim Live-Trading. Vor ausverkauftem Haus. »Besser« hätte es nicht kommen können. Das muss doch ein großer Imageschaden für den Trader Thomas Vittner gewesen sein? Anwesend waren jedoch angehende Trader, die bereits verstanden hatten, wie richtiges Trading funktioniert. So wurde kurz über diesen Einzeltrade gesprochen, seine statistisch nicht vorhandene Relevanz diskutiert, aber sonst weiter nach Plan gearbeitet. Ja, nicht einmal den dazugehörigen Chart sahen wir uns an. Wozu auch? Der Trade wurde ohnehin zur Eröffnung des heutigen Handelstages beendet. Was hätte mir in dieser Situation ein Blick auf den Chart geholfen?

Was war geschehen? Hatte ich einen Fehler gemacht, etwas übersehen? Einen Quartalsbericht? Einen Zinsentscheid? Sonst ein wichtiges Ereignis? Welches? Ich werde bei späterer Gelegenheit darüber noch berichten. Zunächst will ich erzählen, worum es auf den folgenden Seiten geht. Dazu muss ich etwas ausholen und auf meine bisherigen Bücher eingehen.

Während sich Buch 1 (*Das Trader Coaching*, FinanzBuch Verlag) mit einem sehr theoretischen Ansatz dem Thema »Trading für Einsteiger« näherte, beschrieb Buch 2 (*Die Tradingakademie*, FinanzBuch Verlag) mein diskretionäres Vorgehen im Detail, blieb aber bewusst größtenteils im theoretischen Bereich. Buch 3 (*Börsenerfolg beginnt im Kopf*) handelte von einem sehr wichtigen Thema: dem richtigen Denken – ohne das man auch mit der besten Strategie Schiffbruch erleiden wird. Man könnte nun also meinen, dass alles schon besprochen sei.

Ich glaube jedoch, dass das Wichtigste noch fehlt. Die Praxis. Mein Leben als Trader. Mein Leben mit dem Trading. Mit allen Ereignissen, die mich dabei täglich beschäftigen. Sie halten also ein echtes Praxisbuch über den aktiven

Börsenhandel in Händen, in dem ich Ihnen die Möglichkeit biete, mir einige Wochen lang bei meiner Arbeit über die Schulter zu blicken. Es ist ein Buch, in dem ich meine Erfahrungen und Emotionen mit Ihnen teilen werde. Die positiven genauso wie die negativen.

Ich möchte Ihnen aber auch wichtiges Wissen vermitteln und begreiflich machen, wie Trading wirklich funktioniert. Und vor allem, warum es funktioniert. Ich möchte, dass Sie wissen, worauf Sie sich einlassen, wenn Sie dieses Geschäft lernen und ausüben wollen. Und ich hoffe, dass Sie dann vorbereitet sind auf jene Dinge, die sicher irgendwann auf Sie zukommen werden (siehe die –22 Prozent von vorhin). Denn genau auf diesem Gebiet weist die zahlreich vorhandene Trading-Literatur eine klaffende Lücke auf.

Viele Börsenbücher pflegen für meinen Geschmack einen viel zu theoretischen Ansatz. Meine bisherigen taten das bis zu einem gewissen Grad auch, obwohl ich immer versucht habe, nicht in der blanken Theorie stecken zu bleiben. Der aktive Börsenhandel ist kein steriles Laborexperiment in einer geschützten Umgebung. Daher frage ich mich, warum es nicht mehr Bücher wie dieses gibt. Warum die vielen technischen Analysten, die Ihnen erklären, wie die Markttechnik funktioniert, was ein Trend ist oder wie eine Stochastik (selbstverständlich mit korrekt abgeleiteten Formeln) arbeitet, nicht aus Ihrem Trading-Alltag berichten und zeigen, wie sie dieses Wissen praktisch anwenden. Die Antwort möchte ich Ihnen und Ihrer Fantasie überlassen.

Fakt ist: Seit mehreren Jahren bin ich Berufstrader. Ich betreibe mein privates Trading fast täglich (warum nur fast, erkläre ich noch). Ich weiß somit, wovon ich spreche, weil ich mein eigenes Geld an der Börse handle. Und ich stehe dazu, weil ich diesen Beruf liebe. Weil er mir Freiheiten bietet, die einem Normalsterblichen sonst verschlossen bleiben.

Ich wünsche mir, dass auch Sie den Börsenhandel auf hohem Niveau lernen. Um dieses Ziel zu erreichen, bleiben Ihnen zwei Möglichkeiten: a) Sie ziehen es mit den Anregungen aus diesem Buch alleine durch. b) Sie suchen sich einen guten Trading-Coach oder Mentor, der es geschafft hat und der bereit ist, sein Wissen an Sie weiterzugeben. Dass das nicht kostenlos sein wird, leuchtet jedem vernünftigen Menschen ein.

Apropos kostenlos: Wir leben heute in einer *Geiz-ist-Geil*-Gesellschaft. Alles muss gratis sein. Auch Börsenwissen. Vieles ist tatsächlich im Internet frei verfügbar. Wenn Sie zum Beispiel Infos über Indikatoren suchen, brauchen Sie sich kein Buch kaufen (ich hoffe, der Verlag nimmt mir diese klaren Worte nicht übel). Dieses Know-how findet sich im Netz – in guter Qualität und kostenlos. Auch Trading-Webinare werden vielfach gratis angeboten. Vor allem diverse Broker veranstalten sie ohne Gebühr für Kunden oder Interessenten. Vielleicht ist da ja auch das eine oder andere interessante Event dabei, aber wenn Sie denken, dass so ein 30-minütiges Gratis-Webinar, in dem die Handelsplattform und die Ordertypen gezeigt werden, eine professionelle, zeit- und kostenintensive Ausbildung ersetzt, dann irren Sie sich.

Trading muss man lernen. Und das geschieht nicht in wenigen Minuten oder Tagen. Das schrieb ich schon in meinem ersten Buch *Das Trader Coaching*. Fünf Jahre später hat sich an dieser Tatsache nichts geändert. Doch die Trading-Community hat gelernt. Das erkenne ich an den Fragen, die mir gestellt werden. Sie haben sich verändert, auch wenn sie vielfach noch immer an den wahren Kernthemen vorbeizielen.

Grundsätzlich ist das eine positive Entwicklung. Es stellt sich nun jedoch die Frage, ob die Masse somit an der Börse auch erfolgreicher wurde. Und das ist das Interessante. Die Antwort lautet: Nein! Denn noch immer trifft man dieselben Menschen auf Börsenmessen oder bei Vorträgen, die von einem Referenten zum nächsten laufen in der Hoffnung, doch endlich den heiß ersehnten Tipp zu bekommen. Immer noch gibt es die, die jedem x-beliebigen Guru auf den Leim gehen und ihm ihr letztes Hemd schenken, nur damit er sie erfolgreich macht. Doch so funktioniert das nicht. Und wie heißt es so schön: Ohne Fleiß kein Preis.

Dazu passend möchte ich eine Spam-Mail abdrucken, die am Sonntag, dem 5. Mai 2013 in meinem Posteingang gelandet ist.

Hallo,
Klingt das nicht nach etwas, das Ihr Interesse wecken könnte?
Ein absolut unerfahrener Anfänger macht in nur einer Woche mehr als 2200 % Profit – das sollte Ihre Aufmerksamkeit wecken! Viele andere sind schon auf den Geschmack gekommen.
Die Renditen der Bank lohnen sich zurzeit ja wirklich nicht. Ein halbes Prozent Zinsen mit dem Sparbuch – da kann man das Geld ja besser unter der Matratze lagern. Aber die Paläste und Gehälter der Banker müssen ja auch irgendwie bezahlt werden ...

Wollen Sie auch herausbekommen, wie ein Ertrag von 2.257 % alle 7 Tage verwirklicht werden kann? In diesem Video wird Ihnen jemand, der meine Systeme ausprobiert hat, zeigen, wie er vorgegangen ist. Er hat 7 Tage lang seine Prozesse gezeigt und all das hat er in nur 39 Minuten gelernt. Auch Sie können in nur 39 Minuten all das lernen, was Sie benötigen, um so viel Geldverdienen zu können. Auch mein Schüler hatte vorher noch nie was von Aktienmärkten oder Forex gehört.

Den Link zu unserer Webseite finden Sie hier:
>>>LINK<<<

Das erste Video ist weniger als 20 Minuten lang, wird Sie aber garantiert in großes Staunen versetzen!
Natürlich ist die ganze Sache völlig kostenlos und Sie gehen keinerlei Verpflichtungen ein!

Ihr
Norbert
und das ganzeXXXX-Team

Glauben Sie, dass Ihnen jemand Wissen schenkt, das Zigtausende Euro wert ist? Glauben Sie ernsthaft, dass eine Performance von 2.257 % in der Woche (falls es sie überhaupt gegeben hat) nachhaltig duplizierbar ist? (Sagen Sie jetzt bitte nicht »Ja«, denken Sie nicht einmal »Vielleicht« …). Wenn Sie das wirklich glauben, dann können Sie dieses Buch gleich wieder zuklappen, weil es Sie nur enttäuschen wird.

Echtes Wissen hingegen ist kostbar. Zu echtem Wissen kommt man nur, wenn man sich anstrengt. Wer nicht bereit ist, diesen Aufwand auf sich zu nehmen, für den ist die Börse nicht das Richtige. Aber seien Sie unbesorgt. Ich werde Sie mit diesem Buch dabei unterstützen, ein erfolgreicher Trader zu werden.

Bevor wir nun tiefer in die Materie eintauchen, möchte ich mich bei einigen Menschen bedanken, ohne deren Unterstützung dieses Buch nicht existieren würde.

Danke!

Zuerst möchte ich mich bei meinen Freunden und Kollegen herzlich bedanken. Weil ich niemanden bevorzugen will, sind die Namen in alphabetischer Reihenfolge angegeben. Danke Andreas (2 x), Christian, Harald, Herbert, Holger, Jürgen, Nils, Sascha, Wolfgang.

Mein Dank gilt auch Christian Jund von der Münchner Verlagsgruppe, durch dessen Vertrauen in meine Person es mir möglich war, Ihnen dieses Buch zur Verfügung zu stellen.

Weiterhin danke ich Georg Hodolitsch von der Münchner Verlagsgruppe. Unsere Zusammenarbeit war ausgezeichnet und ich weiß, dass es mit mir nicht immer einfach ist.

Danke auch an Fr. Reuter vom Lektorat. Sie haben wie immer einen prima Job gemacht.

Auch ein herzliches Danke an Volker Knapp von der Firma Wealth-Lab, der mir die Erlaubnis gab, die Screenshots der Backtesting-Software für dieses Buch zu verwenden: www.wealth-lab.com

Danke an Carsten Lücking von Interactive Brokers, der mir sein Einverständnis für den Abdruck der Interactive Brokers (IB) Abbildungen gab https://www.interactivebrokers.com/de/main.php

Ein weiterer Dank geht an Istvan von Trading Diary Pro, der mir das O. K. gab, Screenshots der Software für dieses Buch zu verwenden. Thank you, Istvan! http://www.tradingdiarypro.com/

Mama, Papa, Oma. Danke!

Marianne! Du bist ein Geschenk des Himmels!

Das Umfeld

Broker

Bevor wir mit dem Hauptteil loslegen, müssen wir über Firmen sprechen, die es überhaupt erst möglich machen, dass man an den Märkten auf eigene Rechnung spekulieren kann. Sprechen wir über Broker und blicken wir dabei ein wenig in deren Geschäftsmodelle.

Glaubt man den Informationen, die man von Brokern hinter vorgehaltener Hand erfährt, wird das typische Konto eines angehenden Traders nach sechs bis acht Monaten wieder geschlossen. Entweder mit Kontostand 0 oder mit ein paar verbliebenen Euro. Das Geld ist weg – verzockt. Weil es im Vorfeld so einfach aussieht und weil es – später dann im echten Trading – eben nicht so einfach ist. Daher konzentrieren sich die typischen Wald-und-Wiesen-Broker auf die Gewinnung von Neukunden und überschlagen sich förmlich mit Angeboten für diese Klientel. Haben Sie hingegen schon einmal von einer Bestandskundenaktion für treue Broker-Kunden gelesen oder gehört? Warum wohl nicht? Weil die meisten Broker kaum Bestandskunden haben.

Der typische Trading-Anfänger wird also mit tollen Versprechungen angelockt und mit verbranntem Konto nach einigen Monaten wieder ausgespuckt. Und schon steht der nächste Kunde vor der Tür, der den gleichen traurigen Kreislauf vor sich hat. Aber an dieser niederschmetternden Statistik ist nicht nur das Unvermögen des Traders schuld. Vielmehr gibt es einige andere gewichtige Gründe. Zum Beispiel sind vielfach die Nebenkosten, also die Gebühren des Brokers, dermaßen hoch, dass es unmöglich ist, das Konto nach oben zu traden. Die Abgaben drücken derart auf die Gewinne, dass nach wenigen Monaten die Pleite droht. Über dieses wichtige Thema werden wir uns an anderer Stelle in diesem Buch noch einmal ausführlich unterhalten.

Aber trotz zu hoher Gebühren und wild zockender Trader gibt es einen weiteren Grund, warum manche Anfänger Geld verlieren. Sprechen wir somit über Broker, die gerne ein wenig nachhelfen, damit ihre Kunden Verluste machen. Das glauben Sie nicht? Dann lesen Sie bitte weiter.

Zu einer weit verbreiteten Trading-Software, die besonders gern für das Forex-Trading verwendet wird (Name bekannt), gibt es ein sogenanntes »Software-Plug-in« eines großes US-Technologieunternehmens. Dieses »Plug-in« (Computerprogramm) kann von Brokern zu dieser Trading-Applikation hinzuinstalliert werden. Ist dieses Tool dann im Einsatz, macht es ganz »tolle« Sachen (natürlich zugunsten des Brokers).

Zum einen kann der Broker mit diesem Programm einstellen, wie lange (und da genügen Zehntelsekunden) eine Order verzögert wird, um eine für den Kunden schlechtere Orderausführung zu erzielen (»Delay«). Oder der Broker kann wählen, ob Sie eine gute oder schlechte Kursausführung (»Slippage«) bekommen. Auch Stopps kann er »abfischen«, also den Spread (Spanne zwischen Bid- und Ask-Kurs) im entscheidenden Moment um ein paar Ticks erweitern, sodass Ihre Position mit einem Verlust geschlossen wird. Und das Programm hat noch einige andere Funktionen, »selbstverständlich« dienen diese nicht Ihrem Wohle.

Ich weiß nicht, ob dieses Programm in Verwendung ist. Ich weiß auch nicht, ob und bei welchem Broker es je im Einsatz war. Aber schon alleine die Tatsache, dass es existiert (hat?), sollte Ihre Alarmglocken schrillen lassen. Wenn Sie unter den Stichworten »Dealer Plug-in« im Internet stöbern, werden Sie garantiert auf dieses Tool stoßen. Es gibt sogar ein PDF, in dem die Funktionalität des Programms genau beschrieben wird. Auch diese Beschreibung ist im Netz ohne viel Mühe zu finden.

Anmerkung

Ich würde Ihnen gerne die Screenshots dieses Programms hier im Buch zeigen. Auch das PDF habe ich mir aus dem Internet heruntergeladen und würde Ihnen gerne einen Auszug daraus präsentieren. Aber leider gibt es da ein Problem. Ich muss das Urheberrecht beachten, das mir nur dann die Abbildung von Screenshots erlaubt, wenn der Eigentümer sein O.K. dazu gibt. Sie werden sich denken können, warum ich gar nicht versucht habe, bei den entsprechenden Firmen anzufragen.

Aus diesem Grund kann ich nur grob beschreiben, welche Funktionen dieses Programm besitzt. Wenn Sie mehr dazu wissen wollen, verwenden Sie, um an die Screenshots des Plug-ins zu gelangen, die Bildersuchfunktion von zum Beispiel Google. Geben Sie Suchbegriffe wie »Dealer Plug In« oder Ähnliches ein.

Das PDF mit den ausführlichen Erklärungen werden Sie mit der klassischen Internet-Suchfunktion finden, die Sie in den erweiterten Einstellungen der Suche auf den Dokumententyp »pdf« einschränken können, um rascher ans Ziel zu gelangen.

Was soll man zu diesem Software-Plug-in sagen? Bilden Sie sich bitte Ihre eigene Meinung. Unabhängig davon, dass das ganz schön starker Tobak ist, liegt dem einen oder anderen von Ihnen nun vielleicht eine Frage auf der Zunge: Warum gibt es Broker, die Interesse daran haben, dass ihre Kunden Geld verlieren? Und wie machen diese Firmen das überhaupt? Wird der Börsenhandel nicht von diversen Aufsichtsbehörden reguliert?

Um diese Fragen zu beantworten, müssen wir uns die unterschiedlichen Geschäftsmodelle eines Retail-Brokers ansehen. Gehen wir dabei aber nicht zu sehr ins Detail, denn Sie brauchen für diesen Punkt nur ein gewisses Grundverständnis. Überlegen wir, was die Aufgabe eines Brokers ist und wie er sein Geld verdient. Er lebt von den Gebühren, die Sie bezahlen, wenn Sie an den Märkten handeln. Dabei ist es seine Aufgabe, Ihre Order an die Börse zu schicken und Ihnen den bestmöglichen Ausführungskurs zu garantieren. Ein Broker ist daher grundsätzlich daran interessiert, dass Sie möglichst viel und möglichst lange bei ihm handeln. Denn nur dann verdient er Geld. Geld, das ihm in diesem Fall für seine Dienstleistung auch zusteht.

Wie passt das nun mit meinen Aussagen von vorhin und dem netten Software-Plug-in zusammen? Stellen Sie sich vor, es gäbe Broker, die Ihre Order nicht an die Börse weiterleiten. Diese Broker verbuchen Ihren Auftrag in den eigenen Büchern und zahlen nach Beendigung des Geschäfts die Differenz Kauf vs. Verkauf aus der eigenen Tasche.

Anmerkung

Genau zu durchblicken sind die Taktiken der einzelnen Anbieter in diesem Bereich nicht. Manche behaupten, sie leiten Ihre Order sehr wohl an die Börse durch – manchmal. Andere meinen, sie erzielen ihre Gewinne aus Absicherungsgeschäften. Transparenz sieht jedenfalls anders aus.

Somit »gehören« Ihre Verluste also nicht einem anonymen Marktteilnehmer, mit dem Sie gerade über die Börse handeln, sondern Ihrem Broker. Das können diese Firmen sich deshalb erlauben, weil die Mehrheit der Kunden Geld verliert und die Differenz Kauf vs. Verkauf meist negativ für den Kunden ausgeht.

Anmerkung

Diese Aussage, dass Ihre Gewinne auf direktem Weg jemand anderes Verluste sind und umgekehrt, ist nicht hundertprozentig korrekt. Es geht aber nur darum, den Vergleich Börsenhandel versus außerbörsliches Geschäft (das erkläre ich gleich) darzustellen. Wir belassen es daher bei dieser nicht ganz richtigen Feststellung.

Im Fachjargon nennt man diesen Handelstyp auch OTC-Geschäft (Over the Counter) und wir sind bei Produkten wie CFDs, Forex, Optionsscheinen oder Zertifikaten etc. angelangt.

Mit dem Einsatz dieser Produkte handeln Sie somit (meist) direkt gegen den Broker und nicht an einer Börse wie Xetra oder der NYSE. Wenn Ihr Broker dabei fair agiert, muss das kein Nachteil sein. Aber wie soll man wissen, ob er es tut, wenn solche Plug-ins, wie vorhin erwähnt, im Umlauf sind? Es ist schon schwierig, beim »echten« Börsenhandel auf lange Sicht zu den Gewinnern zu gehören. Wenn Sie nun aber unter Umständen noch einen weiteren Gegner (Ihren Broker) haben, könnte das ein aussichtsloses Unterfangen werden.

Anmerkung

Ich möchte hier explizit erwähnen, dass es auch sehr faire OTC-Broker (CFD-Broker usw.) gibt. Solche, die echte Börsenkurse anbieten (auch dazu kommen wir gleich) und die auch in Sachen Ausführung und Kundenservice top sind.

Aber das war noch lange nicht alles und wir setzen noch einen drauf. Manche dieser OTC-Broker stellen Ihnen nicht jene Kurse, die gerade an der Börse gehandelt werden, zur Verfügung, sondern bieten Ihnen vielmehr frei erfundene Notierungen an. Das heißt, Sie kaufen nicht zu jenem Kurs, zu dem zum Beispiel XOM (Exxon Mobile) gerade an der NYSE gehandelt wird, sondern nur zu einem ähnlichen Kurs oder zu einem »börsennahen« Kurs, wie es dann im Kleingedruckten so schön heißt.

Was meinen Sie, woran ein solcher Broker verdient? Erneut an Ihren Gebühren. Aber auch daran, dass Sie Geld verlieren, denn Ihren Verlust steckt sich dieser Broker in die eigene Tasche. Wenn der Broker nun auch noch die Höhe Ihres Verlustes bestimmt, weil er Kurse stellt, wie es ihm beliebt, dann ist das eigentlich eine Lizenz zum Gelddrucken. Und außer dem Staat sollte eigentlich niemand so eine Lizenz besitzen. Ob das der Gesetzgeber in dieser Form durchschaut, kann ich nicht sagen. Fakt ist, dass es sicherlich nicht im Sinne der Kunden ist, wenn so agiert wird.

So einen Broker gibt es nicht, werden Sie jetzt denken, und so etwas ist gar nicht erlaubt. Und wenn es doch zulässig wäre, dann würden Sie am besten morgen auch so eine Firma eröffnen. Sie irren sich. Es ist erlaubt. Zumindest in einigen Ländern dieser Welt (fast die gesamte EU gehört dazu). Verboten sind solche Praktiken hingegen in den USA, weil dort die Börsenaufsicht (SEC) viel strenger ist als hierzulande und die Bucket Shops dort bereits vor ungefähr 100 Jahren verboten wurden.

Anmerkung

Bucket Shops waren Ende des 19. und Anfang des 20. Jahrhunderts vor allem in den USA weit verbreitet. Im Prinzip ähnelten diese Firmen den kleinen Wettbüros, die in unseren Tagen an allen Ecken zu finden sind. So wie es heute bei manchen OTC-Börsen-Produkten üblich ist, konnten Menschen damals mit geringem Kapitaleinsatz (= geringer Margin) Aktien und andere Wertpapiere handeln. Die Kauf- und Verkaufsaufträge wurden jedoch nie an die Börse weitergeleitet, sondern direkt mit dem Betreiber des Shops abgerechnet. Vielfach ging es dabei nicht mit rechten Dingen zu und Kursmanipulationen waren an der Tagesordnung. Nach dem Crash von 1929 wurde dieses Geschäftsmodell von den US-Behörden schließlich untersagt.

Wo wir bei den sogenannten »Marketmaker-Brokern« angelangt sind. Der Begriff »Marketmaker« hat im »richtigen« Börsenhandel eine andere Bedeutung, aber darauf wollen wir hier nicht näher eingehen. Bei der Beschreibung eines Broker-Typs heißt das, dass es Firmen gibt, bei denen Sie außerbörslich handeln (OTC) und die darüber hinaus als Marketmaker (stellen x-beliebige, eigene »börsennahe« Kurse) agieren. Und natürlich habe ich dann als Broker Interesse, dass meine Kunden ihr Geld verlieren. So schließt sich der Kreis und der Einsatz des Software Plug-ins macht plötzlich Sinn.

Anmerkung

Nochmals sei betont, dass es hier ausschließlich um das OTC-Geschäft und Marketmaker-Broker geht. »Richtige« Broker, die Ihnen »echten« Börsenhandel ermöglichen, sind davon ausgenommen. Ebenso umfasst meine Kritik nicht jene fairen OTC-Anbieter, die echte Börsenkurse stellen und fair quotieren.

Wenn Sie jetzt sprachlos sind und das nicht wussten, sich aber immer schon für das Trading interessiert haben und jetzt gewarnt sind, dann denke ich, hat alleine diese Information den Kaufpreis dieses Buches hundertfach gerechtfertigt.

Fragen Sie sich nun, wie man solche Broker identifiziert? Recherchieren Sie an einem verregneten Sonntagnachmittag ein paar Stunden im Internet. Sie werden bestimmt rasch fündig werden.

Nachdem wir uns einleitend mit den Brokern beschäftigt haben und Sie wissen, worauf Sie achten müssen, vertiefen wir uns nun in die Praxis. Dafür dient das nächste Kapitel.

Das Tagebuch

Allgemeine Infos zum Praxisteil

In diesem Abschnitt präsentiere ich Ihnen in alphabetischer Reihenfolge zusammengefasst einige Fakten zum nachfolgenden Praxisteil. Diese Aspekte sind wichtig, um meinen Ausführungen später besser folgen zu können.

Anzahl Trades pro Strategie

Strategie 1: bis zu 7 Trades
Strategie 2: bis zu 7 Trades
Strategie 3: bis zu 5 Trades

Insgesamt können mit dem Systemportfolio, das im Tagebuch gehandelt wird, also maximal 19 Trades zeitgleich offen sein, sieht man von Überlappungen zur Eröffnung ab (dazu später mehr).

Ausführung der Trades

Mir war es wichtig, performante Handelsmodelle zu zeigen, die gleichzeitig die Ressourcen schonen, damit sie auch von einem berufstätigen Trader ausgeführt werden können. Deswegen wurde in diesem Buch auf Stopp-Buy-Orders oder Limit Entrys verzichtet. So ist es dem Trader mit dem gezeigten Vorgehen möglich, die Orders jederzeit vorbörslich einzustellen. Man muss also weder auf die Börseneröffnung ab 15:30 MEZ warten noch um diese Zeit vor dem PC anwesend sein.

Toms Trading-Insider-Tipp

Selbstverständlich könnte man Limit Entrys verwenden und diese automatisieren. Das sollte die Performance noch verbessern. Dazu benötigt man aber tiefere Programmierkenntnisse. Warum das so ist, beleuchten wir später, wenn wir nochmals auf dieses Thema eingehen.

Aber Automatisierung geht auch einfacher. Und zwar mit den fix und fertig vorgegebenen Möglichkeiten der Trading Station. Ließ ich mich früher gerne einstoppen und delegierte die Arbeit an die Handelsplattform, schicke ich heute allfällige Limit-Orders, Stopp-Orders oder Zeitausstiege ebenso gleich im Paket an den Broker. Das hat den Vorteil, dass ich eine einmal eingegebene Order im Regelfall nicht mehr »in die Hand nehmen muss«, sondern dass die Position vielmehr ohne weiteren Eingriff von mir geschlossen wird.

Nutzen Sie, wo es nur geht, die moderne Technik und automatisieren Sie. Damit meine ich aber nicht unbedingt, das System vollautomatisch handeln zu lassen. Vielmehr denke ich an die sinnvolle Nutzung der Tools, die heute jeder gute Broker anbietet.

Wenn Sie zum Beispiel wissen, dass Sie heute um 15:30 Uhr bei McDonald's long gehen wollen, dann müssen Sie bei einem vernünftigen Broker um diese Zeit nicht vor dem PC sitzen. Sie sollten die Gültigkeit der Order vielmehr so wählen, dass sie um die gewünschte Zeit an der Börse aktiv wird.

Denken Sie daran: Sie schalten somit eine Fehlerquelle aus und Sie minimieren das Worst-Case-Potenzial. Denn was tun Sie, wenn Sie Limit oder Stopp erst morgen hinzufügen wollten, sich heute aber zu allem Unglück ein Bein brechen, im Krankenhaus liegen und andere Sorgen haben ...?

Sehen Sie anschließend drei Beispiele, wie ich Orders miteinander verknüpfe.

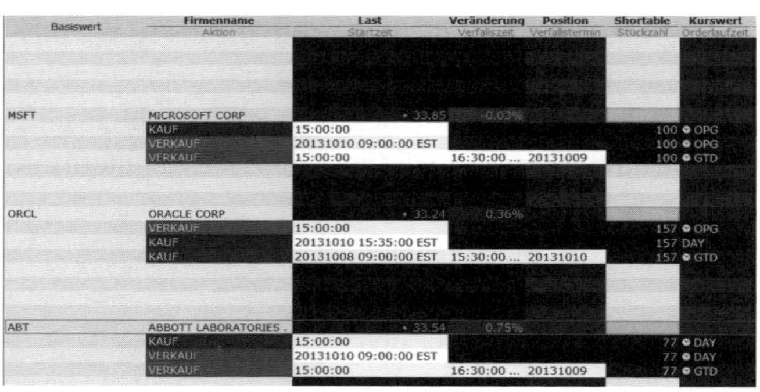

Abb. 1, Quelle: Interactive Brokers (IB)

Ausstiege (Zeit)

Bei einem Zeitausstieg (Time based Exit) wird ein Trade nach einer bestimmten Anzahl von Tagen beendet. Dies kann zur Eröffnung (Open) geschehen oder zum Börsenschluss (Close).

Backtesting-Software

Als Backtesting-Software kommt »Wealth-Lab« zum Einsatz. Mehr Infos zu diesem Programm finden Sie auf www.wealth-lab.com.

Beobachtungszeitraum

Der Praxisteil im Buch, das Tagebuch, erstreckt sich über 38 Handelstage. Erfahrene Trader wissen, dass dieser Zeitraum zu kurz ist, um ein repräsentatives Ergebnis einer Strategie zu erhalten. Aber da es nicht um die langfristige Darstellung meiner Performance, sondern um mein Trading in der Praxis und einige Fakten dazu geht, wurde das Buch konzeptionell mit dieser Dauer angelegt.

Broker

Gehandelt werden diese Modelle bei »Interactive Brokers« (IB). Mehr Infos zu diesem Broker finden Sie auf http://www.interactivebrokers.com/de/main.php

Dokumentation

Sie werden in diesem Buch nicht an jedem Tag eine detaillierte Beschreibung der Tagesabläufe finden, denn das würde Sie nach einigen Trading-Sessions nur noch langweilen. Weiterhin würde das Buch 1000 Seiten dick sein und unlesbar werden.

Ich gedenke auch nicht, die Entwicklung (Plus/Minus) jedes einzelnen Handelstages zu besprechen. Sie werden bald verstehen, dass nur der Erwartungswert des Gesamtsystems eine Rolle spielt und dass der einzelne Trade (oder der einzelne Handelstag) zu vernachlässigen ist. Auch würde eine Auflistung jedes Trades mit Erklärung, Chart etc. den Rahmen sprengen. Vielmehr möchte ich den ganzen Prozess mit gesunder Distanz betrachten. Dabei will ich vor allem dann ins Detail gehen, wenn live etwas Interessantes geschieht oder wenn es einfach didaktisch passend ist. Und natürlich gehe ich ins Detail, wenn es spannend werden sollte.

Einstiege

Die Einstiege der gezeigten Handelsmodelle erfolgen »Market« zur Börseneröffnung. Ich verwende also keine Limit-Orders. Ich warte auch nicht mehr, wie ich es früher gerne gemacht habe, die ersten 30 Minuten ab und lasse mich dann erst einstoppen. Der Grund dafür liegt hauptsächlich darin, dass die Market-Order einen wesentlich geringeren Arbeitsaufwand bei trotzdem guten Ergebnissen liefert. Darüber unterhalten wir uns später noch im Detail.

Einzahlungen

Das Projekt wird mit einem Echtgeld-Konto gehandelt. Allerdings wird es von mir normalerweise zu Schulungs- und Demonstrationszwecken verwendet. Ich habe mich daher schon vor langer Zeit dazu entschieden, auf dieses Konto regelmäßige (kleine) Zahlungseingänge buchen zu lassen, die nichts mit dem ursächlichen Trading zu tun haben. Daher müssen wir diese regelmäßigen Zahlungseingänge vom Gesamtkontostand abziehen. Praktisch bedeutet das: Wir werden am Monatsende diese kleinen Beträge aus der Performance herausrechnen.

Hinein- oder Hinausschälen

Die Ein- und Ausstiege erfolgen immer auf einen Schlag. Die Position wird weder schrittweise auf- noch abgebaut. Bei dieser geringen Kontogröße sind die Positionen klein und daher stellt dieses Vorgehen kein Problem dar.

Konto, Kontostand & Margin

Das Tagebuch wird mit einem Echtgeld-Konto getradet. Der Kontostand dieses Accounts, den ich sonst auch für Seminare oder Coachings nutze, beträgt mit Projektbeginn 66.904,81 Euro. Ich habe mich auch dazu entschieden, einen kleinen Hebel (ca. 1,3) einzusetzen. Berücksichtigt man diesen Hebel sowie den aktuellen Wechselkurs EUR/USD, wird ein Konto im 6-stelligen US-Dollar-Bereich gehandelt. Trotzdem werde ich die Performance in Euro darstellen, weil das meine Basiswährung ist.

> **Anmerkung**
>
> Sämtliche Beispiele und Demonstrationen werden hingegen ungehebelt gezeigt, sofern es nicht anderweitig angegeben wurde.

Limit Exit

Zusätzlich zum Zeitausstieg kommen simple Limit-Ausstiege (Kursziele) zur Anwendung.

Modelle

In diesem Buch kommen quantitative Handelsansätze zur Anwendung. Das bedeutet, dass die Regeln auf historischen Fakten aufbauen, oder anders gesagt, dass die Strategien mittels Backtesting entwickelt wurden.

Daraus leiten wir ab, dass auch die täglichen Handelssignale vom Computer generiert und ausgegeben werden. Eine manuelle Signalsuche entfällt somit.

Weiterhin basieren alle Handelsmodelle ausschließlich auf End-of-Day-Daten. Das bedeutet, dass sämtliche Signale von den Tageschlusskursen abgeleitet werden. In diesem Buch nutze ich keine Intraday-Kursinformationen und handle auch nicht intraday.

Monitoring (Track Record)

Früher habe ich meine Trades manuell in einem Tabellenkalkulationsprogramm erfasst, aufbereitet und ausgewertet. Heute greife ich für mein privates Trading auf das Programm »Trading Diary Pro« zurück. Dort ist es möglich, abgewickelte Trades per Mausklick über eine Schnittstelle zu importieren und zahlreiche Auswertungen durchzuführen. Siehe www.tradingdiarypro.com

Orderausführung und Automatisierungen

Ich möchte vorwegschicken, dass – obwohl in diesem Buch computergestützte Modelle besprochen werden – fast der gesamte Prozess der Orderausführung von Hand gezeigt wird. Das mag fortgeschrittene Trader vielleicht verwundern. Nicht nur, dass es unpraktisch erscheint, es stellt sich auch die Frage, ob der Faktor Mensch in diesem Prozess nicht nachteilig ist, weil er Fehler machen kann.

Mit Sicherheit ist es von Vorteil, die gesamte Orderausführung und vieles darüber hinaus zu automatisieren. Und ich kann Sie beruhigen: Mehr als 98 Prozent dieses Prozesses laufen bei mir bereits computergestützt. Nämlich genauso viel wie möglich, um sich keinem unnötigen Risiko auszusetzen. Natürlich hat auch eine EDV-Lösung Macken und braucht einen Supervisor, der diesen Prozess überwacht. Und wenn dieser Supervisor ein weiteres EDV-Programm ist. Den Möglichkeiten sind hier keine Grenzen gesetzt.

Da dieses Buch aber in erster Linie für Menschen geschrieben wurde, die in dieses Thema erst hineinschnuppern, habe ich in diesem Projekt der manuellen Ausführung der Trades den Vorzug gegeben. Denn so ist gewährleistet, dass der Leser alles nachvollziehen kann, was passiert, und vor allem, was zu welchem Zeitpunkt passiert.

Portfolio

Bei diesen Modellen werden ausschließlich Aktien gehandelt, die an den US-Börsen notieren.

Toms Trading-Insider-Tipp

Aus Erfahrung weiß ich, dass viele Trader skeptisch sind, wenn ich ihnen empfehle, US-amerikanische Aktien zu traden. Man handelt doch viel lieber, was man kennt, und so orientiert sich der Deutsche an Dax-Werten, der Schweizer an den Aktien aus dem SMI und der Österreicher am ATX. Doch neben fehlender Liquidität werden wir später noch andere Argumente kennenlernen, die das erfolgreiche Trading dieser Märkte sehr schwierig machen.

Doch der Handel in den USA hat auch einen kleinen Nachteil, den man in Kauf nehmen muss, und der gilt für jedes Spekulationsgeschäft in einer fremden Währung: das Wechselkursrisiko. Allerdings gibt es auch hierfür eine Lösung: Hedging.

Hedging hat nicht ausschließlich mit dem klassischen Trading zu tun. Vielmehr geht es dabei um die Absicherung diverser Risiken von Unternehmen, um Planungssicherheit, zum Beispiel in der rohstoffintensiven Industrie, um Treibstoff-Hedging bei Fluggesellschaften oder eben auch um Absicherung des Wechselkursrisikos beim Kauf von Wertpapieren in einer anderen Währung.

Diese Absicherung kann über den Kauf eines Währungs-Futures erfolgen. Will man US-Aktien traden, muss man in der Regel Euro in US-Dollar wechseln und damit unterliegt man einem Wechselkursrisiko. Um dieses abzusichern (abzuhedgen), kauft man Euro-Futures (z.B. M6E-Mikro-Future, Details hier: http://www.cmegroup.com/trading/fx/e-micros/e-micro-euro_quotes_globex.html). Dieser garantiert die Lieferung von 12.500 Euro (= Kontraktgröße) an einem bestimmten Tag (Expiration Day). Der Future selbst wird in US-Dollar gehandelt, womit er (natürlich) Kursschwankungen unterliegt. Diese sind uns aber egal, da sie sich mit den Schwankungen der getauschten US-Devisen (weitestgehend!) zu null addieren. Damit ist man auch während der Laufzeit des Futures abgesichert und nicht erst am Expiration Day. (Will man zum Beispiel 100.000 Euro in US-Dollar tauschen, kauft man sich gleichzeitig acht M6E-Microfutures.)

Ein weiterer Vorteil beim Kauf von Futures ist, dass man nicht den ganzen Betrag »bezahlt«, sondern nur eine Margin hinterlegt, die relativ gering ist. Es kommt hier ein Wert von ca. 1 bis 3 Prozent zur Anwendung, ja nach Volatilität, was also sehr wenig ist. Am Settlement-Tag wird das Cash abgerechnet (Cash-Settlement).

So einfach es ist, sein Fremdwährungsrisiko in den Griff zu bekommen, so schwierig ist es, die Vorgehensweise des jeweiligen Brokers zu durchschauen. Es existieren nämlich durchaus alternative Methoden, wie manche Anbieter mit Wechselkursschwankungen umgehen. Prüfen Sie daher bitte sorgfältig, ob Sie hedgen müssen oder wollen. Wenn Sie es tun, bekamen Sie hier einen zugegeben sehr kurzen Crash-Kurs, wie Sie vorgehen können.

Signalhäufigkeit

Die verwendeten Modelle generieren an den meisten Tagen mehrere Signale. Nicht immer habe ich jedoch Kapital übrig, um diese Signale umzusetzen, weil es in anderen Trades gebunden ist. Wie ich damit umgehe, werden wir später praktisch beleuchten. An den meisten Tagen kommt es trotzdem zu Umschichtungen im Depot, sei es, weil ein neuer Trade gestartet wird, ein Limit getroffen wird oder weil eine Position einfach nach einer bestimmten Anzahl von Tagen mittels Zeitausstieg geschlossen wird.

Strategien und Parametereinstellungen

Genaue Details der im Buch gezeigten Strategien werden nicht offengelegt. Zum einen, weil sie ein echtes Asset und somit Betriebsgeheimnis sind, und zum anderen, weil es genau genommen nichts zu den Inhalten des Buches beiträgt. Gezeigt werden soll, wie mein Trading in der Praxis funktioniert. Welche Modelle dahinterstehen, hat diesbezüglich keine Relevanz.

Systemportfolio (»System of Systems«)

Konkret kommen in diesem Buch drei Strategien zur Anwendung. Bei allen dreien handelt es sich um Swingtrading-Modelle. Somit arbeiten alle zwar ähnlich, aber doch nicht gleich. Die Korrelation ist trotz verwandtem Ansatz nicht sehr stark ausgeprägt, wie wir noch sehen werden.

Jeder Strategie wird ein Teil des Gesamtkapitals zugewiesen. Dieser Betrag wird dann wiederum auf die Anzahl der erlaubten Trades pro Strategie aufgeteilt. Auf diesem Weg wird meine Positionsgröße bestimmt, indem sie vom Schlusskurs des Vortages abgeleitet wird. Auch auf diesen Umstand und seine Konsequenzen gehen wir im Praxisteil noch näher ein.

Toms Trading-Insider-Tipp

Das sogenannte Position Sizing wird hier bewusst anhand einfacher Möglichkeiten gezeigt. Für fortgeschrittene Trader gibt es aber auch diesbezüglich zahlreiche Varianten, die Performance zu optimieren. Aufgrund der Komplexität werden wir dieses Thema aber in diesem Buch nicht weiter ausführen.

Währungen

Meine Heimatwährung ist der Euro. Mein Computer ist ebenso auf Euro eingestellt. Gehandelt werden aber Positionen in US-Dollar. Das führt mancherorts vielleicht zu Verwirrung. Ich habe daher bei den entsprechenden Abbildungen Hinweise zur korrekten Währungsdarstellung gesetzt.

Fazit

Diese Themensammlung sollte den Grundstein legen, um die nachfolgenden Inhalte besser zu verstehen. Manche Fakten werden wir später nochmals im Detail besprechen, weil manches eben komplex ist und es daher einer Vertiefung bedarf. Dazu existiert auch der schon mehrfach erwähnte »Anhang für Fortgeschrittene«. Lassen wir es fürs Erste aber gut sein und wenden wir uns der täglichen Handelspraxis zu.

MONAT 1

Einleitung

Die alte Börsenweisheit »Sell in May and go away« ist Ihnen mit Sicherheit bekannt. Ist also der Mai, der zufälligerweise auch der erste Monat des Projekts ist, ein ungünstiger Zeitpunkt für den Beginn dieses Tagebuches, weil man sich da von den Märkten besser fernhalten sollte? Bevor wir darauf eingehen, frage ich mich, wer diese Regel auf Basis welcher Informationen überhaupt aufgestellt hat. Solche und ähnliche Weisheiten, einigen davon werden wir später noch begegnen, gibt es an der Börse häufig. Zugegeben: Die Binsenweisheit »Sell in May ...« ist nett. Sie reimt sich sogar. Aber ist das in der Realität tatsächlich so? Soll man im Mai seine Aktien verkaufen und welche Konsequenzen hat das für meine Performance?

Ein vielleicht nicht mehr so bekannter Zusatz von »Sell in May ...« lautet: »... but remember to come back in September.« Da haben wir es nun also schwarz auf weiß. Wir sollen Anfang Mai unsere Aktien verkaufen und ab September wieder einsteigen, weil dann die Schwächeperiode an den Märkten vorüber ist. Der Zeitraum von ganzen vier Monaten (Mai, Juni, Juli, August) tut unserer Depotentwicklung scheinbar nicht gut, wie es diese alte Börsenregel wissen will.

Nun kann uns das als Trader egal sein, denn wir können auch bei fallenden Kursen Geld verdienen. Trotzdem will ich der Sache auf den Grund gehen. Meine Überlegung ist folgende: Wenn die Kurse von Anfang Mai bis Anfang September fallen, müsste ich mit »short only« in dieser Zeit Gewinne machen. Doch bevor ich nun blind etwas glaube, prüfe ich lieber, was an der Sache dran ist.

Dazu werde ich diese Regel mit den Aktien aus dem S&P-100-Index testen. Ich shorte jede der 100 Aktien am ersten Handelstag im Monat Mai. Ich halte die Werte bis zum ersten Handelstag im September.

Toms Trading-Insider-Tipp

Aktien kann man auch auf direktem Weg shorten. Um einen Leerverkauf abzusetzen, braucht man keine Kunstprodukte wie Optionsscheine, Zertifikate oder CFDs einzusetzen.

Mit dem Baukasten der Backtesting-Software ist dieses Modell rasch zusammengestellt und Sie sehen, welche Parametereinstellungen von mir verwendet wurden.

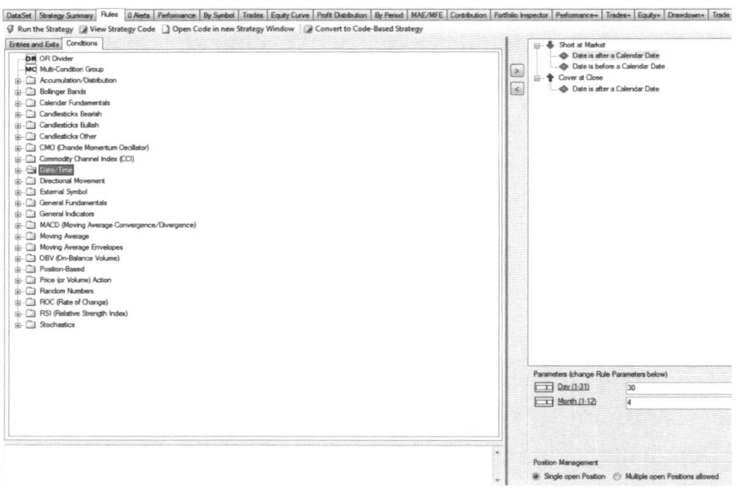

Abb. 2, Quelle: Wealth-Lab

Anmerkung

Die zweite Einstiegsbedingung »Date is bevor a Calendar Date« ist deshalb notwendig, weil der Computer ohne sie nach dem Exit Anfang September wieder neue Positionen shorten würde. Denn »nach dem 30.04.« (= Kriterium 1) wäre ja auch das ganze restliche Jahr ab September bis Ende Dezember. Daher brauche ich zwei Einstiegskonditionen. Kondition 1 = nach dem 30.04. (oben abgebildet) Kondition 2 = vor dem 06.05 (oder irgendein anderes Datum vor dem Ausstieg Anfang September). In der Praxis heißt das dann: Shorte in der Zeit vom 1.5. bis 6.5. (also jedenfalls nur Anfang Mai).

Ist die »Sell in May ...«-Regel korrekt, müsste ich in dieser Zeit mit meinen Short-Trades Geld verdient haben. Und zwar ohne weitere Nutzung von diversen Filtern für Ein-, Ausstieg oder das Risikomanagement. Schauen wir also, was uns die Geschichte lehrt.

Bei diesem Test habe ich die Broker-Gebühren nicht berücksichtigt, weil es mir ja nur um die Marktentwicklung an sich geht. Hier finden Sie weitere Eckdaten zu diesem Test zusammengefasst:

Portfolio: Alle Aktien des S&P 100
Testzeitraum: 1997–2012 (16 Jahre)
Einstieg: erster Handelstag nach dem 30. April
Positionsgröße: 1 Prozent des Kapitals je Aktie (alle 100 Aktien werden geshortet)
Anfangskapital: 100.000 US-Dollar
Haltedauer: bis 1.9. des jeweiligen Jahres

Toms Trading-Insider-Tipp

Was hat es mit der Positionsgröße von 1 Prozent auf sich? Will ich ein Handelssystem für mehrere Aktien entwickeln, brauche ich eine Backtesting-Software, die unter anderem sogenannte »Portfolio-Tests« beherrscht. In so einem Portfolio-Test weise ich einen bestimmten Prozentsatz meines Gesamtkapitals einem Trade zu. Hier sind es 1 Prozent, denn ich will ja Anfang Mai jeden Jahres alle 100 Aktien shorten. Wie im echten Trading muss ich also auch im Backtest mit meinem Geld haushalten. Daher kann ich nur das handeln (es sei denn, man tradet auf Margin), was ich auf dem Konto habe. Und bei einem Portfolio von 100 Aktien ergibt das eben nicht mehr als 1 Prozent des Gesamtkapitals pro Trade.

Weil wir gerade über Portfolio-Tests sprechen, die uns im gesamten Buch begegnen werden. Erwähnt sei, dass die Stärke dieser Tests gleichzeitig auch ihr Nachteil ist, weil sie sich irgendwann von der Realität des täglichen Tradings entkoppeln. Das hat mit den gegen Ende des Testzeitraums immer größer werdenden Positionen zu tun, die wiederum durch den Anstieg des Kontostandes (wenn das Modell gut ist) hervorgerufen werden. Das Problem dabei ist, dass zum Beispiel niemand 350.000 Aktien von Ford (bei einem Kurs von ca. 13 US-Dollar) in einem Schlag »Market« (also ohne Limit) kaufen kann, weil da vermutlich mit keiner besonders günstigen Kursausführung zu rechnen ist. Gleiches gilt auch für Kursziele oder Stopps. So eine große Position kann ich unmöglich in einem Schlag eingehen oder auflösen.

Natürlich könnte ich einen Portfolio-Test so einstellen, dass erzielte Gewinne nicht reinvestiert werden (dazu später mehr), aber das raubt diesem Testmodus wiederum den eigentlichen Sinn.

Aus diesem Grund (und noch einigen mehr) werden Portfolio-Tests, die grundsätzlich wichtig und gut sind, von erfahrenen Entwicklern mit zahlreichen anderen Testmodi gemischt. Erwähnt sei hier beispielgebend der »Raw-Profit-Modus«, der im gesamten Testzeitraum mit gleicher Positionsgröße arbeitet und ohne das Konzept eines »Startkapitals« auskommt. Auf diese unterschiedlichen Testvarianten gehen wir aber nicht weiter ein, weil es sich hier um ein Spezialthema handelt.

Wir sehen im nachfolgenden Screenshot die Ergebnisse dieses Testlaufs. Konkret schlägt ein Minus von 1,02 Prozent (= »Annualized Gain«) pro Jahr zu Buche. Aus unseren 100.000 US-Dollar wurden in den 16 Jahren 84.911,85 US-Dollar. Das ist ein Verlust von 15.088 US-Dollar.

Backtest Performance Report | Range: 02.01.1997 to 31.12.2012 (4026 Bars) |

	All Trades	Long Trades	Short Trades	Buy & Hold
Starting Capital	€ 100.000,00	€ 100.000,00	€ 100.000,00	€ 100.000,00
Ending Capital	€ 84.911,85	€ 100.000,00	€ 84.911,85	€ 741.609,15
Net Profit	-€ 15.088,15	€ 0,00	-€ 15.088,15	€ 641.609,15
Net Profit %	-15,09%	0,00%	-15,09%	641,61%
Annualized Gain %	-1,02%	0,00%	-1,02%	13,35%
Exposure	31,32%	0,00%	31,32%	98,85%
Total Commission	€ 0,00	€ 0,00	€ 0,00	€ 0,00
Return on Cash	€ 0,00	€ 0,00	€ 0,00	€ 0,00
Margin Interest Paid	€ 0,00	€ 0,00	€ 0,00	€ 0,00
Dividends Received	€ 0,00	€ 0,00	€ 0,00	€ 0,00
Number of Trades	1.543	0	1.543	100
Average Profit	-€ 9,78	€ 0,00	-€ 9,78	€ 6.416,09
Average Profit %	-0,45%	0,00%	-0,45%	637,75%
Average Bars Held	84,90	0,00	84,90	3.887,41
Winning Trades	802	0	802	89
Win Rate	51,98%	0,00%	51,98%	89,00%
Gross Profit	€ 95.458,14	€ 0,00	€ 95.458,14	€ 646.451,98
Average Profit	€ 119,03	€ 0,00	€ 119,03	€ 7.263,51
Average Profit %	13,85%	0,00%	13,85%	722,14%
Average Bars Held	84,93	0,00	84,93	3.870,62
Max Consecutive Winners	51	0	51	17
Losing Trades	741	0	741	11
Loss Rate	48,02%	0,00%	48,02%	11,00%
Gross Loss	-€ 110.546,29	€ 0,00	-€ 110.546,29	-€ 4.842,83
Average Loss	-€ 149,19	€ 0,00	-€ 149,19	-€ 440,26
Average Loss %	-15,92%	0,00%	-15,92%	-45,00%
Average Bars Held	84,87	0,00	84,87	4.023,27
Max Consecutive Losses	31	0	31	2
Maximum Drawdown	-€ 50.397,31	€ 0,00	-€ 50.397,31	-€ 215.850,49
Maximum Drawdown Date	09.08.2010	02.01.1997	09.08.2010	20.11.2008
Maximum Drawdown %	-41,06%	0,00%	-41,06%	-53,63%
Maximum Drawdown % Date	09.08.2010	04.10.2013	09.08.2010	09.10.2002
Wealth-Lab Score	-4,58	0,00	-4,58	6,26
Sharpe Ratio	-0,06	0,00	-0,06	0,72
Profit Factor	0,86	0,00	0,86	133,49
Recovery Factor	0,00	0,00	0,00	2,97
Payoff Ratio	0,87	0,00	0,87	16,05

Abb. 3, Quelle: Wealth-Lab

> **Anmerkung**
>
> Bei den an dieser Stelle und in weiterer Folge angezeigten Beträgen des Performance-Reports handelt es sich tatsächlich um US-Dollar, obwohl die Backtesting-Software für das Währungsvorzeichen auf die in meiner Systemsteuerung eingestellten Euro zurückgreift.

Wir hätten also mit der »Sell in May ...«-Regel Geld verloren, statt Gewinne zu machen, oder anders gesagt: Anstatt Verluste zu vermeiden, haben wir sie durch unser ängstliches Verhalten erst herbeigeführt. Und die Broker-Gebühren für den Verkauf im Mai und den Neueinstieg im September sind da noch nicht mal enthalten.

> **Anmerkung**
>
> Sie sehen, dass die Zeile »Total Commission« leer ist bzw. mit 0 gewertet wird.

Das lässt uns stutzig werden. Stimmt die Börsenweisheit vielleicht doch nicht? Wie sieht es mit den einzelnen Jahren aus? Die nächste Abbildung gibt uns genauere Aufschlüsse:

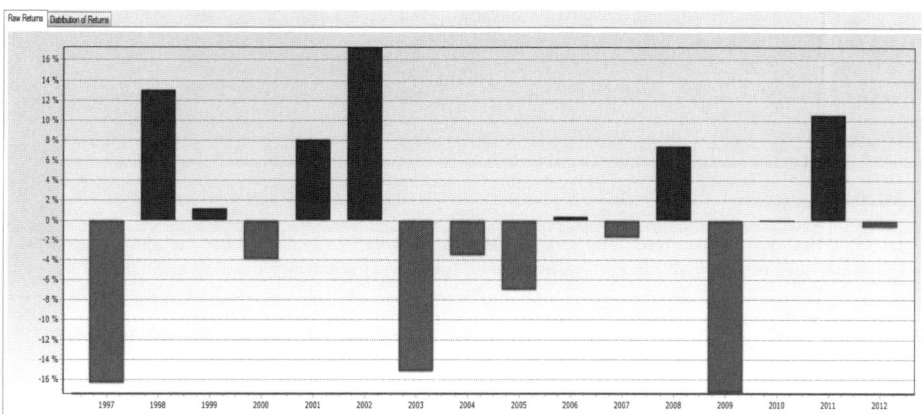

Abb. 4, Quelle: Wealth-Lab

Von den 16 Jahren (1997 bis 2012) waren acht Jahre positiv und acht Jahre negativ. Somit ist diese Aussage nur im halben Beobachtungszeitraum korrekt. Und unter dem Strich ist dieses Statement auf längere Sicht schlichtweg falsch. Das ist sehr aufschlussreich, oder? »Sell in May ...« kennt jeder Börsianer. Viele plappern diese Aussage ungeprüft nach. Aber was noch schlimmer ist ... manche handeln auch danach und verkaufen ihre Aktien panisch, weil sie vor fallenden Kursen Angst haben. Natürlich ist diese Weisheit in manchen Jahren korrekt. Aber eben nur in manchen.

Doch vielleicht war das nur ein unglücklicher Zufallstreffer? Versuchen wir noch einen anderen Markt. Nehmen wir den deutschen Dax und die gleichen Regeln, nur dass wir diesmal pro Trade 3,30 Prozent unseres Geldes riskieren, weil dieser Index aus 30 Aktien besteht.

Aber auch dort sieht es nicht viel besser aus. Sehen Sie dazu die Abbildung unten. Im Dax hätten wir mit diesem Vorgehen ebenso Geld verloren. Ein Minus von 0,18 Prozent schlägt pro Jahr zu Buche. Aus 100.000 wären 97.086 geworden. Somit würde auch in diesem Markt die »Sell in May ...«-Regel nicht funktionieren.

Toms Trading-Insider-Tipp

»Sell in May and go away – but remember to come back in September.« Netter Spruch, der sich sogar reimt. Deswegen merkt man sich diese Börsenweisheit auch so gut. Dennoch handelt es sich um ein Märchen, das zumindest an den entwickelten Aktienmärkten in den letzten 16 Jahren keine Existenzberechtigung besitzt. Ignorieren Sie diese Regel einfach, sie wird Sie nur Geld kosten!

Fazit

Die Mai-Regel wäre sowieso kein Grund für mich gewesen, den Start für das Projekt zu verschieben, egal was der Backtest gesagt hätte. Da es thematisch aber gut passte, wollte ich an dieser Stelle erstmals zeigen, dass man nicht alles glauben soll, was geschrieben steht oder gesagt wird. Sie wissen ja: »Wer nichts weiß, muss alles glauben.« Und dieses Motto wird uns durch das ganze Buch begleiten.

Backtest Performance Report | Range: 02.01.1997 to 31.12.2012 (4026 Bars)

	All Trades	Long Trades	Short Trades	Buy & Hold
Starting Capital	€ 100.000,00	€ 100.000,00	€ 100.000,00	€ 100.000,00
Ending Capital	€ 97.086,28	€ 100.000,00	€ 97.086,28	€ 741.609,15
Net Profit	-€ 2.913,72	€ 0,00	-€ 2.913,72	€ 641.609,15
Net Profit %	-2,91%	0,00%	-2,91%	641,61%
Annualized Gain %	-0,18%	0,00%	-0,18%	13,35%
Exposure	33,09%	0,00%	33,09%	98,85%
Total Commission	€ 0,00	€ 0,00	€ 0,00	€ 0,00
Return on Cash	€ 0,00	€ 0,00	€ 0,00	€ 0,00
Margin Interest Paid	€ 0,00	€ 0,00	€ 0,00	€ 0,00
Dividends Received	€ 0,00	€ 0,00	€ 0,00	€ 0,00
Number of Trades	479	0	479	100
Average Profit	-€ 6,08	€ 0,00	-€ 6,08	€ 6.416,09
Average Profit %	0,60%	0,00%	0,60%	637,75%
Average Bars Held	84,85	0,00	84,85	3.387,41
Winning Trades	255	0	255	89
Win Rate	53,24%	0,00%	53,24%	89,00%
Gross Profit	€ 109.530,30	€ 0,00	€ 109.530,30	€ 646.451,98
Average Profit	€ 429,53	€ 0,00	€ 429,53	€ 7.263,51
Average Profit %	14,47%	0,00%	14,47%	722,14%
Average Bars Held	84,86	0,00	84,86	3.870,62
Max Consecutive Winners	30	0	30	17
Losing Trades	224	0	224	11
Loss Rate	46,76%	0,00%	46,76%	11,00%
Gross Loss	-€ 112.444,02	€ 0,00	-€ 112.444,02	-€ 4.842,83
Average Loss	-€ 501,98	€ 0,00	-€ 501,98	-€ 440,26
Average Loss %	-15,18%	0,00%	-15,18%	-45,00%
Average Bars Held	84,83	0,00	84,83	4.023,27
Max Consecutive Losses	28	0	28	2
Maximum Drawdown	-€ 54.494,47	€ 0,00	-€ 54.494,47	-€ 215.850,49
Maximum Drawdown Date	28.08.2009	02.01.1997	28.08.2009	20.11.2008
Maximum Drawdown %	-42,29%	0,00%	-42,29%	-53,63%
Maximum Drawdown % Date	28.08.2009	04.10.2013	28.08.2009	09.10.2002
Wealth-Lab Score	-0,79	0,00	-0,79	6,26
Sharpe Ratio	0,03	0,00	0,03	0,72
Profit Factor	0,97	0,00	0,97	133,49
Recovery Factor	0,00	0,00	0,00	2,97
Payoff Ratio	0,95	0,00	0,95	16,05

Abb. 5, Quelle: Wealth-Lab

Woche 1 – Tag 1

Im Screenshot unten sehen Sie eine Übersicht des Kontos am Tag 1 um 10:34 Uhr mit dem Kontostand (»Netto-Liquidationswert«) von **66.904,81 Euro.**

Bilanzen

Parameter	Gesamtzahl	Securities	Commodities
Netto Liquidations Wert	66,904.81 EUR	66,904.81 EUR	0.00 EUR
Equity inkl Loan Wert	66,904.81 EUR	66,904.81 EUR	0.00 EUR
Equity des vorangehenden Tages mit Loan Value	66,923.49 EUR	66,923.49 EUR	
Reg T Equity mit Loan Wert	66,904.81 EUR	66,904.81 EUR	
Bruttowert der Securities Positionen (GPV)	29,115.39 EUR	29,115.39 EUR	
Cash	96,094.28 EUR	96,094.28 EUR	0.00 EUR
Zinszuwachs	-79.28 EUR	-79.28 EUR	0.00 EUR

Margin Sicherheiten

Parameter	Gesamtzahl	Securities	Commodities
Gegenwärtig Initial Margin	10,876.07 EUR	10,876.07 EUR	0.00 EUR
Gegenwärtig Maintenance Margin	10,876.07 EUR	10,876.07 EUR	0.00 EUR

Erhältlich für den Handel

Parameter	Gesamtzahl	Securities	Commodities
Gegenwärtig Verfügbares Guthaben	56,028.74 EUR	56,028.74 EUR	0.00 EUR
Gegenwärtig Überschüssige Liquidität	56,028.74 EUR	56,028.74 EUR	0.00 EUR
Spezielles Memorandum Konto	53,088.25 EUR	53,088.25 EUR	
Kaufkraft	224,114.97 EUR		

Market Value - Real FX Balance

Währung	Total Cash	Zinszuwachs	Aktie	Dividenden Forder...	Netto Liquidations...	Unrealisierter P&L	Realisierter P&L	Wechsel Kurs
EUR	78,911.25	0.00	0.00	0.00	78,911.25	0.00	0.00	1.00
USD	22,641.31	-104.47	-38,364.04	6.86	-15,820.34	-72.42	0.00	0.75892
Gesamtzahl (in E...	96,094.28	-79.28	-29,115.39	5.21	66,904.81	-54.96	0.00	1.00

FX Portfolio – Virtuelle FX Position

Kontrakt Beschreibung	Position	Währung	Kurswert	Marktpreis	Durchschnittspreis	Unrealisierter P&L	Realisierter P&L	zuletzt liquidieren

Portfolio

Filter: Text eingeb Wertpapiertyp: Alle Weniger Optionen
Währung Wird gehandelt auf
☑ Reihen mit Null-Positionen zeigen

Kontrakt Beschreibung	Position	Verleihbare M...	Währung	Kurswert	Marktpreis	Durchschnittspr...	Unrealisierter P&L	Realisierter P&L	zuletzt liquidieren
VZ	-200		USD	-10,782.00	53.91	53.65	-52.00	0.00	No
MTU	-818		USD	-5,546.04	6.78	6.755	-20.45	0.00	No
TJX	-113		USD	-5,511.01	48.77	48.64115	-14.56	0.00	No
UPS	-64		USD	-5,493.76	85.84	86.31438	30.36	0.00	No
HPQ	-271		USD	-5,582.60	20.60	20.495	-28.46	0.00	No
PM	-57		USD	-5,448.63	95.59	95.81246	12.68	0.00	No

Abb. 6, Quelle: Interactive Brokers (IB). Bei der hier angezeigten Währung handelt es sich tatsächlich um Euro, obwohl die Positionen (die Aktien) in US-Dollar notieren.

Heute früh bin ich doch etwas nervös. Das hat aber nicht mit dem Trading zu tun, sondern damit, dass Sie mir dabei über die Schulter blicken. Aber fangen wir an, meine Aufregung wird sich bald legen. Der erste Mai ist der »Tag der Arbeit«. Ganz in diesem Sinne muss ich heute auch traden, denn trotz des Feiertages hierzulande heißt es für mich: Ran an die Trading Station, denn die US-Börsen haben geöffnet.

Toms Trading-Insider-Tipp

Börsenfeiertage und kurze Handelszeiten – jeder Markt hat seine Besonderheiten. Unter anderem sind das bei Aktien Feiertage, an denen die Börse geschlossen (oder doch offen ...) hat. Da ich größtenteils in den USA handle, sind es jedoch nur wenige Ausnahmen, die man kennen muss. Denn natürlich verlängert sich die geplante Haltedauer um eine Bar (um einen Tag), wenn die Märkte einen zusätzlichen Tag zu bleiben.

Im Internet existieren zahlreiche Quellen zu Börsenfeiertagen:

- www.finanzen.net/feiertage/
- www.nyx.com/en/holidays-and-hours/nyse

Eine weiteres Problem im Zusammenhang mit den Handelszeiten sind die weltweit unterschiedlichen Umstellungen von Sommer- und Winterzeit. Die USA zum Beispiel stellen etwas früher um als wir in der EU. Handelt man also »fremde« Märkte, muss man aufpassen, dass eine Order nicht zu früh aktiv geschaltet wird oder umgekehrt zu lange im System hängen bleibt, weil man die Zeitumstellung vergisst.

Der Vollständigkeit halber sei noch gesagt, dass es in den USA Tage gibt, an denen der Handel verkürzt wird. Zum Beispiel ist der Tag nach Thanksgiving immer ein Freitag, an dem die US-Börsen früher schließen. Auch so ein Ereignis hat natürlich Auswirkung auf die Gültigkeitszeit einer Order.

Aber kommen wir zurück zu meinem Trading. Wie es der Zufall so will, bin ich heute, am ersten Tag des Projektes, unterwegs. Konkret sind wir in Österreich in der Wachau, weil meine Lebensgefährtin Marianne frei hat und wir das schöne Wetter nutzen. Machen wir, so wie eben, einen Kurzurlaub, habe ich mein Trading-Equipment stets dabei.

Anmerkung

Hier sei nochmals erwähnt, dass in diesem Buch die manuelle Orderausführung beschrieben wird. In meiner vollautomatischen Lösung erledigt ein EDV-Programm diesen Job. Dieses Programm wird wiederum von einem weiteren Programm überwacht und dieses Supervisor-Programm meldet mir automatisch eventuelle Unregelmäßigkeiten.

Um die manuelle Ausführung zu gewährleisten, verwende ich einen Laptop mit mobilem Internetstick. Darüber hinaus kann ich von meinem Smartphone, das ich immer bei mir trage, auf mein Handelskonto zugreifen. Grundsätzlich würde ich darüber keine Trades absetzen, aber in einem Notfall ist diese zusätzliche Applikation praktisch.

»Trading on the road« ist aber nur möglich, weil die Ausführung der Systeme schlank gehalten ist. Um meine Signale für den aktuellen Handelstag zu generieren, brauche ich nur meine Backtesting-Software zu starten, die Daten (die Bar – Kerze – des letzten Handelstages) aktualisieren und die Alarme abrufen. Dann folgt noch ein Quartalsberichtscheck und als Letztes werden die Orders bei meinem Broker platziert. All das dauert nur wenige Minuten und erfolgt darüber hinaus unabhängig von den Börsenhandelszeiten. Kurz: Ich habe den ganzen Tag bis zur Börseneröffnung um 15:30 Uhr MEZ Zeit, diesen Prozess auszuführen.

Toms Trading-Insider-Tipp

Trading ist ein langweiliger Prozess. Je länger und intensiver man sich damit beschäftigt, desto offensichtlicher wird diese Tatsache. Interessant ist es hingegen, Trading-Ideen auf Plausibilität zu prüfen oder neue Ideen auszutüfteln.

Die Ausführung einer Strategie hingegen ist nur noch Arbeit im klassischen Sinne. So wie Sie vielleicht ins Büro oder in den Laden gehen, um zu arbeiten, gehe ich in mein Trading-Büro, starte meine Computer und führe mein System aus. Aufregung kommt hierbei keine mehr auf.

Toms Trading-Insider-Tipp

Noch immer behaupten manche Trader hartnäckig, dass man unbedingt drei Rechner, sechs Bildschirme, Zugang zum Orderbuch und die dickste Internetleitung direkt zur Wallstreet benötigt, um erfolgreich zu traden. Ich weiß noch immer nicht, warum das so sein soll, denn das hier gezeigte Trading könnte auch mit einem einzigen Laptop auskommen. Ein handelsübliches Gerät des PC-Händlers Ihrer Wahl würde dazu schon ausreichen.

Trotzdem habe ich mich entschieden, für mein privates Trading zwei Stand-PCs und einen Laptop anzuschaffen. Der erste Rechner ist ein alter PC mit kleinem Arbeitsspeicher und wenig Leistung. Dort läuft mein Trading-Frontend. Das andere Gerät ist eine richtige Powermaschine, damit die Backtests, die doch etwas Rechenleistung benötigen, beschleunigt werden. Aber das ist Luxus, den ich mir gönne. Wirklich notwendig ist es nicht. Der Laptop wird nur dann von mir benötigt, wenn ich von unterwegs trade oder arbeite.

Weiterhin verfügt der Entwicklungs-PC über einen großen Monitor (24 Zoll), damit ich bei meinen Trading-Modellen den Überblick bewahre. Rechner zwei kommt mit einem kleineren Bildschirm aus. Alle Geräte sind übrigens Windows-PCs, denn viele Trading-Applikationen laufen auf Windows einfach besser und stabiler.

Mein stationäres Internet ist ein Breitband-Netz. Aber ehrlich gesagt brauche ich die schnelle Verbindung eher für diverse private Zwecke als für das Trading. Aus Sicherheitsgründen habe ich weiterhin zwei mobile Internetzugänge, die jederzeit aushelfen, wenn das Internet ausfällt. Da ich, wie vorhin geschrieben wurde, bis in den Nachmittag Zeit habe, die Orders einzustellen, wird es auch dann nicht hektisch, wenn das Netz ausfällt und etwas länger nicht mehr hochkommt. Und ich habe eine gesamte, doppelte Backup-Lösung auf einem angemieteten Server. Dort ist eine Version der Backtesting-Software genauso installiert wie das Trading-Frontend meines Brokers.

Es gibt nun Trader, die empfehlen, man solle sich unbedingt kabelgebundene Mäuse und Tastaturen anschaffen. Sicher, die Funklösungen sind manchmal etwas zickig. Aber da ich kein Daytrader bin und nie rasche Entscheidungen treffen muss, ist das für mich keine absolute Voraussetzung.

Dazu muss ich eine kurze Geschichte erzählen.

Vor einigen Jahren hatte ich auf der Invest-Messe in Stuttgart zusammen mit einigen bekannten Tradern und einem Unternehmen, das Trading-Equipment vertreibt, einen Messestand. Neben den üblichen Monitoraufbauten (sechs Schirme über- und untereinander etc.) wurde von dieser Firma auch eine besondere Tastatur für aktive Trader angeboten. Das Eingabegerät war super verarbeitet, hatte viele bunte Funktionstasten, war stoß- und wasserfest und richtig hübsch. Ich überlegte ernsthaft, mir die Tastatur zu kaufen, und fragte nach dem Preis. Mit der Antwort »2000 Euro« hatte ich aber nicht gerechnet.

Sicher, das Equipment ist es wert. Es ist ein Profi-Gerät. Es ist sehr präzise und leistet ganze Arbeit. Aber ich bin kein Daytrader und kein Scalper. Bei mir muss nicht jeder Tastendruck im Millisekundentakt anschlagen. Das wäre weit über das Ziel hinausgeschossen. Ich lasse die 2000 Euro also lieber auf meinem Trading-Konto und handle damit.

Toms Trading-Insider-Tipp

Investieren Sie in Ihr Trading. Kaufen Sie sich alles, was Sie brauchen. Aber eben nur, was Sie wirklich brauchen. Es müssen meist ja doch weder sechs Bildschirme noch die Höllenmaschine sein, wenn Sie Trends am Wochenchart traden oder tagesschlusskursbasiert vorgehen. Stecken Sie das Geld, was Sie so sparen, lieber in eine vernünftige Trading-Ausbildung oder in Ihr Trading selbst.

Kommen wir nun zum Tagesablauf. Die einzelnen Arbeitsschritte sehen wie folgt aus:

Daten aktualisieren

Dazu brauche ich in meiner Backtesting-Software nur einen Knopf zu drücken und die letzten Kurse werden vom Server heruntergeladen. Ich nutze für mein privates Trading die kostenfreie Quelle von Yahoo Finance, die Daten in sehr guter Qualität anbietet. Alternativ, falls Yahoo an einem Tag ausfällt, hat man die Möglichkeit, auf andere kostenlose Dienste wie Google, MSN oder Bloomberg auszuweichen.

Signale abrufen

Sind alle Daten aktualisiert, was im Regelfall keine drei Minuten dauert, müssen die Strategien einmal »durchlaufen«. Pro Strategie dauert das 20 bis 30 Sekunden. Ist dieser Prozess abgeschlossen, werden mir die heutigen Signale angezeigt.

Alles Weitere besprechen wir nun im Teil »Zur aktuellen Entwicklung«.

Zur aktuellen Entwicklung (Tag 1)

Die Signalausgabe sieht wie folgt aus:

Signale Strategie 1

Select All | Place Orders | Stage Orders | Monitor in Quotes Window | Help

Alert Time	Symbol	Account	Action	Qty	Order Type	Price	Scale	Signal Name
30.04.2013	COF	PaperAccou...	Short	245	Market		Daily	E:SHORT
30.04.2013	DD	PaperAccou...	Short	260	Market		Daily	E:SHORT
30.04.2013	ACN	PaperAccou...	Short	174	Market		Daily	E:SHORT
30.04.2013	OXY	PaperAccou...	Short	159	Market		Daily	E:SHORT
30.04.2013	COP	PaperAccou...	Short	234	Market		Daily	E:SHORT
30.04.2013	APA	PaperAccou...	Short	192	Market		Daily	E:SHORT
30.04.2013	GE	PaperAccou...	Short	637	Market		Daily	E:SHORT
30.04.2013	SLB	PaperAccou...	Short	190	Market		Daily	E:SHORT

Abb. 7, Quelle: Wealth-Lab

Signale Strategie 2

Select All | Place Orders | Stage Orders | Monitor in Quotes Window | Help

Alert Time	Symbol	Account	Action	Qty	Order Type	Price	Scale	Signal Name
30.04.2013	ACN	PaperAccou...	Short	174	Market		Daily	E-SHORT
30.04.2013	PBR	PaperAccou...	Short	741	Market		Daily	E-SHORT
30.04.2013	MSFT	PaperAccou...	Short	429	Market		Daily	E-SHORT
30.04.2013	HAL	PaperAccou...	Short	332	Market		Daily	E-SHORT
30.04.2013	DE	PaperAccou...	Short	159	Market		Daily	E-SHORT
30.04.2013	FB	PaperAccou...	Short	511	Market		Daily	E-SHORT
30.04.2013	ABX	PaperAccou...	Short	720	Market		Daily	E-SHORT

Abb. 8, Quelle: Wealth-Lab

Signale Strategie 3

Select All | Place Orders | Stage Orders | Monitor in Quotes Window | Help

Alert Time	Symbol	Account	Action	Qty	Order Type	Price	Scale	Signal Name
30.04.2013	HON	PaperAccou...	Buy	224	Market		Daily	
30.04.2013	NOV	PaperAccou...	Buy	252	Market		Daily	

Abb. 9, Quelle: Wealth-Lab

Anmerkung

Bei der Signalausgabe verwende ich einen Screener. Dieser weiß nicht, wie viele Trades aktuell offen sind. Daher spuckt er immer alle Alarme des jeweiligen Trading-Modells aus. Weiterhin ist die von der Software angezeigte Stückzahl (»QTY«) zu ignorieren. Dafür nutze ich mein Positionsverwaltungs-Tool (einen Screenshot finden Sie einige Seiten später). Auf die anderen Anzeigen gehen wir später noch ein.

Wie man an den Signalen erkennt, schlagen diese heute überwiegend short an.

Toms Trading-Insider-Tipp

Natürlich kann eine starke Gewichtung auf der Short-Seite ins Auge gehen (das gilt natürlich auch für Long), aber diese Frage (oder die Entscheidung: »Soll ich oder soll ich nicht?«) stellt sich nicht. Signale sind nicht dazu da, hinterfragt zu werden. Ich kann mein System als Ganzes hinterfragen, aber nicht die einzelnen Trades, die es produziert. Über dieses Thema, die sogenannte Tages-Exposure, werden wir in einem der folgenden Kapitel noch sprechen.

Vielleicht fällt Ihnen auf, dass bei Strategie 1 acht Signale ausgegeben werden. Wir wissen, dass ich maximal sieben Trades ausführen darf. Ich muss daher irgendwie selektieren, welche Alarme (Signale) umgesetzt werden. Dazu verwende ich einen Sortiermechanismus. Die Reihung der Signale erfolgt nach einer sogenannten Signalpriorität. Das Programm ordnet jene Aktien ganz vorne an, die in den letzten Tagen die stärkste Übertreibung gezeigt haben.

Anmerkung

Auch das Thema Signalpriorität besprechen wir noch ausführlicher, weil es hier an dieser Stelle zu sehr von den Kerninhalten ablenken würde.

Da ich dieses Konto seit meinem letzten großen Seminar Mitte April in Vorbereitung auf dieses Buch durchhandle, gehen wir schon mit einigen offenen Trades in den ersten Handelsmonat. Dazu habe ich Ihnen in Abbildung 10 einen Screenshot meines Kontos mitgebracht. Sie sehen dort alle offenen Positionen sowie die Profit/Loss-Verteilung ganz rechts. Im Augenblick ist das gesamte Portfolio 72 US-Dollar im Minus (das sieht man oben rechts).

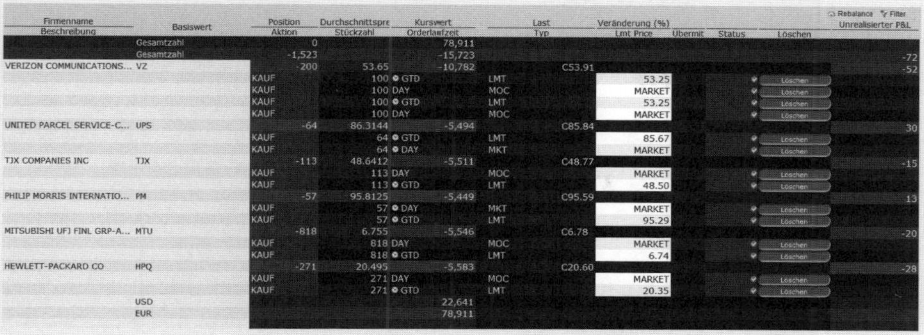

Abb. 10, Quelle: Interactive Brokers (IB)

Anmerkung

Bei der dargestellten Währung handelt es sich bei dieser Art von Screenshot hier und in weiterer Folge um US-Dollar.

Toms Trading-Insider-Tipp

»Übertreibungen« – das ist das, was ein Swingtrader sucht. Somit suche ich eine solche Übertreibung (einen besonders starken Kursanstieg oder -rückgang) in den letzten Tagen und positioniere mich dagegen. Womit wir erneut bei einer alten Börsenweisheit angelangt sind.

Never catch a falling knife. Auf Deutsch: Greife nie in ein fallendes Messer. Diese Regel ist sehr weit verbreitet. Anhänger dieser Aussage meinen damit, man solle zuerst eine Bodenbildung abwarten, bevor man long geht. Oder man soll nach Unterstützungen und Widerständen Ausschau halten und erst dann handeln, wenn die Aktie dort Halt findet.

Doch mein Trading ist genau deswegen erfolgreich, weil es sich darum herzlich wenig kümmert. Ein Swingtrader hat keine Zeit zu warten, sondern handelt sofort.

Bevor nun die Signale für den heutigen Tag eingestellt werden, ist noch etwas Handarbeit nötig. Alle Symbole werden auf Quartalsberichte geprüft. Obwohl ich es geschafft habe, diesen Prozess zu automatisieren (der Quellcode der Strategie dockt bei einem Datenprovider an, der die Earnings-Daten liefert), ist es leider eine Tatsache, dass diese Infos nicht lückenlos zur Verfügung stehen. Es liegt aber nicht am Computer-Coding, sondern an der Datenquelle. Aus diesem Grund prüfe ich nach wie vor auf Yahoo oder auf earnings.com manuell, ob ein Unternehmen in den nächsten Tagen einen Quartalsbericht veröffentlicht. In so einem Fall wird der Trade von mir nicht ausgeführt.

Anmerkung

Hier könnte man selbstverständlich etwas pragmatischer vorgehen und kalkulieren, dass ungefähr 85 Prozent der Quartalsberichte-Daten fehlerfrei sind. Die verbleibenden 15 Prozente stellen ein überschaubares Restrisiko dar. Dieses Vorgehen hätte den Vorteil, auch diesen Prozessschritt automatisieren zu können. Diese Entscheidung muss jeder Trader jedoch selbst treffen.

Hier ein paar Links zu kostenlosen Informationsquellen über Quartalsberichte:

- www.earnings.com/highlight.asp?client=cb
- biz.yahoo.com/research/earncal/today.html
- www.finviz.com/screener.ashx

Toms Trading-Insider-Tipp

Quartalsberichte – auch deren Einfluss auf die Performance kann man testen. Und ich habe das selbstverständlich auch getan. Diese Events haben natürlich signifikanten Einfluss auf die Kursbewegung einer Aktie. Aber haben sie auch Auswirkungen auf das System als Ganzes und wie verändern sich die Performance und andere wichtige Kennzahlen? Vielleicht ist es letztlich ja egal, ob ich die Earnings beachte oder nicht?

Interessanterweise bestätigt der Backtest (bei vielen meiner Modelle), dass man, wenn man nur die Performance im Auge hat, getrost über Quartalsberichte handeln kann und darf. Lässt man Trades über die Earnings weg, verschlechtert sich die Performance in der Regel sogar geringfügig. Andererseits erhöht sich dann die Zahl der sogenannten Outlier Trades. Das sind Trades, deren Ergebnis eine größere Standardabweichung als drei aufweist (in Relation zu den durchschnittlichen Gewinnen und Verlusten). Das bedeutet im Klartext: Das System wird instabiler und der zufällige Aspekt wird gleichzeitig größer. Jetzt bleibt abzuwägen, was mir wichtiger ist. Performance oder Stabilität. Ein erfahrener Trader weiß, dass Letzteres wichtiger ist.

Fakt ist, dass ein Quartalsbericht die üblichen Muster, die bei Aktien auftreten, zerstört. Dass die Performance unter dem Strich leicht besser wird, ist für mich nicht relevant oder besser gesagt zufällig. Jeder Trader muss aber selbst entscheiden, ob und wie er Rücksicht auf diese Ereignisse nimmt. Tradet man mit hohem Hebel, sollten die Earnings in jedem Fall nicht gehandelt werden (warum, erfahren wir wissenschaftlich hergeleitet noch im Anhang für Fortgeschrittene). Arbeitet man ungehebelt, ist es Ermessenssache, wie aggressiv man vorgeht. Das zeigt uns, dass auch bei quantifizierten Ansätzen manche Entscheidungen aus dem Bauch (nennen wir es Intuition – das klingt schöner) getroffen werden müssen.

Wurden Aktien mit Quartalsberichten schließlich ausgesiebt, kommt es zur Ordereingabe. In Vorbereitung auf diesen Prozess erfasse ich die Trades von heute in meinem Trade Manager, der mir hilft, den Überblick über meine offenen Positionen zu bewahren. Er ist aber auch von Nutzen, um mir die zu handelnden Stückzahlen anzugeben und heute fällige Zeitausstiege zu signalisieren.

> **Anmerkung**
>
> Die korrekten Stückzahlen sowie die Zeitausstiege könnte ich mir auch von der Backtesting-Software auswerfen lassen, aber ich finde es auf diesem Weg übersichtlicher.

Nun muss ich noch den Kontostand und den Wechselkurs aktualisieren. Basierend auf dem Schlusskurs von gestern (Close) wird dann die Anzahl der zu handelnden Aktien errechnet.

	C	D	E	F	G	H	I	J	K	L	M	N
2	**Trades**	**Strategie A**		Konto	66.8[illegible]1,28	MarginF:	89.121,26	EUR/USD	1,3096		Kto:	116.713,20
3												
5	**Trade No.**	**Tag Entry**	**Datum Entry**	**Symbol**	**Richtung**	**Close**	**Stück**	**Size**	**Limit**	**Tag TBX**	**Datum TBX**	**TBX Wann**
7	Trade 1	Donnerstag	25.04.2013	DD	Short	52,75	105,360597	5557,772	52,38	Dienstag	30.04.2013	Close
8	Trade 2	Donnerstag	25.04.2013	COF	Short	57,06	97,4022347	5557,772	56,66	Dienstag	30.04.2013	Close
9	Trade 3	Montag	29.04.2013	VZ	Short	53,63	103,631764	5557,772	53,25	Donnerstag	02.05.2013	Close
10	Trade 4	Montag	29.04.2013	WFC	Short	37,88	146,720473	5557,772	37,61	Donnerstag	02.05.2013	Close
11	Trade 5	Dienstag	30.04.2013	PM	Short	95,96	57,9175856	5557,772	95,29	Freitag	03.05.2013	Close
12	Trade 6	Dienstag	30.04.2013	UPS	Short	86,27	64,4229919	5557,772	85,67	Freitag	03.05.2013	Close
13	Trade 7	Dienstag	30.04.2013	TJX	Short	48,84	113,795485	5557,772	48,5	Freitag	03.05.2013	Close
14												
15	Trade 8											
16	Trade 9											
17	Trade 10											
18	Trade 11											
19	Trade 12											
20	Trade 13											
21	Trade 14											

Abb. 11, Trade Manager einer Strategie

> **Anmerkung**
>
> Ganz rechts oben sehen Sie den Kontostand **116.713,20** in US-Dollar. Dieser wird anhand des kleinen Hebels und des Wechselkurses errechnet.

> **Toms Trading-Insider-Tipp**
>
> Auch Aktien kann man hebeln. Um auf Margin zu traden, muss man also keine Produkte wie Optionsscheine, Zertifikate oder CFDs handeln. Ein kluger Trader weiß aber, dass jeglicher Einsatz eines Hebels gut überlegt (und quantifiziert) werden muss. Eine Abhandlung dazu finden Sie im Kapitel für Fortgeschrittene am Ende dieses Buches.

Wir wissen aus der Einleitung, dass die Modelle jeweils 7 bzw. 5 Trades zeitgleich machen dürfen. Warum ist dann in der Tabelle Platz für 14 Trades? Weil ich so den Überblick besser behalte, welche Trades zur Eröffnung beendet werden und welche Slots gleich wieder aufgefüllt werden dürfen. Was meine ich damit?

Wird ein Trade heute zur Eröffnung beendet, darf der frei werdende Platz gleich am selben Tag wieder mit einem neuen Trade aufgefüllt werden. Welche Auswirkungen das in der Praxis hat, besprechen wir an einem Tag, wo es besser illustrierbar ist als heute.

Anmerkung

Vielleicht haben Sie nun eine Unschärfe der halbautomatischen Umsetzung bemerkt. Und zwar in zweierlei Hinsicht. Der Wechselkurs, den ich bereits früh am Morgen bei der Ordereingabe erfasse, hat natürlich Einfluss auf die gehandelten Stückzahlen. Die Order wird aber erst um 15:30 Uhr aktiv. Bis dahin wird sich der Euro/Dollar-Kurs mit Sicherheit ändern. Diese Abweichung muss man aber in Kauf nehmen, wenn man den ganzen Prozess nicht automatisiert.

Unschärfe 2 hat mit der Eröffnung zu tun. Der Kurs, zu dem ich einsteige, ist unbekannt, weil ich einen »Market Entry« zur Eröffnung mache. Ich kann nur den Schlusskurs des Vortages verwenden (das ist die letzte bekannte Kursinfo zu dieser Aktie). Kommt es zu einer starken vorbörslichen Bewegung am Markt, kann es sein, dass ich entsprechend mehr oder weniger für eine Aktie bezahlen muss, was sich auf die Positionsgrößen und die Stückzahlen durchschlägt.

Beide Unschärfen haben aus praktischer Sicht wenig Relevanz. Unschärfe 1 ließe sich minimieren, wenn ich die Order so spät wie möglich einstelle (oder automatisiere). Unschärfe 2 ließe sich mit dieser Ordertechnik (Einstieg zur Eröffnung Market ohne Limit) nicht aus der Welt schaffen. Darüber hinaus ist das Modell genau auf diese Art und Weise auch backgetestet, daher wird es von mir auch so ausgeführt.

Alternativ böten sich Limit-Einstiege an. Über die Nachteile/Mehraufwände diesbezüglich wurde schon in der Einleitung kurz gesprochen. Dieses Thema wird später aber noch einmal von mir angesprochen, weil es wichtig ist.

Anmerkung

Ich bitte Sie um Verständnis dafür, dass ich Sie auf den letzten Seiten bereits x Mal darauf vertröstet habe, dass dieses oder jenes Thema an anderer Stelle noch ausführlicher besprochen wird. Doch bedenken Sie: Wir sind beim ersten Handelstag. Für Sie ist alles neu. Ich muss also aufpassen, dass wir den roten Faden nicht verlieren.

Wurden die Orders schließlich platziert, ist die heutige Trading Session zu Ende. Da ich an Wochentagen gegen 6:30 Uhr aufstehe und die Angewohnheit entwickelt habe, mein Trading gleich in der Früh zu machen, bin ich spätestens gegen 7 Uhr mit meinen Arbeiten fertig. So bleibt mir viel Zeit, neue Trading-Modelle zu entwickeln oder bestehende Ansätze zu verfeinern.

Die Börseneröffnung in den USA ist um 15:30 Uhr. Also mehr als acht Stunden später. Bis dahin werfe ich hin und wieder einen Blick auf den Verlauf der Futures. Weitere Handlungen sind an diesem Tag nicht mehr nötig. Nicht einmal zur Eröffnung muss ich vor dem PC sein. Was sollte ich dort auch ausrichten? Die Orders sind an der Börse und mehr gibt es nicht zu tun.

Somit endet hier die Beschreibung des ersten Handelstages. Alles Weitere wird morgen besprochen. Zum Zeitpunkt der Börseneröffnung, also um 15:30 Uhr, war ich übrigens mit ganz anderen Dingen beschäftigt. Ich saß auf einem Kamel. Das ist kein Scherz! In der Wachau kann man Kamele reiten und das taten wir – mehr als eine Stunde lang. Ich schwöre, dass das Smartphon in der Tasche blieb, als an der Wallstreet die Eröffnungsglocke läutete. Aber das hatte einen ganz pragmatischen Grund: Das Kamel schaukelte derart, dass ich Mühe hatte, mich festzuhalten. Einen Blick auf die Kurse wollte ich dabei keinesfalls riskieren, denn ein Sturz von diesem Tier war in meinem Risikomanagement nicht kalkuliert.

Woche 1 – Tag 2

Ich muss zugeben, dass ich früher von Backtesting & Co nicht sehr angetan war. Heute arbeite ich jedoch gerne damit und weiß dessen Vorzüge zu schätzen und zu nutzen. Doch was hat dieses Umdenken bei mir ausgelöst? Im Wesentlichen war ein Schlüsselerlebnis dafür verantwortlich, von dem ich im Anschluss erzählen möchte.

Ich hatte einen Wiener Fondsmanager kennengelernt, dessen große Leidenschaft die Entwicklung von Handelsmodellen war. Wir tauschten unsere Erfahrungen aus und er war von meiner Performance sehr angetan. So besuchte ich ihn eines Tages an seinem Arbeitsplatz, um mit ihm gemeinsam mein diskretionäres Trading in ein computergestütztes Handelssystem zu übertragen. Das gelang zwar nicht zur Gänze, weil viele meiner Entscheidungen intuitiv getroffen wurden, aber trotzdem fand ich seine Ergebnisse sehr interessant.

Spannend wurde es, als er damit begann, an einigen Stellschrauben und Parametern zu drehen. Er sagte: »Schau mal, was passiert, wenn ich die Haltedauer um einen Tag verlängere. Das hat signifikanten Einfluss auf die Performance und auch der Drawdown geht merklich in die Höhe.« Aber das war noch nicht alles, was ich demonstriert bekam. Vielmehr wurden diverse Filter ein- und ausgeschaltet oder verschiedene Portfolios verwendet und jedes Mal veränderten sich die Ergebnisse dramatisch.

Als diskretionärer Trader wünscht man sich auch öfter, solche Effekte messen zu können. Natürlich wäre es bis zu einem gewissen Grad möglich, aber jedenfalls mit viel Arbeit verbunden, alle Charts manuell durchzusehen und die Differenzen zum tatsächlichen Track Record auszurechnen. Auf Knopfdruck hingegen solche Analysen zu erhalten, die noch dazu fehlerfrei (weil computergestützt) sind, das beeindruckte mich schon sehr. Nach diesem Treffen, das mehrere Stunden dauerte, reifte der Wunsch in mir, mich in das Thema Handelssystementwicklung einzuarbeiten, und da ich einmal die Fährte aufgenommen hatte, ließ ich sie nicht mehr aus den Augen.

Toms Trading-Insider-Tipp

Glaubt man nun an Backtests oder nicht? Keine Sorge, ich will niemanden bekehren oder überreden. Ich bin jedoch heute mehr denn je davon überzeugt, dass man aus den historischen Kursverläufen Rückschlüsse über das zukünftige Marktverhalten ableiten kann. Das hat weniger mit Hellseherei zu tun als mit simpler Statistik und Mathematik. Solche Modelle funktionieren und kommen in ganz anderen Bereichen der Wirtschaft wie der Versicherungstechnik, bei Meinungsumfragen oder bei Wahlhochrechnungen ebenso zur Anwendung. Und zwar mit einer fast schon unheimlichen Treffergenauigkeit.

Das Thema »Machen Backtests Sinn oder nicht?« könnte man auch auf einer ganz anderen, einer viel wissenschaftlicheren Ebene diskutieren. Aber diese Texte wären dann für 90 Prozent der Menschen nicht mehr lesenswert, weil niemand den Ausführungen folgen könnte. Damit will ich Sie, liebe Leser, keineswegs abqualifizieren, aber Fakt ist, dass solche Diskussionen meist in Formel- und Argumentationsschlachten enden, die fern jeder Realität sind. Geführt von Theoretikern, die noch nie vor einem Chart gesessen sind, die noch nie einen Handelstag an der Börse live erlebt haben und die noch nie in ihrem Leben einen Trade abgesetzt haben.

Wir hingegen sind Trader und keine Wissenschaftler. Wir blieben trotz Backtests pragmatisch. Es sind viele kleine Mosaikstückchen, die erfolgreiches Trading letztlich ausmachen. Ob man es diskretionär ausführt oder computergestützt, spielt dabei keine Rolle. Mit Backtests hat man es jedenfalls um einiges leichter, weil man mehr Sicherheit beim Trading genießt. Nicht im Hinblick auf das Gelingen des Einzeltrades, sondern im Hinblick auf das Wissen um den Systemerwartungswert, verbunden mit dem Vertrauen in die eigenen Handlungen. Denn man kennt sein Modell in- und auswendig, weil man es von der Pike auf selbst entwickelt hat und versteht.

So kommen bei mir heute computergestützte Modelle genauso zum Einsatz wie diskretionäre, auch wenn meine großen Trading-Konten nur noch mit quantitativen Modellen arbeiten. Das diskretionäre Trading will ich jedoch nach wie vor nicht missen, weil ich die Nähe zum Markt nicht verlieren will. Darüber hinaus bringt mich das Chartwatching (das ich nach wie vor sehr einschränke oder anders gesagt lieber bei geschlossenem Markt durchführe) auf gute (oder schlechte) Ideen, die ich später in einem Backtest auf Plausibilität prüfe. Ich will also keineswegs sagen, dass das diskretionäre Trading schlecht und der computergestützte Börsenhandel gut wäre oder umgekehrt. Jede der beiden Trading-Welten hat ihre Reize und ihre Berechtigung. In beiden Welten sind es die gleichen Faktoren, die einen Gewinner ausmachen. Fachwissen und mentale Stärke. So einfach ist das. Und so schwierig zugleich.

Zur aktuellen Entwicklung (Tag 2)

Trotz eines stark schaukelnden Vortages (ich meine das Kamel und nicht die Kurse) läuft am Tag danach zeitig in der Früh bereits mein Rechner und ich bin startklar für die neue Trading Session. Wie gehabt werden die Kursdaten des vergangenen Tages aktualisiert, der Screener wird gestartet, die Symbole werden manuell auf Quartalsberichte geprüft, der Trade Manager wird aktualisiert und die Orders werden eingestellt.

Wie einleitend angekündigt werden wir nun nicht alle Schritte einzeln im Detail wiederholen, sondern nur noch auf die wesentlichen Eckpunkte eingehen. Beginnen wir bei den neuen Signalen für heute.

Strategie 1

Select All | Place Orders | Stage Orders | Monitor in Quotes Window | Help

Alert Time	Symbol	Account	Action	Qty	Order Type	Price	Scale	Signal Name
01.05.2013	INTC	PaperAccou...	Short	591	Market		Daily	E-SHORT ...

Abb. 12, Quelle: Wealth-Lab

Strategie 2

Select All | Place Orders | Stage Orders | Monitor in Quotes Window | Help

Alert Time	Symbol	Account	Action	Qty	Order Type	Price	Scale	Signal N...
01.05.2013	LLY	PaperAccou...	Buy	261	Market		Daily	E-LONG ...
01.05.2013	PSX	PaperAccou...	Buy	237	Market		Daily	E-LONG ...

Abb. 13, Quelle: Wealth-Lab

Strategie 3

Select All | Place Orders | Stage Orders | Monitor in Quotes Window | Help

Alert Time	Symbol	Account	Action	Qty	Order Type	Price	Scale	Signal Name
01.05.2013	LLY	PaperAccou...	Buy	304	Market		Daily	E-LONG
01.05.2013	NOV	PaperAccou...	Buy	253	Market		Daily	E-LONG
01.05.2013	HON	PaperAccou...	Buy	227	Market		Daily	E-LONG
01.05.2013	GILD	PaperAccou...	Buy	329	Market		Daily	E-LONG
01.05.2013	C	PaperAccou...	Buy	359	Market		Daily	E-LONG

Abb. 14, Quelle: Wealth-Lab

Anmerkung

An manchen Tagen gibt es auch im Swingtrading wenig oder gar keine Signale. Wir sehen an den Screenshots oben, dass eine Strategie zum Beispiel überhaupt nur einen Alarm auswirft.

Bevor wir weitermachen, müssen wir noch etwas Wichtiges thematisieren. Sie wissen, dass ich zu 99 Prozent Aktien trade. Aber warum beschäftige ich mich nicht auch mit anderen Finanzinstrumenten? Zum Beispiel mit den Forex-Märkten? Die sind doch das Trading-Vehikel schlechthin und fast jeder Trader, der etwas auf sich hält, ist in diesen Märkten unterwegs. Um das zu erklären, dient der nachfolgende Exkurs.

Exkurs Forex, geregelte Märkte & Hebel

So wie aus meinen vorherigen Büchern bekannt werden wir uns auch in diesem Buch ausschließlich am Handel von Aktien orientieren und dabei den US-amerikanischen Märkten den Vorzug geben. Dies geschieht aus zahlreichen Gründen, und einige davon werden in diesem Buch an verschiedenen Stellen genannt. Dennoch gibt es Finanzinstrumente, die – wenn man so sagen darf – beim typischen Trader beliebter sind als Aktien, womit wir bei den Forex-Märkten angelangt sind. Doch wie so oft gilt: Was alle tun, muss nicht richtig oder optimal sein.

Zum einen ist die Popularität dieser Märkte gleichzeitig ihr großer Nachteil, obwohl die hohe Liquidität auf den ersten Blick durchaus interessant erscheint. Die Effizienz bei Forex ist jedoch dermaßen hoch, dass selbst ausgefuchste Trading-Profis Schwierigkeiten haben, wirklich performante Systeme dafür zu entwickeln, die im Live-Einsatz dann auch funktionieren.

Und noch etwas kommt hinzu. Sämtliche Forex-Broker locken den angehenden Trader mit einfach zu bedienenden Handelsplattformen, günstigen Gebühren (oft werden gar keine Kommissionen außer dem Spread verrechnet) und einem hohen Hebel. Genau diese Mixtur ist aber der sichere Weg in den Ruin, wie ich im Anhang für Fortgeschrittene wissenschaftlich belegen werde.

An dieser Stelle bleiben wir beim Thema Hebel aber noch bei einfachen Erklärungen. Stellen Sie sich vor, Sie traden mit einem Hebel von 10. Das ist bei Forex ein eher kleiner Wert, denn oft werden 100, 400 und mehr angeboten. Doch schon ein zehnfach gehebeltes Konto bedeutet, dass Sie ab einem Drawdown von 10 Prozent Ihr Konto an die Wand fahren. Dabei spielt es keine Rolle, ob Sie Profite von 20 Prozent, von 50 Prozent oder von 1.000 Prozent aus den Märkten holen. Denn 10 x 10 Prozent Drawdown (durch den Hebel) sind 100 Prozent. Ihr Konto ist ausgelöscht. Und ich muss sagen, ein Drawdown von 10 Prozent ist gar nichts. Meine Modelle weisen einen höheren Wert auf, obwohl sie exzellent sind. Ich weiß nicht, ob sich Einsteiger dieser Tatsache bewusst sind.

Aber es gibt noch andere Nachteile der Forex-Märkte. Es fehlt ein regulierter Markt. Wie soll man so die Kursstellung auf Plausibilität überprüfen? (Erinnern Sie sich bitte an das Software-Plug-in in der Einleitung.) Wir hatten auch über die Bucket Shops schon gesprochen. Hier tauchen erneut Parallelen auf.

Fragen Sie sich bitte, warum jeden Monat zig neue Forex-Broker aus dem Boden schießen und aggressiv um Kunden werben. Überlegen Sie, warum Forex-Broker auf jeder Trading-Messe die größten Stände in bester Lage haben. Dieser kurze Exkurs gab darauf ganz bestimmt einige Hinweise.

Anmerkung

Natürlich gibt es auch seriöse Forex-Broker. Trotzdem ist in diesem Bereich höchste Vorsicht angebracht.

Kommen wir zurück zu den aktuellen Geschehnissen. Der Markt hat sich am Vortag ganz nach meinem Wunsch verhalten. Ich war überwiegend short positioniert und die Kurse sind gefallen. Damit wurde bei einigen Trades das Limit getroffen. Dementsprechend hat sich auch mein Kontostand entwickelt und es konnte am ersten Handelstag ein schönes Plus von knapp über 500 Euro verbucht werden, was einem Wertzuwachs von ungefähr 0,80 Prozent entspricht. Dazu sehen Sie unten zunächst den aktuellen Kontostand, der bei 67.428 Euro liegt.

INTERACTIVE BROKERS

Konto Informationen

Netto Vermögenswert (NAV) in der Basiswährung

	Total
Cash	84,764.31
Aktien	-17,253.98
Verzinsung	-80.93
Dividendenanfall	-0.52
Total	**67,428.88**

Netto Vermögenswert (NAV) in Zeitserien

Mark-to-Market Performance Übersicht in der Basiswährung

Realisierte & Unrealisierte Performance Übersicht in der Basiswährung

Cash Bericht

Abb. 15, Quelle: Interactive Brokers (IB)

Weiterhin finden Sie in der nachfolgenden Abbildung eine Auflistung aller offenen Positionen. Rechts sind die starken Gewinne nach dem Ausverkauf des Vortages zu erkennen, von der meine Trades profitieren konnten. Blicken Sie genauer hin, merken Sie bestimmt, dass ich auch zwei Long-Trades laufen habe (NOV, HON). Dass an so einem schwachen Tag HON im Minus ist, verwundert nicht, aber warum ist NOV (obwohl es ein Long-Trade ist) im Plus? Ehrlich gesagt, ich weiß es nicht und es ist mir auch egal.

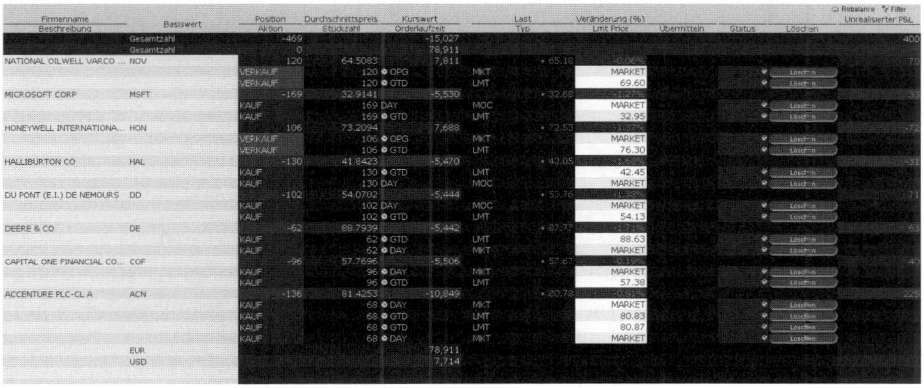

Abb. 16, Quelle: Interactive Brokers (IB)

Toms Trading-Insider-Tipp

Fragen Sie nie nach dem Grund einer Kursbewegung. Reduzieren wir die Ursache auf das Wesentliche: Ein Kurs fällt, wenn es weniger Nachfrage als Angebot gibt. Umgekehrt steigt ein Kurs, wenn mehr Nachfrage als Angebot existiert. Das ist das Grundprinzip des freien Marktes. Alles andere ist Kaffeesatzleserei, von der aber eine ganze Industrie lebt.

Fakt ist, dass beim Aktienhandel die Korrelation der einzelnen Symbole stark ausgeprägt ist. Wenn wir so wie gestern schwache Märkte sehen, dann werden die meisten Aktien nach unten tendieren. Allerdings gibt es Sektoren oder Branchen, die ausscheren und ihr eigenes Süppchen kochen. Man kann zum Beispiel an manchen Tagen beobachten, dass Technologie-Aktien steigen, während der Gesamtmarkt fällt. Ebenso kommt es oft vor, dass Werte, die mit Rohstoffen zu tun haben, fallen, während alle andere Aktien steigen, oder umgekehrt. In diesem Fall (NOV hat irgendetwas mit Öl zu tun) war eine negative Korrelation zu beobachten. Das war gestern gut für mich, aber an manchen Tagen erleide ich durch dieses eigenartige Verhalten mancher Aktien auch Verluste.

Toms Trading-Insider-Tipp

»NOV hat irgendwas mit Öl zu tun ...« – das ist schon eine sehr ungenaue Formulierung. Noch dazu in einem Fachbuch. Könnte der Autor nicht etwas präziser sein? Wozu? Ein Trader konzentriert sich auf das Wesentliche und das ist die Funktionsweise der Aktienmärkte. Ich muss eigentlich gar nicht wissen, welches Unternehmen hinter welchem Tickersymbol steckt. Natürlich weiß man es bei vielen Aktien mit der Zeit, aber es ist keine Grundvoraussetzung für erfolgreiches Trading.

Auch wenn es im Moment also gut aussieht, als aktiver Trader bleibt mir keine Zeit, mich über diese Gewinne zu freuen oder darüber nachzudenken. Vielmehr muss mein heutiges Trading vorangetrieben werden. Also machen wir weiter. Die Signale sind schon abgerufen, die Earnings wurden gecheckt. Somit ist es an der Zeit, die Trades in die Handelsplattform einzustellen. Dabei hilft mir erneut der Trade Manager, indem er mir die Stückzahlen sowie die Zeitausstiege verrät.

Strategie 1 stellt sich aktuell wie folgt dar:

	A	B	C	D	E	F	G	H	I	J	K	L	M	N
2			Trades	Strategie A		Konto	67.419,00	MarginF:	89.878,10	EUR/USD	1,3167		Kto $	118.342,50
3														
5			Trade No.	Tag Entry	Datum Entry	Symbol	Richtung	Close	Stück	Size	Limit	Tag TBX	Datum TBX	TBX Wann
7			Trade 1	Mittwoch	01.05.2013	COF	Short	57,78	97,5312745	5635,357	57,38	Montag	06.05.2013	Close
8			Trade 2	Mittwoch	01.05.2013	DD	Short	54,51	103,382077	5635,357	54,13	Montag	06.05.2013	Close
9			Trade 3	Mittwoch	01.05.2013	ACN	Short	81,44	69,1964273	5635,357	80,87	Montag	06.05.2013	Close
10			Trade 4	Donnerstag	02.05.2013	INTC	Short	23,99	234,90442	5635,357	23,82	Dienstag	07.05.2013	Close
11			Trade 5											
12			Trade 6											
13			Trade 7											
14														
15			Trade 8											
16			Trade 9											
17			Trade 10											
18			Trade 11											
19			Trade 12											
20			Trade 13											
21			Trade 14											

Abb. 17, eigene Daten

Anmerkung

Bei Strategie 2 und 3 gehen wir nicht mehr weiter ins Detail. Der dahinterliegende Prozess ist der gleiche.

Aktuell laufen bei Strategie 1 drei Trades (COF, DD, ACN). Alle drei sind Short-Positionen. Neu hinzu kommt INTC. Ebenso ein Short-Trade. Nun drängt sich vermutlich eine Frage auf: Warum liefert diese Strategie heute ein Short-Signal bei INTC, wenn doch die Märkte gestern stark gefallen waren? Müsste ein Swingtrading-Modell nach so einem schwachen Vortag nicht long (= kontra) gehen?

Grundsätzlich ist dieser Einwand berechtigt. Man sieht ja auch bei Strategie 2 und 3, dass wir ausschließlich Long-Signale bekommen. Das entscheidende Kriterium ist allerdings, wie schnell die einzelne Strategie auf die aktuelle Markttendenz reagiert und ob sich eine Aktie der allgemeinen Entwicklung widersetzt. Strategie 1 ist dabei etwas langsamer und braucht vielfach einen Tag länger, um sich kontra zu positionieren. Strategie 3 ist von der Geschwindigkeit in der Mitte anzusiedeln. Strategie 2 reagiert hingegen ganz schnell auf die aktuelle Tendenz. Das sind interessante Faktoren, die bei der Ausgestaltung eines Systemportfolios eine wichtige Rolle spielen. Und im konkreten Fall hat sich die Aktie INTC in den vergangenen Tagen scheinbar der allgemeinen Tendenz widersetzt und ist gestiegen. Daher wird bei diesem Tickersymbol auch ein Short-Signal ausgegeben.

Wurden die Trades letztlich platziert, was keine fünf Minuten gedauert hat, ist auch die heutige Trading Session schon wieder beendet.

Woche 1 – Tag 3

In Sachen Performance ist gestern nicht viel geschehen. Die Veränderungen beim Kontostand sind vernachlässigbar. Allerdings hat sich meine Positionierung komplett umgedreht. War ich noch vor einem Tag fast nur short positioniert, ist es heute überwiegend die Long-Seite, die den Ton angibt. Fast alle Short-Trades wurden mit Limit Exit beendet und es konnten weitere kleine Gewinne realisiert werden. Die Long-Trades sind noch aktiv und natürlich hoffe ich darauf, dass die Märkte weiter nach oben gehen.

Die ersten drei Handelstage waren sehr erfolgreich. Das Plus ist auf 0,96 Prozent angestiegen. Sehen Sie nachfolgend den Screenshot des IB-Kontos.

INTERACTIVE BROKERS

Konto Informationen

Netto Vermögenswert (NAV) in der Basiswährung

	Total
Cash	39,102.72
Aktien	28,522.56
Verzinsung	-82.82
Dividendenanfall	-0.53
Total	**67,541.93**

Netto Vermögenswert (NAV) in Zeitserien

Mark-to-Market Performance Übersicht in der Basiswährung

Realisierte & Unrealisierte Performance Übersicht in der Basiswährung

Cash Bericht

Abb. 18, Quelle: Interactive Brokers (IB)

Doch ein erfahrener Trader hat gelernt, dass man sich nie zu früh freuen darf. Wie gewonnen, so zerronnen, der alte Spruch ist gerade an der Börse immer aktuell.

Toms Trading-Insider-Tipp

Alles ist möglich. Trader wissen das. Ist das Konto heute noch 1000 Euro im Plus, sind es morgen 1000 Euro im Minus. Mental ist das nicht einfach zu verkraften, denn jedes Trading-System schwankt mit dem Gesamtmarkt und dessen Volatilität hin und her. Natürlich ist es unser aller Ziel, eine möglichst hohe Rendite bei gleichzeitig geringem oder besser gesagt kalkulierbarem Risiko anzustreben. Aber wenn meine Systeme überwiegend long sind und der Markt nach unten geht, dann mache ich Verluste. Deshalb heißt es: Freu dich nie zu früh. Und es heißt weiterhin: Abgerechnet wird zum Schluss. Das ist aber ein weiteres Problem: Wann ist »zum Schluss«? Am Ende des Handelstages? Wenn der Trade beendet wurde? Nach einem Monat oder Jahr?

Die Kurse laufen immer. Und wenn sie es nicht an der Börse tun, dann tun sie es in den Köpfen der Marktteilnehmer. Deshalb kann man als Trader verrückt werden, wenn man die Zusammenhänge und das große Ganze nicht versteht. Wenn man nicht weiß, wie Trading funktioniert, denn steht man immer zu knapp vor dem Bild und man kann dessen Dimensionen nicht erkennen.

Denn im Einzeltrade war immer mehr möglich. Man hätte den Entry um zwei Ticks weiter unten machen können und wäre in den Trade besser reingekommen. Man hätte die Haltedauer um einen Tag verlängern sollen, denn dann hätte man noch ein Prozent mehr gemacht. Der Limit Exit war um 5 Cent zu weit entfernt und der April hätte noch zwei weitere Handelstage haben sollen, dann wäre er positiv gewesen.

Stopp! So denkt nur ein Anfänger. Mit dieser Einstellung schafft man nur eines. Man ist ständig schlechter Laune. Ich kenne das gut, denn auch ich war am Beginn meiner Börsenkarriere ständig unzufrieden. Weil einfach immer mehr drin gewesen wäre. Irgendwann legte sich diese Einstellung und heute schaue ich keinem Trade mehr hinterher. Diese Entwicklung wird/muss jeder machen, der Trading ernsthaft betreiben will. Sonst landet man in der Klapsmühle. Halten Sie sich vielmehr an Oscar Wilde. Er sagte: »Am Ende wird alles gut, und wenn es noch nicht gut ist, dann ist es noch nicht das Ende.«

In dem Zusammenhang »Mehr ist immer möglich ...« ist es interessant, auf drei Kennzahlen zu blicken, die sonderbare Namen tragen. Sprechen wir über die Maximum Adverse Excursion (MAE), die Maximum Favorable Excursion (MaxFE) und die Minimum Favorable Excursion (MinFE). Alle drei kann man als wichtige Säulen des Risikomanagements betrachten.

Was ist die MAE? Konkret misst sie, wie weit ein Trade nach dem Einstieg ins Minus läuft. Deshalb kann die MAE unter anderem für die Optimierung von Limit Entrys verwendet werden. Das bedeutet, dass diese Kennzahl uns zum einen die Qualität des Entrys verrät und uns zum anderen den optimalen Ausstiegspunkt nennt, wenn sich der Trade gegen uns entwickelt. Übersetzt bedeutet der Begriff übrigens »maximal gegenläufige Bewegung«. In der Praxis kann man diesen Wert also dafür heranziehen, dass optimale Initial Stopp-Loss Level zu ermitteln. Das ist an einem Beispiel schnell erklärt.

Wenn ich feststelle, dass die Trades im Rahmen meiner Haltedauer im Durchschnitt 2,32 Prozent in den Verlust laufen, macht es Sinn, den Stopp unter diesem Wert zu platzieren. Das kann ich zwar auch mittels Backtest feststellen, aber natürlich muss ich bei Optimierungen aufpassen, dass ich mich nicht von statistischen Ausreißern in die Irre führen lasse. Die MAE bietet darüber hinaus den Vorteil, dass diese Kennzahl in einem Profit-Drawdown-Diagramm dargestellt werden kann, was die Sache visualisierbar macht.

Was bedeutet MaxFE? Hier geht es um die Güte des Ausstiegs. Gemessen wird, wie weit der Trade im Rahmen der Haltedauer in den Gewinn läuft. Vergleicht man diese Kennzahl mit dem tatsächlichen Ausstieg, weiß man, wie viel Gewinn man hat liegen lassen. Auf diese Art kann man optimale Kursziele bestimmen. Ähnliches gilt für die MinFE, die uns verrät, wie weit jeder Trade mindestens in den Gewinn gelaufen war, auch wenn er kein Gewinner wurde.

Ohne Frage sind diese Kennzahlen vor allem für fortgeschrittene Trader interessant. Keineswegs haben sie jedoch nur für quantitative Ansätze ihre Berechtigung. Auch im diskretionären Trading sollte der ambitionierte Trader darauf ein Auge werfen. Wobei man mit Backtest natürlich den Vorteil einer exakteren Darstellung und einer längeren Datenhistorie hat.

Zur aktuellen Entwicklung (Tag 3)

Aktuell sind 7 Trades am Laufen. Davon 6 Long-Positionen und eine Short-Position. Wenn man bedenkt, dass ich 19 Trades machen dürfte, ist das nicht viel. Die Systeme sind derzeit also nicht besonders stark engagiert, die aktuelle Exposure ist gering.

Toms Trading-Insider-Tipp

Das Gesetz der großen Zahl. Darüber habe ich schon des Öfteren geschrieben. Wikipedia definiert es folgendermaßen: ***In ihrer einfachsten Form besagen diese Sätze (Anm.: ... dieses Gesetz ...), dass sich die relative Häufigkeit eines Zufallsergebnisses in der Regel der Wahrscheinlichkeit dieses Zufallsergebnisses annähert, wenn das zu Grunde liegende Zufallsexperiment immer wieder unter denselben Voraussetzungen durchgeführt wird.*** *

Für uns Trader bedeutet das Gesetz der großen Zahl in der Praxis Folgendes: Wir müssen unser System häufig traden (arbeiten) lassen, sonst kann der statistische Vorteil (den ein gutes Regelwerk besitzt) nicht greifen. Warum? Der Ausgang eines einzelnen Trades ist als rein zufällig anzusehen und daher nützt mir ein performantes Handelssystem wenig, wenn es im Jahr nur drei Trades absetzt. Mit so einer geringen Exposure sind dem Zufall Tür und Tor geöffnet.

Ich bin felsenfest davon überzeugt, dass ein Trader mit der Schrotflinte zielen muss und nicht mit dem Zielfernrohr. Diese Schrotflinte darf aber nicht blind abgefeuert werden. Sie muss unbedingt auf jenen Busch gerichtet werden, in dem sich die Ziele erfahrungsgemäß verstecken.

* www.wikipedia.de unter dem Stichwort: Relative Häufigkeit

Aus der Praxis weiß ich, dass viele Trader an dem Gebrauch der Schrotflinte scheitern. Viel zu »sicher« wollen sie sich vielmehr sein, dass der Einstieg klappt. Sie warten und warten, sie zielen und zielen oder sie filtern und filtern. Und übrig bleiben versäumte oder zu wenige eingegangene Trades, um diesen eine statistische Relevanz zuzuweisen. Das ist meiner Meinung nach auch das Problem vieler Trendfolge-Ansätze. Häufig generieren diese Modelle zu wenig Signale. Man hat daher oft mit sehr zufälligen Ergebnissen zu kämpfen und die Systeme werden instabil.

Auf die Exposure (= Investitionsgrad) umgelegt bedeutet das, dass sie nicht zu hoch und auch nicht zu niedrig sein darf. Die Untergrenze würde ich mit 35 Prozent angeben (gut ein Drittel) und die Obergrenze mit groben 85 Prozent (gilt für Swingtrading-Modelle). Das bedeutet: Mein Kapital muss zumindest zu einem

Drittel im Markt investiert sein, damit ich einen wesentlichen, statistisch relevanten Vorteil aus einem guten System generieren kann. Andererseits macht es bei den im Buch beschriebenen Strategien keinen Sinn, wenn mein Geld immer im Markt ist. Solche Systeme gibt es, aber dann sind wir bei ganz anderen Trading-Modellen angelangt, die nicht in diesem Buch besprochen werden.

Aber – um den Faden zur aktuellen Entwicklung wieder aufzugreifen – die Exposure bleibt auch weiterhin gering. Mein Screener hat heute gerade mal vier neue Signale ausgeworfen. Eine Strategie liefert überhaupt kein Signal, zwei Strategien liefern jeweils zwei. Diese vier Signale beziehen sich auf Aktien von Firmen, die in den nächsten Tagen einen Quartalsbericht veröffentlichen. So bleiben für die heutige Trading Session gerade mal zwei Alarme, die ich einstellen kann.

Toms Trading-Insider-Tipp

Aus den obigen Ausführungen leiten wir ab, dass wir im aktiven Trading-Prozess die Exposure nicht beeinflussen können und sollen. Das ist nur bei der Systementwicklung selbst möglich. Wenn nun so wie heute keine/wenig Signale vorhanden sind, dann ist das ohne Murren zur Kenntnis zu nehmen. Natürlich muss das Geld arbeiten, damit es sich vermehren kann. Aber das bedeutet nicht, dass man aus Mangel an Signalen dann »irgendwas« tradet, um die Exposure zu erhöhen.

Die Berichterstattung der ersten Tagebuch-Woche endet heute. Der dritte Tag ist ein Freitag. Zeit für das Wochenende, um den Kopf frei zu bekommen. Da Regen angesagt wurde, werde ich wohl nicht wie geplant auf das Wiener Stadtfest gehen, sondern gemütliche Tage zu Hause einschieben. Kochen, ein Glas Wein trinken (oder zwei ...), Freunde einladen und einfach faulenzen. Die letzten Tage waren anstrengend und auch die Arbeiten für diese Dokumentation sind nicht so einfach, wie ich es mir vorgestellt habe. Aber es macht mir bisher großen Spaß. Ich hoffe, Ihnen auch.

Ab der zweiten Handelswoche werden wir nur mehr zeitweise in das Geschehen einsteigen. Berichtet wird nur noch von jenen Tagen, an denen interessante Dinge geschehen. Passiert längere Zeit nichts Nennenswertes, was gar nicht so selten vorkommt (zum Glück), werde ich hin und wieder einen Performance-Report absetzen. Auch wenn das Ziel des Buches kein »Wie mache ich in ein paar Wochen 100 Prozent an den Aktienmärkten?« ist, bin ich sicher, dass der Leser sich schon ein wenig für die Entwicklung des Kontostandes interessiert.

Woche 1 – Tag 4

Ich möchte den Beginn der zweiten Handelswoche dazu benutzen, mit Ihnen über die Signale der Trading-Systeme zu sprechen. Und dabei geht es mir vor allem um die Long/Short-Gewichtung der einzelnen Modelle und die Ausrichtung des Systemportfolios als Ganzes. Weiterhin werde ich über die grundlegende Markttendenz sprechen und wie sie die Zusammenstellung der Modelle beeinflusst.

Betrachten wir dazu zunächst die Signalausgabe:

> **Anmerkung**
>
> Die »Alert Time« in den Screenshots unten ist natürlich immer die vom vorangegangenen Handelstag.

System 1

Select All | Place Orders | Stage Orders | Monitor in Quotes Window | Help

Alert Time	Symbol	Account	Action	Qty	Order Type	Price	Scale	Signal Name
03.05.2013	MSFT	PaperAccou...	Short	424	Market		Daily	E-SHORT
03.05.2013	ESRX	PaperAccou...	Short	230	Market		Daily	E-SHORT
03.05.2013	COP	PaperAccou...	Short	229	Market		Daily	E-SHORT
03.05.2013	LOW	PaperAccou...	Short	358	Market		Daily	E-SHORT
03.05.2013	WAG	PaperAccou...	Buy	295	Market		Daily	E-LONG

Abb. 19, Quelle: Wealth-Lab

System 2

Select All | Place Orders | Stage Orders | Monitor in Quotes Window | Help

Alert Time	Symbol	Account	Action	Qty	Order Type	Price	Scale	Signal Name
03.05.2013	LOW	PaperAccou...	Short	358	Market		Daily	E-SHORT
03.05.2013	ABX	PaperAccou...	Short	709	Market		Daily	E-SHORT
03.05.2013	MET	PaperAccou...	Short	350	Market		Daily	E-SHORT
03.05.2013	APC	PaperAccou...	Short	163	Market		Daily	E-SHORT
03.05.2013	EMR	PaperAccou...	Short	249	Market		Daily	E-SHORT
03.05.2013	GM	PaperAccou...	Short	442	Market		Daily	E-SHORT
03.05.2013	EBAY	PaperAccou...	Short	261	Market		Daily	E-SHORT
03.05.2013	LYB	PaperAccou...	Short	232	Market		Daily	E-SHORT

Abb. 20, Quelle: Wealth-Lab

System 3

Select All | Place Orders | Stage Orders | Monitor in Quotes Window | Help

Alert Time	Symbol	Account	Action	Qty	Order Type	Price	Scale	Signal Name
03.05.2013	UNH	PaperAccou...	Buy	280	Market		Daily	E-LONG
03.05.2013	DUK	PaperAccou...	Buy	221	Market		Daily	E-LONG

Abb. 21, Quelle: Wealth-Lab

Was fällt bei den Signalen auf? Blicken wir zunächst auf System 1. Dort sehen wir vier Alarme auf der Short-Seite und einen Long-Alarm. Das bedeutet, dass dieses System an einem Tag durchaus Long- und Short-Signale gleichzeitig auswerfen kann.

In der Praxis geschieht dies, wenn der Gesamtmarkt steigt (oder umgekehrt fällt) und eine Aktie (hier WAG) der positiven Entwicklung hinterherhinkt (oder steigt, während der Markt fällt). Es wäre nun fatal, WAG mit folgender Argumentation nicht zu traden: »Wenn WAG nicht einmal dann steigt, wenn der Gesamtmarkt nach oben geht, dann wird die Aktie bei einem fallenden Markt wohl umso mehr unter die Räder kommen. Dann wäre ich mit meinem Long-Trade falsch positioniert. Ich lasse den Trade daher aus.«

Mit Hausverstand betrachtet hat der Gedankengang schon etwas Richtiges, aber ...

> **Toms Trading-Insider-Tipp**
>
> Wenn man quantitative Ansätze verwendet und dabei so denkt und arbeitet, dann kann man das ganze Testen und Entwickeln gleich bleiben lassen. So darf nur ein diskretionärer Trader arbeiten. Und natürlich kann ich im Einzelfall mit dieser Aussage recht haben. Doch bei backgetesteten Trading-Modellen hat so eine Denkweise keinen Platz. Wird der Alarm ausgeworfen, dann ist der Trade ohne Wenn und Aber umzusetzen.

Weiterhin sehen wir zum einen, dass System 3 nur zwei Signale liefert, und zum anderen, dass im Gegensatz zu den anderen Systemen diese auf der Long-Seite zu finden sind. Dazu müssen Sie wissen, dass dieses Modell ein Long-only-System ist. Darüber sprechen wir gleich noch. Aufgrund der steigenden Märkte der letzten Tage ist die Signalauswahl jedoch stark eingeschränkt. Sie erinnern sich: Wir setzten Swingtrading-Ansätze ein. Diese suchen Übertreibungen. Weil es ein Long-only-System ist, muss die Übertreibung auf der Short-Seite stattgefunden haben. Die Aktie muss in den letzten Tagen also verhältnismäßig stark gefallen sein. Und dank steigender Märkte ist dieses Verhalten derzeit dünn gesät.

Toms Trading-Insider-Tipp

Was hat es mit Long only auf sich ...?

Wenn Sie sich eine Zeit lang mit Handelsmodellen für Aktienmärkte beschäftigen, werden Sie schnell bemerken, dass es gar nicht so schwierig ist, simple Regeln zu finden, die auf der Long-Seite funktionieren. Auf der Short-Seite ist es hingegen immer eine Herausforderung, gute Ansätze zu finden. Warum ist das so?

Weil – ganz vereinfach ausgedrückt – Aktienmärkte die Tendenz haben, zu steigen. Und weil jeder will, dass diese Märkte steigen. Oder haben Sie schon mal jemanden klagen hören, weil der S&P 500 an einem Tag um 2 Prozent gestiegen ist? (Außer vielleicht einen Trader, der short war ...)

Zumindest gilt diese Long-Tendenz für die entwickelten Märkte der letzten Jahrzehnte. Und vor allem gilt das für die US-Aktienmärkte. Weil das so ist, ist es immer relativ einfach, gute Long-Systeme zu entwickeln. Natürlich müssen die Modelle aber auch short gehen. Schon alleine, um den Drawdown zu reduzieren, doch die Long-Seite ist so gut wie immer profitabler. Übrigens ein Faktum, das das Trading von Aktien im Vergleich zu anderen Märkten einfacher macht.

Allerdings sei erwähnt, dass ein System, das in Aktien long und short geht, eigentlich kein klassisches Hedging betreibt. Hedgen würde ich mich, wenn ich zum Beispiel immer mit einem Future short bin und in Aktien long only gehe. Wenn ich hingegen ein System trade, das bei Aktien long und short geht, fehlt unter Umständen das Hedging und der gewünschte Effekt bleibt aus. Denn wenn Sie zehn Mal long sind und ein Ereignis tritt ein, das die Märkte kollabieren lässt, und Sie haben keinen Short-Trade (warum auch immer, weil Sie kein Geld mehr dafür hatten, weil es keine Signale gab etc.), dann nützt es Ihnen nichts, dass das Modell auch short gehen würde. Sie würden vom Kursrückgang nicht profitieren.

Was fällt uns noch an den obigen Signalen auf? Vergleichen wir System 1 und 2. Beide Systeme gehen long und short. Beide arbeiten mit einem ähnlichen Aktienportfolio. Wir sehen, dass die Überlappung an Signalen trotzdem gering ist. Das ist interessant, denn grundsätzlich arbeiten beide Modelle mit ähnlichen Parametern. Warum werden dann nicht mehr gleiche Alarme ausgegeben?

Rufen wir uns nochmals in Erinnerung, dass ein Swingtrader Übertreibungen sucht. Es gibt nun mehrere Möglichkeiten, diese Übertreibung zu messen.

Unter anderem kann man dazu einen RSI, eine Stochastik oder ein Bollinger-Band verwenden und vieles mehr. Obwohl die Ansätze also ähnlich sind, sind sie im Detail dann doch verschieden. Weil einfach andere Filter zum Einsatz kommen oder weil die Rückschauperiode variiert. Das erklärt auch, warum wir bis auf LOW unterschiedliche Signale ausgeworfen bekommen.

Dieses Thema kann man übrigens mit dem Begriff »Korrelation von Systemen« umschreiben, was vor allem für fortgeschrittene Trader interessant ist. Wir werden in diesem Buch später nochmals über diesen Sachverhalt diskutieren.

Zur aktuellen Entwicklung (Tag 4)

Heute möchte ich nur kurz auf die aktuelle Entwicklung meines Kontostandes eingehen und dabei gleich eine Warnung aussprechen. Ja, es läuft gut. Sehr gut sogar. Aber die Börse ist keine Einbahnstraße. Es kommt vielmehr nicht selten vor, dass nach einigen erfolgreichen Tagen oder Wochen ein Dämpfer folgt. Wer hingegen meint, es geht nun jeden Tag so weiter, der hat nicht verstanden, wie Trading wirklich funktioniert. Es ist ein Auf und Ab. Mal ist man richtig positioniert, mal falsch. In beiden Fällen zeigt der erfahrene Trader aber keinerlei Emotionen.

Aktuell halten wir bei einem Kontostand von 67.957 Euro und einem Gewinn von ca. 1000 Euro. Der Wertzuwachs liegt bei 1,57 Prozent. Der Gewinn selbst ist in der Abbildung nicht zu sehen. Er errechnet sich aus dem Projekt Startkapital und dem aktuellen Kontostand. Also 67.957 Euro - 66.904,81 Euro = 1053 Euro.

INTERACTIVE BROKERS

Konto Informationen

Netto Vermögenswert (NAV) in der Basiswährung

	Total
Cash	37,389.27
Aktien	30,610.83
Verzinsung	-2.01
Dividendenanfall	-40.67
Total	**67,957.42**

Netto Vermögenswert (NAV) in Zeitserien

Mark-to-Market Performance Übersicht in der Basiswährung

Realisierte & Unrealisierte Performance Übersicht in der Basiswährung

Cash Bericht

Abb. 22, Quelle: Interactive Brokers (IB)

Woche 1 – Tag 5

Eine Kennzahl, die von angehenden Tradern gerne beachtet wird, ist die Trefferquote. Dabei handelt es sich um die Gewinn/Verlust-Verteilung eines Handelssystems. Nehmen wir das Fazit vorweg: Diese Kennzahl spielt keine Rolle bei der Beurteilung der Güte eines Trading-Modells. Warum das so ist, wollen wir uns im Folgenden ansehen.

Schauen wir uns dazu zwei Long-only-Trading-Modelle an. Beide Regelwerke arbeiten mit den 30 Aktien aus dem Dow Jones. Der Beobachtungs- oder Testzeitraum reicht vom Jahr 2000 bis Ende 2012. Der weitere Handelsansatz dahinter ist grundverschieden und wird nicht besprochen. Diesmal achten wir aber zunächst nicht auf die Performance (ich habe den Performance-Wert zunächst verdeckt), sondern auf die Trefferquote.

Dabei leistet Modell 1 ganze Arbeit, wie wir im nachfolgenden Screenshot sehen können:

Backtest Performance Report | Range: 02.01.1997 to 03.10.2013 (4217 Bars) |

	All Trades	Long Trades	Short Trades	Buy & Hold
Starting Capital	€ 10.000,00	€ 10.000,00	€ 10.000,00	€ 10.000,00
[redacted]				
Total Commission	-€ 17.657,68	-€ 17.657,68	€ 0,00	-€ 45,61
Return on Cash	€ 0,00	€ 0,00	€ 0,00	€ 0,00
Margin Interest Paid	€ 0,00	€ 0,00	€ 0,00	€ 0,00
Dividends Received	€ 0,00	€ 0,00	€ 0,00	€ 0,00
Number of Trades	4.835	4.835	0	30
Average Profit	€ 5,59	€ 5,59	€ 0,00	€ 2.278,00
Average Profit %	0,22%	0,22%	0,00%	651,85%
Average Bars Held	4,45	4,45	0,00	4.169,93
Winning Trades	3.531	3.531	0	27
Win Rate	73,03%	73,03%	0,00%	90,00%
Gross Profit	€ 181.518,65	€ 181.518,65	€ 0,00	€ 68.727,41
Average Profit	€ 51,41	€ 51,41	€ 0,00	€ 2.545,46
Average Profit %	1,77%	1,77%	0,00%	728,48%
Average Bars Held	3,23	3,23	0,00	4.164,81
Max Consecutive Winners	41	41	0	18
Losing Trades	1.304	1.304	0	3
Loss Rate	26,97%	26,97%	0,00%	10,00%
Gross Loss	-€ 154.483,25	-€ 154.483,25	€ 0,00	-€ 387,55
Average Loss	-€ 118,47	-€ 118,47	€ 0,00	-€ 129,18
Average Loss %	-3,99%	-3,99%	0,00%	-37,88%
Average Bars Held	7,75	7,75	0,00	4.216,00
Max Consecutive Losses	8	8	0	2
Maximum Drawdown	-€ 5.986,29	-€ 5.986,29	€ 0,00	-€ 12.184,57
Maximum Drawdown Date	23.07.2002	23.07.2002	02.01.1997	09.03.2009
Maximum Drawdown %	-30,99%	-30,99%	0,00%	-47,72%
Maximum Drawdown % Date	23.07.2002	23.07.2002	04.10.2013	09.10.2002
Wealth-Lab Score	10,31	10,31	0,00	6,79
Sharpe Ratio	0,67	0,67	0,00	0,43
Profit Factor	1,18	1,18	0,00	177,34
Recovery Factor	4,52	4,52	0,00	5,61
Payoff Ratio	0,44	0,44	0,00	19,23

Abb. 23, Quelle: Wealth-Lab

Die Win Rate dieser Strategie, also die Anzahl der Trades, die positiv geendet haben, liegt bei 73 Prozent. Nur 27 Prozent unserer Trades werden Verlierer, was auf den ersten Blick für die Qualität dieses Modells spricht.

Backtest Performance Report | Range: 02.01.1997 to 03.10.2013 (4217 Bars)

	All Trades	Long Trades	Short Trades	Buy & Hold
Starting Capital	€ 10.000,00	€ 10.000,00	€ 10.000,00	€ 10.000,00
[redacted]				
Total Commission	-€ 19.706,04	-€ 19.706,04	€ 0,00	-€ 45,61
Return on Cash	€ 0,00	€ 0,00	€ 0,00	€ 0,00
Margin Interest Paid	€ 0,00	€ 0,00	€ 0,00	€ 0,00
Dividends Received	€ 0,00	€ 0,00	€ 0,00	€ 0,00
Number of Trades	4.027	4.027	0	30
Average Profit	€ 19,34	€ 19,34	€ 0,00	€ 2.278,00
Average Profit %	0,44%	0,44%	0,00%	651,85%
Average Bars Held	5,99	5,99	0,00	4.169,93
Winning Trades	2.284	2.284	0	27
Win Rate	56,72%	56,72%	0,00%	90,00%
Gross Profit	€ 400.189,98	€ 400.189,98	€ 0,00	€ 68.727,41
Average Profit	€ 175,21	€ 175,21	€ 0,00	€ 2.545,46
Average Profit %	3,34%	3,34%	0,00%	728,48%
Average Bars Held	5,24	5,24	0,00	4.164,81
Max Consecutive Winners	18	18	0	18
Losing Trades	1.743	1.743	0	3
Loss Rate	43,28%	43,28%	0,00%	10,00%
Gross Loss	-€ 322.310,34	-€ 322.310,34	€ 0,00	-€ 387,55
Average Loss	-€ 184,92	-€ 184,92	€ 0,00	-€ 129,18
Average Loss %	-3,36%	-3,36%	0,00%	-37,88%
Average Bars Held	6,98	6,98	0,00	4.216,00
Max Consecutive Losses	14	14	0	2
Maximum Drawdown	-€ 17.052,65	-€ 17.052,65	€ 0,00	-€ 12.184,57
Maximum Drawdown Date	20.11.2008	20.11.2008	02.01.1997	09.03.2009
Maximum Drawdown %	-25,55%	-25,55%	0,00%	-47,72%
Maximum Drawdown % Date	20.11.2008	20.11.2008	04.10.2013	09.10.2002
Wealth-Lab Score	15,49	15,49	0,00	6,79
Sharpe Ratio	0,71	0,71	0,00	0,43
Profit Factor	1,24	1,24	0,00	177,34
Recovery Factor	4,57	4,57	0,00	5,61
Payoff Ratio	1,00	1,00	0,00	19,23

Abb. 24, Quelle: Wealth-Lab

Anmerkung

Auch hier wurde wieder die Performance – vorläufig – abgedeckt.

Beim zweiten Ansatz können wir eine doch typischere Gewinnverteilung eines Swingtrading-Modells sehen. Mit ca. 56 Prozent liegt die Anzahl der positiven Trades durchaus in einem üblichen Bereich.

Toms Trading-Insider-Tipp

Kann man, wenn auch nur zu Demonstrationszwecken, die Trefferquote künstlich in die Höhe schrauben? Ja, das kann man. Für diese Tests hier habe ich das auch gemacht, denn üblicherweise existieren keine brauchbaren Swingtrading-Strategien mit einer derart hohen Anzahl.von Gewinntrades, wie Sie es in Modell 1 dargestellt fanden. Wie geht das?

Am einfachsten ist es, mit einem sehr engen Kursziel zu arbeiten. Wenn Sie zum Beispiel bei Long-Trades den Exit mit einem Kursziel von 0,x Prozent versehen, werden Sie eine exorbitant hohe Trefferquote erzielen. Das bedeutet aber nicht, dass dieses Modell auch gut performt.

Welches Regelwerk erzielt also die bessere Rendite? Decken wir nun die Performance der beiden Modelle auf.

Modell 1

Backtest Performance Report | Range: 02.01.1997 to 03.10.2013 (4217 Bars) |

	All Trades	Long Trades	Short Trades	Buy & Hold
Starting Capital	€ 10.000,00	€ 10.000,00	€ 10.000,00	€ 10.000,00
Ending Capital	€ 37.035,40	€ 37.035,40	€ 10.000,00	€ 78.339,86
Net Profit	€ 27.035,40	€ 27.035,40	€ 0,00	€ 68.339,86
Net Profit %	270,35%	270,35%	0,00%	683,40%
Annualized Gain %	8,13%	8,13%	0,00%	13,08%
Exposure	54,40%	54,40%	0,00%	100,68%
Total Commission	-€ 17.657,68	-€ 17.657,68	€ 0,00	-€ 45,61
Return on Cash	€ 0,00	€ 0,00	€ 0,00	€ 0,00
Margin Interest Paid	€ 0,00	€ 0,00	€ 0,00	€ 0,00
Dividends Received	€ 0,00	€ 0,00	€ 0,00	€ 0,00
Number of Trades	4.835	4.835	0	30
Average Profit	€ 5,59	€ 5,59	€ 0,00	€ 2.278,00
Average Profit %	0,22%	0,22%	0,00%	651,85%
Average Bars Held	4,45	4,45	0,00	4.169,93
Winning Trades	3.531	3.531	0	27
Win Rate	73,03%	73,03%	0,00%	90,00%
Gross Profit	€ 181.518,65	€ 181.518,65	€ 0,00	€ 68.727,41
Average Profit	€ 51,41	€ 51,41	€ 0,00	€ 2.545,46
Average Profit %	1,77%	1,77%	0,00%	728,48%
Average Bars Held	3,23	3,23	0,00	4.164,81
Max Consecutive Winners	41	41	0	18
Losing Trades	1.304	1.304	0	3
Loss Rate	26,97%	26,97%	0,00%	10,00%
Gross Loss	-€ 154.483,25	-€ 154.483,25	€ 0,00	-€ 387,55
Average Loss	-€ 118,47	-€ 118,47	€ 0,00	-€ 129,18
Average Loss %	-3,99%	-3,99%	0,00%	-37,88%
Average Bars Held	7,75	7,75	0,00	4.216,00
Max Consecutive Losses	8	8	0	2
Maximum Drawdown	-€ 5.986,29	-€ 5.986,29	€ 0,00	-€ 12.184,57
Maximum Drawdown Date	23.07.2002	23.07.2002	02.01.1997	09.03.2009
Maximum Drawdown %	-30,99%	-30,99%	0,00%	-47,72%
Maximum Drawdown % Date	23.07.2002	23.07.2002	04.10.2013	09.10.2002
Wealth-Lab Score	10,31	10,31	0,00	6,79
Sharpe Ratio	0,67	0,67	0,00	0,43
Profit Factor	1,18	1,18	0,00	177,34
Recovery Factor	4,52	4,52	0,00	5,61
Payoff Ratio	0,44	0,44	0,00	19,23

Abb. 25, Quelle: Wealth-Lab

Der durchschnittliche jährliche Gewinn liegt bei 8,13 Prozent. Wie sieht es bei Modell 2 aus?

Modell 2

Backtest Performance Report | Range: 02.01.1997 to 03.10.2013 (4217 Bars)

	All Trades	Long Trades	Short Trades	Buy & Hold
Starting Capital	€ 10.000,00	€ 10.000,00	€ 10.000,00	€ 10.000,00
Ending Capital	€ 87.879,64	€ 87.879,64	€ 10.000,00	€ 78.339,86
Net Profit	€ 77.879,64	€ 77.879,64	€ 0,00	€ 68.339,86
Net Profit %	778,80%	778,80%	0,00%	683,40%
Annualized Gain %	13,85%	13,85%	0,00%	13,08%
Exposure	66,58%	66,58%	0,00%	100,68%
Total Commission	-€ 19.706,04	-€ 19.706,04	€ 0,00	-€ 45,61
Return on Cash	€ 0,00	€ 0,00	€ 0,00	€ 0,00
Margin Interest Paid	€ 0,00	€ 0,00	€ 0,00	€ 0,00
Dividends Received	€ 0,00	€ 0,00	€ 0,00	€ 0,00
Number of Trades	4.027	4.027	0	30
Average Profit	€ 19,34	€ 19,34	€ 0,00	€ 2.278,00
Average Profit %	0,44%	0,44%	0,00%	651,85%
Average Bars Held	5,99	5,99	0,00	4.169,93
Winning Trades	2.284	2.284	0	27
Win Rate	56,72%	56,72%	0,00%	90,00%
Gross Profit	€ 400.189,98	€ 400.189,98	€ 0,00	€ 68.727,41
Average Profit	€ 175,21	€ 175,21	€ 0,00	€ 2.545,46
Average Profit %	3,34%	3,34%	0,00%	728,48%
Average Bars Held	5,24	5,24	0,00	4.164,81
Max Consecutive Winners	18	18	0	18
Losing Trades	1.743	1.743	0	3
Loss Rate	43,28%	43,28%	0,00%	10,00%
Gross Loss	-€ 322.310,34	-€ 322.310,34	€ 0,00	-€ 387,55
Average Loss	-€ 184,92	-€ 184,92	€ 0,00	-€ 129,18
Average Loss %	-3,36%	-3,36%	0,00%	-37,88%
Average Bars Held	6,98	6,98	0,00	4.216,00
Max Consecutive Losses	14	14	0	2
Maximum Drawdown	-€ 17.052,65	-€ 17.052,65	€ 0,00	-€ 12.184,57
Maximum Drawdown Date	20.11.2008	20.11.2008	02.01.1997	09.03.2009
Maximum Drawdown %	-25,55%	-25,55%	0,00%	-47,72%
Maximum Drawdown % Date	20.11.2008	20.11.2008	04.10.2013	09.10.2002
Wealth-Lab Score	15,49	15,49	0,00	6,79
Sharpe Ratio	0,71	0,71	0,00	0,43
Profit Factor	1,24	1,24	0,00	177,34
Recovery Factor	4,57	4,57	0,00	5,61
Payoff Ratio	1,00	1,00	0,00	19,23

Abb. 26, Quelle: Wealth-Lab

Mit diesem Handelsansatz würden wir pro Jahr fast 14 Prozent verdienen. Und das obwohl die Trefferquote signifikant schlechter ist.

Toms Trading-Insider-Tipp

Ignorieren Sie die Trefferquote bei der Entwicklung völlig. Bei performanten Swingtrading-Modellen liegt sie meiner Erfahrung nach zwischen 50 und 60 Prozent, manchmal auch etwas höher. Es bringt hingegen nichts, die Strategien auf eine möglichst hohe Trefferquote hin zu optimieren. Warum das so ist, konnte hier demonstriert werden.

In der Trading-Literatur liest man immer wieder, dass die Trefferquote alleine betrachtet keine Relevanz besitzt, was ich hiermit bestätigen möchte. Für mich unverständlich ist es aber, dass Anfänger noch immer die Qualität ihres Tradings anhand der Frage beurteilen, wie oft sie recht bekommen.

Zur aktuellen Entwicklung (Tag 5)

Der Tag bot keine nennenswerten Vorkommnisse. So möchte ich heute kurz auf die Berechnung des Kurszieles eingehen. Dieses wird bei manchen meiner Modelle vom Vortagesschlusskurs abgeleitet, der ja nichts anderes ist als das letzte bekannte Kursniveau dieser Aktie

Auf den ersten Blick scheint das Vorgehen bei der Berechnung des Kurszieles problematisch oder sogar nicht ganz korrekt zu sein. Denn intuitiver wäre es, das Kursziel nicht vom Schlusskurs des Vortages zu berechnen, sondern vom Einstiegskurs. Das Problem dabei ist Folgendes: Der Einstiegskurs ist zu diesem Zeitpunkt, wo ich das Kursziel berechne, noch nicht bekannt.

Nun ließe sich diese Hürde auf vielen Wegen umgehen. Man könnte zunächst ein fiktives (sehr weites) Limit eingeben (um das Orderpaket vollständig aufzubauen) und es später, wenn der Einstieg vollzogen wurde und somit bekannt ist, nachtragen. Oder man setzt vorerst gar kein Kursziel ein und hängt diese Order später dazu. Doch jede Alternativlösung (außer eine automatisierte) hat einen Nachteil: Sie verursacht mehr Arbeit, weil ich jede Order mindestens zwei Mal »in die Hand nehmen muss«.

Natürlich wäre mir die zusätzliche Arbeit dann nicht zu viel, wenn die Performance besser wird, sobald ich das Kursziel vom Einstiegskurs absetze. Interessanterweise bringt das bei diesen Modellen aber keinen Performance-Schub. Somit gebe ich der Lösung den Vorzug, den Vortagesschlusskurs als Basis für diese Berechnungen heranzuziehen.

Stellvertretend für den heutigen Tag sehen Sie nachfolgend die Alarme einer Strategie. Mehrheitlich gehen die Modelle heute short.

Select All | Place Orders | Stage Orders | Monitor in Quotes Window | Help

Alert Time	Symbol	Account	Action	Qty	Order Type	Price	Scale	Signal Name
07.05.2013	COP	PaperAccou...	Short	225	Market		Daily	E-SHORT
07.05.2013	XOM	PaperAccou...	Short	155	Market		Daily	E-SHORT
07.05.2013	F	PaperAccou...	Short	1000	Market		Daily	E-SHORT
07.05.2013	BA	PaperAccou...	Short	149	Market		Daily	E-SHORT
07.05.2013	HON	PaperAccou...	Short	184	Market		Daily	E-SHORT
07.05.2013	DE	PaperAccou...	Short	154	Market		Daily	E-SHORT
07.05.2013	CMCSA	PaperAccou...	Short	329	Market		Daily	E-SHORT
07.05.2013	SLB	PaperAccou...	Short	184	Market		Daily	E-SHORT
07.05.2013	TWX	PaperAccou...	Short	230	Market		Daily	E-SHORT
07.05.2013	APA	PaperAccou...	Short	185	Market		Daily	E-SHORT
07.05.2013	PSX	PaperAccou...	Short	220	Market		Daily	E-SHORT
07.05.2013	LYB	PaperAccou...	Short	224	Market		Daily	E-SHORT
07.05.2013	UTX	PaperAccou...	Short	151	Market		Daily	E-SHORT
07.05.2013	QCOM	PaperAccou...	Short	221	Market		Daily	E-SHORT

Abb. 27, Quelle: Wealth-Lab

Der Kontostand beträgt heute Morgen am Tag 5 genau 68.546,85 Euro. Die Tendenz ist also weiterhin positiv. Das Plus beträgt nun 2,45 Prozent.

Woche 1 – Tag 6

Heute möchte ich mich einem Thema zuwenden, das gerade von angehenden Tradern zu wenig beachtet wird, gleichzeitig aber von der Wichtigkeit her ganz oben anzusiedeln ist. Sprechen wir über Kosten und Gebühren.

Trading zieht vielleicht deswegen so viele Menschen an, weil es ein Geschäftsmodell zu sein scheint, das zum einen keine Eintrittsbarrieren kennt und zum anderen keine Gründungskosten verursacht. Denn heute hat ohnehin jeder einen Computer mit Internet daheim. Der Broker stellt in fast allen Fällen die Handelsplattform gratis zur Verfügung und auch Realtime-Kurse sind bei den meisten Anbietern im Paket mit dabei. Somit scheint alles eitle Wonne und die Grundlage der Unternehmensführung, dass jede Firma (ein Trader ist ja eine Firma, die ein Business betreibt) Einnahmen und Ausgaben zu tragen hat, gilt als ausgehebelt. Aber ist es wirklich so?

Beschäftigt man sich intensiv mit dem Börsenhandel, bemerkt man rasch, dass das Thema Kosten sehr wohl relevant ist. Abgesehen von den Verlusten, die man als Ausbildungskosten betrachten darf, sind hier die Anschaffung einer vernünftigen Backtesting-Software sowie die Kosten von historischen Kursdaten oder von aktuellen Livestream-Kursen (die dann leider doch nicht immer gratis sind) zu nennen. Aber das alles wären Investitionen, die in Relation zu den möglichen Gewinnen als vernachlässigbar anzusehen sind.

Doch es existiert ein großer Kostenblock, der, wenn man ihn nicht kontrolliert, sogar zur Pleite des Traders und zur Ausradierung des Kontos führen kann. Wir sprechen dabei von den Broker-Gebühren und treten nun auch gleich den Beweis an, dass diese Ausgaben problematisch werden können.

Ich zeige Ihnen zunächst die Performance eines simplen Swingtrading-Handelssystems. Dieses Modell weist, wie es bei diesem Trading-Stil üblich ist, eine hohe Schlagzahl auf. Im Zeitraum von 1997 bis 2012 wurden damit 7099 Trades generiert. Teilt man die Anzahl durch 16 Jahre, ergibt das im Durchschnitt eine Trading-Frequenz von 444 Trades im Jahr oder 36,97 Trades im Monat.

Backtest Performance Report | Range: 02.01.1997 to 31.12.2012 (4026 Bars)

	All Trades	Long Trades	Short Trades	Buy & Hold
Starting Capital	€ 100.000,00	€ 100.000,00	€ 100.000,00	€ 100.000,00
Ending Capital	€ 27.501.055,67	€ 23.015.159,04	€ 4.585.896,63	€ 1.036.064,26
Net Profit	€ 27.401.055,67	€ 22.915.159,04	€ 4.485.896,63	€ 936.064,26
Net Profit %	27.401,06%	22.915,16%	4.485,90%	936,06%
Annualized Gain %	42,07%	40,50%	27,02%	15,74%
Exposure	61,63%	39,16%	116,72%	99,73%
Total Commission	-€ 2.229.479,43	-€ 971.539,74	-€ 1.257.939,68	-€ 125,78
Return on Cash	€ 0,00	€ 0,00	€ 0,00	€ 0,00
Margin Interest Paid	€ 0,00	€ 0,00	€ 0,00	€ 0,00
Dividends Received	€ 0,00	€ 0,00	€ 0,00	€ 0,00
Number of Trades	7.099	3.131	3.968	99
Average Profit	€ 3.859,85	€ 7.318,80	€ 1.130,52	€ 9.455,19
Average Profit %	0,59%	0,98%	0,29%	885,08%
Average Bars Held	3,58	3,97	3,27	3.792,75
Winning Trades	4.212	1.814	2.398	90
Win Rate	59,33%	57,94%	60,43%	90,91%
Gross Profit	€ 90.779.302,92	€ 50.963.719,51	€ 39.815.583,40	€ 939.927,55
Average Profit	€ 21.552,54	€ 28.094,66	€ 16.603,66	€ 10.443,64
Average Profit %	2,81%	3,75%	2,10%	977,69%
Average Bars Held	3,32	3,95	2,84	3.782,01
Max Consecutive Winners	21	15	22	37
Losing Trades	2.887	1.317	1.570	9
Loss Rate	40,67%	42,06%	39,57%	9,09%
Gross Loss	-€ 63.378.247,25	-€ 28.048.560,48	-€ 35.329.686,77	-€ 3.863,29
Average Loss	-€ 21.952,98	-€ 21.297,31	-€ 22.502,99	-€ 429,25
Average Loss %	-2,64%	-2,83%	-2,48%	-40,94%
Average Bars Held	3,97	4,00	3,94	3.900,11
Max Consecutive Losses	17	17	14	1
Maximum Drawdown	-€ 4.132.753,14	-€ 2.702.211,84	-€ 4.232.364,35	-€ 268.513,99
Maximum Drawdown Date	08.08.2011	08.08.2011	16.05.2011	09.03.2009
Maximum Drawdown %	-19,09%	-30,08%	-57,45%	-51,22%
Maximum Drawdown % Date	08.08.2011	06.03.2009	16.05.2011	23.07.2002
Wealth-Lab Score	55,24	72,31	9,85	7,70
Sharpe Ratio	2,00	1,70	1,00	0,84
Profit Factor	1,43	1,82	1,13	243,30
Recovery Factor	6,63	8,48	1,06	3,49
Payoff Ratio	1,06	1,32	0,84	23,88

Abb. 28, Quelle: Wealth-Lab

Das System performt, ausgehend von einem Startkapital von 100.000 US-Dollar, ausgezeichnet und wirft einen durchschnittlichen Jahresgewinn von 42,07 Prozent aus. Die Gewinnverteilung der einzelnen Jahre sieht wie folgt aus.

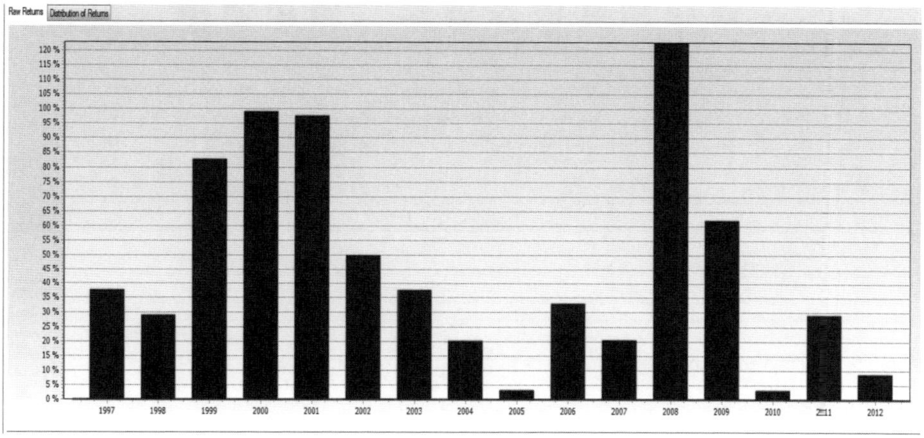

Abb. 29, Quelle: Wealth-Lab

Wir sehen zwar die ungleiche Verteilung der Jahresrenditen, über die wir später noch sprechen werden, aber wir erkennen auch, dass dieses Modell jedes Jahr Gewinne erzielt hat. Blicken wir nochmals auf den Performance-Report. Wir zahlen in diesen 13 Jahren immerhin mehr als 2,2 Mio. US-Dollar an den Broker. Eine stattliche Summe, die uns da abgenommen wird. Wie entsteht dieser Betrag? Bei meinem Broker werden pro gehandelte US-Aktie 0,005 US-Dollar und eine Mindestgebühr für den Halfturn von 1 US-Dollar fällig. Bei »normaler« Kontengröße kostet Sie ein Trade also 2 US-Dollar, weil fast immer diese Mindestgebühr zur Anwendung kommen wird. Ich habe dazu das Gebührenfenster in der nächsten Abbildung eingeblendet.

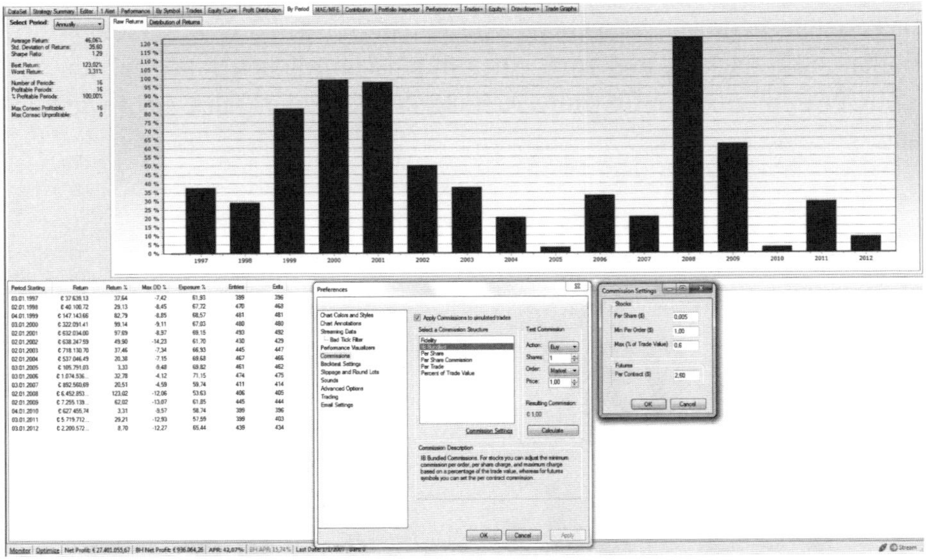

Abb. 30, Quelle: Wealth-Lab

Toms Trading-Insider-Tipp

Anders als hierzulande werden an US-amerikanischen Börsen die Gebühren pro Stück gehandelte Aktie berechnet und nicht vom gesamten Handelsvolumen. Je mehr Stück Sie kaufen, desto teurer wird es also. Aus diesem Grund wäre es überlegenswert, Aktien die niedrig notieren, nicht zu traden. Aber auch diese Entscheidung sollten Sie faktenbasiert treffen.

Was passiert nun bei Anwendung des gleichen Modells, wenn Sie höhere Gebühren bezahlen müssen? Ich habe recherchiert, was der durchschnittliche Broker für eine Order in Rechnung stellt. Dabei ist mir aufgefallen, dass die Kostenmodelle sehr unterschiedlich sind. Weil es keine klare Tendenz gibt, habe ich mich am unteren Rand der Bandbreite orientiert, denn es ist keine Seltenheit, dass ein Kunde für eine 2500-Dollar-Order an den US-Märkten 15 US-Dollar und mehr bezahlen muss. Wohlgemerkt für den Halfturn. Also bei Kauf und Verkauf wären dann 30 US-Dollar fällig.

Ich rechne also mit 0,08 US-Dollar je Aktie und einer Mindestgebühr von 6 US-Dollar. Und dabei habe ich mich wie gesagt noch nicht einmal annähernd jenen Beträgen genähert, die von einigen Anbietern wirklich verlangt werden.

Welchen Einfluss haben nun die höheren Gebühren auf die Performance? Ist er zu vernachlässigen, wie man vielleicht annehmen könnte, weil 6 US-Dollar im Verhältnis zur Positionsgröße von mehreren Tausend Dollar ja dann doch nicht so viel sind? Lassen wir den Test erneut laufen, mit gleichen Rahmenbedingungen, nur mit anderen Comissions Settings. Und siehe da ...

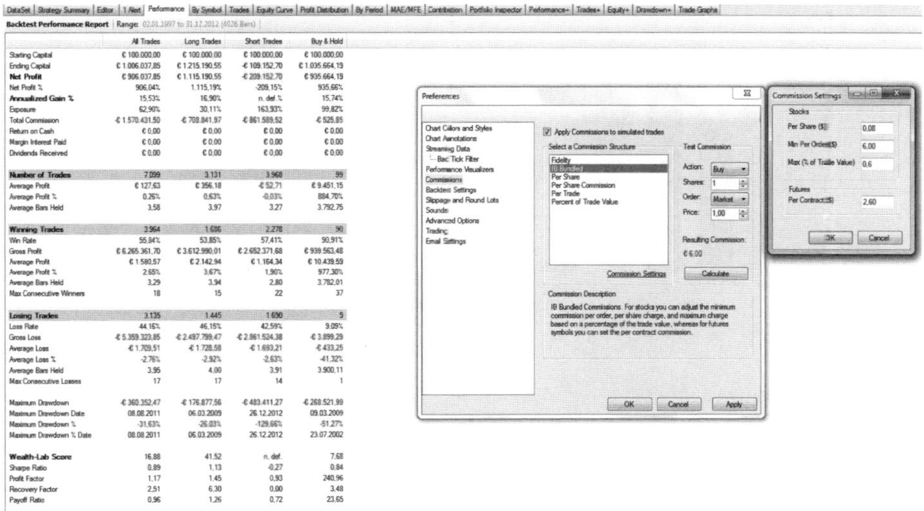
Backtest Performance Report | Range: 02.01.1997 to 31.12.2012 (4026 Bars)

	All Trades	Long Trades	Short Trades	Buy & Hold
Starting Capital	€ 100.000,00	€ 100.000,00	€ 100.000,00	€ 100.000,00
Ending Capital	€ 1.006.037,85	€ 1.215.190,55	-€ 109.152,70	€ 1.035.664,19
Net Profit	€ 906.037,85	€ 1.115.190,55	-€ 209.152,70	€ 935.664,19
Net Profit %	906,04%	1.115,19%	-209,15%	935,66%
Annualized Gain %	15,53%	16,90%	n. def. %	15,74%
Exposure	62,90%	30,11%	163,93%	99,82%
Total Commission	-€ 1.570.431,50	-€ 708.841,97	-€ 861.589,52	-€ 525,85
Return on Cash	€ 0,00	€ 0,00	€ 0,00	€ 0,00
Margin Interest Paid	€ 0,00	€ 0,00	€ 0,00	€ 0,00
Dividends Received	€ 0,00	€ 0,00	€ 0,00	€ 0,00
Number of Trades	7.099	3.131	3.968	99
Average Profit	€ 127,63	€ 356,18	-€ 52,71	€ 9.451,15
Average Profit %	0,26%	0,63%	-0,03%	884,70%
Average Bars Held	3,58	3,97	3,27	3.792,75
Winning Trades	3.964	1.686	2.278	90
Win Rate	55,84%	53,85%	57,41%	90,91%
Gross Profit	€ 6.265.361,70	€ 3.612.990,01	€ 2.652.371,68	€ 939.563,48
Average Profit	€ 1.580,57	€ 2.142,94	€ 1.164,34	€ 10.439,59
Average Profit %	2,65%	3,67%	1,90%	977,30%
Average Bars Held	3,29	3,94	2,80	3.782,01
Max Consecutive Winners	18	15	22	37
Losing Trades	3.135	1.445	1.690	9
Loss Rate	44,16%	46,15%	42,59%	9,09%
Gross Loss	-€ 5.359.323,85	-€ 2.497.799,47	-€ 2.861.524,38	-€ 3.899,29
Average Loss	-€ 1.709,51	-€ 1.728,58	-€ 1.693,21	-€ 433,25
Average Loss %	-2,76%	-2,92%	-2,63%	-41,32%
Average Bars Held	3,95	4,00	3,91	3.900,11
Max Consecutive Losses	17	17	14	1
Maximum Drawdown	-€ 360.352,47	-€ 176.877,56	-€ 483.411,27	-€ 268.521,99
Maximum Drawdown Date	08.08.2011	06.03.2009	26.12.2012	09.03.2009
Maximum Drawdown %	-31,63%	-26,03%	-129,66%	-51,27%
Maximum Drawdown % Date	08.08.2011	06.03.2009	26.12.2012	23.07.2002
Wealth-Lab Score	16,88	41,52	n. def.	7,68
Sharpe Ratio	0,89	1,13	-0,27	0,84
Profit Factor	1,17	1,45	0,93	240,96
Recovery Factor	2,51	6,30	0,00	3,48
Payoff Ratio	0,96	1,26	0,72	23,65

Abb. 31, Quelle: Wealth-Lab

Statt 40 Prozent Jahresrendite haben wir plötzlich nur noch 15,53 Prozent, obwohl wir die gleiche Strategie anwenden. Wo ist die Performance hin, hat sich der Broker alles eingesteckt? Nein, das auch wieder nicht. Vergleichen wir die Gebühren: Bei Modell A mit den günstigen Kosten zahlen wir insgesamt 2,2 Mio. US-Dollar an den Broker, bei Modell B »nur« 1,5 Mio US-Dollar. Ein Widerspruch? Nein. Schauen Sie auf das Endkapital. Statt 27 Mio. US-Dollar wie im ersten Test bleiben uns nur etwas mehr als 1 Million nach 16 Jahren in der Tasche. Das ist weniger als ein Zwanzigstel und auch der Broker selbst verdient in Relation deutlich weniger. Woraus resultiert diese enorme Renditedifferenz?

Wir schaffen es nicht, unser Konto in die Höhe zu traden, weil wir ständig zu viel bezahlen. Deshalb können wir nie so große Positionen bewegen wie bei der ersten Gebührenstruktur und der Vergleich hinkt. In Wirklichkeit ist das Trading mit Gebührenmodell 2 noch viel teurer, als es hier den Anschein hat, weil die Gebühren permanent unsere Positionsgrößen reduzieren und dadurch der Zinseszinseffekt nicht greifen kann.

Das Dilemma wird in der anschließenden Jahresverteilung der Gewinne noch deutlicher ersichtlich.

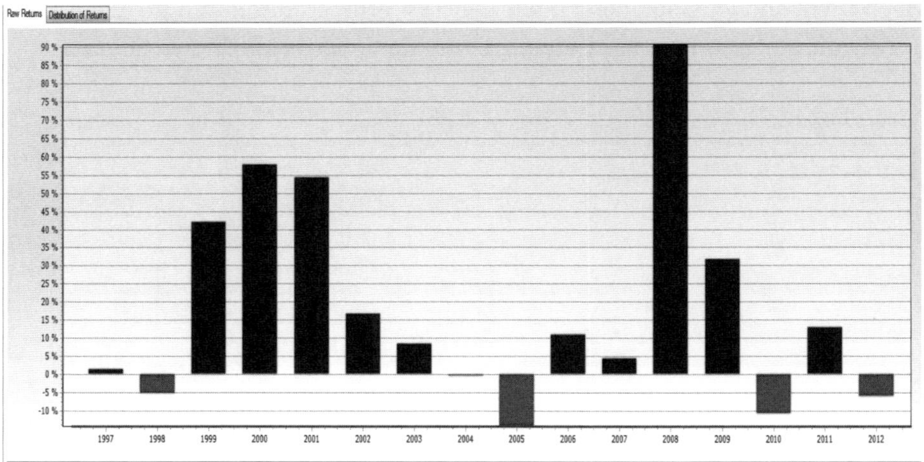

Abb. 32, Quelle: Wealth-Lab

Hatten wir vorhin noch kein Verlustjahr zu beklagen, sind es nun mit den höheren Gebühren fünf negative Perioden.

Bringen wir es auf den Punkt: Die Broker-Gebühren haben einen wesentlichen Einfluss auf die Performance, auch wenn die Beträge klein erscheinen und man sich dadurch leicht täuschen lässt. Vor allem im Swingtrading muss man auf die Kosten achten, weil diese Modelle viele Trades absetzen.

Anmerkung

Trendfolge-Modelle sind in Sachen Gebühren nicht so sensibel. Wenn man nur wenige Trades im Jahr absetzt, sind die Unterschiede in der Performance nicht so eklatant.

Aber können die Gebühren ein Trading-Modell auch zur Gänze kippen? Können sie das Konto ausradieren und die Pleite herbeiführen? Nähern wir uns dazu mehr der Realität und der durchschnittlichen Kapitalausstattung eines angehenden Traders an. Versuchen wir, beide Gebührenmodelle auf dem typischen 10.000er-Konto des Einsteigers anzuwenden, und achten wir darauf, wie sich das auf die Performance auswirkt.

Backtest Performance Report | Range: 02.01.1997 to 31.12.2012 (4026 Bars)

	All Trades	Long Trades	Short Trades	Buy & Hold
Starting Capital	€ 10.000,00	€ 10.000,00	€ 10.000,00	€ 10.000,00
Ending Capital	€ 2.488.625,56	€ 2.083.568,09	€ 415.057,47	€ 101.759,76
Net Profit	€ 2.478.625,56	€ 2.073.568,09	€ 405.057,47	€ 91.759,76
Net Profit %	24.786,26%	20.735,68%	4.050,57%	917,70%
Annualized Gain %	41,19%	39,63%	26,23%	15,61%
Exposure	61,61%	39,09%	116,58%	97,39%
Total Commission	-€ 203.492,13	-€ 88.692,24	-€ 114.799,88	-€ 36,64
Return on Cash	€ 0,00	€ 0,00	€ 0,00	€ 0,00
Margin Interest Paid	€ 0,00	€ 0,00	€ 0,00	€ 0,00
Dividends Received	€ 0,00	€ 0,00	€ 0,00	€ 0,00
Number of Trades	7.099	3.131	3.968	97
Average Profit	€ 349,15	€ 662,27	€ 102,08	€ 946,08
Average Profit %	0,58%	0,97%	0,28%	904,12%
Average Bars Held	3,58	3,97	3,27	3.787,96
Winning Trades	4.211	1.813	2.398	90
Win Rate	59,32%	57,90%	60,43%	92,78%
Gross Profit	€ 8.215.458,20	€ 4.612.423,81	€ 3.603.034,39	€ 91.967,22
Average Profit	€ 1.950,95	€ 2.544,08	€ 1.502,52	€ 1.021,86
Average Profit %	2,80%	3,74%	2,09%	976,76%
Average Bars Held	3,32	3,95	2,84	3.782,01
Max Consecutive Winners	21	15	22	52
Losing Trades	2.888	1.318	1.570	7
Loss Rate	40,68%	42,10%	39,57%	7,22%
Gross Loss	-€ 5.736.832,65	-€ 2.538.855,73	-€ 3.197.976,92	-€ 197,46
Average Loss	-€ 1.986,44	-€ 1.926,29	-€ 2.036,93	-€ 28,21
Average Loss %	-2,65%	-2,84%	-2,49%	-29,83%
Average Bars Held	3,97	4,00	3,94	3.364,43
Max Consecutive Losses	17	17	14	1
Maximum Drawdown	-€ 373.960,89	-€ 244.507,49	-€ 382.972,33	-€ 25.085,96
Maximum Drawdown Date	08.08.2011	08.08.2011	16.05.2011	09.03.2009
Maximum Drawdown %	-19,09%	-30,03%	-57,44%	-50,97%
Maximum Drawdown % Date	08.08.2011	06.03.2009	16.05.2011	23.07.2002
Wealth-Lab Score	54,09	70,94	9,58	7,86
Sharpe Ratio	1,97	1,68	0,98	0,84
Profit Factor	1,43	1,82	1,13	465,75
Recovery Factor	6,63	8,48	1,06	3,66
Payoff Ratio	1,06	1,32	0,84	32,74

Abb. 33, Quelle: Wealth-Lab

Bei Modell 1 mit den günstigen Gebühren ändert sich in Sachen Gewinn pro Jahr (»Annualized Gain«) wenig. Die Performance liegt knapp über 41 Prozent und die Jahresverteilung der Gewinne ist ähnlich. Die (geringen) Broker-Gebühren schlagen also auch beim kleinen Konto nicht wesentlich durch und die Resultate sind weiterhin exzellent.

> **Anmerkung**
>
> Achten Sie bitte in Abbildung 33 auf das Startkapital von 10.000 US-Dollar.

In der Abbildung 34 können Sie die Renditen der einzelnen Jahre erkennen. Auch hier ändert sich von der Verteilung her wenig.

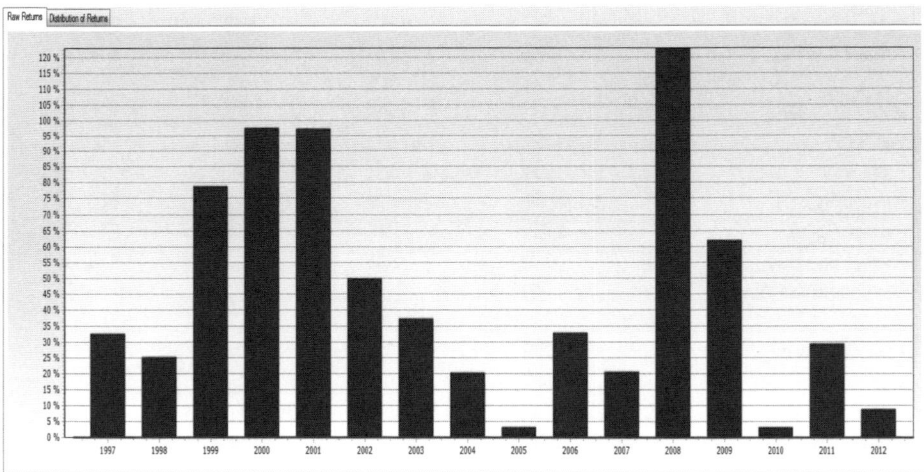

Abb. 34, Quelle: Wealth-Lab

Natürlich haben wir in absoluten Beträgen viel weniger verdient, weil wir von einem geringeren Startkapital ausgegangen sind, und dementsprechend weniger Gebühren zahlen wir auch insgesamt. Aber die Relationen bleiben fast gleich und das System produziert auch bei diesem Testlauf kein Verlustjahr.

Nun ändern wir bei gleichen Rahmenbedingungen und Konto-Anfangssaldo 10.000 US-Dollar die Gebühren erneut auf das teurere Modell (0,08 US-Dollar pro Aktie, mindestens 6 US-Dollar). Welche Konsequenzen sind daraus abzuleiten und bleiben die Relationen ähnlich wie vorhin?

Schauen wir uns gemeinsam das Ergebnis an.

Backtest Performance Report | Range: 02.01.1997 to 31.12.2012 (4026 Bars)

	All Trades	Long Trades	Short Trades	Buy & Hold
Starting Capital	€ 10.000,00	€ 10.000,00	€ 10.000,00	€ 10.000,00
Ending Capital	-€ 0,72	€ 10.394,80	-€ 395,52	€ 101.394,47
Net Profit	-€ 10.000,72	€ 394,80	-€ 10.395,52	€ 91.394,47
Net Profit %	-100,01%	3,95%	-103,96%	913,94%
Annualized Gain %	n. def.%	0,24%	n. def.%	15,58%
Exposure	64,87%	6,13%	50,48%	98,23%
Total Commission	-€ 24.964,30	-€ 11.657,87	-€ 13.306,43	-€ 471,93
Return on Cash	€ 0,00	€ 0,00	€ 0,00	€ 0,00
Margin Interest Paid	€ 0,00	€ 0,00	€ 0,00	€ 0,00
Dividends Received	€ 0,00	€ 0,00	€ 0,00	€ 0,00
Number of Trades	2.403	1.120	1.283	97
Average Profit	-€ 4,16	€ 0,35	-€ 8,10	€ 942,21
Average Profit %	-2,51%	-2,55%	-2,47%	900,03%
Average Bars Held	3,55	3,97	3,18	3.787,96
Winning Trades	1.023	482	541	88
Win Rate	42,57%	43,04%	42,17%	90,72%
Gross Profit	€ 27.483,94	€ 17.498,29	€ 9.985,65	€ 91.627,10
Average Profit	€ 26,87	€ 36,30	€ 18,46	€ 1.041,22
Average Profit %	3,13%	4,38%	2,03%	954,94%
Average Bars Held	3,28	3,93	2,71	3.776,49
Max Consecutive Winners	14	11	12	47
Losing Trades	1.380	638	742	9
Loss Rate	57,43%	56,96%	57,83%	9,28%
Gross Loss	-€ 37.484,66	-€ 17.103,49	-€ 20.381,17	-€ 232,63
Average Loss	-€ 27,16	-€ 26,81	-€ 27,47	-€ 25,85
Average Loss %	-6,69%	-7,78%	-5,75%	-27,95%
Average Bars Held	3,74	4,00	3,52	3.900,11
Max Consecutive Losses	84	59	68	2
Maximum Drawdown	-€ 11.326,40	-€ 2.155,89	-€ 10.706,25	-€ 25.093,96
Maximum Drawdown Date	11.12.2002	11.12.2002	10.10.2002	09.03.2009
Maximum Drawdown %	-100,01%	-17,18%	-103,84%	-51,48%
Maximum Drawdown % Date	11.12.2002	11.12.2002	10.10.2002	23.07.2002
Wealth-Lab Score	n. def.	3,27	n. def.	7,70
Sharpe Ratio	-0,94	0,08	-0,26	0,83
Profit Factor	0,73	1,02	0,49	393,88
Recovery Factor	0,00	0,18	0,00	3,64
Payoff Ratio	0,47	0,56	0,35	35,59

Abb. 35, Quelle: Wealth-Lab

Weiterhin sehen wir die Gewinne der einzelnen Jahre aufgelistet.

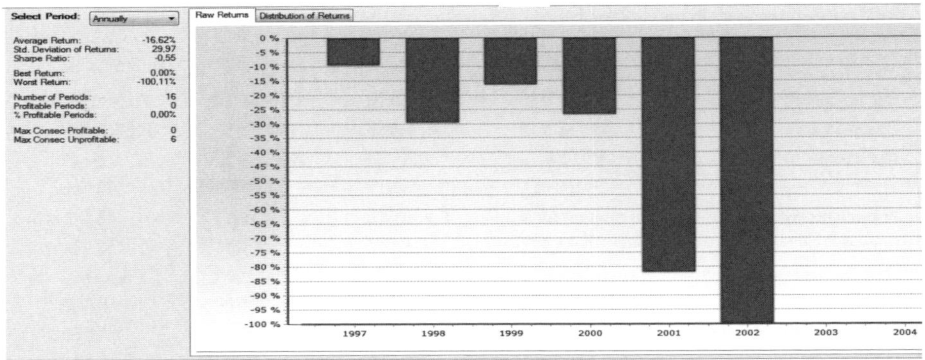

Period Starting	Return	Return %	Max DD %	Exposure %	Entries	Exits
03.01.1997	-€ 981,64	-9,82	-21,90	61,08	399	396
02.01.1998	-€ 2.694,01	-29,87	-31,61	67,58	470	468
04.01.1999	-€ 1.062,20	-16,80	-25,86	67,19	482	482
03.01.2000	-€ 1.425,27	-27,09	-38,67	65,74	481	481
02.01.2001	-€ 3.156,17	-82,26	-82,31	66,15	501	500
02.01.2002	-€ 681,43	-100,11	-100,11	40,50	70	76
02.01.2003	€ 0,00	0,00	0,00	0,00	0	0
02.01.2004	€ 0,00	0,00	0,00	0,00	0	0

Abb. 36, Quelle:Wealth-Lab

Ich muss Sie leider enttäuschen. Mit diesem kleinen Konto und den hohen Gebühren haben wir von Anfang an nur Verlustjahre erzielt. Und nach sechs Jahren sind wir bankrott!

Wir sind bankrott!

Nochmals – weil es wichtig ist:

Wir handeln ein exzellentes Modell (eigentlich +42 Prozent p.A.) und sind trotzdem bankrott, weil die Gebühren unser 10.000-Euro-Konto auffressen!

Weil es so wichtig ist, packen wir diese Tatsache in eine Frage:

Wie rasch muss der Bankrott bei einem kleinen Konto dann erst kommen, wenn das Modell nicht so gut ist, was bei einem angehenden Trader ja kein Wunder wäre?

Achten wir nochmals auf Abbildung 36. Wir sehen, dass wir eigentlich nur fünf Jahre (1997–2001) normal handeln können. Im Jahr 2002 gehen sich aufgrund des dezimierten Kontos nur noch 70 Trades aus. Ab dem Jahr 2003 werden gar keine Trades mehr gemacht, weil unser Konto ausradiert wurde.

Das stimmt schon sehr nachdenklich, denn das ist die Realität, die Zigtausende Mal pro Jahr geschieht. Trader eröffnen ein Konto mit ihren hart ersparten 10.000 Euro. Sie erwischen einen zu teuren Broker und dann machen sie Bankrott. In der Praxis wird der angehende Trader aber noch viel rascher pleitegehen, denn wenige haben ein System, das bei günstiger Gebührenstruktur eine Rendite von 42 Prozent pro Jahr verspricht.

Toms Trading-Insider-Tipp

Es gibt einige Broker, die mit »günstigen« Gebühren von 6 EUR oder USD je Trade werben. Natürlich gibt es Anbieter, die noch weit teurer sind. Aber Sie haben gesehen, was passiert, wenn Sie mindestens 6 EUR oder Dollar pro Trade bezahlen und viele Trades absetzen. Sie machen Bankrott. Kalkulieren Sie daher die Broker-Angebote genau und stimmen Sie sie auf Ihren Handelsansatz ab.

Etwas anders stellt es sich dar, wenn der Broker eine fixe Flatrate von 5, 6 oder 10 USD anbietet. In diesem Fall würden Sie beim Handel eines besonders großen Kontos profitieren, weil Sie Ihre Gebühren deckeln.

So ist es unter anderem auch zu erklären, warum die meisten Trading-Konten nach kurzer Zeit wieder geschlossen werden. Weil der Trader aus fachlicher Sicht noch nicht traden kann und Verlust einfährt und weil er darüber hinaus viel zu viel Gebühren bezahlt (und weil manchmal – wie Sie ja erfahren konnten – manch ein Broker sogar noch ein wenig nachhilft). Die Spirale dreht sich also doppelt (dreifach?) schnell nach unten und es gibt keine Chance, zu entkommen. Das ist hart, aber es entspricht der Wahrheit.

Toms Trading-Insider-Tipp

Ich denke, dass es sich hier um eine Kerninformation in diesem Buch handelt, auch wenn es nicht um Trading-Modelle selbst, sondern »nur« um die Kostenfalle Broker-Gebühren geht. Ich hoffe, ich konnte demonstrieren, wie wichtig die Comissions für den Erfolg eines Trading-Systems sind. Vergleichen Sie die Gebühren penibel. Egal wie groß oder klein Ihr Konto ist. Zahlen Sie mit kleinem Konto zu viel, kommen Sie in einen Abwärtsstrudel, aus dem es kein Entrinnen gibt. Und da hilft Ihnen das beste System nicht aus der Patsche. Wenn das Konto zu klein ist und die Gebühren zu hoch sind, ist das ein Teufelskreis, der nicht zu durchbrechen ist.

Anmerkung

Beim diskretionären Swingtrading verhält es sich ein wenig anders. Natürlich können und werden sich die (zu hohen) Gebühren auch dort bemerkbar machen. Aber ein diskretionärer Trader wird meist nicht auf die gleich hohe Schlagzahl kommen wie ein Trader, der ein computergestütztes Systemportfolio mit hoher Exposure und vielen Einzeltrades handelt.

Zur aktuellen Entwicklung (Tag 6)

Bleibt mir für die aktuelle Entwicklung nur ein Screenshot, den ich zeigen kann. Der Kontostand liegt bei 68.546 Euro. Die aktuelle Performance beträgt somit +2,45 Prozent.

INTERACTIVE BROKERS

Konto Informationen

Netto Vermögenswert (NAV) in der Basiswährung

	Total
Cash	68,327.89
Aktien	294.86
Verzinsung	-5.89
Dividendenanfall	-70.02
Total	**68,546.85**

Netto Vermögenswert (NAV) in Zeitserien

Mark-to-Market Performance Übersicht in der Basiswährung

Realisierte & Unrealisierte Performance Übersicht in der Basiswährung

Cash Bericht

Abb. 37, Quelle: Interactive Brokers (IB)

Woche 2 – Tag 8

Der Höhepunkt der Quartalsberichtssaison liegt hinter uns. Trotzdem heißt es aufpassen, denn nicht alle Unternehmen haben gerade Geschäftsjahre oder berichten in dieser Hochsaison. So steht auch heute ein Earnings-Check an, nachdem die Signale für den heutigen Handelstag abgerufen wurden.

Weil die Daten für das automatische Auslesen nicht lückenlos zur Verfügung stehen, ist eine manuelle Prüfung dieser Events durchaus überlegenswert. Weiter vorne im Buch fanden Sie einige Links, unter denen Sie diese Berichte kostenfrei abrufen können. Ich bevorzuge dazu die Finanzseite von Yahoo. Sehen Sie nachfolgend den Screenshot dazu.

Enter Symbol: | Get Earnings Date

Calendars: **U.S. Earnings** | Conf. Calls | Surprises | Splits | IPO | Economic

Prev. Week | **Oct 7** | Oct 8 | Oct 9 | Oct 10 | Oct 11 | Next Week

Earnings Announcements for Monday, October 7

Company	Symbol	EPS Estimate*	Time	Add to My Calendar
Arena Agroindustrie Alimentari SpA	ARE.MI	N/A	Time Not Supplied	Add
Arrhythmia Research Technology Inc	HRT	N/A	Time Not Supplied	Add
Asia Pacific Wire & Cable Corporation Ltd	APWC	N/A	Time Not Supplied	Add
Astrotech Corp	ASTC	N/A	Time Not Supplied	Add
Balda AG	BAF.DE	N/A	Time Not Supplied	Add
Bank of South Carolina	BKSC	N/A	Time Not Supplied	Add
Bastide le Confort Medical SA	BLC.PA	N/A	After Market Close	Add
Calypte Biomedical Corp	CBMC	N/A	Time Not Supplied	Add
Catalyst Media Group PLC	CMX.L	N/A	Time Not Supplied	Add
Century Bancorp Inc	CNBKA	N/A	Time Not Supplied	Add
Chimera Investment Corp	CIM	0.11	Time Not Supplied	Add
China Bak Battery Inc	CBAK	N/A	Time Not Supplied	Add
China Finance Online Co Ltd	JRJC	N/A	Time Not Supplied	Add
Computer Services Inc	CSVI	N/A	Time Not Supplied	Add
Credit Foncier de Monaco SA	MLCFM.PA	N/A	Time Not Supplied	Add
CytoDyn Inc	CYDY	N/A	Time Not Supplied	Add
Diamond Fields International Ltd	DFI.V	N/A	After Market Close	Add
DiamondRock Hospitality Co	DRH	0.19	Time Not Supplied	Add
Dmail Group SpA	DMA.MI	N/A	Time Not Supplied	Add
Dods (Group) PLC	DODS.L	N/A	Time Not Supplied	Add

Abb. 38, Quelle: Yahoo

Auf dieser Seite muss man nur das Tickersymbol der Aktie eintippen, »Get Earnings Date« klicken und schon bekommt man Infos zum nächsten Termin geliefert. Aber leider ist auch diese Datenbank nicht lückenlos. Oder sagen wir es anders. Meiner Erfahrung nach liefert Yahoo zu 99,9 Prozent korrekte Daten bei US-Aktien. Da ich aber auch Nicht-US-Aktien handle, die an den US-Börsen notieren, fallen manche Termine durch den Rost, weil Yahoo dazu keine Informationen bereitstellt. Das heißt, dass man bei Werten wie VALE, MTU, PBR, ABX, TEVA, ITUB, CNQ, BHP oder ING, um nur einige zu nennen, sogar auf der Firmen-Homepage nachsehen sollte, um 100-prozentig sicherzugehen.

Meist findet man diese Infos auf den Corporate-Seiten unter »Investor Relations« und dort entweder unter »Calendar« oder »News«. Stellvertretend mein heutiger Check auf der Seite von MTU.

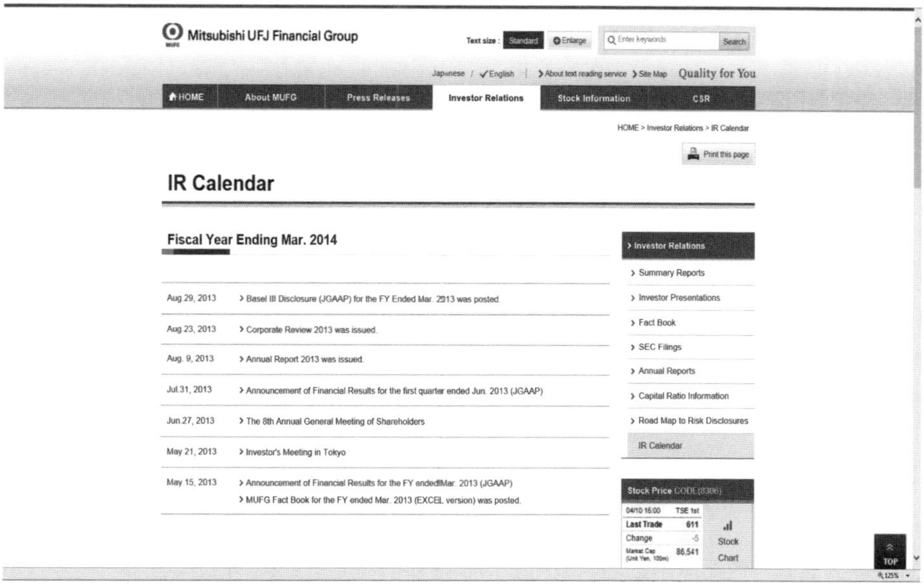

Abb. 39, Quelle: Internet-Homepage MTU

Der nächste Quartalsbericht von MTU wird in den kommenden Tagen veröffentlicht (»Announcement of Financial Results ...«). Da ich über dieses Ereignis nicht traden will, kann ich das Signal heute nicht umsetzen. Diese Information wäre mir jedoch entgangen, hätte ich nicht auf der Firmen-Homepage die entsprechende Info gesucht, denn Yahoo liefert zu diesem Symbol keine Informationen.

Toms Trading-Insider-Tipp

Wenn Sie als privater Trader Quartalsbericht-Daten auswerten wollen, werden Sie nicht drum herumkommen, einen Blick auf die Unternehmens-Homepage zu werfen. Das ist etwas Arbeit, aber es zahlt sich aus. Selbstverständlich hat man als institutioneller Händler professionelle Datenquellen, die einem die Sache ungemein erleichtern. Aber diese Anschaffung ist für einen privaten Händler viel zu teuer. Machen Sie es daher wie hier beschrieben und suchen Sie manuell. Speichern Sie sich diese Seiten mit dem entsprechenden Tickersymbol als Favorit oder Lesezeichen in Ihrem Browser ab. So müssen Sie nicht jedes Mal erneut nach diesen Infos suchen.

Zur aktuellen Entwicklung (Tag 8)

Sehen wir uns zunächst gleich die Strategien im Detail an.

Alarme Strategie 1

Select All | Place Orders | Stage Orders | Monitor in Quotes Window | Help

Alert Time	Symbol	Account	Action	Qty	Order Type	Price	Scale	Signal Name
09.05.2013	HON	PaperAccou...	Short	182	Market		Daily	E-SHORT ...
09.05.2013	MDT	PaperAccou...	Short	290	Market		Daily	E-SHORT ...
09.05.2013	HD	PaperAccou...	Short	187	Market		Daily	E-SHORT ...
09.05.2013	TJX	PaperAccou...	Short	280	Market		Daily	E-SHORT ...

Abb. 40, Quelle: Wealth-Lab

Alarme Strategie 2

Select All | Place Orders | Stage Orders | Monitor in Quotes Window | Help

Alert Time	Symbol	Account	Action	Qty	Order Type	Price	Scale	Signal Name
09.05.2013	MSFT	PaperAccou...	Buy	434	Market		Daily	E-LONG ...
09.05.2013	PSX	PaperAccou...	Buy	228	Market		Daily	E-LONG ...
09.05.2013	AIG	PaperAccou...	Buy	322	Market		Daily	E-LONG ...

Abb. 41, Quelle: Wealth-Lab

Alarme Strategie 3

Select All | Place Orders | Stage Orders | Monitor in Quotes Window | Help

Alert Time	Symbol	Account	Action	Qty	Order Type	Price	Scale	Signal Na...
09.05.2013	MTU	PaperAccou...	Buy	2473	Market		Daily	E-LONG ...

Abb. 42, Quelle: Wealth-Lab

Anmerkung

MTU (bei Strategie 3) kann, wie oben besprochen, heute nicht gehandelt werden.

Erneut fällt auf, dass die Korrelation der Alarme nicht besonders stark ausgeprägt ist. Kein einziges Signal überlappt sich und kommt in zwei oder mehr

Strategien vor. Und ein weiteres Mal sieht man, und das heute besonders deutlich, dass die Handelsansätze in der Praxis komplett unterschiedlich arbeiten.

> **Anmerkung**
>
> Sie wissen, dass Strategie 3 mit den anderen beiden nicht ganz vergleichbar ist, denn hier handelt es sich um ein Long-only-Modell.

Daher ändert sich meine Gesamtportfolio-Gewichtung langsam auf die Long-Seite. Am schnellsten reagiert dabei, das wissen wir schon, Strategie 2. Während in den Tagen davor und auch gestern Short-Trades angesagt waren, dreht dieses Modell heute schon auf long. Strategie 1 hingegen ist langsam und bleibt auf der Short-Seite aktiv. Strategie 3 kann heute erneut keine Trades absetzen, weil MTU Earnings hat. Somit ist bei diesem Modell kein einziger Trade mehr aktiv, denn die beiden offenen Positionen werden heute zur Eröffnung mittels Zeitausstieg beendet. Es kommt übrigens auch nicht alle Tage vor (und belegt das derzeit eher untypische Marktverhalten), dass eine Strategie gar keine Trades offen hat.

Nach dem raschen Anstieg der Performance in den ersten Tagen sehen wir derzeit eine Konsolidierung. Der Kontostand ist mit 68.232 Euro (+1,98 Prozent) aber immer noch sehr hoch und die Entwicklung ist zufriedenstellend. Der Markt ist in den letzten Wochen zwar nicht massiv, dafür aber kontinuierlich nach oben gegangen. Swing-Modelle werden in so einem Umfeld vor allem auf der Short-Seite auf dem falschen Fuß erwischt. Dafür muss man mit der derzeitigen Performance umso zufriedener sein.

INTERACTIVE BROKERS

Konto Informationen

Netto Vermögenswert (NAV) in der Basiswährung

	Total
Cash	86,665.57
Aktien	-18,330.40
Verzinsung	-5.90
Dividendenanfall	-97.07
Total	**68,232.19**

Netto Vermögenswert (NAV) in Zeitserien

Mark-to-Market Performance Übersicht in der Basiswährung

Realisierte & Unrealisierte Performance Übersicht in der Basiswährung

Cash Bericht

Abb. 43, Quelle: Interactive Brokers (IB)

Woche 3 – Tag 9

Heute früh am Beginn von Handelswoche 3 ist das Internet bei mir ausgefallen. Gerade als ich meine Trading Session starten und die Signale des aktuellen Tages abrufen wollte, ging in meinem Büro gar nichts mehr. Trotzdem bleibe ich entspannt, denn die Zeit ist auf meiner Seite. Sie wissen, dass ich bei der Ausführung meiner Orders keine Eile habe. Die US-Börsen eröffnen um 15:30 Uhr MEZ und bis dahin müssen alle Trades an der Börse sein. Bei uns war es aber erst zeitig am Morgen, als ich ohne Internetverbindung dastand, und so hatte ich genug Spielraum, um zu reagieren. Bemerkt hatte ich den Ausfall, als sich meine Trader Workstation rosa einfärbte und mir so signalisierte, die Verbindung zum Internet verloren zu haben.

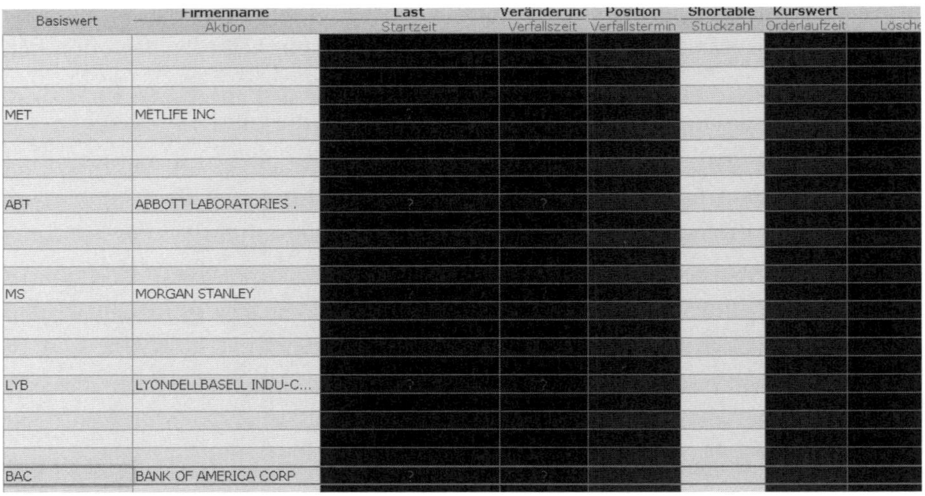

Basiswert	Firmenname / Aktion	Last / Startzeit	Veränderunc / Verfallszeit	Position / Verfallstermin	Shortable / Stückzahl	Kurswert / Orderlaufzeit	Lösch
MET	METLIFE INC						
ABT	ABBOTT LABORATORIES .						
MS	MORGAN STANLEY						
LYB	LYONDELLBASELL INDU-C...						
BAC	BANK OF AMERICA CORP						

Abb. 44, Quelle: Interactive Brokers (IB)

Wie bereits erwähnt habe ich für solche Fälle mehrere Backup-Lösungen. Zunächst sind da zwei mobile Internet-Sticks von verschiedenen Netzbetreibern zu nennen. In den Rechner eingestöpselt, versorgen sie mich in wenigen Sekunden mit einer überraschend stabilen und schnellen Internetverbindung. Sollten aus irgendeinem Grund beide Sticks auch nicht funktionieren (was sehr unwahrscheinlich ist), bleibt noch mein Smartphone. Das kann ich als Hotspot benutzen. Dann erfüllt es die gleiche Funktion wie ein Internet-Stick.

Anmerkung

Institutionelle Lösungen kennen ganz andere Sicherheitsvorkehrungen. Schon alleine wegen der gesetzlichen Anforderungen müssen institutionelle Marktteilnehmer ein anderes Backup haben und können einen Prüfer der Finanzmarktaufsicht mit einem mobilen Internet-Stick sicher nicht beeindrucken. Aber für uns private Trader gilt auch hier ein gewisser Pragmatismus.

Weiterhin kann ich auch mit meinem Smartphone Trades absetzen. Allerdings ist es dazu noch nie gekommen, denn die Funktionalitäten der Broker-App sind eingeschränkt. Deshalb verwende ich die mobile Version meiner Handelsplattform dann doch lieber für das Beobachten der aktuellen Entwicklung. Lief früher noch bei mir den ganzen Tag der PC und war ich in der Trading Station eingeloggt, schalte ich heute schon relativ früh beide Rechner wieder aus und verlege mich auf gelegentliche Checks der aktuellen Lage über das Smartphone. Das ist praktisch und spart darüber hinaus Strom.

Aber zurück zum heutigen Internetausfall. Der Spuk war zum Glück rasch vorüber. Nach einigen Runden Morgengymnastik (unter den Schreibtisch kriechen, Modem zweimal aus- und einstecken, vom Schreibtisch hervorkriechen, auf den Hocker steigen und den Router resetten) war wieder alles in Ordnung und ich hatte Verbindung. Meine Trading Session verzögerte sich somit um 15 Minuten. Nicht weiter schlimm. Trotzdem sollten Sie gewappnet sein für solche und ähnliche Fälle.

Toms Trading-Insider-Tipp

Wenn Sie Trading ernsthaft betreiben, benötigen Sie in vielerlei Hinsicht einen Notfallplan. Ein Aspekt eines solchen Planes ist es, einen alternativen Internetzugang in petto zu haben. Je nach Trading-Stil bietet sich hier zum Beispiel ein stabiles, schnelles mobiles Internet an. Idealerweise mit einer Preisgestaltung, dass Sie nur dann dafür bezahlen, wenn Sie es auch nutzen. Brauchen Sie wirklich eine schnelle und permanente Verbindung, weil Sie zum Beispiel aktiv daytraden, dann werden Sie wohl um eine zweite unabhängige Standleitung nicht herumkommen.

Aber auch der Strom kann ausfallen. Manche Trader, die permanente Live-Verbindungen benötigen, haben sogar USV-Geräte daheim stehen, die bei Störungen im Stromnetz einspringen. Des Weiteren wäre eine ausgelagerte Serverlösung anzudenken und letztlich eine Automatisierung der Prozesse.

Zur aktuellen Entwicklung (Tag 9)

Am vergangenen Tag liefen die Kurse zunächst nach unten, um im späten Handel doch noch zu einer Erholung anzusetzen. Meine Short-Trades freute das, denn bei einigen wurde zwischenzeitlich das Limit getroffen und ich konnte Gewinne realisieren. Dennoch ist ein Trade (BIDU) kräftig im Minus und neutralisiert somit einiges der tendenziell positiven Entwicklung.

Unter dem Strich läuft trotzdem alles im Moment sehr stabil und wir halten bei einem Kontostand von 68.370 Euro (+2,19 Prozent). Zur Abwechslung möchte ich Ihnen einen Screenshot meiner Smartphone-App zeigen, anhand der Sie die aktuelle Entwicklung (und den einen dicken Minustrade von BIDU) nachvollziehen können.

Orange A 3G 09:12 93 %

Menü Portfolio

Konto				P&L	
NetLiq:	68.3K	MntMgn:	9.8K	Unrls:	-343.00
ExLiq:	58.5K	SMA:	51.2K	Rlst:	0.00

	Letzter Kurs	Veränd.	%Veränd.	Position	Unreal P&L	MV	Kosten
AIG NYSE	C44.18			128	6	5.66K	44.13
BIDU NASDAQ.NMS	C95.45			-63	-375	-6.01K	89.48
HD NYSE	C76.01			-74	8	-5.62K	76.13
HON NYSE	C77.74			-73	-22	-5.68K	77.43
MDT NYSE	C49.17			-115	-37	-5.65K	48.84
MSFT NASDAQ.NMS	C32.69			172	16	5.62K	32.60
PSX NYSE	C61.38			90	-18	5.52K	61.59

Abb. 45, Quelle: Interactive Brokers (IB)

Toms Trading-Insider-Tipp

Wenn Sie ein Aktienportfolio handeln, dann ist es manchmal zum Haareraufen. Hin und wieder kommt es nämlich vor, dass ein Trade komplett aus der Reihe schert und Ihre Performance killt. Was ist in so einem Fall zu tun? Gar nichts! Den Trade laufen lassen, denn das Blatt kann sich schnell wenden. Aktien korrelieren grundsätzlich stark miteinander. Aber eben nicht zu 100 Prozent. Ausreißer gibt es immer wieder.

Manchmal sind solche Ausreißer auch zu meinem Vorteil. Ich erinnere mich noch gut an ein Ereignis aus der jüngsten Vergangenheit. Ich war massiv long engagiert und die Märkte fielen und fielen. Mein Konto war dick rot eingefärbt und die Monatsperformance schien verhagelt. Dann plötzlich passierte etwas Unerwartetes. Kurz vor Börseneröffnung verlautbarte eines der Unternehmen, das ich long im Depot hatte (LLY – ein Pharmawert), dass es zu einem Medikament in der Pipeline eine positive Studie gebe und das Präparat kurz vor der Zulassung stände. Daraufhin explodierte die Aktie förmlich nach oben. Ich kann mich nicht mehr erinnern, wie stark das Plus ausfiel. Ich weiß nur, ich hatte es diesem Einzeltrade zu verdanken, dass der Trading-Monat doch noch positiv endete. Sie sehen also: An der Börse kann es rasch gehen (und tut es im Regelfall auch). Manchmal werden Sie sich darüber ärgern, manchmal aber auch darüber freuen.

Woche 3 – Tag 11

Heute möchte ich ein Thema behandeln, das meiner Meinung nach sehr wichtig ist, um Trading wirklich zu verstehen. Es geht zum einem um den typischen Erwartungswert eines einfachen Swingtrading-Modells. Zum anderen möchte ich mit Ihnen über die Jahresverteilung der Gewinne sprechen, damit Sie erkennen, dass eine der wichtigsten Tugenden eines Traders Geduld ist. Fangen wir mit der Performance an.

+200 Prozent in einer Woche, +500 Prozent in einem Monat oder +2500 Prozent in einem Jahr. Und das selbstverständlich ohne Risiko. Solche und ähnliche Versprechungen findet man häufig, wenn man ein wenig im Internet über Trading-Systeme recherchiert. Doch ist das möglich? Oder anders gefragt: Was ist überhaupt möglich? Über welche Renditen reden wir, wenn wir vom aktiven Handel an der Börse sprechen. Und was kann ich pro Jahr/Monat etc. mit einem guten System verdienen?

Wie so häufig ist eine genaue Antwort schwierig bis unmöglich, weil es von der Grundausrichtung Ihres Systems abhängt. Einfachste Formen von Handelssystemen werden auch in diesem Buch besprochen. Diese Modelle arbeiten mit End-of-Day-Informationen, verwenden also die Schlusskurse des Vortages als Signalgeber. Weiterhin haben diese Ansätze eine hohe Trading-Frequenz, weil die Haltedauer kurz ist und die Einstiegskriterien so gestaltet wurden, dass die Exposure hoch ist. Grundsätzlich gilt, das wurde schon gesagt: Je öfter ich ein gutes System zur Anwendung bringe, je höher also die Exposure wird, desto mehr Rendite wirft das Modell ab.

Toms Trading-Insider-Tipp

Wir sprachen schon einmal über die Exposure und hier taucht der Begriff nun erneut auf. Ich wiederhole mich daher mit voller Absicht. Das Gesetz der großen Zahl hat im Trading einen hohen Stellenwert. Das heißt aber nicht, dass wir hyperaktiv werden und auf alles einschlagen, was sich bewegt. Ein System kann, muss aber keinesfalls immer im Markt sein.

Fügt man zu simplen Systemen einfache Verbesserungen hinzu, wie zum Beispiel Limit- oder Stopp-Einstiege, kann und wird das zusätzliche Performance bringen. Steigt man in tiefere Zeiteinheiten (und erhöht somit automatisch die Trading-Frequenz), bringt das ebenso mehr Gewinn. Des Weiteren kann man auch in Sachen Position Sizing (Kapitalverteilung auf die Einzeltrades) mehr tun, als einfach sein Geld auf x mögliche Trades aufzuteilen. Auch das verbessert letztlich die Rendite. Und natürlich entscheiden der gewählte Markt und dessen Volatilität, wie viel man mit einem Handelssystem verdienen kann.

Bleibt letztlich der verwendete Hebel. Je höher dieser gewählt wurde, desto aggressiver geht man vor, was ebenso die Performance steigen lässt. Aber Achtung: Der Hebel wirkt in beide Richtungen. Nach oben wie nach unten. So steigt mit hohem Hebel auch der mögliche Drawdown und somit das Totalverlustrisiko enorm an. Das vergessen angehende Trader jedoch viel zu gern. In diesem Buch arbeiten wir, wie Sie wissen, nur mit einem ganz kleinen Hebel, das heißt, dass bewusst sehr konservative Modelle zum Einsatz kommen. Und da sind wir mit den Varianten in Sachen Trading-Strategien noch lange nicht am Ende.

Ich denke, dass die vorangegangen Absätze gezeigt haben, wie schwierig es ist, eine allgemeine Performance-Prognose für Trading-Modelle abzugeben. Die »von/bis«-Range ist sehr weit. Wir wollen daher weniger auf die mögliche Gesamtperformance achten, sondern vielmehr auf die Jahresverteilung der Gewinne. Das tun wir, um die typischen Renditeschwankungen eines Trading-Ansatzes zu verstehen. Hierbei sollten Sie vor allem verstehen, dass sich ein System – und mag es noch so gut sein – von der allgemeinen Marktentwicklung nicht abkoppeln kann.

Ein Trendfolge-System wird in Märkten, in denen es keine Trends gibt oder in denen die Trends zu kurz andauern, kein Geld verdienen. Da spielt es keine Rolle, wie gut oder stabil das Modell üblicherweise ist. Ein Swingtrading-System funktioniert nicht, wenn die Kurse tagelang in eine Richtung tendieren. Und auch Ausbrüche müssen nicht in jedem Marktumfeld eine positive Entwicklung aufweisen, vor allem dann nicht, wenn die Märkte austrocknen und keine Volatilität mehr existiert.

Um das zu veranschaulichen, habe ich Ihnen die jährliche Gewinnverteilung eines ungehebelten End-of-Day-Swingtrading-Modells mitgebracht. Obwohl dieses Modell nur eines von vielen ist, das von mir entwickelt wurde, ist die Jahresverteilung der Gewinne durchaus als repräsentativ für das Swingtrading zu bezeichnen.

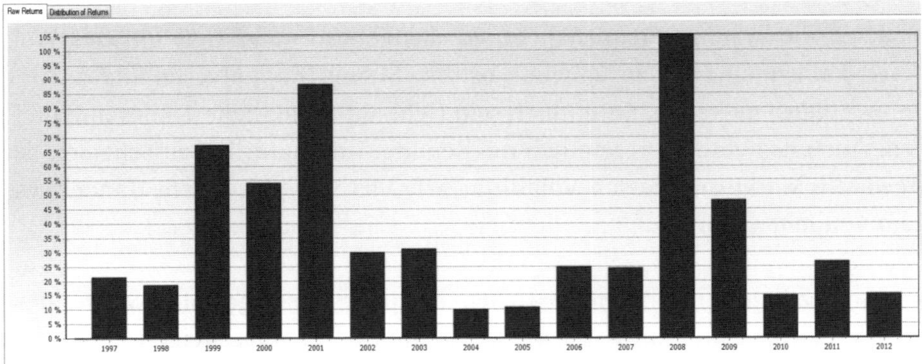

Abb. 46, Quelle: Wealth-Lab

Sehen wir uns die einzelnen Perioden genauer an. In den letzten 12 Jahren gibt es zwei (2001 und 2008) Jahre, in denen eine Performance um die 100 Prozent erreicht wird. Das ist zweifelsohne sensationell. Doch es gibt auch Jahre, wo es um die 10 Prozent sind (2004, 2005). Ist das Modell nun schlecht, weil die Renditen so stark schwanken? Sehen wir weiter und werfen dabei nochmals einen Blick auf die besten Jahre (2001 und 2008). Was haben diese Jahre gemeinsam? Richtig: Es waren Krisenjahre! Es waren Zeiten, in denen es so richtig rund ging an den Märkten.

Im Jahr 2001 geschahen die furchtbaren Terroranschläge des 11. September. Dieses Ereignis war der Super-GAU schlechthin. Etwas Schlimmeres hätte nach damaligem Ermessen wohl kaum passieren können. Der Schwarze Schwan war kurz nach 9 Uhr US-Ostküstenzeit in Form einiger Flugzeuge aufgetaucht und er stürzte New York City und die restliche Welt in ein Chaos und mehrere Kriege. Doch was macht unser System? Es performt – und wie! Wohlgemerkt war zum Beispiel dieses System am 11. September und an den darauffolgenden Tagen im Markt. Damals hatten die Börsen in den USA tagelang geschlossen und man war in seinen Trades gefangen. Trotzdem – unter dem Strich war das Ergebnis exzellent. Wenn man es mental durchgehalten hat.

Toms Trading-Insider-Tipp

Auch beim Einsatz computergestützter Modelle gilt: Ohne mentale Stärke werden Sie mit den besten Systemen Schiffbruch erleiden. Denn Sie müssen gewappnet sein. Für Drawdowns, für −22 Prozent im Einzeltrade und für generell schlechte Zeiten. Daher ist es ein Aberglaube, dass ein gutes System alleine es schon richten wird. Sicher: Das Regelwerk muss stimmig sein. Aber ohne mentale Stärke geht es trotzdem nicht. Unterschätzen Sie das bitte nicht.

2008 war das erste Jahr der Finanzkrise. Kein Stein blieb in der Finanzbranche auf dem anderen. Unsere Systeme kümmerte das wenig. Sie liefen weiter nach oben. 2008 war sogar das beste Jahr im Backtest und auch 2009, als die Nachwehen der Krise noch nicht überwunden waren, war überdurchschnittlich. Was sagt uns das?

Wir lernen daraus Folgendes: Immer wenn man denkt, dass man sich eigentlich von den Märkten fernhalten sollte, ist genau das Gegenteil korrekt. Warum ist das so? Weil diese Modelle dann am besten laufen, wenn die Volatilität überdurchschnittlich hoch ist.

Paradoxerweise, und auch das wird man ohne Backtest nicht erkennen, sind die Jahre mit der höchsten Performance auch die Jahre mit dem höchsten Drawdown. Paradox ist das aber nur auf den ersten Blick, denn natürlich verursacht eine hohe Volatilität starke Schwankungen. Nach oben sowie nach unten.

Eine Equity-Kurve, die auch die Drawdowns zeigt (sie werden unter der Kapitalentwicklung dargestellt), veranschaulicht, dass hohe Renditen fast immer mit hohem Drawdown korrelieren.

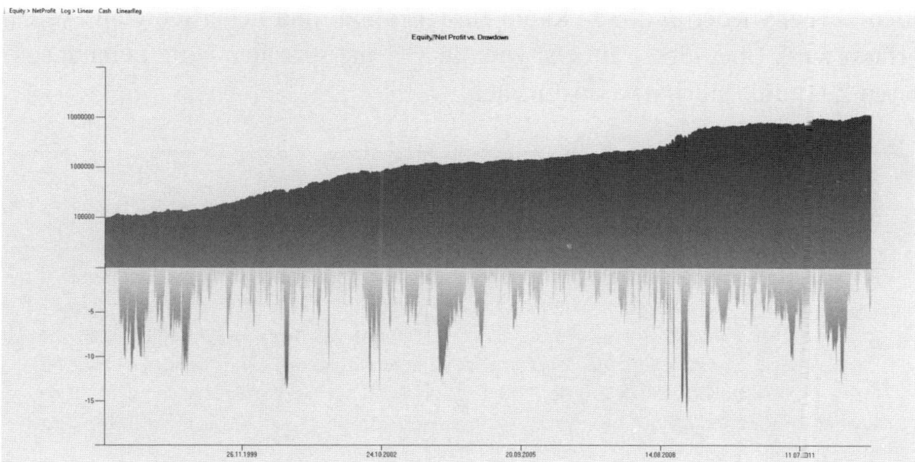

Abb. 47, Quelle: Interactive Brokers (IB)

Was können wir aus der Jahresverteilung der Gewinne noch herauslesen? Vor allem, dass Geduld eine wichtige Tugend des Traders ist. An der Börse wachsen die Bäume nicht in den Himmel. Oder genauer gesagt: Sie tun es schon, wenn man sie täglich pflegt. Aufs Trading umgemünzt heißt das: Wenn man ein gutes System über viele Jahre konsequent umsetzt, wird es irgendwann richtig viel Geld erwirtschaften. Weil wir auf den Zinseszinseffekt setzen, über den wir uns zu einem späteren Zeitpunkt nochmals unterhalten werden.

Toms Trading-Insider-Tipp

Wurde ein System mit Fleiß und Können entwickelt, ist es wichtig, dem System Zeit zu geben. Es wäre ein großer Zufall, wenn ein Handelsmodell sofort ab dem ersten Tag des Live-Einsatzes wie eine Rakete abhebt. Vielmehr ist es normal, dass es eine gewisse Zeit dauert, bis sich die Performance einpendelt. Hier spielt das Verstehen von simpler Statistik eine entscheidende Rolle. Geduld ist also angesagt, das kann man nicht oft genug wiederholen.

Letztlich ging es mir mit den vorangegangenen Absätzen darum, Ihnen verständlich zu machen, dass ein einzelnes Trading-System stark schwankende Renditen produziert. Produzieren muss, sollte man vielmehr sagen, denn kein Modell kann in jedem Marktumfeld funktionieren. Eine Strategie deckt immer nur eine gewisse Bandbreite der Gesamtfunktionsweise des Marktes ab. Läuft der Markt aus dieser Bandbreite hinaus, performt das Modell so lange nicht, bis er wieder in diesen Kanal zurückkommt und neuerlich vom System erfasst wird. Über dieses äußerst wichtige Thema sprechen wir zu einem späteren Zeitpunkt nochmals ausführlich.

Toms Trading-Insider-Tipp

Das heißt in der Praxis, dass sich nicht das System dem Markt permanent anpasst, sondern dass der Markt sich entweder im Funktionsbereich des Modells aufhält oder nicht. Obwohl ich mich hier teilweise korrigieren muss. Bis zu einem gewissen Grad können sich die Strategien schon eigenständig an das Umfeld anpassen. Vor allem dann, wenn die Volatilität im Regelwerk berücksichtigt wurde. Allerdings erfolgt diese flexible Anpassung dann doch wieder im Rahmen bestimmter »von/bis«-Grenzen und so ist die Aussage im ersten Satz dieses Insider-Tipps nun auch wieder nicht ganz verkehrt.

Stark schwankende Renditen werden Sie immer vorfinden, solange Sie ein einzelnes Trading-System handeln. Es spielt dabei keine Rolle, ob Sie Swings, Trends, Breakouts oder sonst was traden. Solange Sie im selben Teich fischen, werden Sie ähnliche Fische an Land ziehen. Mal wird es sehr gut funktionieren, mal nicht ganz so gut. Das ist eben echtes Trading, abseits aller unschönen Versprechungen.

Toms Trading-Insider-Tipp

Weil Systeme eben nicht in allen Marktphasen jene Ergebnisse liefern, die man sich erwünscht, handelt der fortgeschrittene Trader einen ganzen Systemkorb. Diese Mischung von Strategien glättet die Equity-Kurve und erhöht die Wahrscheinlichkeit eines weitgehend linearen Anstiegs der Renditen. Und das tut sie deswegen, weil die Funktionsbandbreite erweitert und damit ein größerer Bereich des Marktverhaltens erfasst wird. Und weil die negativen Ausreißer damit weniger ins Gewicht fallen.

Voraussetzung dabei ist aber, möglichst unkorrelierte Ansätze zu finden. Das ist eine Kunst, die nur von wenigen Hedgefonds oder Vermögensverwaltern beherrscht wird. Auf diesen Umstand werden wir im Detail eingehen, wenn wir über Systemportfolios und deren Entwicklung oder über Korrelationen von Einzelsystemen sprechen.

Doch – und das ist die gute Nachricht – auch Sie haben eine reale Chance an der Börse, wenn Sie Ihren Job gut machen. Sie müssen dazu nicht 15 Modelle in ein »System of Systems« integrieren. Vielmehr brauchen Sie sich nur an einfache Regeln halten, die Sie dann in der Folge konsequent umsetzen. Denn der Handel von ein bis drei simplen Trading-Modellen sollte jedermann (auch manuell) möglich sein. Sind die Strategien gut, werden Sie unter dem Strich damit Geld verdienen. Es könnte nur in Sachen Performance-Verteilung etwas ruckelig werden. Aber Sie wissen ja: »Ohne mentale Stärke geht es nicht ...«

»Die richtige Trading-Strategie für jede Zeit«. Das ist Wunschdenken. Doch viele Einsteiger glauben daran und verstehen nicht, wie ein Trading-System wirklich arbeitet. Sie wissen nicht, wie es funktioniert, und sie wissen auch nicht, warum es funktioniert (oder eben auch nicht). Es gibt sogar einige Trading-Bücher mit solchen Titeln (»Das Richtige für jede Zeit ...« etc.). Wenn man sich ein wenig mit der Funktionsweise der Börsen beschäftigt, weiß man jedoch, dass das ein Mythos ist.

Zur aktuellen Entwicklung (Tag 11)

Die Märkte laufen weiter aufwärts, doch einige Branchen/Sektoren machten bei diesem Kursanstieg nicht mit. So kam es trotz steigendem S&P 500 auch zu einigen Long Entrys, weil doch einige Werte gefallen waren. Und diese Long-Trades bewegen sich mit dem Markt nach oben, während interessanterweise meine Short-Trades nicht besonders in den negativen Bereich tendieren. Der Kontostand hat sich zur Mitte der dritten Handelswoche auf 68.868 Euro erhöht. Der Wertzuwachs seit Projektstart liegt bei 2,94 Prozent.

INTERACTIVE BROKERS

Konto Informationen

Netto Vermögenswert (NAV) in der Basiswährung

	Total
Cash	46,994.98
Aktien	21,969.23
Verzinsung	-9.20
Dividendenanfall	-87.01
Total	**68,868.00**

Netto Vermögenswert (NAV) in Zeitserien

Mark-to-Market Performance Übersicht in der Basiswährung

Realisierte & Unrealisierte Performance Übersicht in der Basiswährung

Cash Bericht

Abb. 48, Quelle: Interactive Brokers (IB)

Woche 3 – Tag 12

Bevor wir heute über Börse und Trading sprechen, möchte ich ein paar Worte über das verlieren, was wirklich zählt. Über das Leben an sich, dass man es schätzen muss, dass Geld nicht wirklich wichtig ist und dass man mit dem, was man hat, zufrieden sein muss. So richtig bewusst wurde mir erst heute wieder, wie gut es mir geht, und dieses Empfinden hat nichts mit Geld zu tun.

In der Früh war ich etwas später dran und schaffte erst um 7 Uhr den Sprung aus dem Bett. Obwohl ich eigentlich jeden Tag bis Mittag schlafen könnte, habe ich mir angewöhnt, zeitig aufzustehen. Und eigentlich kostet es mich keine Überwindung, weil ich mich auf jeden Tag freue. Und so war es dann auch heute Morgen. Gegen 7:30 Uhr war mein Trading abgeschlossen und daher überlegte ich, was ich mit dem Tag anstellen könnte. Ich hatte eine intensive Test- und Entwicklungsphase hinter mir und wollte mir ein paar Tage Abstand gönnen.

Zunächst machte ich mir noch einen Kaffee, dann öffnete ich die Terrassentür und ging ins Freie. Es kam mir ein Schwall frischer, nach Blüten und Gräsern duftender Luft entgegen. Der Himmel leuchtete in strahlendem Blau und die Vögel zwitscherten. Erst gestern hatte ich die Gartenarbeit erledigt, einen neuen Zaun gesetzt und den Rasen gemäht. Dementsprechend hübsch war der Anblick unseres kleinen grünen Paradieses. Ich nahm ein Tuch, wischte Tisch und Stühle ab und spannte den Sonnenschirm auf.

Dann ging ich hinauf in mein Trading-Büro, schnappte meinen Laptop und setzte mich auf die Terrasse. Die Melange schmeckte mir besonders gut, und als ich diesen Satz tippte, fiel mein Blick nach links, wo mich gerade eine kleine Amsel neugierig von der Wiese ansah. Ist das nicht ein Wahnsinn? Ist das nicht das wahre Leben, das allzu viele Menschen täglich versäumen? Indem sie es in Großraumbüros, Verkaufsläden oder Werkstätten verschwenden, kaum die Sonne sehen und sich mit Leuten umgeben, die sie gar nicht mögen. Dabei verrichten sie Arbeit, die sie nicht interessiert, und versuchen, Karriere zu machen, die sie noch mehr von den wirklich wichtigen Dingen im Leben entfernt. Und das tun sie, damit sie sich letztlich Sachen kaufen können, die sie gar nicht brauchen, um Menschen zu beeindrucken, die sie nicht ausstehen können. Das ist – zugegebenermaßen etwas plakativ – das typische Spiegelbild unserer heutigen Gesellschaft.

> **Anmerkung**
>
> Das obenstehende Statement – in ähnlicher Form – stammt übrigens vom US-amerikanischen Komiker Danny Kaye, dessen richtiger Name Daniel David Kaminsky lautete (18. Januar 1913–3. März 1987).

Aber werden wir nicht zu gesellschaftskritisch und schweifen wir nicht zu sehr ab. Der Markt (S&P 500) steigt unaufhaltsam und mittlerweile hat der Index bereits ein Plus von fast 15 Prozent geschafft. Die Frage, ob und wie lange es so weitergeht, stellt sich mir als Trader bekanntermaßen nicht, weil es mir egal sein kann. Mir ist vielmehr wichtig, wie und ob ich meine Systeme verbessern kann, welche zusätzlichen Filter Sinn machen könnten und wie ich weitere Modelle finde, die ich meinem Strategieportfolio beimischen kann.

Select All | Place Orders | Stage Orders | Monitor in Quotes Window | Help

Alert Time	Symbol	Account	Action	Qty	Order Type	Price	Scale	Signal Name
15.05.2013	MET	PaperAccou...	Short	329	Market		Daily	E-SHORT
15.05.2013	DIS	PaperAccou...	Short	209	Market		Daily	E-SHORT
15.05.2013	DTV	PaperAccou...	Short	217	Market		Daily	E-SHORT
15.05.2013	LOW	PaperAccou...	Short	328	Market		Daily	E-SHORT
15.05.2013	MDT	PaperAccou...	Short	283	Market		Daily	E-SHORT
15.05.2013	HD	PaperAccou...	Short	182	Market		Daily	E-SHORT
15.05.2013	JNJ	PaperAccou...	Short	162	Market		Daily	E-SHORT
15.05.2013	MS	PaperAccou...	Short	571	Market		Daily	E-SHORT
15.05.2013	PNC	PaperAccou...	Short	200	Market		Daily	E-SHORT
15.05.2013	CVS	PaperAccou...	Short	235	Market		Daily	E-SHORT
15.05.2013	GILD	PaperAccou...	Short	251	Market		Daily	E-SHORT
15.05.2013	EBAY	PaperAccou...	Short	250	Market		Daily	E-SHORT
15.05.2013	QCOM	PaperAccou...	Short	216	Market		Daily	E-SHORT
15.05.2013	PM	PaperAccou...	Short	147	Market		Daily	E-SHORT
15.05.2013	ABT	PaperAccou...	Short	377	Market		Daily	E-SHORT

Abb. 49, Quelle: Wealth-Lab

Weil der Markt unaufhaltsam nach oben läuft, sind derzeit viele Aktien stark überkauft. Ersichtlich wird das an der Anzahl der Signale, die nun täglich mehr werden. Dass es sich dabei ausschließlich um Short-Signale handelt, ist logisch, weil wir hier die ganze Zeit von Swing-Trading-Modellen und Kontratrend-Trading sprechen.

Stellvertretend möchte ich die Alarme des heutigen Tages von einer Strategie zeigen, damit Sie einen Eindruck von der aktuellen Lage bekommen.

> **Anmerkung**
>
> Lassen Sie sich bitte von der Spalte »Account« nicht verwirren. Dort sehen Sie den Hinweis »Paper Account I«. Dieses Projekt wird jedoch mit einem Echtgeld-Konto gehandelt. Der Hinweis stammt nur aus meiner Backtesting-Software, aus der man auch Trades generieren und an einen Broker senden könnte, was ich aber nicht tue, weil ich andere Schnittstellen verwende.

Dazu möchte ich nochmals auf den Sortiermechanismus eingehen und seine Bedeutung und seinen Vorteil in der Praxis erklären. Wir wissen aus der Einleitung, dass die Strategie maximal 7 Trades umsetzen darf. Hier finden wir aber 15 Alarme, die alle grundsätzlich »Market Entrys« wären und die Einstiegskriterien erfüllen. Welche davon nehme ich?

Bevor wir weiter darüber sprechen, beleuchten wir ein Thema, das sich daraus ableitet. Sprechen wir über eine andere Art, den Einstieg zu vollziehen. Sprechen wir über Limit Entrys und darüber, welche Herausforderungen sich damit in der Praxis ergeben. Dann werden Sie auch die Vorteile der Signalsortierung und der »Market Entrys« besser verstehen.

Limit-Einstiege

Natürlich muss man nicht schon zur Eröffnung »Market« einsteigen. Man kann auch versuchen, die eine oder andere Aktie billiger zu bekommen. So könnte man zum Beispiel ohne Sortierung alle 15 Orders von oben in die Trading Station einstellen und mit einem Limit versehen. Man könnte den geplanten Einstieg um ein halbes oder ganzes ATR-Vielfaches vom Close des Vortages absetzen. Oder man nimmt einen Abstand in Prozent. Die Möglichkeiten sind zahlreich.

> **Toms Trading-Insider-Tipp**
>
> Ich könnte ... ja, aber nur dann, wenn ich es so backgetestet habe. Denn wenn ich meine Tests mit Market Entrys zum Open mache und dann glaube, dass Limit Entrys besser wären, dann mag das vielleicht ja so sein. Trotzdem muss ich es überprüfen, also testen, denn sonst würde ich das System aushebeln und mich nicht mehr an Fakten orientieren.

Das Problem mit den Limit Entrys ist jedoch, dass ich diesen Prozess unter Beobachtung haben muss, denn Sie wissen ja nicht, ob und welche Aktien »erwischt« werden und welche nicht. Im Fachjargon sagt man: »... ob man den Fill bekommt ...« Daher kann ich nicht 15 Limit Entrys an die Börse schicken, die Plattform abdrehen und mir einen schönen Tag machen.

Mein Risikomanagement würde gesprengt, wenn wirklich alle Orders ausgeführt würden. Und das ist möglich. Dann hätte ich einen Margin Call, weil ich mit mehr Geld arbeite, als ich auf dem Konto habe.

Anmerkung

Bei Limit-Orders kann es auch zu Teilausführungen kommen. Vielleicht wollten Sie 520 Stück Microsoft-Aktien kaufen. Zu dem von Ihnen gewählten Kurs (Limit) von 32,68 US-Dollar waren aber nur 310 Stück zu bekommen. Das bedeutet, dass Sie Ihr Risikomanagement an diese verminderte Positionsgröße anpassen müssen.

Um solchen Problemen aus dem Weg zu gehen, bleiben zwei Möglichkeiten. Man sitzt so lange vor dem Bildschirm, bis die erlaubte Anzahl von Trades erreicht wurde. Dann löscht man die übrigen und kann Feierabend machen. An vielen Tagen wird man aber dann den ganzen Handelstag anwesend sein müssen und die Anschaffung einer Camping-Toilette wäre überlegenswert. Für mich wäre das jedenfalls keine Lösung, obwohl es Trader geben soll, die dementsprechend vorgehen (vermutlich abgesehen von der Toilette).

Anmerkung

Möglicherweise erlaubt es der Broker gar nicht, dass Sie so viele Limit-Orders gleichzeitig platzieren.

Bleibt als wirklich praktikabler Weg die Automatisierung. In diesem Fall übernimmt der Computer die Überwachung des Prozesses. Er erkennt, wie viele Trades laufen, welche Orders bereits ausgeführt wurden und ob es zu Teilausführengen kam. Sobald das Maximum erreicht wird, storniert er die verbliebenen Orders. Wie gesagt, wenn es der Broker zulässt. Oder ein anderer Weg wäre, dass der Computer die Orders überhaupt erst dann schickt, wenn das gewünschte Limit annähernd erreicht wurde. Er sendet also eine Limit-Order an die Börse, wenn die Ausführung sehr wahrscheinlich ist, und löscht sie wieder, wenn sich der Kurs entfernt, ohne dass es zu einer Ausführung kam. Aber egal, wie die computergestützte Lösung aussieht *(Anm.: Es gibt noch andere Alternativen, Limit Entrys zu vollziehen)*, sie verlangt nach einer ausgereiften Technik.

Toms Trading-Insider-Tipp

Seien Sie bei Automatisierungen vorsichtig und unterschätzen Sie das Thema nicht. Der Programmcode muss auf alle Eventualitäten vorbereitet sein. Die Anbindung an die Trading Station muss perfekt sein und das Internet darf nicht ausfallen. Solche Lösungen existieren durchaus auch für private Trader. Doch ich rate Ihnen, für solche Konstrukte jedenfalls einen Profi hinzuzuziehen. Auch wenn Sie programmieren können, wäre es kein schlechter Gedanke, sich mit einer zweiten Person kurzzuschließen. Zu vielfältig sind die Optionen und die möglichen Fallstricke. Jedenfalls muss so eine Lösung einige Zeit auf einem Demo Account getestet werden. Live gehen solche Modelle erst dann, wenn ein mehrwöchiger Beobachtungszeitraum fehlerfrei absolviert wurde.

Weil das Thema eben komplex ist, sollten Sie für den Anfang auf eine Automatisierung des kompletten Ausführungsprozesses verzichten, die bei sämtlichen Limit- oder Stopp-Einstiegen ratsam ist.

Kommen wir somit zu den Market Entrys und dem Sortiermechanismus zurück, der dazu eine Alternative darstellt. Doch bei dieser Art von Einstieg muss man eine Entscheidung treffen, welche Aktie den Vorzug erhält. Daher reiht dieser Mechanismus die Symbole nach Überkauftintensität oder nach Überverkauftintensität. Sprich: Je stärker eine Aktie in den letzten Tagen gestiegen oder gefallen ist, desto höher wird sie gereiht.

Toms Trading-Insider-Tipp

Der Sortiermechanismus, den man im Fachjargon auch Position Priority nennt, ist bei Market-Einstiegen wichtig. Denn wie sonst soll ich aus einer Vielzahl von Signalen jene herausfiltern, die ich heute umsetzen werde? Theoretisch könnte ich auch bei quantitativen Ansätzen auf eine Position Priority verzichten und die Alarme nach Zufallsprinzip wählen. Doch ich kenne keinen Systementwickler, der das so macht, weil dieses Vorgehen einfach unpassend wirkt.

Aber was passiert beim Backtesten, wenn Handelsmodelle im Portfolio-Modus keine Priority haben? Denn die kann, muss ich aber nicht hinzufügen. Die Software muss ja irgendwie entscheiden, welche Alarme umgesetzt werden. Wie kommt in so einem Fall ein Testergebnis zustande, wenn die Auswahl nicht anhand von Fakten getroffen werden kann?

Da ein Sortiermechanismus fehlt, wählt das Programm in so einem Fall beliebig aus.

Was bedeutet das bei den Tests? Zunächst bekommen wir bei jedem Testlauf andere Ergebnisse. Das muss so sein, denn stellen Sie sich Folgendes vor: Bei Testlauf A wählt die Software an irgendeinem Datum in der Vergangenheit, beispielsweise am 09.02.2008, die Symbole MSFT, MCD, XOM und GE zufällig aus, weil an diesem Tag eben nur noch 5 Trades gemacht werden dürfen, 25 Signale aber zur Verfügung stehen. Minuten später machen wir den nächsten Testlauf. Nun werden bei Testlauf B (gleiche Strategie) am 09.02.2008 erneut zufällig, diesmal jedoch andere Symbole wie BHP, DIS, AXP und AIG ausgewählt. Wenn sich nun dieser zufällige Selektionsprozess über mehrere Jahre an verschiedenen Trading-Tagen immer wiederholt, liegt es auf der Hand, dass die Ergebnisse des Tests bei jedem neuen Durchlauf mehr oder weniger stark differieren werden. Ist das ein Nachteil?

In den ersten Stufen der Entwicklung eines Handelsansatzes ist es nicht von Nachteil. Im Gegenteil. Dadurch dass ich bei einem Portfolio-Test unterschiedliche Resultate bekomme, kann ich die Güte eines Systems anfangs besser beurteilen. Je mehr sich die Ergebnisse der einzelnen (zufälligen) Testläufe ähneln, desto besser ist es. Im Fachjargon ausgedrückt: Je geringer die Standardabweichung der einzelnen Testläufe ist, desto stabiler und besser ist der Ansatz. Denn beim Aktienhandel greifen wir auf viele Datenserien zurück, die ähnlich, aber nicht gleich sind. Daher bekomme ich durch den Zufallsaspekt bei jedem Testlauf ein mögliches Abbild der Vergangenheit. Das klingt zwar nach Science Fiction, ist aber ein wesentliches Merkmal der Systementwicklung.

Ich habe das im nachfolgenden Schaubild versucht zu illustrieren, wobei meine Portfolios nicht nur aus acht Aktien, sondern aus weitaus mehr Werten bestehen. Gezeigt werden soll, dass die Kurse der einzelnen Aktien tendenziell gleich (ähnlich) verlaufen. Aber nicht immer, und nicht alle Aktien bewegen sich parallel. Aufgrund dieser Abweichungen schwanken auch die Ergebnisse, wenn wir ohne Priorität und damit mit Zufallskriterien arbeiten.

Stellen Sie sich ein kurzes Testszenario dazu vor. Wir haben acht Aktien im Depot. Unser System darf aber nur zwei Aktien handeln. Es existiert kein

Sortiermechanismus. Beim ersten Testlauf kauft es irgendwann in der Vergangenheit Aktie 1 und Aktie 7. Das Ergebnis ist daher X. Beim zweiten Test erwischt es am gleichen Tag innerhalb der Historie andere Aktien, weil die Auswahl ja zufallsbedingt ist. Wir handeln Aktie 4 und 5. Als Ergebnis bekommen wir Y heraus. Beim dritten Testlauf sind es nun Aktie 2 und 8 und so weiter. Daher bekommen wir immer andere Ergebnisse, bei Testlauf 3 somit Z.

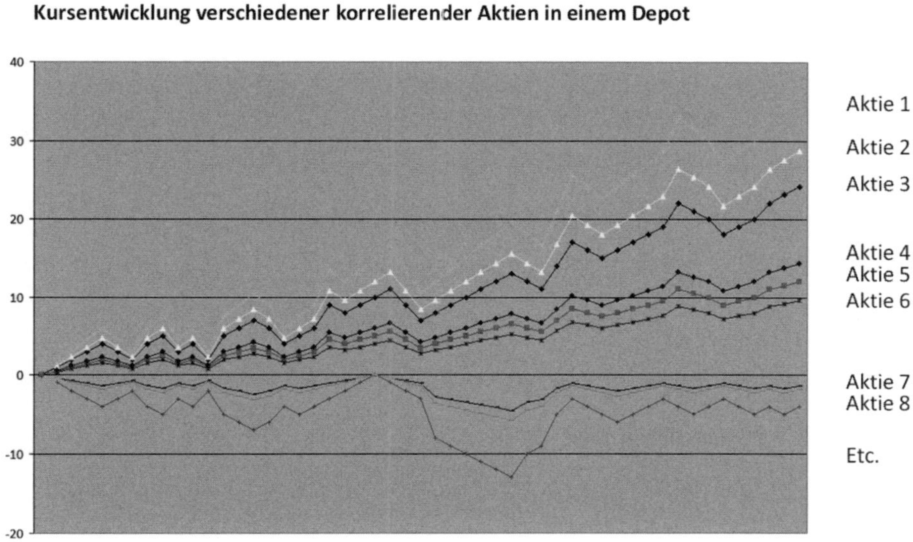

Abb. 50, Quelle: eigene Daten

Kommen wir zurück zur aktuellen Entwicklung. Heute kann ich trotz Reihung der Signale nicht alle Symbole mit der höchsten Priorität umsetzen. Und zwar aus folgenden Gründen:

DIS läuft bereits short (ich handle ein Symbol je Strategie nur einmal)
LOW hat nächste Woche Quartalsbericht
DTV läuft bereits (siehe DIS)
HD hat nächste Woche Quartalsbericht
Und so weiter ...

So kommt es auch an Tagen mit vielen Alarmen vor, dass nur wenige umzusetzen sind. Dies geschieht besonders häufig in der Quartalsberichtssaison.

Zur aktuellen Entwicklung (Tag 12)

Heute ist dieses Thema schnell abgehakt. Seit gestern hat sich wenig verändert. Der Kontostand beträgt **68.818 Euro.** Das Plus liegt bei komfortablen 2,86 Prozent.

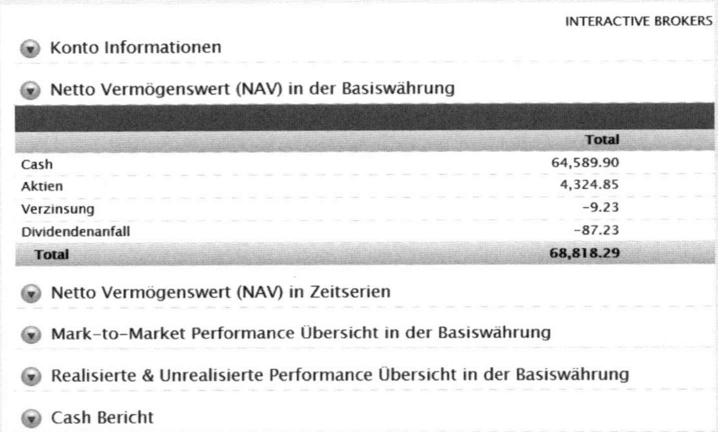

INTERACTIVE BROKERS

Konto Informationen

Netto Vermögenswert (NAV) in der Basiswährung

	Total
Cash	64,589.90
Aktien	4,324.85
Verzinsung	-9.23
Dividendenanfall	-87.23
Total	**68,818.29**

Netto Vermögenswert (NAV) in Zeitserien

Mark-to-Market Performance Übersicht in der Basiswährung

Realisierte & Unrealisierte Performance Übersicht in der Basiswährung

Cash Bericht

Abb. 51, Quelle: Interactive Brokers (IB)

Woche 3 – Tag 13

Über die aktuelle Entwicklung des Marktes bin ich doch etwas verwundert, und zwar deshalb, weil die Kurse nicht swingen. Mit wenigen Ausnahmen sind die Notierungen den ganzen Monat hindurch gestiegen und an den Verlusttagen, die an einer Hand abzuzählen sind, war das Minus gering. De facto haben wir es also mit Märkten zu tun, die immer nur aufwärts tendieren, und üblicherweise performen Swingtrading-Modelle in solchen Zeiten nicht sehr gut. Dass es hier anders gekommen ist, liegt hauptsächlich an der geschickten Zusammenstellung des Systemkorbes, der ja auch, das wissen Sie, ein Long-only-System enthält.

Nun interessiert mich, ob und wie häufig solche extremen Gewinnserien im S&P 500 in den letzten Jahren vorgekommen sind. Dazu verwende ich erneut den Baukasten der Backtesting-Software und stelle folgendes Regelwerk zusammen. Ich gehe short, wenn der S&P 500 zehn Tage in Folge steigt – »Price increases a consecutive number of bars«. Als Wert gebe ich 10 ein. Je mehr Trades abgesetzt werden, desto häufiger kam dieses Verhalten (der Markt steigt zehn Tage in Folge) vor. Den Zeitausstieg machen wir mit einem Tag fest, weil uns nicht die Ergebnisse des Tests interessieren, sondern nur die Häufigkeit dieses Marktverhaltens. Das kann ich dann an der Anzahl der ausgeführten Trades ablesen.

Den Test lasse ich auf den S&P-500-Index (Ticker: GSPC) laufen (also nicht auf Einzelaktien) und so kann ich feststellen, zu wie vielen Trades es seit dem Jahr 2000 gekommen wäre. Wenn ich das weiß, weiß ich auch, wie häufig dieses Ereignis (zehn Tage aufwärts in Folge) in der Vergangenheit vorgekommen ist. Und siehe da: Es passierte in den letzten 12,5 Jahren (Januar 2000 bis Mai 2013) gar nicht, weil kein einziger Trade mit dieser Einstiegsregel ausgeführt wurde.

Backtest Performance Report | Range: 03.01.2000 to 03.10.2013 (3460 Bars)

	All Trades	Long Trades	Short Trades	Buy & Hold
Starting Capital	€ 100.000,00	€ 100.000,00	€ 100.000,00	€ 100.000,00
Ending Capital	€ 100.000,00	€ 100.000,00	€ 100.000,00	€ 116.086,18
Net Profit	€ 0,00	€ 0,00	€ 0,00	€ 16.086,18
Net Profit %	0,00%	0,00%	0,00%	16,09%
Annualized Gain %	0,00%	0,00%	0,00%	1,09%
Exposure	0,00%	0,00%	0,00%	105,68%
Total Commission	€ 0,00	€ 0,00	€ 0,00	-€ 1,50
Return on Cash	€ 0,00	€ 0,00	€ 0,00	€ 0,00
Margin Interest Paid	€ 0,00	€ 0,00	€ 0,00	€ 0,00
Dividends Received	€ 0,00	€ 0,00	€ 0,00	€ 0,00
Number of Trades	0	0	0	1
Average Profit	€ 0,00	€ 0,00	€ 0,00	€ 16.086,18
Average Profit %	0,00%	0,00%	0,00%	15,35%
Average Bars Held	0,00	0,00	0,00	3.459,00
Winning Trades	0	0	0	1
Win Rate	0,00%	0,00%	0,00%	100,00%
Gross Profit	€ 0,00	€ 0,00	€ 0,00	€ 16.086,18
Average Profit	€ 0,00	€ 0,00	€ 0,00	€ 16.086,18
Average Profit %	0,00%	0,00%	0,00%	15,35%
Average Bars Held	0,00	0,00	0,00	3.459,00
Max Consecutive Winners	0	0	0	1
Losing Trades	0	0	0	0
Loss Rate	0,00%	0,00%	0,00%	0,00%
Gross Loss	€ 0,00	€ 0,00	€ 0,00	€ 0,00
Average Loss	€ 0,00	€ 0,00	€ 0,00	€ 0,00
Average Loss %	0,00%	0,00%	0,00%	0,00%
Average Bars Held	0,00	0,00	0,00	0,00
Max Consecutive Losses	0	0	0	0
Maximum Drawdown	€ 0,00	€ 0,00	€ 0,00	-€ 63.980,64
Maximum Drawdown Date	03.01.2000	03.01.2000	03.01.2000	09.03.2009
Maximum Drawdown %	0,00%	0,00%	0,00%	-59,29%
Maximum Drawdown % Date	05.10.2013	05.10.2013	05.10.2013	09.03.2009
Wealth-Lab Score	0,00	0,00	0,00	0,42
Sharpe Ratio	0,00	0,00	0,00	0,15
Profit Factor	0,00	0,00	0,00	+unendlich
Recovery Factor	0,00	0,00	0,00	0,25
Payoff Ratio	0,00	0,00	0,00	0,00

Abb. 52, Quelle: Wealth-Lab

Ich hätte eigentlich schon gedacht, dass solch eine Gewinnserie in den letzten Jahren existiert hätte, doch der Backtest belehrt mich – wie so oft – eines Besseren. Doch wenn es keine zehn Tage mit steigenden Kursen im S&P 500 in dieser Periode gab, wie sah dann das typische Marktverhalten aus? Fragen wir den Computer. Testen wir, wie häufig längere Gewinnserien im US-Leitindex bis in das Jahr 2000 zurück vorgekommen sind.

Kursanstieg Tage	Anzahl	Entry-Datum (=Kursanstieg in den Tagen davor)
10	0	--
9	1	08.11.04
8	4	24.3.03, 12.09.03, 12.11.04, 04.02.13
7	10	09.08.00, 21.03.03, 04.09.03, 04.11.04, 18.07.05, 03. 0.05, 28.11.05, 27.10.06, 25.01.13, 12.03.13
6	27	Diverse
5	59	Diverse
4	125	Diverse
3	261	Diverse

Tabelle 1 – Stand Mai 2013

Sehr interessante Aufschlüsse, wie ich finde. Das Fazit daraus lautet, dass das derzeitige Kursverhalten zwar nicht alle Tage vorkommt, trotzdem aber öfter schon da gewesen ist.

Toms Trading-Insider-Tipp

Was hätten Sie gedacht? Hätten Sie erraten, dass der Markt seit 2000 kein einziges Mal zehn Tage in Folge gestiegen ist? Letztlich ist es egal und ich will damit nur Folgendes betonen: Versuchen Sie, sich an Fakten zu orientieren. Bauen Sie ein Regelwerk nicht auf Herumraterei auf. Nur weil Sie denken, dass ein bestimmtes Chartmuster oder ein Indikator einen statistisch vorteilhaften Einstieg nach sich zieht, muss das noch lange nicht der Realität entsprechen.

Zur aktuellen Entwicklung (Tag 13)

Aus gegebenem Anlass möchte ich heute erneut über ein wichtiges Thema sprechen und dessen Bedeutung zum wiederholten Male herausstreichen. Es geht noch einmal um die Signalausgabe und deren korrekte und vor allem emotionslose Umsetzung.

Wenden wir uns dazu der aktuellen Praxis zu.

Select All | Place Orders | Stage Orders | Monitor in Quotes Window | Help

Alert Time	Symbol	Account	Action	Qty	Order Type	Price	Scale	Signal Na...
16.05.2013	GG	PaperAccou...	Buy	613	Market		Daily	E-LONG ...
16.05.2013	VALE	PaperAccou...	Buy	1059	Market		Daily	E-LONG ...
16.05.2013	RIO	PaperAccou...	Buy	377	Market		Daily	E-LONG ...
16.05.2013	BHP	PaperAccou...	Buy	246	Market		Daily	E-LONG ...
16.05.2013	MT	PaperAccou...	Buy	1323	Market		Daily	E-LONG ...
16.05.2013	CAT	PaperAccou...	Buy	190	Market		Daily	E-LONG ...
16.05.2013	SLB	PaperAccou...	Buy	219	Market		Daily	E-LONG ...

Abb. 53, Quelle: Wealth-Lab

Sie sehen hier die Signale meiner Long-only-Strategie. Diese wirft heute für mich überraschend viele Alarme aus. Genau gezählt sind es sieben. Nun wissen wir, dass die Kurse im ersten Monat dieses Tagebuches bisher nur eine Richtung kannten: aufwärts. Daher müssten eigentlich die meisten Aktien stark überkauft sein und die Modelle vor allem auf der Short-Seite anschlagen (weil sie ja kontra zur aktuellen Tendenz gehen). Warum gibt es dann heute so viele Long-Signale? Dazu muss man die hinter den Symbolen steckenden Unternehmen identifizieren. Wir erleben derzeit eine negative Korrelation zwischen Unternehmen, die mit Rohstoffen direkt (BHP, GG, VALE etc.) und Indirekt (CAT, SLB) zu tun haben, und dem restlichen Aktienmarkt.

Viele Rohstoffpreise, allen voran Gold, sind in den letzten Wochen unter die Räder gekommen. Daher wundert es nicht, dass Minenaktien und andere Rohstoffwerte trotz steigendem S&P 500 gefallen sind. Das erklärt auch, warum heute ausschließlich Long-Alarme in diesen Sektoren ausgegeben werden. Stellt sich nun die Frage, ob man dieses Risiko eingehen soll. Soll man wirklich ausschließlich in Rohstoffwerten & Co. long gehen, allen voran GG (Gold Corp), wo doch der Goldpreis derzeit besonders volatil ist?

> **Anmerkung**
>
> Sie wissen, dass die Long-only-Strategie nur fünf Trades machen darf. Daher kämen alle sieben Signale ohnehin nicht infrage. Trotzdem ist die Konstellation am heutigen Tag so, dass alle fünf Trade-Plätze dieses Modells frei werden. Das bedeutet, dass ich heute tatsächlich fünf neue Trades bei dieser Strategie ausführen kann.

In Wirklichkeit stellt sich diese Frage, ob ich soll, gar nicht! Würde ich so denken, fände ich immer einen Grund, warum ich diese Aktie oder jenen Sektor nicht traden will. Letztlich ist die Zukunft ungewiss. Auch ein Backtest verrät uns nicht, was geschehen wird. Er sagt uns lediglich, was statistisch gesehen häufig geschehen ist. Und wenn man den Testprozess richtig aufsetzt, lassen die Daten der Vergangenheit durchaus Rückschlüsse auf das zukünftige Kursverhalten zu. Wohlgemerkt und nochmals betont: nicht für den einzelnen Trade, nicht für die einzelne Woche und nicht für den einzelnen Handelsmonat. Bei einer längeren Betrachtung zeigt sich jedoch, dass stabile, backgetestete Trading-Modelle funktionieren. Daher werden auch ohne Zögern alle Signale von mir ausgeführt.

Gerade im Augenblick funktionieren die Strategien jedenfalls bestens. Am Ende von Handelswoche 3 hat mein Kontostand ein neues Allzeithoch erreicht. Wurde das Projekt mit einem Kontostand von 66.904 Euro gestartet, liegen wir 17 Tage später bei **69.065 Euro**. Das ist ein Zuwachs von 3,23 Prozent.

INTERACTIVE BROKERS

Konto Informationen

Netto Vermögenswert (NAV) in der Basiswährung

	Total
Cash	86,609.94
Aktien	-17,447.48
Verzinsung	-9.23
Dividendenanfall	-87.27
Total	**69,065.97**

Netto Vermögenswert (NAV) in Zeitserien

Mark-to-Market Performance Übersicht in der Basiswährung

Realisierte & Unrealisierte Performance Übersicht in der Basiswährung

Cash Bericht

Abb. 54, Quelle: Interactive Brokers (IB)

Woche 4 – Tag 14

Heute beginnt die vierte Handelswoche und gleichzeitig ist es auch mein letzter Trading-Tag in diesem Monat. Mein letzter Trading-Tag? Hat der Monat nicht mehr Tage? Natürlich, aber am Ende der Woche fliege ich 14 Tage in Urlaub. Ich habe mich daher dazu entschlossen, in diesen zwei Wochen mein Trading auszusetzen, und deswegen müssen alle Trades vor diesem Stichtag beendet sein. Aber warum habe ich dann diesen Monat als Starttermin für die Aufzeichnungen gewählt, wenn ich doch wusste, dass ich nicht den ganzen Monat da sein werde?

Weil es authentisch ist, denn das ist (mein) echtes Trading. Es gibt eben Phasen, wo ich nicht traden kann und deswegen meine Aktivitäten ruhen. Und auch das wollte ich zeigen. Aber damit wir uns richtig verstehen. Grundsätzlich trade ich immer und überall und nehme mein Business sehr ernst. Wenn ich Termine habe, lege ich sie so, dass Zeit für die tägliche Trading Session bleibt. Wenn ich geschäftlich unterwegs bin, ist meine Trading-Ausrüstung dabei. Wenn ich auf Auslandsreisen bin und in der Früh wegfliege, dann muss ich morgens eben noch 30 Minuten früher aus den Federn, damit ich noch traden kann. Und wenn es 4 Uhr in der Früh ist, halte ich mich trotzdem an meinen Plan. Wenn ich mal einen oder drei Tage im Inland oder im angrenzenden Ausland unterwegs bin, ist mein mobiles Trading-Equipment ebenso dabei, um alles ordnungsgemäß zu erledigen.

Wenn ich aber 14 Tage eine Mietwagenrundreise im entfernten Ausland antrete und täglich in einem anderen Hotel nächtige, dann tue ich mir das nicht an. Zu mühsam wäre das tägliche Suchen nach einem Internetanschluss und zu unsicher wären die Versprechungen in den Hotels, dass WLAN existiert, was sich dann in der Praxis oft als falsch herausstellt. Zu heikel wäre es weiterhin, die gesamte Technik im Hotelzimmer oder unterwegs im Auto zu lassen. Kurz: Passen die Rahmenbedingungen fürs Trading nicht, wird ausgesetzt, so wie das bei meinem letzten großen USA-Urlaub im Februar 2013 der Fall war. Damals waren wir vier Wochen in Florida auf Rundreise, und obwohl gerade in Amerika an jeder Ecke gratis WLAN zur Verfügung steht, wollte ich die oben genannten Risiken nicht eingehen und so blieb meine Trading-Ausrüstung daheim.

> **Anmerkung**
>
> Ebenso würde ich keinesfalls im Urlaub die Systeme automatisiert ohne manuelle Überwachung laufen lassen. Auch wenn es technisch möglich wäre, würde ich das Risiko nicht eingehen, weil auch diese Routinen kontrolliert werden müssen.

Zur aktuellen Entwicklung (Tag 14)

Am vergangenen Freitag erlebte ich einen Einbruch des Kontos um einige Hundert Euro. Kein Wunder – ich war und bin massiv short engagiert und die Märkte steigen und steigen. Wann der Markt nun endlich fällt, das weiß niemand. Dass er irgendwann fällt, ist hingegen sicher. So bleibt die Frage, wie viele Verluste ich überstehen muss, bis die Short-Trades greifen. Noch scheint es nicht so weit zu sein. Durchhalten ist angesagt, vielleicht wendet sich das Blatt ja in den nächsten Tagen noch.

Der aktuelle Kontostand liegt mit 68.470 Euro zwar unter seinen Höchstständen, aber immer noch komfortabel im Plus (2,34 Prozent).

INTERACTIVE BROKERS

Konto Informationen

Netto Vermögenswert (NAV) in der Basiswährung

	Total
Cash	73,781.23
Aktien	-5,213.87
Verzinsung	-9.26
Dividendenanfall	-87.56
Total	**68,470.54**

Netto Vermögenswert (NAV) in Zeitserien

Mark-to-Market Performance Übersicht in der Basiswährung

Realisierte & Unrealisierte Performance Übersicht in der Basiswährung

Cash Bericht

Abb. 55, Wealth-Lab

Woche 4 – Tag 17

Bevor ich mich in den wohlverdienten Urlaub verabschiede, möchte ich mich mit Ihnen über eine der wichtigsten Kennzahlen eines Trading-Systems unterhalten. Über den maximalen Wertverlust. Im Fachjargon wird diese Kennzahl »Drawdown« genannt. Nutze ich Backtests, habe ich den Vorteil, diese Kennzahl bis weit in die Vergangenheit hinein berechnen zu können. Aber welche Aussagekraft besitzt der Drawdown und wie ist seine Wertigkeit einzuordnen? Macht es Sinn, sich diese Kennzahl isoliert anzusehen, oder hat sie nur in Verbindung mit anderen Informationen eine Bedeutung? Sehen wir weiter.

Zunächst ist es ideal, den maximalen Drawdown im Verhältnis mit der durchschnittlichen Jahresrendite zu bewerten. Wo wir bei der MAR Ratio angelangt sind.

> **Toms Trading-Insider-Tipp**
>
> Die MAR Ratio ist eine wichtige Kennzahl, auf die Sie achten sollten. Dabei wird der durchschnittliche jährliche Gewinn durch den maximalen Drawdown geteilt. Wenn wir also eine Performance von 20 Prozent im Jahr haben und einen maximalen Drawdown von 10 Prozent, dann liegt die MAR Ratio bei 2.

Was bedeutet das? Die Meinung der Experten dazu ist geteilt. Die meisten Profis sprechen jedoch davon, dass die MAR Ratio in jedem Fall größer 1, besser noch größer 1,2 oder sogar 1,5 sein sollte. In der Praxis bedeutet das nämlich, dass wir bei einer niedrigen MAR mit dem maximalen Drawdown weit über dem durchschnittlichen Jahresgewinn bleiben. Aus mentaler Sicht ist das ganz bestimmt kein optimales Kriterium. So ein Modell würde real niemand durchhandeln, wenn er dabei mehr als einen Jahresgewinn wieder abgeben würde.

Und noch eine Anmerkung: Die MAR Ratio kann gerade bei Portfolio-Tests den Entwickler in die Irre führen. Deshalb sind weitere Untersuchungen vonnöten, zum Beispiel die Entwicklung der Netto-Eigenkapitalkurve im Verhältnis zum Drawdown (also die Rendite ohne Zinseszinseffekt), um wirklich eine plausible Aussage zur MAR Ratio treffen zu können.

Aber auch isoliert betrachtet hat ein Drawdown eine wichtige Aussagekraft. Sehen wir es praktisch. Wären Sie bereit, zum Beispiel mehr als 40 Prozent Ihrer je gemachten Gewinne wieder abzugeben? Wer würde so ein System, wie in Abbildung 56 gezeigt als eigenes Handelsmodell traden, egal wie hoch die jährlich zu erwartenden Renditen sind? In dem Fall sind es über 100 Prozent im Jahr.

Backtest Performance Report | Range: 02.01.1997 to 04.10.2013 (4220 Bars)

	All Trades	Long Trades	Short Trades	Buy & Hold
Starting Capital	€ 100.000,00	€ 100.000,00	€ 100.000,00	€ 100.000,00
Ending Capital	€ 14.891.603.735,10	€ 14.891.603.735,10	€ 100.000,00	€ 7.744.520,73
Net Profit	€ 14.891.503.735,10	€ 14.891.503.735,10	€ 0,00	€ 7.644.520,73
Net Profit %	14.891.503,74%	14.891.503,74%	0,00%	7.644,52%
Annualized Gain %	103,60%	103,60%	0,00%	29,65%
Exposure	63,10%	63,10%	0,00%	99,85%
Total Commission	-€ 1.011.950.937,78	-€ 1.011.950.937,78	€ 0,00	-€ 381,60
Return on Cash	€ 0,00	€ 0,00	€ 0,00	€ 0,00
Margin Interest Paid	€ 0,00	€ 0,00	€ 0,00	€ 0,00
Dividends Received	€ 0,00	€ 0,00	€ 0,00	€ 0,00
Number of Trades	3.362	3.362	0	375
Average Profit	€ 4.429.358,64	€ 4.429.358,64	€ 0,00	€ 20.385,39
Average Profit %	1,95%	1,95%	0,00%	7.338,21%
Average Bars Held	5,23	5,23	0,00	3.268,50
Winning Trades	2.134	2.134	0	336
Win Rate	63,47%	63,47%	0,00%	89,60%
Gross Profit	€ 42.662.278.906,70	€ 42.662.278.906,70	€ 0,00	€ 7.648.272,47
Average Profit	€ 19.991.695,83	€ 19.991.695,83	€ 0,00	€ 22.762,72
Average Profit %	6,61%	6,61%	0,00%	8.194,39%
Average Bars Held	4,44	4,44	0,00	3.250,48
Max Consecutive Winners	20	20	0	29
Losing Trades	1.228	1.228	0	39
Loss Rate	36,53%	36,53%	0,00%	10,40%
Gross Loss	-€ 27.770.775.171,61	-€ 27.770.775.171,61	€ 0,00	-€ 3.751,74
Average Loss	-€ 22.614.637,76	-€ 22.614.637,76	€ 0,00	-€ 96,20
Average Loss %	-6,14%	-6,14%	0,00%	-38,15%
Average Bars Held	6,60	6,60	0,00	3.423,82
Max Consecutive Losses	19	19	0	2
Maximum Drawdown	-€ 1.895.765.695,33	-€ 1.895.765.695,33	€ 0,00	-€ 22.195.206,79
Maximum Drawdown Date	06.03.2009	06.03.2009	02.01.1997	18.05.2012
Maximum Drawdown %	-45,01%	-45,01%	0,00%	-79,75%
Maximum Drawdown % Date	06.03.2009	06.03.2009	05.10.2013	18.05.2012
Wealth-Lab Score	90,29	90,29	0,00	6,01
Sharpe Ratio	1,93	1,93	0,00	0,45
Profit Factor	1,54	1,54	0,00	2.038,59
Recovery Factor	7,86	7,86	0,00	0,34
Payoff Ratio	1,08	1,08	0,00	214,77

Abb. 56, Interactive Brokers (IB)

Aber achten Sie bitte auf den Drawdown. Der liegt bei 45,01 Prozent. Denken Sie nun »Pah! Ist ja nur ein temporärer Drawdown«? Sie müssen sich in eine andere Perspektive versetzen. Im Backtest ist der Drawdown nur eine Zahl. Diese Zahl ist aber nicht mit Emotionen behaftet. Weiterhin wissen Sie, dass sich das System im Anschluss wieder gefangen hat. Wenn Sie live gerade bei minus 45 Prozent halten, dann geht es Ihnen mit Sicherheit ziemlich schlecht. So schlecht, dass Sie vielleicht schon Ihren PC aus dem Fenster geworfen haben. Wahrscheinlich hätten sie schon weit vorher aufgegeben und das Trading ausgesetzt.

Es ist richtig, dass Trader gelassen bleiben sollen. Aber wir dürfen die Realität nicht aus den Augen lassen. So etwas steht niemand durch. Keiner tradet ein Konto, das um 45 Prozent dezimiert wurde, locker weiter und denkt positiv. Zumindest würde ich es nicht tun, obwohl ich glaube, abgebrüht zu sein.

Toms Trading-Insider-Tipp

Neben Beachtung einer möglichst hohen MAR Ratio ist es mir ein großes Anliegen, dass meine Modelle in Sachen maximaler Drawdown unter der 20-Prozent-Marke bleiben bzw. diese nur – bei entsprechend hoher MAR Ratio – geringfügig überschreiten. Alles andere wäre fern der Praxis und dafür bin ich gerne bereit, auf eine etwas höhere Performance zu verzichten.

Aber tauchen wir in das Thema Drawdown tiefer ein. Dazu existieren zwei Kennzahlen, die wir zunächst unterscheiden müssen. Es gibt den maximalen Drawdown und den maximalen Drawdown closed. Der maximale Drawdown ist der tatsächliche Wertverlust eines Handelssystems. Dabei werden auch Intraday-Kurseinbrüche erfasst. Beim maximalen Drawdown closed werden hingegen die Infos tagesschlusskursbasierend ausgewertet. Was ist der Unterschied in der Praxis?

Wenn mein maximaler Wertverlust am 20. November 2008 intraday um 16:59 Uhr bei 18,76 Prozent lag, sich mein System im Laufe dieses Handelstages aber noch erholt und Boden gutmacht, dann schließt es vielleicht bei einem maximalen Drawdown closed von 17,78 Prozent. Ich konnte also während der Trading Session noch 1 Prozent aufholen.

Toms Trading-Insider-Tipp

Der maximale Drawdown closed kann nie größer sein als der maximale Drawdown, sondern im besten Fall gleich hoch.

Welcher Drawdown ist nun der richtige? Ich denke, dass man auf den maximalen Drawdown achten und den maximalen Drawdown closed ignorieren sollte. Denn Ersterer ist es, den der Trader »aushalten« muss. Denn wenn ich intraday meinen Kontostand sehe und mir denke »Jetzt reicht es mir, genug gelitten ...«, dann drehe ich vielleicht mein System ab und versäume den Rebound, der meist auf solche heftigen Drawdowns folgt.

Toms Trading-Insider-Tipp

Achten Sie immer auf den maximalen Drawdown. Den müssen Sie überstehen. Erst wenn Sie einen starken Rückgang Ihres Echtgeld-Kontos einmal erlebt und Ihr Konto trotzdem weiter getradet haben, dann sind Sie ein echter Trader geworden.

So weit, so gut. Aber neben dem maximalen Drawdown gibt es in diesem Zusammenhang noch eine weitere wichtige Kennzahl. Sprechen wir über den »Longest Drawdown« (längster Drawdown) in Bars (Tagen). Wir sind nun also nicht mehr bei der Höhe des Wertverlusts, sondern bei dessen Länge angelangt. Auch diese Information ist wichtig, wenn wir unser System und dessen Erwartungswert kennenlernen wollen. Was sagt mir dieser Wert?

Kennen wir den Longest Drawdown, dann kennen wir die längste Durststrecke. Wir wissen, wie viele Tage es in den letzten x Jahren maximal gedauert hat, bis wir unser System wieder in den Gewinn getradet haben. In der täglichen Handelspraxis ist diese Info nicht zu unterschätzen. Wenn Sie täglich Ihren Job machen und monatelang keine Belohnung bekommen, dann kann das sehr frustrierend sein. Sie wissen also in schlechten Zeiten, wo Sie gerade stehen und ob es normal ist (besser gesagt: ob es im Rahmen des Erwartungswertes liegt), wenn Sie schon drei Monate lang nicht mehr in die grünen Zahlen kommen.

Wie passt das nun alles bei der Modellbewertung zusammen? Dazu zeige ich Ihnen zwei Systeme und deren Performance im Testzeitraum 1997 bis 2013.

Modell 1

Backtest Performance Report | Range: 02.01.1997 to 03.10.2013 (4217 Bars) |

	All Trades	Long Trades	Short Trades	Buy & Hold
Starting Capital	€ 100.000,00	€ 100.000,00	€ 100.000,00	€ 100.000,00
Ending Capital	€ 8.084.544,18	€ 7.154.416,67	€ 1.030.127,51	€ 547.017,26
Net Profit	€ 7.984.544,18	€ 7.054.416,67	€ 930.127,51	€ 447.017,26
Net Profit %	7.984,54%	7.054,42%	930,13%	447,02%
Annualized Gain %	29,98%	29,04%	14,94%	10,68%
Exposure	63,87%	37,78%	135,01%	97,97%
Total Commission	-€ 922.899,45	-€ 414.070,67	-€ 508.828,78	-€ 113,54
Return on Cash	€ 0,00	€ 0,00	€ 0,00	€ 0,00
Margin Interest Paid	€ 0,00	€ 0,00	€ 0,00	€ 0,00
Dividends Received	€ 0,00	€ 0,00	€ 0,00	€ 0,00
Number of Trades	7.432	3.268	4.164	100
Average Profit	€ 1.074,35	€ 2.158,63	€ 223,37	€ 4.470,17
Average Profit %	0,45%	0,83%	0,15%	425,85%
Average Bars Held	3,61	3,97	3,32	3.802,17
Winning Trades	4.329	1.878	2.451	87
Win Rate	58,25%	57,47%	58,86%	37,00%
Gross Profit	€ 31.251.076,21	€ 17.169.638,53	€ 14.081.437,68	€ 451.892,92
Average Profit	€ 7.219,01	€ 9.142,51	€ 5.745,18	€ 5.194,17
Average Profit %	2,72%	3,56%	2,07%	494,86%
Average Bars Held	3,35	3,96	2,88	3.780,80
Max Consecutive Winners	22	18	18	23
Losing Trades	3.103	1.390	1.713	13
Loss Rate	41,75%	42,53%	41,14%	13,00%
Gross Loss	-€ 23.266.532,04	-€ 10.115.221,87	-€ 13.151.310,17	-€ 4.875,66
Average Loss	-€ 7.498,08	-€ 7.277,14	-€ 7.677,36	-€ 375,05
Average Loss %	-2,71%	-2,87%	-2,59%	-36,00%
Average Bars Held	3,96	4,00	3,93	3.945,15
Max Consecutive Losses	16	16	15	2
Maximum Drawdown	-€ 1.032.057,38	-€ 819.116,46	-€ 1.321.853,10	-€ 233.404,37
Maximum Drawdown Date	18.09.2013	08.08.2011	18.09.2013	20.11.2008
Maximum Drawdown %	-20,61%	-34,67%	-58,82%	-55,60%
Maximum Drawdown % Date	06.03.2009	06.03.2009	18.09.2013	20.11.2008
Wealth-Lab Score	37,27	50,21	4,56	4,84
Sharpe Ratio	1,57	1,39	0,62	0,61
Profit Factor	1,34	1,70	1,07	92,68
Recovery Factor	7,74	8,61	0,70	1,92
Payoff Ratio	1,00	1,24	0,80	13,75

Abb. 57, Quelle: Wealth-Lab

Modell 2

Backtest Performance Report | Range: 02.01.1997 to 04.10.2013 (4218 Bars)

	All Trades	Long Trades	Short Trades	Buy & Hold
Starting Capital	€ 100.000,00	€ 100.000,00	€ 100.000,00	€ 100.000,00
Ending Capital	€ 7.181.420,72	€ 5.639.085,36	€ 1.642.335,36	€ 1.300.658,03
Net Profit	€ 7.081.420,72	€ 5.539.085,36	€ 1.542.335,36	€ 1.200.658,03
Net Profit %	7.081,42%	5.539,09%	1.542,34%	1.200,66%
Annualized Gain %	29,06%	27,21%	18,18%	16,55%
Exposure	70,17%	43,08%	118,30%	99,58%
Total Commission	-€ 746.795,80	-€ 354.043,15	-€ 392.752,66	-€ 126,38
Return on Cash	€ 0,00	€ 0,00	€ 0,00	€ 0,00
Margin Interest Paid	€ 0,00	€ 0,00	€ 0,00	€ 0,00
Dividends Received	€ 0,00	€ 0,00	€ 0,00	€ 0,00
Number of Trades	8.538	3.897	4.641	100
Average Profit	€ 829,40	€ 1.421,37	€ 332,33	€ 12.006,58
Average Profit %	0,43%	0,71%	0,19%	1.134,27%
Average Bars Held	3,86	3,90	3,83	3.946,00
Winning Trades	5.064	2.209	2.855	92
Win Rate	59,31%	56,68%	61,52%	92,00%
Gross Profit	€ 29.535.256,63	€ 15.952.529,66	€ 13.582.726,97	€ 1.203.621,57
Average Profit	€ 5.832,40	€ 7.221,61	€ 4.757,52	€ 13.082,84
Average Profit %	2,67%	3,35%	2,14%	1.236,00%
Average Bars Held	3,45	3,82	3,17	3.922,59
Max Consecutive Winners	29	22	26	37
Losing Trades	3.474	1.688	1.786	8
Loss Rate	40,69%	43,32%	38,48%	8,00%
Gross Loss	-€ 22.453.835,90	-€ 10.413.444,30	-€ 12.040.391,60	-€ 2.963,54
Average Loss	-€ 6.463,40	-€ 6.169,10	-€ 6.741,54	-€ 370,44
Average Loss %	-2,84%	-2,74%	-2,93%	-35,65%
Average Bars Held	4,46	4,00	4,90	4.215,25
Max Consecutive Losses	17	17	12	1
Maximum Drawdown	-€ 1.001.515,90	-€ 881.543,67	-€ 1.010.268,44	-€ 265.918,67
Maximum Drawdown Date	08.08.2011	05.03.2009	05.07.2011	09.03.2009
Maximum Drawdown %	-19,45%	-37,65%	-49,37%	-51,05%
Maximum Drawdown % Date	08.08.2011	05.03.2009	05.07.2011	23.07.2002
Wealth-Lab Score	33,36	39,38	7,78	8,13
Sharpe Ratio	1,68	1,64	0,78	0,89
Profit Factor	1,32	1,53	1,13	406,14
Recovery Factor	7,07	6,28	1,53	4,52
Payoff Ratio	0,94	1,22	0,73	34,67

Abb. 58, Quelle: Wealth-Lab

In Sachen Performance (Modell 1: 29,98 Prozent/Modell 2: 29,06 Prozent) sind beide Strategien sehr ähnlich. Blicken wir nun auf den maximalen Drawdown beider Modelle, sehen wir, dass hier Modell 2 die Nase leicht vorne hat (Modell 1: 20,61%/Modell 2: 19,45%).

Somit würde man bei annähernd gleicher Performance Modell 2 wohl zunächst favorisieren, weil der Drawdown doch um 1 Prozentpunkt geringer und die MAR Ratio dementsprechend größer ist. Achten wir nun jedoch auf die Länge des Wertverlustes.

Anmerkung

Dafür dient die Kennzahl »Longest Drawdown«, die Sie in den folgenden Abbildungen finden.

Modell 1

Backtest Performance Report | Range: 02.01.1997 to 03.10.2013 (4217 bars) | Activate closed equity

	All Trades	Long Trades	Short Trades	Buy & Hold
Closed Trade Drawdown				
Click "Activate..." and re-run backtest.				
Trade statistics				
Total shares traded	96672880	44273664	52399216	12165
Average One Way Commission	62,10	63,37	61,11	1,14
Performance Ratio	0,07	0,11	0,02	0,29
Payoff Ratio (absolute)	0,96	1,26	0,75	13,85
Average Entry Efficiency %	53,01	54,78	51,61	85,34
Average Exit Efficiency %	60,21	56,47	63,14	61,70
Average Total Efficiency %	13,21	11,25	14,75	47,04
Luck Coefficient	36,78	28,07	17,33	29,19
Pessimistic Rate of Return	1,35	1,60	1,10	64,29
Outlier trades				
Standard Deviation of Profits	15.863,29	18.974,57	12.842,51	15.279,51
Total Outliers	180	77	101	1
Positive Outliers	99	56	37	1
Negative Outliers	81	21	64	0
Outlier Profit	2.190.871,86	3.538.395,02	-1.896.116,22	152.192,52
Select Net Profit	5.793.672,32	3.516.021,65	2.826.243,73	294.824,74
Risk/reward				
MAR Ratio	1,45	0,84	0,25	0,19
K-Ratio	0,27	0,24	0,13	0,09
Seykota Lake Ratio	0,03	0,02	0,20	0,13
APD Ratio	0,16	0,29	0,03	11,53
APAD Ratio	1,04	1,24	0,88	13,40
Ulcer Index	4,04	4,69	17,18	16,49
Ulcer Performance Index	7,41	6,20	0,87	0,65
Sortino ratio	3,35	1,78	1,01	0,88
Sharpe ratio	1,56	1,33	0,63	0,57
Sharpe ratio (Wealth-Lab)	1,57	1,39	0,62	0,61
Risk/reward ratio				
System Not Applicable				
Expectancy (traditional)	1.074,35	2.158,63	223,37	4.470,17
New highs/lows				
Percent new highs %	14,16	16,03	5,34	8,37
Longest drawdown	230	193	981	1028
Average drawdown %	-14,48	-13,94	-13,88	-31,74
The Megan Ratio (S&C)				
MEGAN Ratio	0,04	0,08	0,04	0,00

Abb. 59, Quelle: Wealth-Lab

Modell 2

Backtest Performance Report | Range: 02.01.1997 to 04.10.2013 (4218 bars) | Activate closed equity

	All Trades	Long Trades	Short Trades	Buy & Hold
Closed Trade Drawdown				
Click "Activate..." and re-run backtest.				
Trade statistics				
Total shares traded	81254756	39150718	42104038	15261
Average One Way Commission	43,74	45,44	42,31	1,26
Performance Ratio	0,07	0,10	0,03	0,37
Payoff Ratio (absolute)	0,90	1,17	0,71	35,32
Average Entry Efficiency %	52,06	53,84	50,57	88,96
Average Exit Efficiency %	61,91	56,97	66,06	70,61
Average Total Efficiency %	13,98	10,81	16,64	59,57
Luck Coefficient	19,97	15,89	23,75	14,58
Pessimistic Rate of Return	1,33	1,53	1,12	263,84
Outlier trades				
Standard Deviation of Profits	12.398,23	14.596,80	10.165,56	32.210,12
Total Outliers	166	80	89	3
Positive Outliers	87	55	23	3
Negative Outliers	79	25	66	0
Outlier Profit	433.346,73	1.881.002,72	-2.198.060,32	515.321,88
Select Net Profit	6.648.073,99	3.658.082,64	3.740.395,68	684.736,15
Risk/reward				
MAR Ratio	1,49	0,72	0,37	0,32
K-Ratio	0,21	0,36	0,12	0,11
Seykota Lake Ratio	0,04	0,02	0,23	0,12
APD Ratio	0,14	0,23	0,06	35,62
APAD Ratio	0,98	1,19	0,82	38,81
Ulcer Index	5,14	3,64	22,32	17,84
Ulcer Performance Index	5,66	7,47	0,81	0,93
Sortino ratio	3,93	2,10	1,27	1,33
Sharpe ratio	1,74	1,58	0,78	0,83
Sharpe ratio (Wealth-Lab)	1,68	1,64	0,78	0,89
Risk/reward ratio				
System Not Applicable				
Expectancy (traditional)	829,40	1.421,37	332,33	12.006,58
New highs/lows				
Percent new highs %	13,42	15,74	6,05	9,72
Longest drawdown	433	121	1128	1343
Average drawdown %	-15,29	-13,08	-17,74	-36,61
The Megan Ratio (S&C)				
MEGAN Ratio	0,03	0,07	0,04	0,00

Abb. 60, Quelle: Wealth-Lab

Während Modell 2, das vorhin in unserer Gunst vorne lag, satte 433 Tage im negativen Bereich verharrt, sind es bei Modell 1 nur 230 Tage. Hier gewinnt also wieder Modell 1 eindeutig und die Entscheidung wird schwieriger, welcher Strategie man den Vorzug geben sollte.

Toms Trading-Insider-Tipp

Hier sieht man schön, dass die Beurteilung eines Trading-Modells von weit mehr Fakten als dem zu erwartenden Gewinn abhängt. Daher ist es unerlässlich, dass sich der Trader schon vor der Ausarbeitung einer Strategie mit dem Thema »Welche Kennzahlen beachte ich in welchem Maße?« auseinandersetzt. Bei der Systementwicklung ist man nämlich durchaus geneigt, die Objektivität hinten anzustellen, wenn man diesen Prozess nicht schon vorab definiert hat. Und zwar dann, wenn es darum geht, einen Grund vor sich selbst zu finden (und sich damit letztlich selbst zu belügen), warum man ein etwas performanteres System einem stabileren vorzieht.

Angehende Trader schauen nur auf die Performance und das ist verständlich. Doch fortgeschrittene Trader wissen, dass der Drawdown in der Praxis ebenso von Bedeutung ist. Weil er darüber entscheiden wird, ob der Trader das System zum Einsatz bringt, es durchhandelt, es temporär aussetzt oder es überhaupt verwirft.

Zur aktuellen Entwicklung (Tag 17)

Die vierte Handelswoche ist für mich bereits gestern zu Ende gegangen und die letzte Position wurde geschlossen. Aktuell habe ich somit keine offenen Trades und bin flat. Heute am Donnerstag werde ich mein Trading-Büro schließen, alle Abrechnungen durchführen, die Daten sichern und auslagern. Weiterhin werde ich für dieses Buch noch die wichtigsten Kennzahlen des ersten Trading-Monats erfassen, aber dann lasse ich es gut sein. Der morgige Freitag steht ganz im Zeichen der Urlaubsvorbereitungen. Koffer packen, alle Unterlagen herrichten, den Garten dicht machen und nochmals alle Reisedokumente auf Vollständigkeit prüfen.

In Sachen Urlaub wird alles bald auf Schiene sein und auch beim Trading sieht es gut aus. Die vielen Short-Trades der vergangenen Tage produzierten zwar ein Minus, aber die wenigen Long-Signale (Sie erinnern sich an die Trades vom letzten Freitag im Sektor Rohstoffe?) machten das mehr als wett. Denn sowohl der Goldpreis als auch andere Rohstoffe setzten kurzfristig zu einer starken Erholung an und dementsprechend konnten die Aktien von dieser Entwicklung profitieren. So schließt mein Trading-Konto vor dem Urlaub auf einem neuen Allzeithoch.

Unter dem Strich bin ich sehr zufrieden und der Start für dieses Projekt war exzellent. Bleibt zu hoffen, dass der zweite Monat trotzdem etwas abwechslungsreicher wird. Damit meine ich, dass der Markt wieder so richtig schön swingt und wir etwas mehr Volatilität bekommen. Ich denke, die Chancen stehen nicht schlecht, denn in den letzten Monaten ging es bei den Aktien sehr gemächlich zu. Meist ist das ein Vorbote für stürmische Zeiten

Fassen wir im Folgenden die vier Handelswochen zusammen und ziehen dabei ein vorläufiges Fazit.

Statistik Monat 1	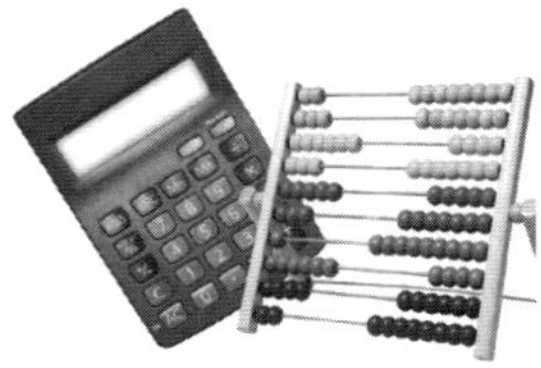
Anzahl Trades	75
Long-Trades	23
Short-Trades	52
Win Rate	57,33 %
Win Rate long	82,61 %
Win Rate short	46,15 %
Durchschnittlicher Gewinn long	EUR +132,95
Durchschnittlicher Gewinn short	EUR –33,28
Max. Drawdown	–0,90 %
Höchster Einzelgewinn	EUR 315,33
Höchster Einzelverlust	EUR 229,33
Kontostand Ende Monat 1	EUR 69.580,00
Abzüglich Einzahlungen (kein Zusammenhang mit dem Projekt)	EUR 155,25
Kontostand netto Ende Monat 1	EUR 69.423,75
Kontostand netto Anfang Monat 1	EUR 66.904,81
Nettoergebnis	EUR 2.518,94
Brokergebühren bezahlt	EUR 155,95
Performance in Prozent	+ 3,76 %

Tabelle 2

Kontostand Ende Monat 1

INTERACTIVE BROKERS

Konto Informationen

Netto Vermögenswert (NAV) in der Basiswährung

	Total
Cash	69,638.29
Verzinsung	-11.77
Dividendenanfall	-45.70
Total	**69,580.82**

Netto Vermögenswert (NAV) in Zeitserien

Mark-to-Market Performance Übersicht in der Basiswährung

Cash Bericht

Abb. 61, Quelle: Interactive Brokers (IB)

In der nachfolgenden Abbildung sehen wir die Gewinne und Verluste je Tickersymbol. Vielleicht fällt Ihnen auf, dass bei PSX bzw. bei LOW die Gewinne oder Verluste höher sind, als in der Kennzahlenübersicht unter dem größten Einzelgewinn- oder verlust angegeben wurde. Das liegt daran, dass bei beiden Aktien jeweils zwei Trades ausgeführt wurden. Bei PSX waren es zwei Gewinntrades, bei LOW zwei Verlustrades. Die Ergebnisse beider Trades werden in dieser Abbildung kumuliert dargestellt.

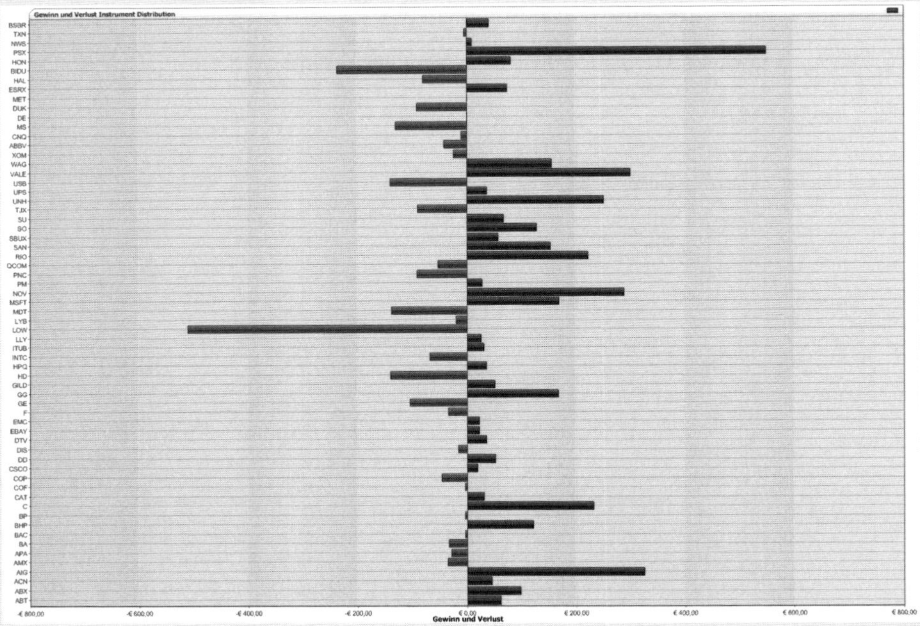

Abb. 62, Quelle: Trading Diary Pro

In der nächsten Abbildung sehen wir die Verteilung der Gewinne und Verluste in einem Balkendiagramm dargestellt. Statistiker sprechen dabei von einer Glockenkurve. Es fällt sofort auf, dass die überwältigende Anzahl der Trades einen kleinen Gewinn produziert. Des Weiteren schließen viele Trades mit +/– 0 und Ausreißer nach oben oder unten kommen nicht so häufig vor. Das zeigt sehr schön die typische Funktionsweise eines Swingtrading-Modells. Wir machen unseren Gewinn mit vielen kleinen Einzelgewinnen. Megagewinne gibt es selten. Zum Glück kommen auch Megaverluste nicht häufig vor. Für den großen Move ist die Haltedauer im Regelfall zu kurz. In Sachen Normalverteilung war Monat 1 also wirklich absolut gewöhnlich, was als positiv zu bewerten ist.

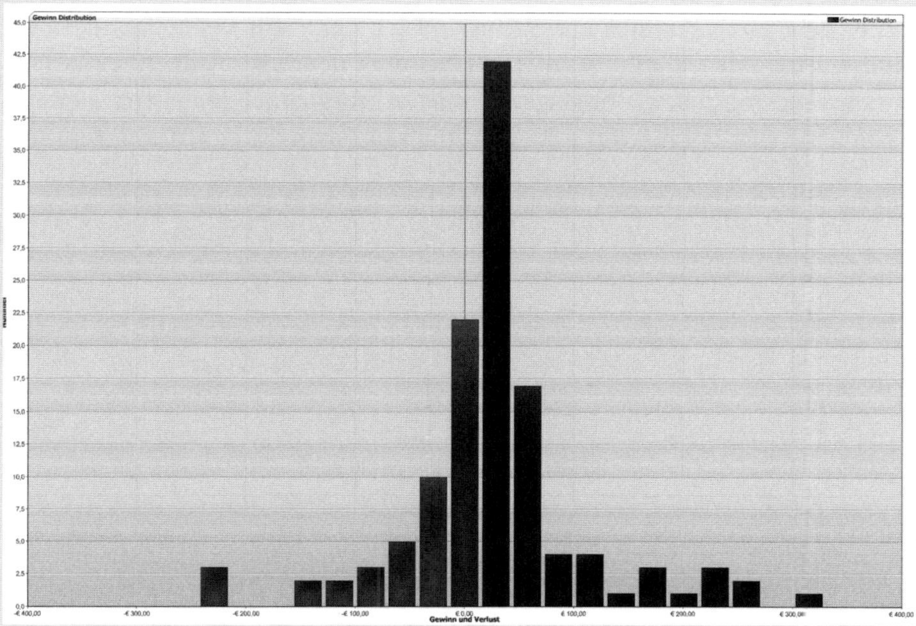

Abb. 63, Quelle: Trading Diary Pro

Toms Trading-Fazit Monat 1

Grundsätzlich war es ein langweiliger Trading-Monat. Es passierte nichts Besonderes, sieht man vielleicht von den starken Schwankungen der Rohstoffaktien ab. Dieser Sektor koppelte sich völlig von den restlichen Märkten ab und somit war ich in Rohstoffaktien massiv long, während ich in den meisten anderen Aktien stark short engagiert war. Das sieht man auch in der Kennzahlenübersicht bei der Anzahl der Long- und Short-Trades. Die Verteilung ist ungewöhnlich hoch zugunsten der Short-Seite. Wir sehen umgekehrt aber auch die sehr hohe Win Rate der Long-Seite. Short war in diesem Monat wenig zu holen, wie wir am durchschnittlichen Gewinn (der ein Verlust ist) auf der Short-Seite erkennen.

Die angesprochene Langeweile erkennt man vor allem an der Höhe des maximalen Drawdowns. Dieser fiel mit 0,9 Prozent äußerst moderat aus. Nicht immer geht es so harmlos zur Sache und ich kann mir vorstellen, dass die nächsten Monate volatiler werden. Etwas über dem historisch zu erwartenden durchschnittlichen Monatsgewinn lag die tatsächlich realisierte Monatsrendite. Mit einem Plus von **3,76 Prozent** kann man sehr zufrieden sein.

MONAT 2

Woche 5 – Tag 24

Der Kontostand beträgt heute Morgen **69.580 Euro**. Das ist exakt jener Betrag, den ich auch am Ende von Monat 1 auf dem Konto hatte. Sie haben also nichts versäumt. Ich habe den Urlaub genossen und kaum an die Börse gedacht. Doch die Tatsache, dass der Kontostand in meiner Abwesenheit unverändert geblieben ist, ist keineswegs selbstverständlich. Warum das so ist, erfahren Sie, wenn wir über Dividenden und deren Auszahlungstermine sprechen.

Wenn Sie Aktien handeln, dann gibt es einige Dinge, die man über diese Märkte wissen muss. Gesprochen haben wir unter anderem schon über die Handelszeiten, über Quartalsberichte, über die Börsenfeiertage sowie über die unterschiedliche Umstellung Sommer- und Winterzeit in den USA und in Europa. Ein weiteres wichtiges Thema fehlt noch: Dividenden.

Wenn ein Unternehmen eine Dividende ausschüttet, hat das Einfluss auf den Aktienkurs. Zunächst wird die Notierung im Regelfall um den Prozentsatz der Ausschüttung zurückgehen. Aber es hat noch andere Konsequenzen. Halten Sie eine Aktie über einen Dividendentermin auf der Long-Seite, dann erleiden Sie zwar (wahrscheinlich) einen Kursverlust, aber die Dividende bekommen Sie auf Ihr Konto gutgeschrieben. Weitgehend handelt es sich also um ein Nullsummenspiel.

Anmerkung

Drei Dinge sind im vorigen Absatz unscharf formuliert. Auf die erste Unschärfe »... über einen Dividendentermin ...« gehen wir später ein, denn diese Aussage ist unpräzise. Kursverluste müssen Sie nicht unbedingt erleiden. Grundsätzlich wird eine Aktie nach der Ausschüttung »Ex Dividende« (niedriger) gehandelt. Aber es wäre denkbar, dass die Märkte an diesem Tag so stark steigen, dass der von der Dividende verursachte Kursabschlag kompensiert wird. Oder es wäre möglich, dass das Unternehmen im Zuge der Dividendenausschüttung gute Nachrichten verlautbart. Auch in diesem Fall könnte es zu einem Preisanstieg kommen. Nullsummenspiel ist es auch nicht unbedingt, denn von der Dividende werden die Steuern gleich abgezogen, während Sie die Kursgewinne bei manchen Brokern erst am Jahresende selbst versteuern müssen.

Sind Sie hingegen über einen Dividendentermin short, dann profitieren Sie zwar vom Kursrückgang, müssen die Dividende jedoch bezahlen. Auch hier sei wieder darauf hingewiesen, dass es bei einer Ausschüttung nicht unbedingt zu einem Kursrückgang kommen muss.

Toms Trading-Insider-Tipp

Ein wesentliches Unterscheidungsmerkmal der US-Aktienmärkte zu hiesigen Börsen ist, dass die Dividenden in Amerika in der Regel vier Mal im Jahr ausgeschüttet werden. Es handelt sich also um eine Quartalsdividende. Das hat wiederum den Vorteil, dass sich die Kurssprünge bei US-Aktien bei einer Dividendenzahlung im Rahmen halten. In Europa hingegen wird die Dividende meist einmal im Jahr ausbezahlt und die Kursabschläge sind stärker. Oft ist der Ausschüttungstermin bei unseren Börsen der Tag nach der Hauptversammlung.

Was hat es nun aber mit dem Dividendentermin auf sich? Die Sache verhält sich etwas kompliziert, weil verschiedene Stichtage existieren. Um alles zu erklären, benutzen wir die Dividendenübersicht auf Reuters.

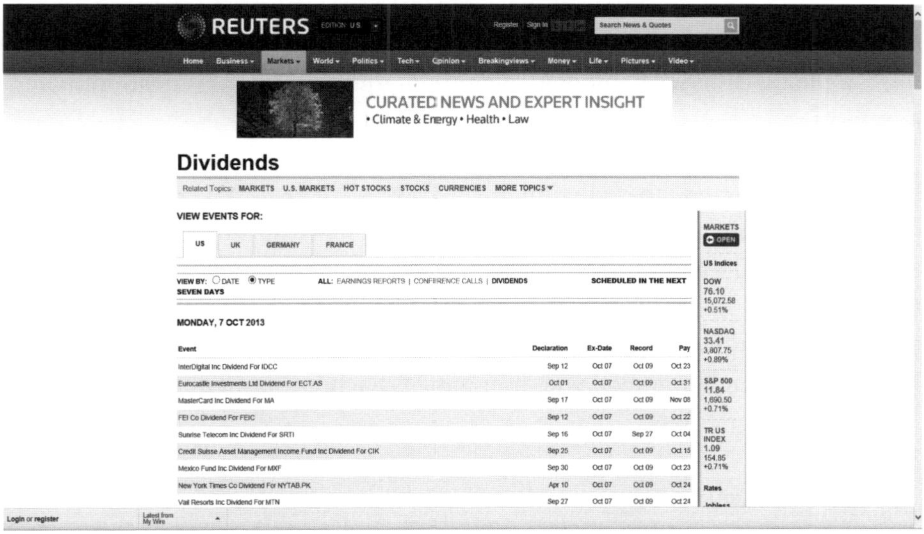

Abb. 64, Quelle: www.reuters.com

Blicken wir auf die kleineren Spalten rechts. Dort sehen wir vier verschiedene Datenangaben. Was ist nun was? Beginnen wir ganz rechts.

Pay

Das ist jenes Datum, an dem die Dividende Ihrem Konto gutgeschrieben wird.

Record

Das ist das Datum, an dem man die Aktie im Depot haben muss, um die Dividende zu kassieren. Achtung: Das ist weder das Auszahlungsdatum noch wird die Aktie an diesem Tag mit dem Dividendenabschlag gehandelt.

Ex Date

Das ist das Datum, an dem die Aktie Ex Dividende gehandelt wird. Im Normalfall liegt es zwei Tage vor dem Record Date. Bei Wochenenden werden die Tage dementsprechend dazugerechnet.

Declaration

Das Datum ist für uns Trader nicht wichtig. An diesem Tag werden vom Unternehmen die Höhe der Dividendenzahlung und der Auszahlungstermin verlautbart.

Nach diesem kurzen, aber wichtigen Ausflug in die Theorie kommen wir wieder zur Praxis zurück. Warum ich vorhin sagte, dass der Kontostand vor bzw. nach dem Urlaub nicht unbedingt gleich sein muss, hat genau mit diesen unterschiedlichen Daten zu tun, denn während meines Urlaubs hätten mir noch Dividenden gutgeschrieben oder abgezogen werden können. (Es existiert ein »offener Dividendenanfall«, wie man das im Fachjargon nennt.)

Toms Trading-Insider-Tipp

Bevor wir noch tiefer in die Materie eintauchen, sei eines erwähnt: Anders als bei den Quartalsberichten trade ich über Dividendentermine ganz normal weiter. Daher werden meinem Konto immer wieder Ausschüttungen gutgeschrieben (wenn ich long war) oder abgezogen (bei Short-Trades). Mir wäre es zu mühsam, täglich neben den Quartalsberichten auch noch die Dividendentermine herauszufiltern. Denn auch hier würde eine Automatisierung mit computergestützter Filterung nicht lückenlos funktionieren, weil die Daten – wie bei den Earnings – nicht immer korrekt sind. Zumindest müssen Sie dann mit diesen Datenlücken leben, wenn Sie nur auf die üblichen Informationsquellen privater Trader zugreifen können. Wie gesagt ist das aber nicht weiter schlimm.

Im täglichen Trading bemerkt man solche Dividendenzahlungen meist gar nichts. Nur dann, wenn der Abschlag etwas höher ausfällt, könnte der Trader auf solch ein Datum aufmerksam werden. Erst wenn man in das Reporting des Brokers blickt, sieht man diese Zahlungsvorgänge. Typische Dividenden und den offenen Dividendenanfall können Sie im nächsten Screenshot aus meiner Kontoverwaltung schön erkennen.

Mark-to-Market Performance Übersicht in der Basiswährung ?

Cash Bericht ?

Positionen in Fremdwährungen ?

Andere Währungstransaktionen ?

Zahlung anstelle von Dividenden ?

Verzinsung ?

Veranderung von Dividendenanfall ?

Symbol	Datum	Ex Datum	Zahldatum	Quantitat	Steuer	Gebühr	Gross Rate	Gross Betrag	Net Betrag	Code
Starting Dividenden Accruals inEUR									-86.15	
Aktien – Gehalten bei Interactive Brokers (U.K.) Limited getragen von by Interactive Brokers LLC										
USD										
INTC	2013-06-01	2013-05-03	2013-06-01	-234	0.00	0.00	0.22	52.65	52.65	Re
Total in USD					0.00	0.00		52.65	52.65	
Total in EUR					0.00	0.00		40.26	40.26	
Total für Aktien in EUR					0.00	0.00		40.26	40.26	
Ending Dividenden Accruals inEUR									-45.70	

Offener Dividendenanfall ?

Symbol	Ex Datum	Zahldatum	Quantital	Steuer	Gebühr	Gross Rate	Gross Betrag	Net Betrag	Code
Aktien – Gehalten bei Interactive Brokers (U.K.) Limited getragen von by Interactive Brokers LLC									
USD									
MET	2013-05-07	2013-06-13	-139	0.00	0.00	0.28	-38.23	-38.23	
MSFT	2013-05-14	2013-06-13	172	5.93	0.00	0.23	39.56	33.63	
TJX	2013-05-14	2013-06-06	-111	0.00	0.00	0.14	-16.10	-16.10	
XOM	2013-05-09	2013-06-10	-62	0.00	0.00	0.63	-39.06	-39.06	
Total in USD				5.93	0.00		-53.83	-59.76	
Total in EUR				4.53	0.00		-41.16	-45.70	
Total für Aktien in EUR				4.53	0.00		-41.16	-45.70	

Kontrakt Information ?

Codes ?

Hinweise/Rechtliches ?

Abb. 65, Quelle: Interactive Brokers (IB)

Aber warum blieb der Kontostand über meinen Urlaub gleich, wenn noch ein offener Dividendenanfall vorhanden war? Weil im Kontostand, den wir für dieses Buch verwenden, zu erhaltende (oder zu zahlende) Dividenden sofort berücksichtigt werden, auch wenn das Geld real erst später gutgeschrieben oder abgebucht wird. Das ist die Erklärung dafür, dass sich der Kontostand über meinen Urlaub scheinbar nicht verändert hat, obwohl Dividenden offen waren.

Das Spiel mit den Dividendenzahlungen wiederholt sich permanent. Natürlich beeinflussen diese Ausschüttungen die Performance. Aber dieser Einfluss ist zu vernachlässigen und darüber hinaus wäre der Aufwand zu hoch, Dividendentermine zu filtern. Hier muss man als privater Trader einfach mit etwas Pragmatismus an die Sache rangehen, denn das Risiko ist kalkulierbar.

Zur aktuellen Entwicklung (Tag 24)

Da es nach der urlaubsbedingten Pause mein erster Handelstag ist, gehe ich ohne offene Positionen in die heutige Trading Session. Dementsprechend hat der Tag eine besondere Bedeutung. Da ich flat bin, werde ich heute alle Trade Slots (Plätze) auffüllen können. Aber das könnte problematisch werden, weil die Strategien gerne Signale in die gleiche Handelsrichtung auswerfen.

Anmerkung

In der Regel werden bei den drei Modellen aufgrund unterschiedlicher Parameter zwar verschiedene Einzelaktien ausgewählt, aber die Grundtendenz (long oder short) ist oftmals gleich. Die Strategien richten sich also gleich aus, weil sie allesamt Swingtrading-Ansätze sind.

Erwische ich den Markt dabei richtig, beginnt der Monat gut. Werde ich auf dem falschen Fuß erwischt, kann es eine Weile dauern, die daraus resultierenden Anfangsverluste aufzuholen. Werfen wir also den Screener an und schauen wir, welche und wie viele Alarme ausgegeben werden.

Und gleich zum Neustart ergibt sich ein interessantes Bild. Während System 1 zehn Alarme auswirft, ist es bei Strategie 2 nur ein Signal. Strategie 3 findet überhaupt nichts und so gehe ich mit einer geringen Exposure in den ersten Handelstag, was mir ehrlich gesagt nicht so unrecht ist. Aber diese Entscheidung, die Tages-Exposure insgesamt gesehen gering zu halten, würde ich nie diskretionär treffen oder das System overrulen. Vielmehr hätte ich heute auch 19 Long- oder Short-Signale umgesetzt (= Maximalzahl an Trades dieses Strategieportfolios), weil ich meinen Strategien immer, das wissen Sie schon, zu 100 Prozent folge.

Schauen wir uns nun die Signale im Detail an. Strategie 1 produziert zehn Alarme auf der Short-Seite. Die andere Strategie wirft hingegen ein Long-Signal aus. Somit stelle ich heute nach dem Quartalsberichte-Check acht neue Trades ein. Alle erlaubten sieben bei Strategie 1 und einen Trade bei Strategie 2. Das war es auch schon wieder. Der erste Handelstag ist nach wenigen Minuten zu Ende. Im Urlaub hatte ich einige Ideen in Sachen neuer Filter und anderer Parametereinstellungen. Es wird Zeit, diese Einfälle auf Plausibilität zu überprüfen.

Alarme Strategie 1

Select All | Place Orders | Stage Orders | Monitor in Quotes Window | Help

Alert Time	Symbol	Account	Action	Qty	Order Type	Price	Scale	Signal Name
07.06.2013	AXP	PaperAccou...	Short	181	Market		Daily	E-SHORT ...
07.06.2013	MET	PaperAccou...	Short	315	Market		Daily	E-SHORT ...
07.06.2013	WFC	PaperAccou...	Short	344	Market		Daily	E-SHORT ...
07.06.2013	VZ	PaperAccou...	Short	282	Market		Daily	E-SHORT ...
07.06.2013	HD	PaperAccou...	Short	180	Market		Daily	E-SHORT ...
07.06.2013	MTU	PaperAccou...	Short	2362	Market		Daily	E-SHORT ...
07.06.2013	PSX	PaperAccou...	Short	215	Market		Daily	E-SHORT ...
07.06.2013	GILD	PaperAccou...	Short	268	Market		Daily	E-SHORT ...
07.06.2013	LOW	PaperAccou...	Short	341	Market		Daily	E-SHORT ...
07.06.2013	AMGN	PaperAccou...	Short	143	Market		Daily	E-SHORT ...

Abb. 66, Quelle: Wealth-Lab

Alarme Strategie 2

Select All | Place Orders | Stage Orders | Monitor in Quotes Window | Help

Alert Time	Symbol	Account	Action	Qty	Order Type	Price	Scale	Signal Name
07.06.2013	QCOM	PaperAccou...	Buy	265	Market		Daily	

Abb. 67, Quelle: Wealth-Lab

Heute am Morgen war es übrigens ein schönes Gefühl, den Computer anzuwerfen und zu traden. Ich will nicht sagen, dass ich die Börse im Urlaub vermisst habe. Ich habe mich gut erholt und eine wunderschöne Zeit gehabt. Aber in den letzten Tagen habe ich gemerkt, dass ich das Trading wieder herbeisehne. Das finde ich positiv, denn was gibt es Schöneres, als sich bereits im Urlaub auf seine Arbeit zu freuen?

In meinem bürgerlichen Job in der Versicherung hatte ich so eine Vorfreude nie verspürt – im Gegenteil. Doch jetzt als Trader ist es zum Glück anders. Natürlich geht es mir in erster Linie darum, an den Märkten Geld zu verdienen, und das Trading ist das Mittel zum Zweck. Aber es beweist trotzdem, dass ich meine Arbeit gerne mache. Und Sie wissen ja: Nur wenn man etwas wirklich gerne macht, dann macht man es auch gut. Weil man dann mit Leib und Seele bei der Sache ist.

Woche 5 – Tag 27

Aus aktuellem Anlass sprechen wir heute über das Thema Systemrotation. Wir wissen, dass je Strategie eine bestimmte Anzahl von Trades erlaubt ist. Bei zwei Modellen sind es jeweils sieben, bei einem Modell sind es fünf Positionen. Unter anderem sind alle diese Trades mit einem Zeitausstieg versehen. Was bedeutet das nun in der Praxis, wenn ich an einem Tag zeitgleich eine Position schließen und eine neue eröffnen will?

Wenn ein Zeitausstieg zur Anwendung kommt, habe ich bei tagesschlusskursbasierendem (End-of-Day-)Trading grundsätzlich zwei Möglichkeiten. Ich kann zur Eröffnung des aktuellen Handelstages glattstellen (Open) oder zum Schluss des Handelstages (Close). Zunächst ist die Frage, was davon besser ist, pauschal nicht zu beantworten. Es kommt auf das Trading-Modell und ebenso auf die Handelsrichtung an. Somit kann es vorkommen, dass bei manchen Strategien Long-Trades zur Eröffnung (Open) beendet werden und bei anderen Modellen zum Börsenschluss (Close). Gesagtes gilt natürlich auch für die Short-Seite und dort unter Umständen auch umgekehrt.

Wenn ich nun einen Trade zum Börsenschluss (Close) schließe, ist das im Hinblick auf die Rotation einfach. Nachdem eventuell vorhandene Limit-Orders oder Stopp-Orders deaktiviert wurden, wird die Position am Ende des Handelstages glattgestellt.

Toms Trading-Insider-Tipp

Die Tatsache, dass Limit-Orders oder Stopp-Orders vor dem Zeitausstieg entfernt werden müssen, ist essenziell. Werden sie das nicht, läuft man Gefahr, unbeabsichtigt eine neue Position einzugehen. Denn wenn Sie zum Beispiel im Rahmen eines Long-Trades Ihre Aktien von AXP vier Minuten vor dem Close mit Zeitausstieg verkaufen und flat sind und drei Minuten vor dem Close Ihr noch im System befindliches Limit getroffen wird, dann verkaufen Sie etwas, das Sie gar nicht mehr besitzen. Sie drehen also die Position und gehen short. Die gleiche Problematik betrifft einen Stopp-Loss. Daher müssen alle verknüpften Orders vor dem Zeitausstieg gelöscht werden.

Etwas komplizierter wird es nun, wenn wir einen Trade zum Open beenden. Vergegenwärtigen wir uns den Ablauf in der Praxis. Um 15:30 Uhr MEZ eröffnen die US-Märkte. Mein Zeitausstieg ist so aktiviert, dass er um 15:30:01 Uhr aktiv wird, also eine Sekunde nach der Eröffnung. Allfällig verknüpfte Limit-Orders oder Stopp-Orders werden in dieser Konstellation entweder bereits am Vortag nach Börsenschluss oder am aktuellen Tag vor der Eröffnung deaktiviert.

Anmerkung

Ich nutze noch andere Formen von Zeitausstiegen, die hier nicht weiter besprochen werden sollen.

Interessant wird es aber bei der Systemrotation, denn in den seltensten Fällen kommt es schon eine Sekunde nach dem Open zur Ausführung des Zeitausstieges. Vielmehr kann es – je nach Handelsvolumen – einige Minuten dauern, bis die Aktien verkauft sind. Und genauso kann es einige Minuten dauern, bis ich die neuen Aktien, die ich heute kaufen (oder shorten) will, im Depot habe.

Stellt sich dabei folgende Frage: Was mache ich mit dem frei werdenden Trade-Platz (Slot) am heutigen Handelstag? Fülle ich ihn gleich mit einem neuen Trade auf oder warte ich bis morgen? Einerseits ist zur Eröffnung (und wenn auch nur für wenige Sekunden) der Platz noch von der anderen Aktie besetzt, andererseits würde der Slot 99 Prozent des Handelstages frei bleiben. Und wir wissen ja, dass eine hohe Exposure wichtig ist.

Doch die Frage, was *richtig* ist, stellt sich nicht. Man kann es so oder anders machen. Vielmehr sollte man sich andere Fragen stellen. Erstens: Wie ist es backgetestet (denn so muss ich es auch umsetzen). Zweitens: Was ist performanter? Drittens: Welche Konsequenzen ergeben sich daraus? Viertens: Wie löse ich diese Konsequenzen, die mit gewissen Herausforderungen einhergehen, in der Praxis?

Zur ersten Frage: Meine Modelle sind so backgetestet, dass ein frei werdender Slot bei einem Zeitausstieg zur Eröffnung sofort mit einem neuen Trade aufgefüllt wird. Aber auch bei dieser Entscheidung sollte man nicht nach Gefallen oder Geschmack, sondern nach Fakten vorgehen. Ich habe natürlich auch die andere Variante getestet und den Computer den vakanten Platz erst am nächsten Tag auffüllen lassen. Leider war das Ergebnis nicht immer eindeutig. Von Modell zu Modell ist es unterschiedlich, welcher Weg der bessere ist. Da aber in der Mehrzahl der Fälle ein sofortiges Auffüllen eine bessere Performance brachte, habe ich mich bei fast allen Strategien (dazu gehören jene, die hier im Buch verwendet werden) für diese Variante entschieden. Das ist also die Antwort auf die zweite Frage.

Zur dritten und vierten Frage: Die Konsequenz aus diesem Vorgehen ist, dass ich mein Konto in den ersten Handelsminuten unter Umständen stark hebele. Warum? Stellen Sie sich vor, ich beende heute fünf Trades mit Zeitausstieg. Trade 1 wird um 15:31 Uhr ausgeführt, Trade 2 um 15:32 Uhr, Trade 3 und Trade 4 um 15:34 Uhr und bei Trade 5 dauert es bis 15:35 Uhr. Die neuen fünf Trades, die ich ja sofort auffülle, werden ebenso zum Open eröffnet. Und zwar unabhängig zu den Zeitausstiegen.

Hier kann es nun zu einer früheren Ausführung kommen. Der neue Trade 1 wird um 15:30:20 Uhr gestartet, der neue Trade 2 um 15:30:45 Uhr, Trade 3 und 4 um 15:30:55 Uhr und Trade 5 um 15:31:10 Uhr. Somit überschneiden sich Zeitausstieg und Neueinstieg bei einigen Plätzen (Slots) um mehrere Minuten. In der Eröffnungsphase nutze ich also das Margin Trading massiv aus, obwohl ich sonst nur einen kleinen Hebel einsetze.

Anmerkung

Es ist wichtig, dass Sie folgenden Unterschied verstehen. Der Zeitausstieg wird zwar um 15:30:01 Uhr aktiviert. Aber es kann einige Minuten dauern, bis er auch ausgeführt wird.

Nachfolgender Screenshot zeigt am Beispiel eines x-beliebigen Handelstages, wie es mit der Ausführung der Orders zur Eröffnung bestellt ist. Während die Mehrzahl der Positionen in der ersten Handelsminute ausgeführt (Fachjargon: gefillt) wird, dauert es bei den letzten beiden Aktien (DE, KO) doch bis zu 1,5 Minuten. In dieser Zeitspanne nutze ich den zur Verfügung stehenden Hebel bewusst und intensiv.

Anmerkung

Ganz rechts in der Spalte sehen Sie auch die anfallenden Gebühren. Hier sehen Sie, dass man US-Aktien je Stück abrechnet und nicht wie an Börsen hierzulande nach Handelsvolumen. Je niedriger eine Aktie also notiert, desto teurer kommt der Kauf.

Aktion	Stückzahl	Basiswert	Beschreibung	Preis	Währung	Börse	Zeit	Kommission
BOT	200	SO	Stock	41.00	USD	NYSE	SEP 30 15:30:00	1.00
BOT	261	INTC	Stock	22.75	USD	ISLAND	SEP 30 15:30:02	1.30
SLD	153	DOW	Stock	38.62	USD	NYSE	SEP 30 15:30:05	1.10
BOT	390	PBR	Stock	15.720	USD	NYSE	SEP 30 15:30:06	1.95
SLD	426	BAC	Stock	13.70	USD	NYSE	SEP 30 15:30:07	2.23
SLD	93	DIS	Stock	64.760	USD	NYSE	SEP 30 15:30:08	1.10
SLD	119	JPM	Stock	51.70	USD	NYSE	SEP 30 15:30:08	1.11
BOT	135	ABBV	Stock	44.860	USD	NYSE	SEP 30 15:30:09	1.00
SLD	68	XOM	Stock	86.04	USD	NYSE	SEP 30 15:30:13	1.10
SLD	122	RIO	Stock	48.32	USD	NYSE	SEP 30 15:30:14	1.10
SLD	131	TGT	Stock	63.42	USD	NYSE	SEP 30 15:30:27	1.14
SLD	122	C	Stock	48.20	USD	NYSE	SEP 30 15:30:28	1.10
BOT	71	CAT	Stock	83.14	USD	NYSE	SEP 30 15:30:43	1.00
BOT	69	APA	Stock	85.45	USD	NYSE	SEP 30 15:30:50	1.00
BOT	352	TSM	Stock	16.85	USD	NYSE	SEP 30 15:30:58	1.76
BOT	119	LLY	Stock	50.24	USD	NYSE	SEP 30 15:31:29	1.00
SLD	99,908	EUR	EUR.USD Cash	1.35441	USD	FXCONV	OKT 1 07:29:43	2.71
BOT	83	GSK	Stock	50.34	USD	NYSE	OKT 1 15:30:00	1.00
SLD	144	CMCSK	Stock	43.33	USD	ISLAND	OKT 1 15:30:02	1.11
SLD	100	DTV	Stock	59.87	USD	ISLAND	OKT 1 15:30:02	1.10
SLD	97	GILD	Stock	63.02	USD	ISLAND	OKT 1 15:30:02	1.11
SLD	160	KRFT	Stock	52.46	USD	ISLAND	OKT 1 15:30:02	1.15
BOT	186	NWSA	Stock	16.05	USD	ISLAND	OKT 1 15:30:02	1.00
BOT	78	DOW	Stock	38.47	USD	SMART	OKT 1 15:30:14	1.00
BOT	86	C	Stock	48.783	USD	NYSE	OKT 1 15:30:19	1.00
BOT	200	HPQ	Stock	20.970	USD	NYSE	OKT 1 15:30:25	1.00
SLD	97	JNJ	Stock	86.52	USD	NYSE	OKT 1 15:30:29	1.15
SLD	230	USB	Stock	36.680	USD	NYSE	OKT 1 15:30:31	1.30
SLD	133	ABBV	Stock	44.92	USD	NYSE	OKT 1 15:30:36	1.10
BOT	300	BAC	Stock	13.85	USD	NYSE	OKT 1 15:30:46	1.50
SLD	75	PEP	Stock	79.41	USD	NYSE	OKT 1 15:30:48	1.10
BOT	36	DE	Stock	81.25	USD	NYSE	OKT 1 15:30:50	1.00
SLD	220	KO	Stock	37.98	USD	NYSE	OKT 1 15:31:09	1.25

Abb. 68, Quelle: Interactive Brokers (IB)

Am heutigen Handelstag kann ich zur Systemrotation aus ausführungstechnischer Sicht auch ein praktisches Beispiel zeigen. Eine Strategie ist derzeit mit fünf Trades voll belegt. Trade 1 wird heute zum Open mit Zeitausstieg beendet. Dieser Platz wird also frei. Das sehen Sie in der Abbildung unten, in welcher der grau markierte Trade von QCOM heute wegfällt.

Trades Strategie C

Trade No.	Tag Entry	Datum Entry	Symbol	Richtung	Close	Stück	Size	Limit	Tag TBX	Datum TBX	TBX Wan	Comment
Trade 1	Montag	10.06.2013	QCOM	Long	62,[illegible]	133,11	8266	65,31	Donnerstag	13.06.2013	Open	
Trade 2	Mittwoch	12.06.2013	ITUB	Long	14,15	583,78	8266	15,41	Montag	17.06.2013	Open	
Trade 3	Mittwoch	12.06.2013	BSBR	Long	6,79	1217,44	8266	7,33	Montag	17.06.2013	Open	
Trade 4	Mittwoch	12.06.2013	VALE	Long	13,98	591,3	8266	15,26	Montag	17.06.2013	Open	
Trade 5	Mittwoch	12.06.2013	RIO	Long	41,97	196,96	8266	44,79	Montag	17.06.2013	Open	
Trade 6	Donnerstag	13.06.2013	AMT	Long	74,6	110,81	8266	79,7	Dienstag	18.06.2013	Open	
Trade 7												
Trade 8												
Trade 9												
Trade 10												

Abb. 69, Trade Manager mit Strategie C

Deswegen darf ich heute einen neuen Trade (AMT) machen, der im Trade Manager als Trade 6 aufgeführt ist, in Wahrheit aber der neue Trade 5 wird. Das ist nun auch die genaue Erklärung dafür, warum der Trade Manager Platz für mehr als die erlaubten fünf Trades bietet. Weil ich so einen besseren Überblick behalte. Morgen, am Freitag, lösche ich dann Trade 1 aus dieser Übersicht und die anderen Trades rücken auf.

Anmerkung

Dieses Vorgehen hat sich bei der manuellen Orderausführung bewährt. Bei einer Vo lautomatisierung läuft natürlich auch das Trade Monitoring computergestützt.

Zur aktuellen Entwicklung (Tag 27)

Endlich kommt Bewegung in die Sache. Konnte ich in den ersten zwei Handelstagen des zweiten Monats noch mit einigen Short-Trades Gewinne realisieren und das Konto um ein knappes weiteres Prozent ins Plus handeln, kam gestern der große Dämpfer. Ehrlich gesagt habe ich schon darauf gewartet, dass die Märkte volatiler werden, denn die letzten Wochen liefen einfach zu glatt und reibungslos.

Seit gestern sind meine Modelle stark long ausgerichtet, doch der vorige Tag war tiefrot an der Wallstreet. Darunter haben auch meine Long-Trades stark gelitten. Insgesamt bin ich derzeit 844 US-Dollar im Minus. Aber obwohl heute Morgen die Futures in Asien erneut zurückgegangen und damit wohl weitere Verluste zu befürchten sind, mache ich mir keine Sorgen. Der Monat dauert noch einige Wochen. Das ist alles noch aufzuholen.

In jedem Fall kommen heute weitere Long-Trades hinzu, weil der Markt gestern gefallen ist und ich ja immer kontra gehe. Wir sind nun also in einer Phase, in der die Notierungen schon einige Tage zurückgehen, und weil sie es tun, gewichten sich die Modelle immer mehr auf die Long-Seite. Das müssen Swingtrading-Strategien auch und daher gilt derzeit: Augen zu und durch. Der Markt wird wieder kommen. Und wenn es so weit ist, bin ich massiv long und werde die Einbußen wieder kompensieren können.

Aufgrund der herben Kursverluste des Vortages überschlagen sich heute zwei Strategien förmlich mit Signalen auf der Long-Seite. Die dritte Strategie (die langsame) wird wohl erst ab morgen auf long wechseln, sofern es heute nicht schon zu massiven Kursanstiegen kommt. Schauen wir uns die Signale an. Modell A bringt 33 Alarme, Modell B gar 39 und Modell C dafür gerade nur einen.

Betrachten wir eine Strategie im Detail, sieht man, wie wichtig an einem Tag wie heute der Sortiermechanismus ist. Denn würde ich keine Reihung vornehmen, müsste ich nach Gutdünken aus 33 Trades auswählen. Mit der Priorität kann ich hingegen jene Symbole ganz oben reihen, die am stärksten überverkauft sind. Manuell ginge das zwar auch, wäre aber ungleich schwieriger.

Select All | Place Orders | Stage Orders | Monitor in Quotes Window | Help

Alert Time	Symbol	Account	Action	Qty	Order Type	Price	Scale	Signal Name
12.06.2013	VWO	PaperAccou...	Buy	359	Market		Daily	E-LONG
12.06.2013	EEM	PaperAccou...	Buy	363	Market		Daily	E-LONG
12.06.2013	PBR	PaperAccou...	Buy	905	Market		Daily	E-LONG
12.06.2013	VALE	PaperAccou...	Buy	1035	Market		Daily	E-LONG
12.06.2013	PBR.A	PaperAccou...	Buy	839	Market		Daily	E-LONG
12.06.2013	BBD	PaperAccou...	Buy	992	Market		Daily	E-LONG
12.06.2013	ITUB	PaperAccou...	Buy	1017	Market		Daily	E-LONG
12.06.2013	BHP	PaperAccou...	Buy	229	Market		Daily	E-LONG
12.06.2013	SLB	PaperAccou...	Buy	200	Market		Daily	E-LONG
12.06.2013	RIO	PaperAccou...	Buy	337	Market		Daily	E-LONG
12.06.2013	POT	PaperAccou...	Buy	351	Market		Daily	E-LONG
12.06.2013	DE	PaperAccou...	Buy	168	Market		Daily	E-LONG
12.06.2013	LVS	PaperAccou...	Buy	256	Market		Daily	E-LONG
12.06.2013	PSX	PaperAccou...	Buy	224	Market		Daily	E-LONG
12.06.2013	SAN	PaperAccou...	Buy	2022	Market		Daily	E-LONG
12.06.2013	TWX	PaperAccou...	Buy	252	Market		Daily	E-LONG
12.06.2013	C	PaperAccou...	Buy	287	Market		Daily	E-LONG
12.06.2013	NWS	PaperAccou...	Buy	456	Market		Daily	E-LONG
12.06.2013	TXN	PaperAccou...	Buy	408	Market		Daily	E-LONG
12.06.2013	ABBV	PaperAccou...	Buy	332	Market		Daily	E-LONG
12.06.2013	NWSA	PaperAccou...	Buy	458	Market		Daily	E-LONG
12.06.2013	CMCSA	PaperAccou...	Buy	359	Market		Daily	E-LONG
12.06.2013	DIS	PaperAccou...	Buy	225	Market		Daily	E-LONG
12.06.2013	GM	PaperAccou...	Buy	424	Market		Daily	E-LONG
12.06.2013	EMR	PaperAccou...	Buy	254	Market		Daily	E-LONG
12.06.2013	HAL	PaperAccou...	Buy	341	Market		Daily	E-LONG
12.06.2013	UBS	PaperAccou...	Buy	817	Market		Daily	E-LONG
12.06.2013	GILD	PaperAccou...	Buy	277	Market		Daily	E-LONG
12.06.2013	ABT	PaperAccou...	Buy	389	Market		Daily	E-LONG
12.06.2013	HD	PaperAccou...	Buy	185	Market		Daily	E-LONG
12.06.2013	AXP	PaperAccou...	Buy	190	Market		Daily	E-LONG
12.06.2013	BIDU	PaperAccou...	Buy	145	Market		Daily	E-LONG
12.06.2013	MS	PaperAccou...	Buy	555	Market		Daily	E-LONG

Abb. 70, Quelle: Wealth-Lab

Trotz des starken Rückgangs des Kontostandes gibt es keinen Grund zur Beunruhigung. Natürlich würde ich in den nächsten Tagen eine Stabilisierung bzw. Erholung der Notierungen bevorzugen. Aber letztlich ist es egal, ob es heute oder nächste Woche raufgeht. Ich bin vorbereitet und stehe täglich mit Long-Trades »Gewehr bei Fuß«, um die Situation auszunutzen.

Der Kontostand beträgt derzeit 69.417 Euro. Das Gesamtminus in diesem Monat ist im Augenblick kaum der Rede wert und liegt bei 0,23 Prozent.

INTERACTIVE BROKERS

Konto Informationen

Netto Vermögenswert (NAV) in der Basiswährung

	Total
Cash	25,920.99
Aktien	43,499.45
Dividendenanfall	-3.45
Total	**69,416.99**

Netto Vermögenswert (NAV) in Zeitserien

Mark-to-Market Performance Übersicht in der Basiswährung

Realisierte & Unrealisierte Performance Übersicht in der Basiswährung

Cash Bericht

Abb. 71, Interactive Brokers (IB)

Woche 5 – Tag 28

Eigentlich hatte ich nicht vor, heute, am Freitag, schon wieder von meinem Trading zu berichten. Vielmehr wollte ich mir einen Tag gönnen, an dem ich mich ausschließlich dem Entwickeln neuer Modelle widme, aber daraus wird nichts, denn es gibt etwas Interessantes zu berichten oder besser gesagt zu bestätigen.

Dabei geht es darum, zu demonstrieren, wie verrückt die Märkte sein können. Erst gestern war mein Konto wie berichtet mehr als 800 US-Dollar im Minus und tiefrot eingefärbt. Die Futures fielen über Nacht weiter und am Vormittag sah es nach einem ganz schwachen Handelstag aus, der bei meinen US-Aktien weitere Verluste erahnen ließ. Doch wie schon mehrmals gesagt und nun bestätigt: An der Börse kann es schnell gehen. Sehr schnell sogar. Plötzlich begannen die Notierungen zu drehen und nach oben zu laufen. Je näher die Eröffnung rückte, desto besser sah es aus. Auch im laufenden Handelstag stiegen die Kurse weiter und somit war das dicke Minus meines Kontos im Handumdrehen Geschichte, wie Sie an der nachfolgenden Kontoübersicht erkennen können.

INTERACTIVE BROKERS

Konto Informationen

Netto Vermögenswert (NAV) in der Basiswährung

	Total
Cash	8,178.87
Aktien	62,635.35
Dividendenanfall	0.00
Total	**70,814.22**

Netto Vermögenswert (NAV) in Zeitserien

Mark-to-Market Performance Übersicht in der Basiswährung

Realisierte & Unrealisierte Performance Übersicht in der Basiswährung

Cash Bericht

Abb. 72, Interactive Brokers (IB)

Ich hoffe, Sie lernen daraus, dass sich das Blatt schnell wenden kann und wird. Innerhalb weniger Stunden hat sich der Kontostand um 1400 Euro verändert. Und das ist umso erstaunlicher, da ich gerade mit einer eher geringen Exposure unterwegs bin (bei einem Modell läuft ja nur ein Trade von sieben möglichen).

Wenn Sie nicht in der Lage sind, solche Kursschwankungen gelassen hinzunehmen, dann ist Trading wahrlich nicht der richtige Job für Sie. Denn ständig zu Tode betrübt oder euphorisch vor Freude und Glück zu sein, das hält kein Körper auf Dauer aus. Nochmals: Für erfolgreiches Trading ist Fachwissen absolute Grundvoraussetzung. Aber Wissen allein ist zu wenig. Sie müssen den Börsenhandel ganzheitlich verstehen, mental stark sein und das Geschehen aus der Vogelperspektive betrachten, sonst werden Sie keine Erfolge erzielen. Dieses Statement kann gar nicht oft genug wiederholt werden.

Zur aktuellen Entwicklung (Tag 28)

Der Kontostand beträgt am Freitagmorgen **70.814 Euro.** Das ist nach einer knappen Handelswoche im zweiten Monat ein Plus von **1,78 Prozent.**

Der eigentlich für heute geplante Test-Tag wird dann trotzdem Realität für mich, denn heute gibt es nichts zu tun. Nur eine Strategie wirft vier Alarme aus, die anderen liefern kein Signal. Doch dieses Modell ist voll investiert und so kann ich keine Trades absetzen. Somit ist genug Zeit für das Entwickeln. Dabei kommt mir zugute, dass ich meine Backtesting-Software auch auf meinem Notebook installiert habe. So kann ich von unterwegs ebenso neue Modelle austüfteln, denn das schöne Wetter muss genützt werden.

Woche 6 – Tag 29

Heute beginnt Woche 6 und in der ganzen Berichterstattung haben wir uns immer an Fakten orientiert und werden es auch weiterhin tun. Diese Fakten kann ich aber nur dann zu meinem Vorteil nutzen, wenn sie auf korrekten Tatsachen beruhen. Womit wir bei historischen Kursen und deren Qualität angelangt sind.

Wenn wir Trading-Ideen auf Plausibilität überprüfen wollen, ist eines dabei unerlässlich. Wir brauchen korrekte Informationen über die Vergangenheit. Wir brauchen also historische Kursdaten, denn ohne diese Daten könnten wir keine Tests machen. Dabei gibt es einiges zu beachten und darüber wollen wir uns nun unterhalten.

Zunächst muss ich die Entscheidung treffen, welchen Datenprovider ich wähle, denn es gibt zahlreiche Anbieter. Auf Basis welcher Fakten treffe ich diese Entscheidung? Nun kommt es zunächst auf den gewünschten Zielmarkt sowie auf die bevorzugte Zeiteinheit an. Während End-of-Day-Daten (tagesschlusskursbasierend) US-amerikanischer Aktien von einigen Anbietern in sehr guter Qualität für den privaten Trader kostenlos zur Verfügung stehen, ist es zum Beispiel bei europäischen und somit auch bei deutschen, österreichischen oder Schweizer Aktien nicht einfach, korrekte Informationen über die Historie zu bekommen. Durchforstet man die Zeitreihen mancher Märkte, bemerkt man rasch, dass manchmal Splits nicht bereinigt wurden oder dass sich andere Fehler eingeschlichen haben. Auch das ist einer der Gründe, warum ich US-Aktien bevorzuge, denn dort sind solche falschen Informationen äußerst selten.

Anmerkung

Nochmals der Hinweis zur Unterscheidung zwischen institutionellen Tradern und privaten Händlern. Letztere müssen auch in Sachen Daten auf standardisierte kommerzielle Produkte zugreifen und da ist es nicht einfach, für sämtliche Zielmärkte an eine gute Historie zu gelangen.

Glücklicherweise – das wurde schon erwähnt – sind bei US-End-of-Day-Daten für Aktien die Quellen vielfältig und in guter Qualität vorhanden. Es ist daher letztlich egal, ob Sie sich für MSN, Bloomberg, Google, Yahoo oder einen anderen qualitativ hochwertigen Datenprovider entscheiden. Haben Sie die Wahl getroffen, müssen Sie nur noch die entsprechende Erweiterung zur Backtesting-Software installieren. Das Programm dockt dann an der gewünschten Quelle an und zieht die Daten auf Ihren Rechner.

Nachfolgend sehen Sie einige der genannten Anbieter und die Erweiterung zum Download für meine Backtesting-Software.

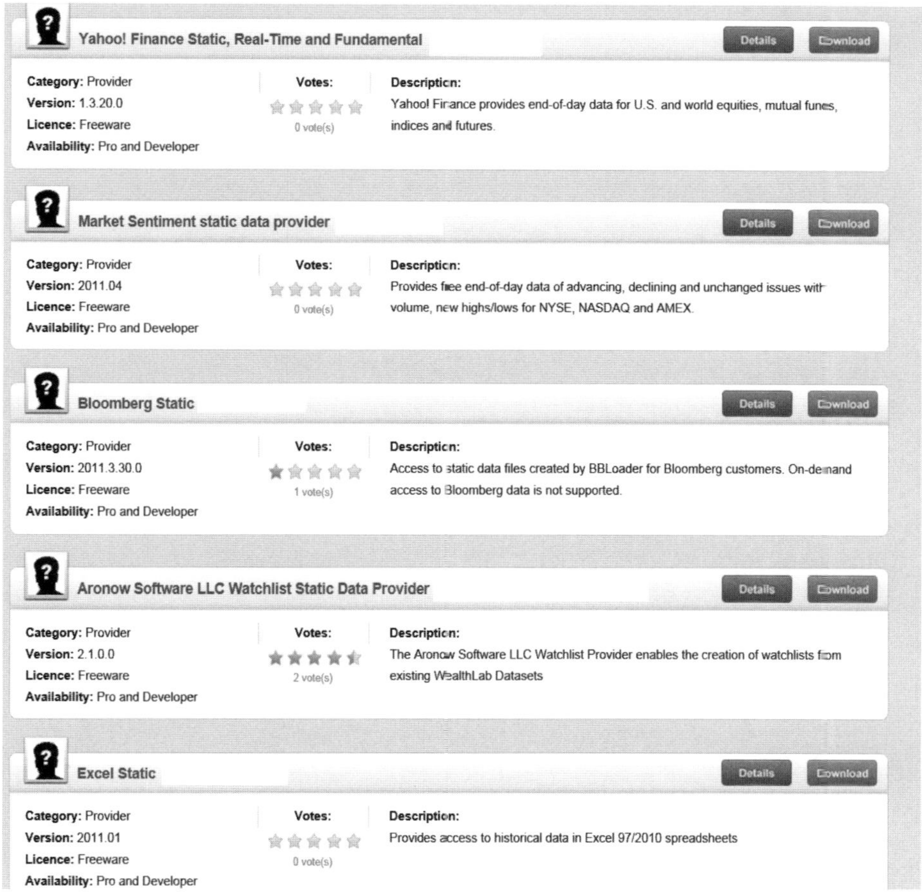

Abb. 73, Wealth-Lab

So ein Update dauert, je nach Anzahl der Symbole, die Sie in den Portfolios haben, ein bis fünf Minuten. Eine halbwegs schnelle Internetverbindung wird dabei vorausgesetzt. Beim Laden der Kurse wird ein Log File generiert, und wie das in etwa aussieht, sehen Sie am nachfolgenden Screenshot.

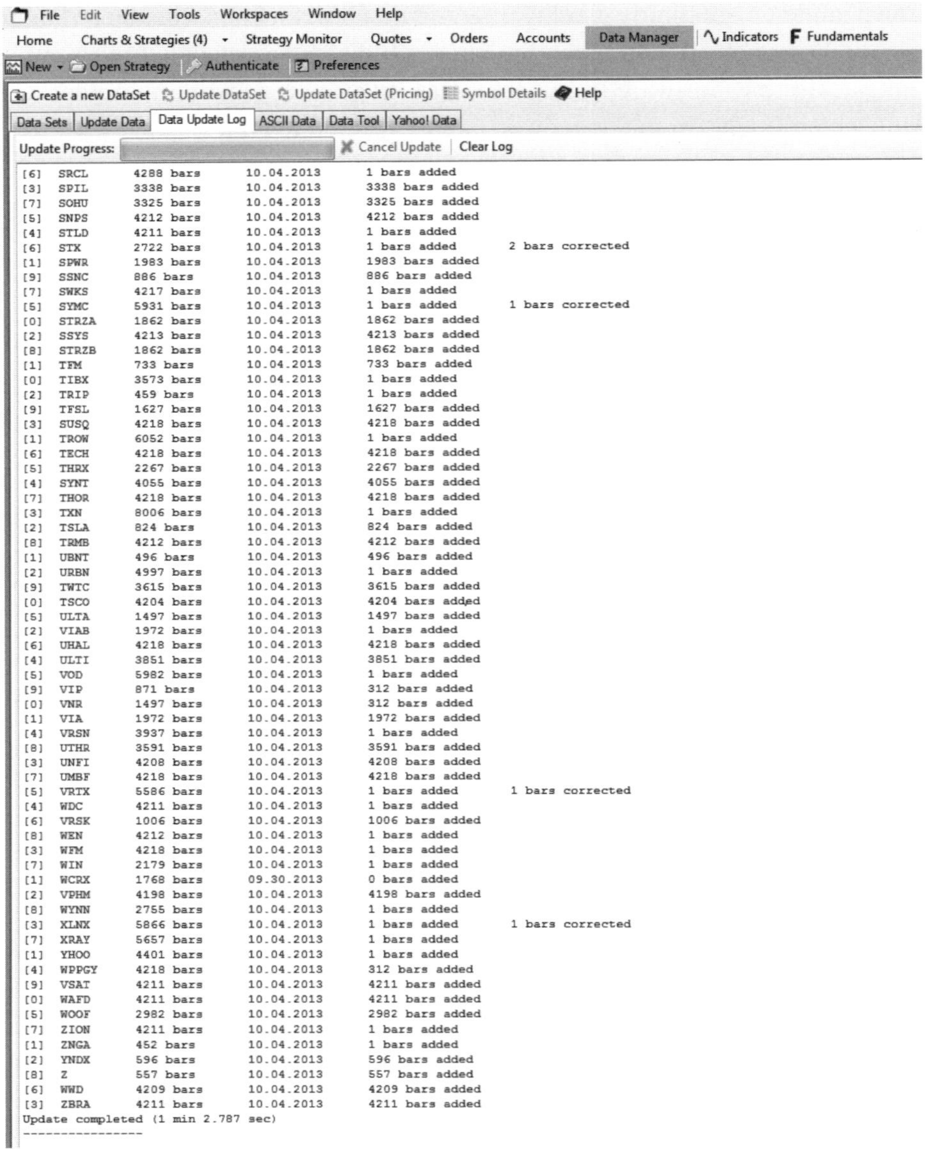

Abb. 74, Wealth-Lab

Natürlich muss ein End-of-Day-Trader so ein Update täglich machen. Genau genommen ist es jeden Morgen meine erste Arbeit. Erst wenn die Daten aktuell sind, macht es Sinn, den Screener anzuwerfen.

Toms Trading-Insider-Tipp

Ganz rechts sehen Sie in der Abbildung bei manchen Symbolen den Hinweis »1 bars corrected«. Das ist ein gutes Zeichen, weil man daran erkennt, dass die Daten vonseiten des Providers gepflegt werden. Das heißt nun aber nicht, dass die Informationen vorher falsch waren und man sich darauf nicht verlassen kann. Es bedeutet im Regelfall nur, dass ein Kurs (Open, Hoch etc.) um einen Tick korrigiert wurde. In der Praxis besitzt das keine Relevanz, doch trotzdem ist es schön, wenn man weiß, dass jemand darauf achtet.

Bisher sprachen wir immer über End-of-Day-Daten. Das umfasst folgende Infos zu einem Symbol: Eröffnungskurs, Tageshoch, Tagestief, Schlusskurs. Auf diesen Informationen bauen die im Buch besprochenen Handelsmodelle auf.

Anmerkung

Mitgeliefert werden bei End-of-Day-Daten noch mehr Infos (zum Beispiel das tägliche Handelsvolumen), die aber, weil bei diesen Modellen nicht verwendet, nicht weiter besprochen werden sollen.

Woher bekomme ich nun gute Intraday-Daten, wenn ich zum Beispiel am Stundenchart oder im 15-Minuten-Chart ein Handelsmodell entwickeln will? Natürlich gibt es Quellen, von denen man solche Zeitreihen beziehen kann, doch die Probleme dabei sind vielfältig. Zunächst ist mir kein Anbieter bekannt, der diese Infos kostenlos zur Verfügung stellt. Weiterhin muss Ihnen klar sein, dass die Datenmenge stark ansteigt. Während bei End-of-Day-Daten ein Handelstag aus einer Bar (Kerze) besteht, hat ein US-Handelstag im Stundenchart sieben Kerzen. Im 15-Minuten-Chart sind es 26 Bars und im Minutenchart 390. Sie haben also die 390-fache Datenmenge zu bewältigen und bei einem Aktienuniversum von einigen Tausend Stück über 20 oder mehr Jahre kommt da ganz schön etwas zusammen.

Toms Trading-Insider-Tipp

Ich möchte namentlich keinen Datenanbieter empfehlen, weil ich keine Werbung machen will. Bitte recherchieren Sie bei Interesse im Internet und verwenden Sie dabei Begriffe wie »Historical Stock Prices« oder Ähnliches.

Das Hauptproblem liegt aber nicht in der Quantität, sondern in der Datenqualität. End-of-Day-Daten werden regelmäßig gewartet und kontrolliert. Grobe Datenfehler wie vergessene Splits oder einfach Spikes werden vom Provider rasch erkannt und richtiggestellt. Aber wie und wer kontrolliert Minutenbars? Selbst wenn Sie sich hinsetzen und es selbst überprüfen (oder ein Computerprogramm schreiben, das diese Aufgabe übernimmt) – wie wollen Sie wissen, ob der Kurssprung am 13. April 2008 auf der Minutenbar 136 um 1 Prozent nach oben ein Fehler war oder nicht?

Toms Trading-Insider-Tipp

Wenn Sie Intraday-Daten kaufen, kaufen Sie letztlich immer die Katze im Sack. Denn vergleichbar sind nur die Preise der einzelnen Provider, nicht aber die Qualität der Daten. Doch von einem darf man im Regelfall ausgehen: Je höher die Kosten, desto besser die Datenqualität. In jedem Fall sind qualitativ hochwertige Intraday-Daten wesentlich schwieriger zu erhalten als End-of-Day-Daten in guter Qualität.

Daher werden Sie bei Intraday-Systemen immer mit der Ungewissheit leben müssen, dass Ihre Systeme unter Umständen auf falschen Informationen beruhen. Somit wissen Sie nun, warum ich jedem privaten Trader rate, sich so lange wie möglich mit der Entwicklung von tagesschlusskursbasierenden Modellen zu beschäftigen.

Zur aktuellen Entwicklung (Tag 29)

Ausführungstechnisch war der vergangene Freitag einer der wenigen Tage, wo gar nichts passiert ist. Es wurde kein neuer Trade gestartet und es wurde kein Trade beendet. Weder mit Limit noch mit Zeitausstieg. Trotzdem kann man nicht behaupten, dass auf meinem Konto nichts los war, denn die Märkte gingen nach einer guten Eröffnung wieder nach unten. Meinen Long-Trades tat das nicht besonders gut und es wurden einige Gewinne abgegeben. Derzeit notiert mein Konto aber noch immer komfortabel im Plus und zeitig am Morgen, als ich bei strahlendem Sonnenschein auf unserer Terrasse diese Zeilen schreibe, tendieren die Futures an den großen Aktienbörsen schon wieder nach oben. Somit bin ich guter Dinge, dass sich die positive Grundtendenz fortsetzt.

Der zweite Trading-Monat präsentiert sich bisher ganz anders als Monat 1. Zum einen ist die Volatilität merkbar höher geworden. Das deutet auf größere Unsicherheit der Marktteilnehmer hin, was mir als Trader aber letztlich egal ist. Die Modelle wurden so entwickelt, dass sie die Schwankungsbreite des Marktes erfassen und damit ist die Volatilität ein Kernelement meiner Strategien. Alle Ansätze können mit geringer Volatilität genauso umgehen wie mit hoher.

Was aber viel wichtiger ist: Die Märkte swingen wieder. Ging es im ersten Monat fast nur nach oben mit den Kursen, sehen wir aktuell schwankende Notierungen von Tag zu Tag. Ein spannendes Umfeld, in dem sich Swingtrading-Modelle eigentlich ganz gut behaupten sollten. Aber wirklich wissen kann man das im Vorfeld nie, denn auch wenn die Strategien mit hoher Volatilität umgehen können, kommt es in Phasen, in denen die Gezeiten wechseln, gerade am Anfang zu Kursverlusten, weil die Modelle Zeit brauchen, um sich auf den neuen Zyklus einzustellen.

In jedem Fall werden heute zur Eröffnung einige Trades beendet. Allesamt sind das Long-Positionen. Da am Freitag die Märkte gefallen sind, fülle ich diese Long-Positionen erneut mit ausschließlich neuen Long-Positionen auf. Ich setze demnach weiterhin stark auf steigende Notierungen und habe keinen einzigen Short-Trade im Depot. Wir werden sehen, was Mr. Market dazu sagt.

Sehen wir uns die Signale an. Erneut liefert eine Strategie keinen Alarm. Ein extrem seltenes Verhalten trotz schwingender Märkte. Die anderen Systeme hingegen gehen heute long, wie wir in den nachfolgenden Schaubildern sehen.

Alarme Strategie 1

Select All | Place Orders | Stage Orders | Monitor in Quotes Window | Help

Alert Time	Symbol	Account	Action	Qty	Order Type	Price	Scale	Signal Name
14.06.2013	BBD	PaperAccou...	Buy	1015	Market		Daily	E-LONG
14.06.2013	ITUB	PaperAccou...	Buy	1031	Market		Daily	E-LONG
14.06.2013	VOD	PaperAccou...	Buy	504	Market		Daily	E-LONG
14.06.2013	AXP	PaperAccou...	Buy	194	Market		Daily	E-LONG
14.06.2013	DD	PaperAccou...	Buy	269	Market		Daily	E-LONG
14.06.2013	PBR	PaperAccou...	Buy	907	Market		Daily	E-LONG
14.06.2013	TSM	PaperAccou...	Buy	789	Market		Daily	E-LONG

Abb. 75, Wealth-Lab

Alarme Strategie 2

Select All | Place Orders | Stage Orders | Monitor in Quotes Window | Help

Alert Time	Symbol	Account	Action	Qty	Order Type	Price	Scale	Signal Name
14.06.2013	BBD	PaperAccou...	Buy	1179	Market		Daily	E-LONG
14.06.2013	TSM	PaperAccou...	Buy	917	Market		Daily	E-LONG
14.06.2013	DD	PaperAccou...	Buy	313	Market		Daily	E-LONG

Abb. 76, Wealth-Lab

Der Kontostand beträgt derzeit **70.100 Euro**. Der Zuwachs im Monat 2 liegt bei **+0,75 Prozent**.

INTERACTIVE BROKERS

Konto Informationen

Netto Vermögenswert (NAV) in der Basiswährung

	Total
Cash	8,042.33
Aktien	62,057.94
Dividendenanfall	0.00
Total	**70,100.27**

Netto Vermögenswert (NAV) in Zeitserien

Mark-to-Market Performance Übersicht in der Basiswährung

Realisierte & Unrealisierte Performance Übersicht in der Basiswährung

Cash Bericht

Abb. 77, Interactive Brokers (IB)

Woche 6 – Tag 31

Heute ist es an der Zeit, mit Ihnen über die Risikokontrolle zu diskutieren oder darüber, was die meisten Trader darunter verstehen. Reden wir über den Stopp-Loss und welchen Einfluss die Stoppsetzung ganz allgemein auf die Performance bei einem Swingtrading-Modell, das auf Aktienportfolios gehandelt wird, hat. Der Grund, warum ich mich diesem Thema widme, ist ein Brief, der vor Kurzem bei mir ins Haus flatterte und mein Interesse weckte.

In diesem Schreiben bewarb ein großer Online-Broker seinen neu gestarteten CFD-Handel und deshalb gab es eine große Marketing-Offensive. An sich ist das nichts Außergewöhnliches, wäre da nicht ein Umstand, der mich stutzig werden ließ. Der Broker schrieb seinen Kunden bei jedem eingegangenen Trade einen automatischen 1-Prozent-Initials Stopp-Loss vor. Der Kunde konnte also nicht wählen, sondern der Stopp wurde brokerseitig automatisch mit einem fixen Prozent Abstand zum Einstiegskurs platziert, sobald ein Trade eröffnet wurde.

Nun mag man argumentieren, dass es dem Broker ein Anliegen ist, seine Kunden vor zu hohen Verlusten zu schützen. Da ein Stopp ja sowieso in jedem vernünftigen Risikomanagement enthalten sein muss, ist das Vorgehen sogar lobenswert. Ist es das wirklich? Wenden wir uns der Praxis und zunächst meinem eigenen Trading zu.

In diesem Buch werden Sie vereinzelt Trades mit dickem Minus sehen. Natürlich drängen sich folgende Fragen auf: Wo war der Stopp, warum hat er nicht gegriffen und warum lässt Thomas Vittner seine Trades so weit ins Minus laufen und zieht nicht schon früher die Reißleine? Warum begrenzt er, wie ja allgemein bekannt ist, seine Verluste nicht? Sehen wir weiter.

Alle Märkte haben ihre Besonderheiten und bei US-Aktien sind das geschlossene Börsen von 22 Uhr bis 15:30 Uhr am nächsten Tag. Das erste Problem bei der Stoppsetzung ist, dass die dafür gewählten Kursmarken durch Kurslücken (Gaps) über Nacht übersprungen werden können. So greifen sie oftmals zu spät und das Risikomanagement mit dem bekannten R-Vielfachen wird torpediert.

Ein weiteres Problem bei Stopps ist die Slippage. Gerade in Zeiten, wo man möglichst rasch aus einem Trade raus will (also meist dann, wenn der Kurs schnell wird und gegen einen läuft), wollen alle anderen auch aus dem Trade raus. Dementsprechendes Gedränge herrscht am »Ausgang« und statt zu 44,98 kommen Sie erst zu 44,66 raus, weil der Stopp zu spät greift. Das hat mit der Funktionsweise dieser Order-Art zu tun. Denn ein Stopp wird, sobald der Kurs erreicht wird, zu einem unlimitierten Verkaufsauftrag umgewandelt, und wenn es rasch geht, fallen die Notierungen kräftig weiter, bis Ihre Order endlich an die Reihe kommt.

Anmerkung

Es sei erwähnt, dass es auch limitierte Stopps gibt, aber bleiben wir beim Klassiker, den unlimitierten Stopps.

Wir haben nun schon zwei Argumente (Slippage, Gaps) angesprochen, die die Verwendung von Stopps durchaus problematisch erscheinen lassen. Aber bisher waren das nur Worte. Lassen wir den Worten Taten beziehungsweise Fakten folgen. Sehen wir uns ein einfaches Swingtrading-Modell an und versuchen wir dabei, den idealen Stopp zu finden und damit unsere Performance zu optimieren.

Beginnen wir mit der Einstellung, die der Online-Broker seinen Kunden aufs Auge gedrückt hat. Setzen wir den Stopp bei Testlauf 1 auf 1 Prozent. Wir traden bis zu sieben Aktien gleichzeitig und erstrecken unseren Test auf den Zeitraum vom 1. Januar 2000 bis 31. Dezember 2012. Das sonstige Regelwerk dahinter wollen wir nicht besprechen, weil es nicht relevant ist, bis auf die Tatsache, dass zusätzlich zum Stopp ein einfacher Zeitausstieg zur Anwendung kommt.

Backtest Performance Report | Range: 03.01.2000 to 31.12.2012 (3269 Bars) |

	All Trades	Long Trades	Short Trades	Buy & Hold
Starting Capital	€ 100.000,00	€ 100.000,00	€ 100.000,00	€ 100.000,00
Ending Capital	€ 482.895,69	€ 340.927,90	€ 241.967,79	€ 377.650,31
Net Profit	€ 382.895,69	€ 240.927,90	€ 141.967,79	€ 277.650,31
Net Profit %	382,90%	240,93%	141,97%	277,65%
Annualized Gain %	12,88%	9,90%	7,04%	10,77%
Exposure	56,25%	34,70%	46,79%	98,00%
Total Commission	-€ 84.110,33	-€ 33.767,54	-€ 50.342,79	-€ 105,71
Return on Cash	€ 0,00	€ 0,00	€ 0,00	€ 0,00
Margin Interest Paid	€ 0,00	€ 0,00	€ 0,00	€ 0,00
Dividends Received	€ 0,00	€ 0,00	€ 0,00	€ 0,00
Number of Trades	7.451	2.817	4.634	98
Average Profit	€ 51,39	€ 85,53	€ 30,64	€ 2.833,17
Average Profit %	0,16%	0,23%	0,12%	272,57%
Average Bars Held	2,74	3,00	2,58	3.133,07
Winning Trades	3.479	1.208	2.271	72
Win Rate	46,69%	42,88%	49,01%	73,47%
Gross Profit	€ 2.847.912,09	€ 1.330.094,11	€ 1.517.817,97	€ 288.833,69
Average Profit	€ 818,60	€ 1.101,07	€ 668,35	€ 4.011,58
Average Profit %	2,40%	3,25%	1,94%	386,68%
Average Bars Held	3,13	3,95	2,69	3.039,72
Max Consecutive Winners	21	16	17	10
Losing Trades	3.972	1.609	2.363	26
Loss Rate	53,31%	57,12%	50,99%	26,53%
Gross Loss	-€ 2.465.016,39	-€ 1.089.166,21	-€ 1.375.850,18	-€ 11.133,39
Average Loss	-€ 620,60	-€ 676,92	-€ 582,25	-€ 430,13
Average Loss %	-1,80%	-2,04%	-1,63%	-43,43%
Average Bars Held	2,39	2,28	2,47	3.253,12
Max Consecutive Losses	30	36	16	3
Maximum Drawdown	-€ 70.055,32	-€ 76.379,49	-€ 96.224,23	-€ 120.944,17
Maximum Drawdown Date	10.08.2011	23.02.2009	07.07.2011	09.03.2009
Maximum Drawdown %	-19,80%	-38,30%	-32,74%	-47,47%
Maximum Drawdown % Date	06.10.2000	23.02.2009	07.07.2011	09.03.2009
Wealth-Lab Score	18,37	17,60	10,12	5,77
Sharpe Ratio	0,89	0,60	0,62	0,71
Profit Factor	1,16	1,22	1,10	25,83
Recovery Factor	5,47	3,15	1,48	2,30
Payoff Ratio	1,33	1,59	1,19	8,90

Abb. 78, Wealth-Lab

Die Rendite von 12,88 Prozent ist doch zufriedenstellend, oder? Aber leider ist der Drawdown zu hoch. Er liegt bei fast 20 Prozent und die MAR Ratio ist somit kleiner 1. Deshalb wollen wir prüfen, ob wir eine Verbesserung erzielen und den Stopp optimieren können. Erweitern wir den Abstand des Stopps auf

5 Prozent und verändern ihn gleichzeitig auf einen Trailing Stopp (wir machen also einen nachlaufenden Stopp daraus, um unsere angelaufenen Gewinne abzusichern). Was passiert dann?

Backtest Performance Report | Range: 03.01.2000 to 31.12.2012 (3269 Bars)

	All Trades	Long Trades	Short Trades	Buy & Hold
Starting Capital	€ 100.000,00	€ 100.000,00	€ 100.000,00	€ 100.000,00
Ending Capital	€ 1.089.294,16	€ 767.646,77	€ 421.647,38	€ 377.650,31
Net Profit	€ 989.294,16	€ 667.646,77	€ 321.647,38	€ 277.650,31
Net Profit %	989,29%	667,65%	321,65%	277,65%
Annualized Gain %	20,18%	16,98%	11,71%	10,77%
Exposure	62,91%	39,35%	63,37%	98,00%
Total Commission	-€ 112.941,05	-€ 44.295,41	-€ 68.645,64	-€ 105,71
Return on Cash	€ 0,00	€ 0,00	€ 0,00	€ 0,00
Margin Interest Paid	€ 0,00	€ 0,00	€ 0,00	€ 0,00
Dividends Received	€ 0,00	€ 0,00	€ 0,00	€ 0,00
Number of Trades	6.566	2.441	4.125	98
Average Profit	€ 150,67	€ 273,51	€ 77,98	€ 2.833,17
Average Profit %	0,27%	0,42%	0,19%	272,57%
Average Bars Held	3,22	3,55	3,02	3.133,07
Winning Trades	3.614	1.273	2.341	72
Win Rate	55,04%	52,15%	56,75%	73,47%
Gross Profit	€ 4.468.887,56	€ 2.133.215,10	€ 2.335.672,46	€ 288.833,69
Average Profit	€ 1.236,55	€ 1.675,74	€ 997,72	€ 4.011,58
Average Profit %	2,39%	3,25%	1,92%	386,68%
Average Bars Held	3,17	3,96	2,75	3.089,72
Max Consecutive Winners	23	18	21	10
Losing Trades	2.952	1.168	1.784	26
Loss Rate	44,96%	47,85%	43,25%	26,53%
Gross Loss	-€ 3.479.593,40	-€ 1.465.568,32	-€ 2.014.025,08	-€ 11.183,39
Average Loss	-€ 1.178,72	-€ 1.254,77	-€ 1.128,94	-€ 430,13
Average Loss %	-2,32%	-2,66%	-2,09%	-43,43%
Average Bars Held	3,28	3,11	3,39	3.253,12
Max Consecutive Losses	17	26	16	3
Maximum Drawdown	-€ 117.087,10	-€ 132.337,17	-€ 136.162,46	-€ 120.944,17
Maximum Drawdown Date	10.08.2011	23.02.2009	07.07.2011	09.03.2009
Maximum Drawdown %	-16,96%	-44,73%	-30,65%	-47,47%
Maximum Drawdown % Date	19.09.2001	23.02.2009	07.07.2011	09.03.2009
Wealth-Lab Score	26,63	23,85	12,81	5,77
Sharpe Ratio	1,22	0,86	0,84	0,71
Profit Factor	1,28	1,46	1,16	25,83
Recovery Factor	8,45	5,05	2,36	2,30
Payoff Ratio	1,03	1,22	0,92	8,90

Abb. 79, Wealth-Lab

Das ist aber interessant. Wenn wir den Trailing Stopp 5 Prozent weit weg setzen, bekommen wir eine Performance von über 20 Prozent. Das sind ja fast 8 Prozentpunkte im Jahr mehr als mit einem fixen Stopp von 1 Prozent.

Lassen Sie uns weiter experimentieren und sowohl den Abstand des Stopps als auch erneut die Art zu verändert. Was passiert, wenn wir den Stopp von 5 Prozent auf 10 Prozent setzen und aus dem Trailing Stopp wieder einen starren Initialstopp machen? Also unsere Gewinne nicht mehr absichern, sondern den Dingen ihren Lauf lassen, bis der Trade ausgestoppt oder mit Zeitausstieg beendet wird? Obwohl – macht das Sinn? Wer tradet schon mit so weiten Stopps? Vor allem beim Swingtrading und bei kurzer Haltedauer von wenigen Tagen. Bei einem Trendfolger machen weitere Stopps vielleicht noch Sinn, denn das CRV (Chance/Risiko-Verhältnis) wird dort meist anders berechnet. Man weiß doch: Gewinne laufen lassen, Verluste begrenzen. Trotzdem lassen wir uns von dem Versuch nicht abhalten und geben den Trades mehr Luft.

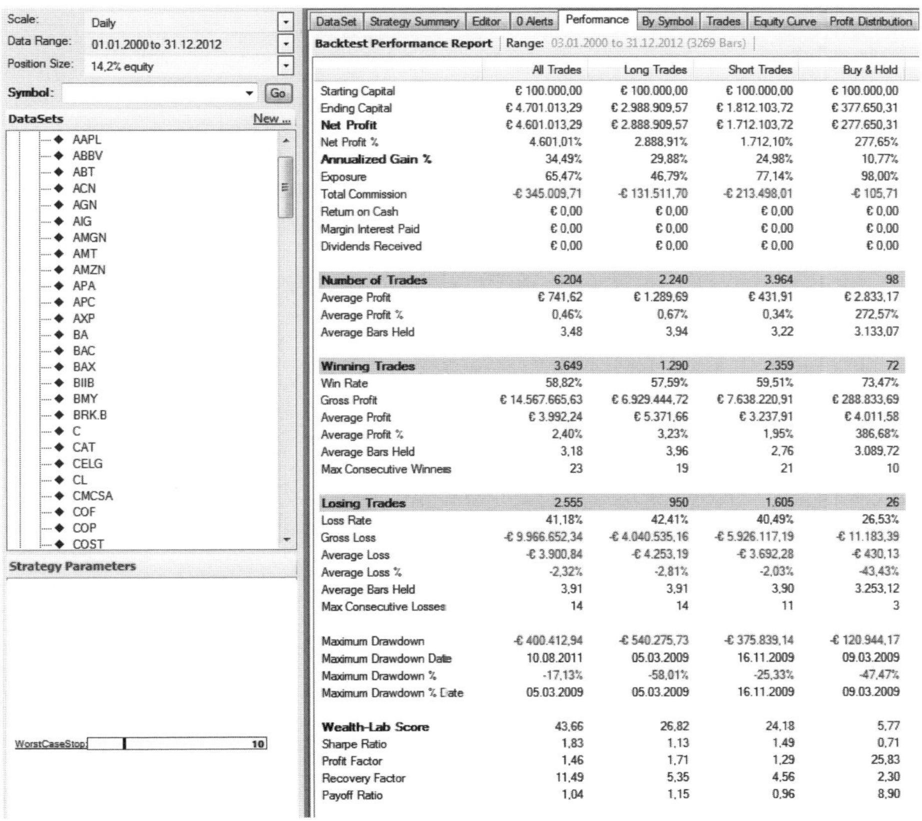

	All Trades	Long Trades	Short Trades	Buy & Hold
Starting Capital	€ 100.000,00	€ 100.000,00	€ 100.000,00	€ 100.000,00
Ending Capital	€ 4.701.013,29	€ 2.988.909,57	€ 1.812.103,72	€ 377.650,31
Net Profit	€ 4.601.013,29	€ 2.888.909,57	€ 1.712.103,72	€ 277.650,31
Net Profit %	4.601,01%	2.888,91%	1.712,10%	277,65%
Annualized Gain %	34,49%	29,88%	24,98%	10,77%
Exposure	65,47%	46,79%	77,14%	98,00%
Total Commission	-€ 345.009,71	-€ 131.511,70	-€ 213.498,01	-€ 105,71
Return on Cash	€ 0,00	€ 0,00	€ 0,00	€ 0,00
Margin Interest Paid	€ 0,00	€ 0,00	€ 0,00	€ 0,00
Dividends Received	€ 0,00	€ 0,00	€ 0,00	€ 0,00
Number of Trades	6.204	2.240	3.964	98
Average Profit	€ 741,62	€ 1.289,69	€ 431,91	€ 2.833,17
Average Profit %	0,46%	0,67%	0,34%	272,57%
Average Bars Held	3,48	3,94	3,22	3.133,07
Winning Trades	3.649	1.290	2.359	72
Win Rate	58,82%	57,59%	59,51%	73,47%
Gross Profit	€ 14.567.665,63	€ 6.929.444,72	€ 7.638.220,91	€ 288.833,69
Average Profit	€ 3.992,24	€ 5.371,66	€ 3.237,91	€ 4.011,58
Average Profit %	2,40%	3,23%	1,95%	386,68%
Average Bars Held	3,18	3,96	2,76	3.089,72
Max Consecutive Winners	23	19	21	10
Losing Trades	2.555	950	1.605	26
Loss Rate	41,18%	42,41%	40,49%	26,53%
Gross Loss	-€ 9.966.652,34	-€ 4.040.535,16	-€ 5.926.117,19	-€ 11.183,39
Average Loss	-€ 3.900,84	-€ 4.253,19	-€ 3.692,28	-€ 430,13
Average Loss %	-2,32%	-2,81%	-2,03%	-43,43%
Average Bars Held	3,91	3,91	3,90	3.253,12
Max Consecutive Losses	14	14	11	3
Maximum Drawdown	-€ 400.412,94	-€ 540.275,73	-€ 375.839,14	-€ 120.944,17
Maximum Drawdown Date	10.08.2011	05.03.2009	16.11.2009	09.03.2009
Maximum Drawdown %	-17,13%	-58,01%	-25,33%	-47,47%
Maximum Drawdown % Date	05.03.2009	05.03.2009	16.11.2009	09.03.2009
Wealth-Lab Score	43,66	26,82	24,18	5,77
Sharpe Ratio	1,83	1,13	1,49	0,71
Profit Factor	1,46	1,71	1,29	25,83
Recovery Factor	11,49	5,35	4,56	2,30
Payoff Ratio	1,04	1,15	0,96	8,90

Abb. 80, Wealth-Lab

Hat man sich beim Drucken des Buches vielleicht in der Abbildung geirrt? Wie kommt eine Performance von fast 35 Prozent zustande bei einem fixen Initialstopp von 10 Prozent? Jetzt werden wir mutig und gehen in den Extrembereich. Setzen wir den Stopp ganz weit weg. So weit, dass er praktisch keine Rolle mehr spielt. Platzieren wir ihn bei 25 Prozent. Dann müsste das System doch endgültig zusammenbrechen, weil wir dann ja praktisch ohne Stopp arbeiten?!

> **Anmerkung**
>
> Erinnern wir uns an die kurze Haltedauer von wenigen Tagen, die hier zur Anwendung kommt. Ich sage gleich, warum das wichtig ist.

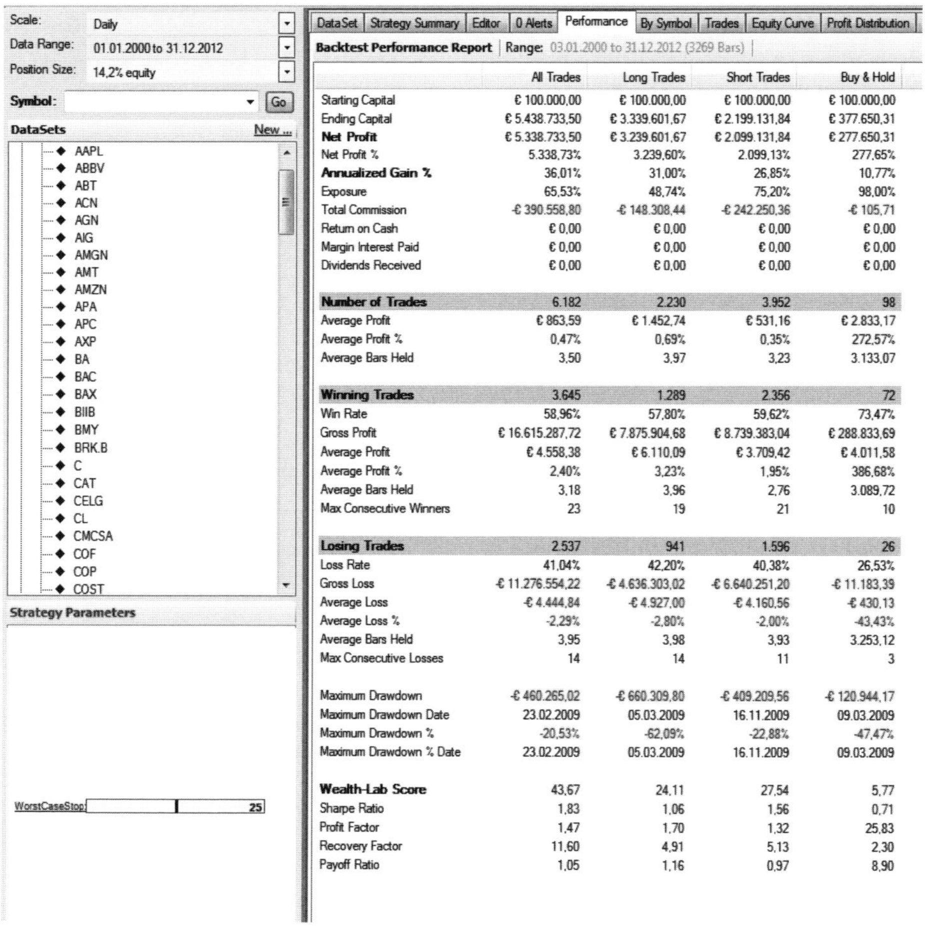

	All Trades	Long Trades	Short Trades	Buy & Hold
Starting Capital	€ 100.000,00	€ 100.000,00	€ 100.000,00	€ 100.000,00
Ending Capital	€ 5.438.733,50	€ 3.339.601,67	€ 2.199.131,84	€ 377.650,31
Net Profit	€ 5.338.733,50	€ 3.239.601,67	€ 2.099.131,84	€ 277.650,31
Net Profit %	5.338,73%	3.239,60%	2.099,13%	277,65%
Annualized Gain %	36,01%	31,00%	26,85%	10,77%
Exposure	65,53%	48,74%	75,20%	98,00%
Total Commission	-€ 390.558,80	-€ 148.308,44	-€ 242.250,36	-€ 105,71
Return on Cash	€ 0,00	€ 0,00	€ 0,00	€ 0,00
Margin Interest Paid	€ 0,00	€ 0,00	€ 0,00	€ 0,00
Dividends Received	€ 0,00	€ 0,00	€ 0,00	€ 0,00
Number of Trades	6.182	2.230	3.952	98
Average Profit	€ 863,59	€ 1.452,74	€ 531,16	€ 2.833,17
Average Profit %	0,47%	0,69%	0,35%	272,57%
Average Bars Held	3,50	3,97	3,23	3.133,07
Winning Trades	3.645	1.289	2.356	72
Win Rate	58,96%	57,80%	59,62%	73,47%
Gross Profit	€ 16.615.287,72	€ 7.875.904,68	€ 8.739.383,04	€ 288.833,69
Average Profit	€ 4.558,38	€ 6.110,09	€ 3.709,42	€ 4.011,58
Average Profit %	2,40%	3,23%	1,95%	386,68%
Average Bars Held	3,18	3,96	2,76	3.089,72
Max Consecutive Winners	23	19	21	10
Losing Trades	2.537	941	1.596	26
Loss Rate	41,04%	42,20%	40,38%	26,53%
Gross Loss	-€ 11.276.554,22	-€ 4.636.303,02	-€ 6.640.251,20	-€ 11.183,39
Average Loss	-€ 4.444,84	-€ 4.927,00	-€ 4.160,56	-€ 430,13
Average Loss %	-2,29%	-2,80%	-2,00%	-43,43%
Average Bars Held	3,95	3,98	3,93	3.253,12
Max Consecutive Losses	14	14	11	3
Maximum Drawdown	-€ 460.265,02	-€ 660.309,80	-€ 409.209,56	-€ 120.944,17
Maximum Drawdown Date	23.02.2009	05.03.2009	16.11.2009	09.03.2009
Maximum Drawdown %	-20,53%	-62,09%	-22,88%	-47,47%
Maximum Drawdown % Date	23.02.2009	05.03.2009	16.11.2009	09.03.2009
Wealth-Lab Score	43,67	24,11	27,54	5,77
Sharpe Ratio	1,83	1,06	1,56	0,71
Profit Factor	1,47	1,70	1,32	25,83
Recovery Factor	11,60	4,91	5,13	2,30
Payoff Ratio	1,05	1,16	0,97	8,90

Abb. 81, Wealth-Lab

Und wieder liegen wir mit unserer Meinung falsch. Die Performance steigt weiter. Nun sind wir bei 36 Prozent Rendite angelangt. Wohlgemerkt mit einem Initialstopp von 25 Prozent. Und was passiert, wenn ich den Stopp gänzlich entferne? Dann müsste das System doch endgültig kollabieren?

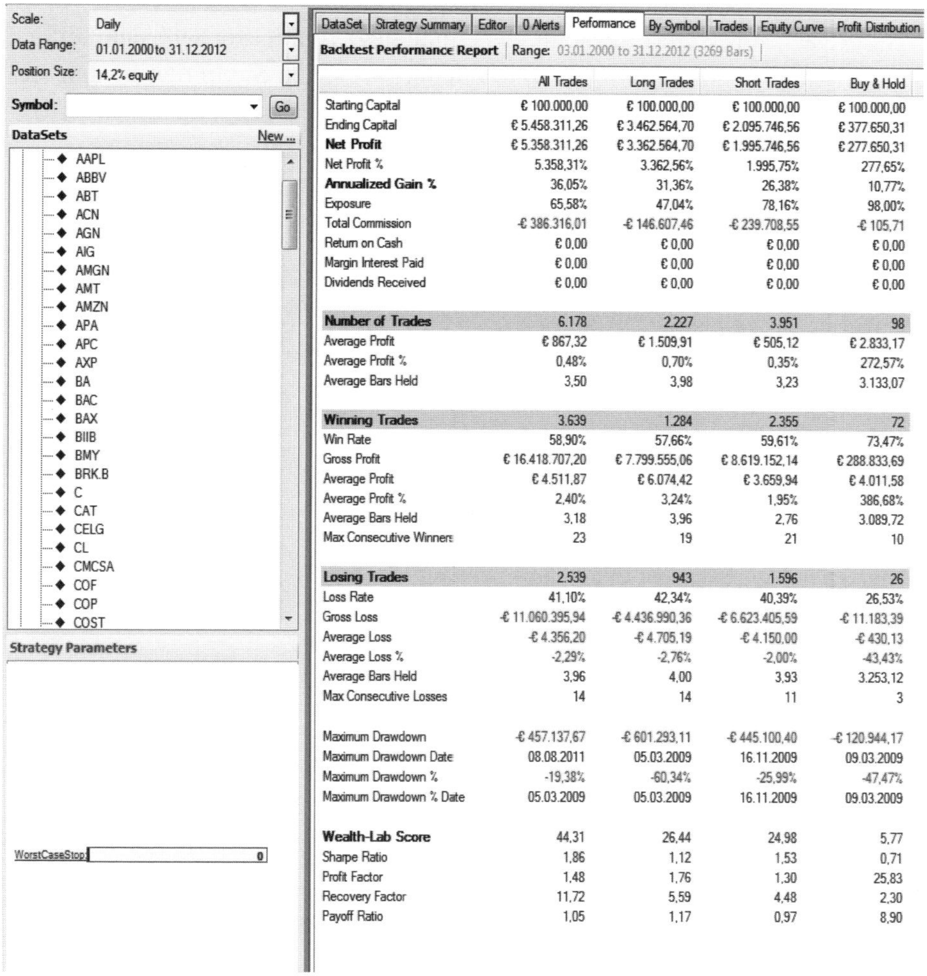

	All Trades	Long Trades	Short Trades	Buy & Hold
Starting Capital	€ 100.000,00	€ 100.000,00	€ 100.000,00	€ 100.000,00
Ending Capital	€ 5.458.311,26	€ 3.462.564,70	€ 2.095.746,56	€ 377.650,31
Net Profit	€ 5.358.311,26	€ 3.362.564,70	€ 1.995.746,56	€ 277.650,31
Net Profit %	5.358,31%	3.362,56%	1.995,75%	277,65%
Annualized Gain %	36,05%	31,36%	26,38%	10,77%
Exposure	65,58%	47,04%	78,16%	98,00%
Total Commission	-€ 386.316,01	-€ 146.607,46	-€ 239.708,55	-€ 105,71
Return on Cash	€ 0,00	€ 0,00	€ 0,00	€ 0,00
Margin Interest Paid	€ 0,00	€ 0,00	€ 0,00	€ 0,00
Dividends Received	€ 0,00	€ 0,00	€ 0,00	€ 0,00
Number of Trades	6.178	2.227	3.951	98
Average Profit	€ 867,32	€ 1.509,91	€ 505,12	€ 2.833,17
Average Profit %	0,48%	0,70%	0,35%	272,57%
Average Bars Held	3,50	3,98	3,23	3.133,07
Winning Trades	3.639	1.284	2.355	72
Win Rate	58,90%	57,66%	59,61%	73,47%
Gross Profit	€ 16.418.707,20	€ 7.799.555,06	€ 8.619.152,14	€ 288.833,69
Average Profit	€ 4.511,87	€ 6.074,42	€ 3.659,94	€ 4.011,58
Average Profit %	2,40%	3,24%	1,95%	386,68%
Average Bars Held	3,18	3,96	2,76	3.089,72
Max Consecutive Winners	23	19	21	10
Losing Trades	2.539	943	1.596	26
Loss Rate	41,10%	42,34%	40,39%	26,53%
Gross Loss	-€ 11.060.395,94	-€ 4.436.990,36	-€ 6.623.405,59	-€ 11.183,39
Average Loss	-€ 4.356,20	-€ 4.705,19	-€ 4.150,00	-€ 430,13
Average Loss %	-2,29%	-2,76%	-2,00%	-43,43%
Average Bars Held	3,96	4,00	3,93	3.253,12
Max Consecutive Losses	14	14	11	3
Maximum Drawdown	-€ 457.137,67	-€ 601.293,11	-€ 445.100,40	-€ 120.944,17
Maximum Drawdown Date	08.08.2011	05.03.2009	16.11.2009	09.03.2009
Maximum Drawdown %	-19,38%	-60,34%	-25,99%	-47,47%
Maximum Drawdown % Date	05.03.2009	05.03.2009	16.11.2009	09.03.2009
Wealth-Lab Score	44,31	26,44	24,98	5,77
Sharpe Ratio	1,86	1,12	1,53	0,71
Profit Factor	1,48	1,76	1,30	25,83
Recovery Factor	11,72	5,59	4,48	2,30
Payoff Ratio	1,05	1,17	0,97	8,90

Abb. 82, Wealth-Lab

Nein, keineswegs. Die Rendite beträgt immer noch 36 Prozent. Das mag jetzt wirklich viele Trader überraschen. Warum bricht das System ohne Stopp nicht zusammen? Warum bleibt die Performance sehr hoch, wenn wir keinen Stopp setzen? Wir begehen den (angeblichen) Kardinalfehler schlechthin und erzielen die beste Performance. Geht es hier nicht mit rechten Dingen zu?

Anmerkung

Vergleichen Sie bitte den maximalen Drawdown in Prozent der Abbildungen 80 bis 82. Hier sind keine signifikanten Unterschiede auszumachen.

Der Grund ist, dass ein weiter Initialstopp von 25 Prozent in den 12 Jahren des Beobachtungszeitraumes nur siebenmal gegriffen hätte. Sechsmal auf der Long-Seite und einmal auf der Short-Seite. Das sehen Sie in den beiden Abbildungen unten. Daher macht es in diesen Fällen praktisch (fast) keinen Unterschied mehr, ob Sie gleich ganz ohne Stopp oder mit einer Art »Katastrophen-Stopp« arbeiten.

Position	Symbol	Quantity	Entry Date	Entry Price	Exit Date	Exit Price	Profit %	Profit $	Bars Held	Profit per Bar	Entry Name	Exit Name
↑ Long	HD	405	11.10.2000	50	12.10.2000	37	-25,80	-€ 5.244,75	2	-€ 2.622,38	E-LONG ...	X-LONG_WORSTCASE
↑ Long	AMT	6.072	17.01.2002	7	22.01.2002	5	-28,51	-€ 12.083,28	3	-€ 4.027,76	E-LONG ...	X-LONG_WORSTCASE
↑ Long	JPM	1.721	19.07.2002	27	23.07.2002	20	-24,71	-€ 11.289,76	3	-€ 3.763,25	E-LONG ...	X-LONG_WORSTCASE
↑ Long	BAC	29.443	14.01.2009	10	16.01.2009	7	-30,72	-€ 91.273,30	3	-€ 30.424,43	E-LONG ...	X-LONG_WORSTCASE
↑ Long	AIG	19.009	18.02.2009	16	19.02.2009	11	-30,44	-€ 91.433,29	2	-€ 45.716,65	E-LONG ...	X-LONG_WORSTCASE
↑ Long	AIG	30.904	09.07.2009	12	10.07.2009	9	-28,74	-€ 109.709,...	2	-€ 54.854,60	E-LONG ...	X-LONG_WORSTCASE
↑ Long	MSFT	288	16.02.2000	50	22.02.2000	48	-4,18	-€ 597,60	4	-€ 149,40	E-LONG ...	X-LONG_TIMED
↑ Long	MCD	424	17.02.2000	34	23.02.2000	32	-3,37	-€ 479,12	4	-€ 119,78	E-LONG ...	X-LONG_TIMED
↑ Long	SO	605	18.02.2000	23	25.02.2000	22	-5,69	-€ 804,65	4	-€ 201,16	E-LONG ...	X-LONG_TIMED
↑ Long	NKE	1.970	18.02.2000	7	25.02.2000	7	-6,64	-€ 940,68	4	-€ 235,17	E-LONG ...	X-LONG_TIMED
↑ Long	CVS	744	18.02.2000	19	25.02.2000	18	-4,30	-€ 610,08	4	-€ 152,52	E-LONG ...	X-LONG_TIMED
↑ Long	USB	767	23.02.2000	19	28.02.2000	18	-1,41	-€ 199,42	4	-€ 49,86	E-LONG ...	X-LONG_TIMED
↑ Long	AMZN	218	24.02.2000	71	29.02.2000	66	-6,48	-€ 996,26	4	-€ 249,07	E-LONG ...	X-LONG_TIMED
↑ Long	FCX	1.833	25.02.2000	7	01.03.2000	7	-7,33	-€ 998,99	4	-€ 249,75	E-LONG ...	X-LONG_TIMED
↑ Long	APA	944	25.02.2000	15	01.03.2000	16	8,82	€ 1.216,53	4	€ 304,13	E-LONG ...	X-LONG_TIMED
↑ Long	EOG	1.956	25.02.2000	7	01.03.2000	8	10,10	€ 1.388,76	4	€ 347,19	E-LONG ...	X-LONG_TIMED
↑ Long	CVX	383	25.02.2000	36	01.03.2000	37	3,53	€ 486,41	4	€ 121,60	E-LONG ...	X-LONG_TIMED
↑ Long	PNC	361	28.02.2000	38	02.03.2000	39	1,47	€ 202,16	4	€ 50,54	E-LONG ...	X-LONG_TIMED
↑ Long	EMR	590	29.02.2000	23	03.03.2000	22	-5,29	-€ 725,70	4	-€ 181,43	E-LONG ...	X-LONG_TIMED
↑ Long	BRK.B	470	29.02.2000	30	03.03.2000	30	-0,03	-€ 4,70	4	-€ 1,18	E-LONG ...	X-LONG_TIMED
↑ Long	AGN	553	01.03.2000	25	06.03.2000	24	-4,00	-€ 558,53	4	-€ 139,63	E-LONG ...	X-LONG_TIMED
↑ Long	CAT	798	02.03.2000	17	07.03.2000	18	4,59	€ 638,40	4	€ 159,60	E-LONG ...	X-LONG_TIMED
↑ Long	CVS	832	02.03.2000	17	07.03.2000	16	-5,69	-€ 790,40	4	-€ 197,60	E-LONG ...	X-LONG_TIMED
↑ Long	EMR	613	03.03.2000	22	08.03.2000	21	-4,43	-€ 597,68	4	-€ 149,42	E-LONG ...	X-LONG_TIMED
↑ Long	DD	288	03.03.2000	48	08.03.2000	46	-3,92	-€ 544,32	4	-€ 136,08	E-LONG ...	X-LONG_TIMED
↑ Long	MRK	237	06.03.2000	57	09.03.2000	59	1,83	€ 248,85	4	€ 62,21	E-LONG ...	X-LONG_TIMED
↑ Long	EMR	638	08.03.2000	21	13.03.2000	20	-3,61	-€ 484,88	4	-€ 121,22	E-LONG ...	X-LONG_TIMED
↑ Long	BA	413	09.03.2000	33	14.03.2000	33	-2,28	-€ 313,88	4	-€ 78,47	E-LONG ...	X-LONG_TIMED
↑ Long	PG	476	09.03.2000	29	14.03.2000	29	-1,85	-€ 257,04	4	-€ 64,26	E-LONG ...	X-LONG_TIMED
↑ Long	MMM	349	10.03.2000	40	15.03.2000	39	-3,04	-€ 427,53	4	-€ 106,88	E-LONG ...	X-LONG_TIMED
↑ Long	FCX	2.181	14.03.2000	6	17.03.2000	7	7,65	€ 1.068,69	4	€ 267,17	E-LONG ...	X-LONG_TIMED
↑ Long	BIIB	365	14.03.2000	40	17.03.2000	39	-2,37	-€ 345,53	4	-€ 86,38	E-LONG ...	X-LONG_TIMED
↑ Long	NWSA	280	14.03.2000	50	17.03.2000	50	-0,52	-€ 72,80	4	-€ 18,20	E-LONG ...	X-LONG_TIMED
↑ Long	TXN	189	16.03.2000	75	21.03.2000	84	11,23	€ 1.593,16	4	€ 398,29	E-LONG ...	X-LONG_TIMED
↑ Long	EMC	241	16.03.2000	60	21.03.2000	66	9,87	€ 1.429,13	4	€ 357,28	E-LONG ...	X-LONG_TIMED
↑ Long	CELG	2.094	31.03.2000	8	05.04.2000	6	-16,62	-€ 2.638,44	4	-€ 659,61	E-LONG ...	X-LONG_TIMED
↑ Long	HPQ	232	31.03.2000	65	05.04.2000	69	5,63	€ 853,76	4	€ 213,44	E-LONG ...	X-LONG_TIMED
↑ Long	INTC	239	31.03.2000	65	05.04.2000	65	0,18	€ 27,49	4	€ 6,87	E-LONG ...	X-LONG_TIMED
↑ Long	MSFT	349	06.04.2000	44	11.04.2000	43	-3,15	-€ 483,37	4	-€ 120,84	E-LONG ...	X-LONG_TIMED
↑ Long	MSFT	384	13.04.2000	40	18.04.2000	38	-5,43	-€ 842,88	4	-€ 210,72	E-LONG ...	X-LONG_TIMED
↑ Long	TJX	2.829	13.04.2000	5	18.04.2000	5	-8,48	-€ 1.308,41	4	-€ 327,10	E-LONG ...	X-LONG_TIMED
↑ Long	NWSA	375	14.04.2000	41	19.04.2000	41	0,30	€ 45,00	4	€ 11,25	E-LONG ...	X-LONG_TIMED
↑ Long	CSCO	250	14.04.2000	61	19.04.2000	70	14,55	€ 2.215,00	4	€ 553,75	E-LONG ...	X-LONG_TIMED
↑ Long	EBAY	881	14.04.2000	17	19.04.2000	20	15,26	€ 2.331,35	4	€ 582,84	E-LONG ...	X-LONG_TIMED
↑ Long	MS	223	17.04.2000	67	20.04.2000	75	11,97	€ 1.781,77	4	€ 445,44	E-LONG ...	X-LONG_TIMED
↑ Long	BAX	545	18.04.2000	29	24.04.2000	30	4,02	€ 624,03	4	€ 156,01	E-LONG ...	X-LONG_TIMED
↑ Long	WMT	285	18.04.2000	54	24.04.2000	58	7,28	€ 1.120,05	4	€ 280,01	E-LONG ...	X-LONG_TIMED
↑ Long	T	389	19.04.2000	41	25.04.2000	43	3,28	€ 529,04	4	€ 132,26	E-LONG ...	X-LONG_TIMED
↑ Long	DD	335	28.04.2000	49	03.05.2000	48	-0,53	-€ 87,10	4	-€ 21,78	E-LONG ...	X-LONG_TIMED
↑ Long	UNH	2.093	03.05.2000	8	08.05.2000	8	0,77	€ 125,58	4	€ 31,40	E-LONG ...	X-LONG_TIMED
↑ Long	BRK.B	477	04.05.2000	35	09.05.2000	36	4,04	€ 672,57	4	€ 168,14	E-LONG ...	X-LONG_TIMED
↑ Long	UPS	267	04.05.2000	62	09.05.2000	62	-1,01	-€ 168,21	4	-€ 42,05	E-LONG ...	X-LONG_TIMED
↑ Long	T	406	05.05.2000	41	10.05.2000	43	3,48	€ 580,58	4	€ 145,15	E-LONG ...	X-LONG_TIMED
↑ Long	UNP	822	05.05.2000	20	10.05.2000	22	6,25	€ 1.043,94	4	€ 260,99	E-LONG ...	X-LONG_TIMED
↑ Long	AAPL	603	05.05.2000	28	10.05.2000	26	-6,13	-€ 1.023,59	4	-€ 255,90	E-LONG ...	X-LONG_TIMED
↑ Long	COF	430	08.05.2000	40	11.05.2000	43	8,20	€ 1.393,20	4	€ 348,30	E-LONG ...	X-LONG_TIMED
↑ Long	EBAY	1.144	10.05.2000	15	15.05.2000	15	1,88	€ 318,89	4	€ 79,72	E-LONG ...	X-LONG_TIMED

Abb. 83, Wealth-Lab

Position	Symbol	Quantity	Entry Date	Entry Price	Exit Date	Exit Price	Profit %	Profit $	Bars Held	Profit per Bar	Entry Name	Exit Name
Short	AIG	11.582	26.08.2009	34	27.08.2009	43	-26,02	-€ 102.848...	2	-€ 51.424,08	E-SHORT ...	X-SHORT_WORSTCASE
Short	SLB	429	17.02.2000	33	23.02.2000	32	1,50	€ 210,21	4	€ 52,55	E-SHORT ...	X-SHORT_TIMED
Short	CELG	1.008	01.03.2000	14	06.03.2000	15	-5,51	-€ 766,08	4	-€ 191,52	E-SHORT ...	X-SHORT_TIMED
Short	MS	176	03.03.2000	78	08.03.2000	81	-3,45	-€ 475,44	4	-€ 118,86	E-SHORT ...	X-SHORT_TIMED
Short	OXY	1.564	07.03.2000	9	10.03.2000	9	2,06	€ 281,52	4	€ 70,38	E-SHORT ...	X-SHORT_TIMED
Short	JNJ	362	17.03.2000	40	22.03.2000	40	-1,99	-€ 285,98	4	-€ 71,50	E-SHORT ...	X-SHORT_TIMED
Short	BRK.B	424	17.03.2000	34	22.03.2000	36	-5,60	-€ 809,84	4	-€ 202,46	E-SHORT ...	X-SHORT_TIMED
Short	AGN	551	21.03.2000	27	24.03.2000	27	0,43	€ 63,37	4	€ 15,84	E-SHORT ...	X-SHORT_TIMED
Short	INTC	211	22.03.2000	70	27.03.2000	70	0,52	€ 77,02	4	€ 19,25	E-SHORT ...	X-SHORT_TIMED
Short	GE	290	23.03.2000	51	28.03.2000	52	-3,49	-€ 510,40	4	-€ 127,60	E-SHORT ...	X-SHORT_TIMED
Short	WFC	729	23.03.2000	20	28.03.2000	20	-1,60	-€ 233,28	4	-€ 58,32	E-SHORT ...	X-SHORT_TIMED
Short	OXY	1.554	24.03.2000	9	29.03.2000	10	-1,06	-€ 155,40	4	-€ 38,85	E-SHORT ...	X-SHORT_TIMED
Short	SBUX	1.485	24.03.2000	10	29.03.2000	10	3,68	€ 542,03	4	€ 135,51	E-SHORT ...	X-SHORT_TIMED
Short	NKE	1.666	29.03.2000	9	03.04.2000	10	-11,49	-€ 1.761,80	4	-€ 440,45	E-SHORT ...	X-SHORT_TIMED
Short	DHR	1.212	03.04.2000	13	06.04.2000	13	-4,86	-€ 751,44	4	-€ 187,86	E-SHORT ...	X-SHORT_TIMED
Short	F	304	07.04.2000	50	12.04.2000	53	-5,50	-€ 839,04	4	-€ 209,76	E-SHORT ...	X-SHORT_TIMED
Short	NKE	1.440	10.04.2000	11	13.04.2000	11	-4,04	-€ 622,80	4	-€ 155,70	E-SHORT ...	X-SHORT_TIMED
Short	LLY	214	20.04.2000	76	26.04.2000	77	-0,09	-€ 14,98	4	-€ 3,75	E-SHORT ...	X-SHORT_TIMED
Short	JNJ	394	20.04.2000	41	26.04.2000	42	-2,39	-€ 386,12	4	-€ 96,53	E-SHORT ...	X-SHORT_TIMED
Short	APC	829	25.04.2000	20	28.04.2000	21	-6,86	-€ 1.123,30	4	-€ 280,82	E-SHORT ...	X-SHORT_TIMED
Short	DHR	1.220	25.04.2000	13	28.04.2000	14	-7,24	-€ 1.174,25	4	-€ 293,56	E-SHORT ...	X-SHORT_TIMED
Short	DHR	1.145	28.04.2000	14	03.05.2000	14	-0,95	-€ 154,58	4	-€ 38,64	E-SHORT ...	X-SHORT_TIMED
Short	OXY	1.487	28.04.2000	11	03.05.2000	11	-0,37	-€ 59,48	4	-€ 14,87	E-SHORT ...	X-SHORT_TIMED
Short	NWSA	374	28.04.2000	44	03.05.2000	44	0,84	€ 138,38	4	€ 34,60	E-SHORT ...	X-SHORT_TIMED
Short	HAL	708	10.05.2000	24	15.05.2000	25	-3,15	-€ 538,08	4	-€ 134,52	E-SHORT ...	X-SHORT_TIMED
Short	OXY	1.505	12.05.2000	12	17.05.2000	12	0,47	€ 82,78	4	€ 20,69	E-SHORT ...	X-SHORT_TIMED
Short	DE	792	16.05.2000	24	19.05.2000	23	5,19	€ 978,12	4	€ 244,53	E-SHORT ...	X-SHORT_TIMED
Short	UNH	1.925	17.05.2000	9	22.05.2000	10	-2,78	-€ 500,50	4	-€ 125,13	E-SHORT ...	X-SHORT_TIMED
Short	BMY	324	18.05.2000	57	23.05.2000	59	-1,97	-€ 366,12	4	-€ 91,53	E-SHORT ...	X-SHORT_TIMED
Short	OXY	1.523	19.05.2000	12	24.05.2000	12	2,24	€ 411,21	4	€ 102,80	E-SHORT ...	X-SHORT_TIMED
Short	COP	507	19.05.2000	36	24.05.2000	37	-2,26	-€ 415,85	4	-€ 103,96	E-SHORT ...	X-SHORT_TIMED
Short	AGN	594	23.05.2000	31	26.05.2000	34	-8,92	-€ 1.657,26	4	-€ 414,32	E-SHORT ...	X-SHORT_TIMED
Short	PNC	365	01.06.2000	51	07.06.2000	54	-6,20	-€ 1.142,45	4	-€ 285,61	E-SHORT ...	X-SHORT_TIMED
Short	SBUX	2.136	02.06.2000	9	07.06.2000	9	-6,54	-€ 1.222,86	4	-€ 305,72	E-SHORT ...	X-SHORT_TIMED
Short	AMGN	284	02.06.2000	66	07.06.2000	68	-2,95	-€ 553,80	4	-€ 138,45	E-SHORT ...	X-SHORT_TIMED
Short	DUK	204	13.06.2000	90	16.06.2000	91	-0,84	-€ 155,04	4	-€ 38,76	E-SHORT ...	X-SHORT_TIMED
Short	LLY	231	14.06.2000	81	19.06.2000	84	-3,71	-€ 695,31	4	-€ 173,83	E-SHORT ...	X-SHORT_TIMED
Short	CELG	1.432	15.06.2000	13	20.06.2000	15	-13,30	-€ 2.520,32	4	-€ 630,08	E-SHORT ...	X-SHORT_TIMED
Short	PEP	431	15.06.2000	43	20.06.2000	43	-0,02	-€ 4,31	4	-€ 1,08	E-SHORT ...	X-SHORT_TIMED
Short	CSCO	281	16.06.2000	67	21.06.2000	66	1,39	€ 261,33	4	€ 65,33	E-SHORT ...	X-SHORT_TIMED
Short	JNJ	412	16.06.2000	45	21.06.2000	44	1,43	€ 265,74	4	€ 66,44	E-SHORT ...	X-SHORT_TIMED
Short	CELG	1.240	21.06.2000	15	26.06.2000	16	-8,33	-€ 1.543,80	4	-€ 385,95	E-SHORT ...	X-SHORT_TIMED
Short	KO	627	27.06.2000	29	30.06.2000	29	0,08	€ 15,68	4	€ 3,92	E-SHORT ...	X-SHORT_TIMED
Short	JNJ	382	28.06.2000	49	03.07.2000	51	-4,40	-€ 815,57	4	-€ 203,89	E-SHORT ...	X-SHORT_TIMED
Short	BAX	518	30.06.2000	36	06.07.2000	37	-3,24	-€ 603,47	4	-€ 150,87	E-SHORT ...	X-SHORT_TIMED
Short	BA	423	10.07.2000	44	13.07.2000	44	-0,89	-€ 164,97	4	-€ 41,24	E-SHORT ...	X-SHORT_TIMED
Short	MS	204	10.07.2000	91	13.07.2000	96	-5,81	-€ 1.073,04	4	-€ 268,26	E-SHORT ...	X-SHORT_TIMED
Short	UNP	889	10.07.2000	21	13.07.2000	21	-1,10	-€ 204,47	4	-€ 51,12	E-SHORT ...	X-SHORT_TIMED
Short	COF	372	11.07.2000	49	14.07.2000	51	-4,08	-€ 747,72	4	-€ 186,93	E-SHORT ...	X-SHORT_TIMED
Short	HPQ	292	13.07.2000	64	18.07.2000	67	-4,25	-€ 795,70	4	-€ 198,93	E-SHORT ...	X-SHORT_TIMED
Short	PEP	455	19.07.2000	43	24.07.2000	44	-1,79	-€ 350,35	4	-€ 87,59	E-SHORT ...	X-SHORT_TIMED
Short	PG	659	20.07.2000	30	25.07.2000	30	-0,46	-€ 88,97	4	-€ 22,24	E-SHORT ...	X-SHORT_TIMED
Short	HAL	883	01.08.2000	23	04.08.2000	24	-1,94	-€ 397,35	4	-€ 99,34	E-SHORT ...	X-SHORT_TIMED
Short	UNP	939	02.08.2000	22	07.08.2000	22	-1,35	-€ 277,01	4	-€ 69,25	E-SHORT ...	X-SHORT_TIMED
Short	SLB	542	02.08.2000	39	07.08.2000	39	0,54	€ 113,82	4	€ 28,45	E-SHORT ...	X-SHORT_TIMED
Short	DIS	506	03.08.2000	40	08.08.2000	41	-3,14	-€ 637,56	4	-€ 159,39	E-SHORT ...	X-SHORT_TIMED
Short	SBUX	1.949	07.08.2000	10	10.08.2000	11	-3,55	-€ 716,26	4	-€ 179,06	E-SHORT ...	X-SHORT_TIMED

Abb. 84, Wealth-Lab

Anmerkung

Sie sehen die Exit-Namen »X-Short(Long)-Worstcase«. Das sind jene Trades, bei denen der Stopp von 25 Prozent gegriffen hat. »X-Short/Long-Timed« wäre hingegen der Zeitausstieg.

Sagen wir es ganz deutlich und stellen wir uns damit gegen die Meinung vieler Experten. **Stopps verschlechtern die Performance!** Zumindest bei Aktien mit End-of-Day-Swingtrading-Modellen ist das so. Und aus diesem Grund kennen die meisten meiner quantitativen Trading-Modelle, die ich privat einsetze, keinen Stopp. Ganz einfach deshalb, weil er die Performance stark reduziert.

Toms Trading-Insider-Tipp

Natürlich steckt hinter dieser Aussage, dass Stopps nichts bringen, wesentlich mehr. Professionelle Systementwicklung behandelt so ein wichtiges Thema weit ausführlicher. Ohne zahlreiche Tests und ohne die Evaluierung mehrerer Modelle, Testzeiträume und Portfolios kann so ein wichtiges Statement nicht getroffen werden. Aber so viel Platz haben wir in diesem Buch nicht, weil es auch andere spannende Themen gibt. Daher reduzieren wir die Aussage auf das definitive Endergebnis: Stopps verschlechtern die Performance beim Aktien-Swing-Trading eklatant, wenn Sie mit Tagesschlusskursen arbeiten. Und diese Erkenntnis wird jeder machen, der sich 5 Minuten mit einer Backtesting-Software beschäftigt und dabei Stopps optimiert.

Aber ist es nicht riskant, ohne Stopp zu traden? Gegenfrage: Ist Trading nicht generell riskant? Rufen wir uns nochmals in Erinnerung, was in den 12 Jahren des Backtesting-Zeitraums alles Schlimmes passiert ist. Das Platzen der Dotcom-Blase, 9/11, der zweite Irakkrieg, Terroranschläge in London, Finanzkrise, Griechenlandkrise, Flash Crash usw. Und über all diese Ereignisse hin hatte das System im Backtest keinen Stopp. Kann etwas noch Schlimmeres geschehen? Sicher. Aber auch das werden die Systeme überstehen. Ohne Stopp mit hoher Wahrscheinlichkeit noch besser.

Denken Sie daran: Gerade bei einem Crash hilft Ihnen Ihr Stopp gar nichts. Denn oft geschehen böse Dinge, wenn der Markt geschlossen hat. Ihr Stopp wird dann einfach übersprungen. Über andere Argumente wie die Slippage haben wir schon gesprochen.

Ich empfehle Ihnen nun keineswegs, ab sofort ohne Stopp zu traden. Ich empfehle Ihnen vielmehr, das Thema Stopp kritisch zu hinterfragen. In diesem Fall es zu testen und zu schauen, was dabei rauskommt. Natürlich haben wir uns nur mit einigen Formen von Stopps beschäftigt und Varianten wie zum Beispiel Volatilitäts-Stopps nicht beleuchtet. Deshalb lade ich Sie ein, diese Alternativen einer genauen Prüfung zu unterziehen. Aber wundern Sie sich nicht, wenn dadurch die Performance noch schlechter wird oder gleich schlecht bleibt.

Anmerkung

Was sagen Sie nun zum Angebot des Online-Brokers im Bereich des CFD-Handels? Tut er seinen Kunden einen Gefallen oder zockt er sie ab? Oder wissen die Verantwortlichen selbst nicht, welche Auswirkung ein (zu) enger Stopp auf die Performance hat? Sicher sind CFDs stark gehebelte Produkte, bei denen Vorsicht geboten ist, aber ein Feuer (zu hoher Hebel) löscht man ja auch nicht, in dem man Spiritus (zu enger Stopp) hineinschüttet. Erinnern wir uns an die Einleitung im Buch und an das Kapitel über Broker. Eigentlich hätte ich diese Anmerkung dort unterbringen müssen, denn nach meiner Meinung ist dieses Vorgehen eine Abzocke sondergleichen.

Da wir diese Tests mit den Stopps aber erst an dieser Stelle hier ausgeführt haben, konnte ich diese 1-Prozent-Stopp-Regel dieses Brokers dort noch nicht kommunizieren, weil Sie die Dimensionen dieses Vorgehens am Beginn des Buches noch nicht verstanden hätten. Letztlich verkauft man die Kunden für dumm, wenn man ihnen so einen Stopp aufzwingt, der noch dazu ihre Performance zerstört (zumindest beim Aktienhandel). Erneut ein Beispiel dafür, wie vorsichtig man sein muss, wenn man an der Börse handeln will.

Toms Trading-Insider-Tipp

Bitte sagen Sie jetzt nicht, Vittner sagt, man soll ohne Stopp traden. Das habe ich nicht getan. Ich habe nur gesagt, dass bei ungehebelten End-of-Day-Swingtrading-Modellen auf US-Aktien der (zu enge) Stopp die Performance kaputt macht. Und dass das so ist, konnte vorhin mit Fakten belegt werden. Alles Weitere überlasse ich Ihnen.

Anmerkung

Wenn Sie meine Bücher ***Das Trader Coaching*** und ***Die Tradingakademie*** gelesen haben, werden Sie viele Hinweise zu meiner (durchaus auch engen) Stoppsetzung gefunden haben. In beiden Büchern habe ich aber immer explizit darauf hingewiesen, dass auch fortgeschrittene Trading-Modelle existieren, die ohne Stopp auskommen. Und bei diesen fortgeschrittenen Modellen sind wir nun angekommen.

Gewinne laufen lassen, Verluste begrenzen. Und noch dazu ein möglichst hohes CRV, das man mit einer engen Initialstoppsetzung erreicht. Was ist da dran? Das Thema »Verluste begrenzen« haben wir bereits entzaubert. Es führt, wie Sie sehen konnten, zu einer merklichen Verschlechterung der Performance. Zumindest dann, wenn man die Verlustbegrenzung mit engem Stopp durchführen will.

Doch genau genommen war sehr wohl eine Verlustbegrenzung installiert. Und zwar in Form eines Zeitstopps. Das heißt, dass ein Trade nach einer bestimmten Anzahl von Tagen beendet wird. Und wieder kommt der Hinweis:

Swingtrader handeln Übertreibungen kontra. Bis sich so eine Übertreibung abbaut, dauert es einige Tage, was dem Zeitraum meiner Haltedauer entspricht. Einen Stopp kann ich da nicht gebrauchen, weil es in den seltensten Fällen zu einer starken Bewegung im angesagten Zeitraum gegen mich kommt. Und wenn doch, dann besitzt das keine statistische Relevanz.

Womit wir bei dem Minus-22-Prozent-Trade vom Anfang des Buches angelangt sind, den ich bei meinem Seminar produziert hatte. Was war geschehen?

Exkurs – minus 22 Prozent

Die Position mit dem Tickersymbol INFY sollte eigentlich mit Zeitausstieg zur Börseneröffnung beendet werden. Bis Donnerstag nach Börsenschluss lief die Aktie (es war bekanntlich ein Long-Trade) nach oben und das Plus lag bei fast 7 Prozent. Doch am Freitag verlautbarte der CEO bei noch geschlossenem Markt eine Gewinnwarnung. Und zwar einige Wochen vor dem eigentlichen Quartalsbericht.

Binnen Sekunden sank der Kurs der Aktie vorbörslich um fast 30 Prozent. Für mich gab es in dieser Situation kein Entrinnen. Natürlich hatte ich auch hier keinen Stopp, aber er hätte mir auch nichts geholfen, weil der Markt geschlossen war. So wurde letztlich zur Eröffnung ein Verlust von 22 Prozent realisiert. Ein Minus, das meine bis dahin gute Monatsperformance mit einem Schlag auslöschte. Aus einem Gesamt-Kontenplus von etwas mehr als 1 Prozent wurde ein Minus von 1 Prozent.

Es wäre jetzt gelogen, wenn ich sagen würde, dass ich mich nicht geärgert hätte. Doch der Ärger war rasch verflogen und folgte der Zuversicht, dass ich diesen Verlust rasch wieder aufholen würde. Und so war es letztlich auch. Genau so etwas müssen Sie mindestens einmal durchgemacht haben, um den Ritterschlag als Trader zu bekommen.

Toms Trading-Insider-Tipp

Wenn also ein Stopp-Loss im Aktienhandel keine adäquate Risikokontrolle darstellt, was dann? Wie kann ich mein Konto vor Kurseinbrüchen schützen? Auf direktem Weg eigentlich nur, indem Sie Ihr Geld auf mehrere Einzelaktien verteilen. Dabei ist es von Vorteil, nicht nur ein Modell, sondern einen ganzen Systemkorb zu traden. Denn dadurch sinken die Positionsgrößen und man legt nicht alle Eier in einen Korb. In diesem Fall handelt es sich übrigens um eine weitgehend korrekte alte Börsenregel, die man aber auch nicht übertreiben sollte, indem man zu viele Eier sammelt.

Untersuchen wir Kurseinbrüche näher, fallen dabei zwei Arten auf. Wir haben es unter anderem mit dem Einzelaktienrisiko zu tun. Praktisch haben wir das Thema im eben besprochenen Exkurs »–22%« beleuchtet. Davor schützt nur eine möglichst geringe (aber noch sinnvolle) Positionsgröße (siehe den vorhergehenden Absatz).

Bleibt noch das Marktrisiko an Tagen wie dem Flash Crash oder 9/11. Hier zeigt sich, dass trotz allgemeiner Turbulenzen die Modelle überlebt haben. Weiterhin sind Sie nur selten zu 100 Prozent long oder short engagiert. Und Profis setzten für solche Katastrophen auf einen Hedge mittels eines Short Futures. Der temporär hohe Drawdown, der unter Umständen mit solchen Ereignissen einhergeht, ist in den meisten Fällen in wenigen Handelstagen oder -wochen kompensiert. Wenn man sein Ding durchzieht und die Systeme weiterhandelt.

Bleibt uns abschließend noch, über das hohe CRV zu sprechen, das von den meisten Tradern angestrebt wird. Also Teil 1 der Börsenweisheit »Gewinne laufen lassen, Verluste begrenzen«. Auch dieses Statement, so viel verrate ich, sollten Sie kritisch hinterfragen. Wer sagt, dass man Gewinne laufen lassen muss? Ja gut, sagen tun das viele, aber stimmt es auch? Beim Trendfolger macht es Sinn. Aber gilt das auch für den Swingtrader? Ist das nicht der nächste Mythos, dem alle hinterherjagen, ohne ihn zu prüfen? Wäre es nicht besser, diese Börsenregel auf den Kopf zu stellen? Also die Gewinne einzustecken und die Verluste (zeitlich eingeschränkt) laufen zu lassen? Ich möchte aber nicht alles verraten und wünsche Ihnen viele spannende Erkenntnisse beim Backtesten.

Zur aktuellen Entwicklung (Tag 31)

Die Märkte sind wieder gestiegen, aber so richtig konnte mein Portfolio, obwohl es größtenteils long ausgerichtet war, davon nicht profitieren. Manchmal erwischt man einfach die falschen Aktien. Im Augenblick sind alle offenen Trades insgesamt 180 US-Dollar im Minus. Da die Kurse in den letzten beiden Tagen wieder nach oben geklettert waren, drehen die Modelle nun langsam wieder auf die Short-Seite. Erste diesbezügliche Signale kommen heute aus der Backtesting-Software, sieht man natürlich vom Long-only-Modell ab, das erneut vier Mal auf steigende Notierungen setzt. Weiterhin auffallend gering ist die Tages-Exposure. Ich bin derzeit in etwa nur mit halbem Kontostand investiert und besonders viele Signale gibt es auch heute nicht.

Alarme Strategie 1

Select All | Place Orders | Stage Orders | Monitor in Quotes Window | Help

Alert Time	Symbol	Account	Action	Qty	Order Type	Price	Scale	Signal Na...
18.06.2013	LYB	PaperAccou...	Short	206	Market		Daily	E-SHORT...
18.06.2013	PFE	PaperAccou...	Short	482	Market		Daily	E-SHORT...

Abb. 85, Wealth-Lab

Alarme Strategie 2

Select All | Place Orders | Stage Orders | Monitor in Quotes Window | Help

Alert Time	Symbol	Account	Action	Qty	Order Type	Price	Scale	Signal Name
18.06.2013	HON	PaperAccou...	Short	175	Market		Daily	E-SHORT ...
18.06.2013	ING	PaperAccou...	Short	1490	Market		Daily	E-SHORT ...
18.06.2013	SLB	PaperAccou...	Short	191	Market		Daily	E-SHORT ...

Abb. 86, Wealth-Lab

Alarme Strategie 3

Select All | Place Orders | Stage Orders | Monitor in Quotes Window | Help

Alert Time	Symbol	Account	Action	Qty	Order Type	Price	Scale	Signal Na...
18.06.2013	BBD	PaperAccou...	Buy	1206	Market		Daily	E-LONG ...
18.06.2013	ITUB	PaperAccou...	Buy	1224	Market		Daily	E-LONG ...
18.06.2013	PBR.A	PaperAccou...	Buy	1000	Market		Daily	E-LONG ...
18.06.2013	ABX	PaperAccou...	Buy	873	Market		Daily	E-LONG ...

Abb. 87, Wealth-Lab

Heute ist übrigens ein wichtiger Tag für die Märkte. Die Fed wird ihre Entscheidung bekannt geben, welchen Kurs sie weiterhin in Sachen Geldpolitik fahren will. Kommt das Ende des billigen Geldes oder werden die Schleusen weiter offen gelassen? Seit Tagen geistert dieses Thema durch die Gazetten und das Für und Wider wird wortreich diskutiert. »Die Aktienmärkte schauen gespannt nach Washington«, war heute auf einem großen Online-Wirtschaftsportal zu lesen.

Ich habe jedenfalls bloß gespannt auf die Signalausgabe meiner Backtesting-Software geachtet, denn ich als Trader verfolge solche Storys nicht. Natürlich muss ich mit den Kurssprüngen leben, die daraus resultieren. Doch was soll ich tun? Ich kann mir noch so lange den Kopf zermartern und versuchen abzuwägen, ob es mit den Kursen rauf oder runter gehen wird. Die Antwort werde ich im Vorfeld nie erfahren. Daher haben solche Themen bei der Umsetzung meiner Systeme keine Relevanz.

Würde ich vor so einem Event jedes Mal Trades zurückhalten oder mein System aussetzen, dann käme ich selten zum Trading. Denn irgendetwas ist immer los. Arbeitsmarktzahlen, Verbrauchervertrauen, Auftragseingänge zu langlebigen Wirtschaftsgütern, Philly Fed Index, schwacher Dollar, starker Dollar, Zinsentscheide oder politische Ereignisse – die Gefahren lauern an allen Ecken. Ein Trader lässt sich jedoch nicht beirren und führt sein System unbeirrt weiter aus.

Abschließend bin ich Ihnen noch die Info in Sachen Kontostand schuldig. Wie gesagt hat sich wenig getan. Der Kontostand liegt bei **70.152 Euro** und kommt derzeit einfach nicht vom Fleck. Das Plus in Monat 2 liegt bei **0,82 Prozent.**

INTERACTIVE BROKERS

Konto Informationen

Netto Vermögenswert (NAV) in der Basiswährung

	Total
Cash	37,830.28
Aktien	32,325.58
Verzinsung	-3.37
Total	**70,152.49**

Netto Vermögenswert (NAV) in Zeitserien

Mark-to-Market Performance Übersicht in der Basiswährung

Realisierte & Unrealisierte Performance Übersicht in der Basiswährung

Cash Bericht

Abb. 88, Quelle: Interactive Brokers (IB)

Woche 6 – Tag 32

Heute kann ich nicht behaupten, dass an der Börse nichts los gewesen sei und mein Kontostand sich nicht bewegen würde. Im Gegenteil. Dazu kommen wir auch gleich. Weil aber die Entwicklung eines einzigen Handelstages weitaus weniger wichtig ist als das Gesamtverständnis, wie Trading funktioniert, reden wir trotz Turbulenzen an den Märkten zuvor über ein sehr wichtiges Thema.

Wir wissen schon aus einer vorhergehenden Abhandlung, dass eine gute Strategie keineswegs zu jeder Zeit funktioniert, und haben vielmehr erfahren, dass stark schwankende Renditen bei einem einzelnen Handelsansatz unvermeidbar sind. Befassen wir uns nun mit einem ähnlichen Thema. Fragen wir uns: Funktioniert eine gute Strategie in allen Märkten oder muss man genau darauf achten, welches System man wo einsetzt? Lassen Sie uns das Thema mit einer Frage aus der Praxis einleiten, mit der ich schon des Öfteren konfrontiert war.

Ich handelte bereits etliche Jahre erfolgreich an den Aktienmärkten, bevor ich im Jahr 2007 mein erstes Seminar hielt. Dort präsentierte ich mein diskretionäres Swingtrading, das in Gründzügen mit meinem computergestützten Trading von heute identisch ist. Eine der Fragen, die mir seit damals immer wieder gestellt wird, ist, ob mein Handelsansatz auch auf andere Märkte oder Zeiteinheiten übertragbar sei. Lassen Sie uns die Antwort auf diese Frage gemeinsam finden.

Wie Sie es in diesem Buch gewohnt sind, nähern wir uns dem Thema »Was funktioniert wo?« mit simplen Backtests. Wir lassen also Fakten sprechen. Dazu zeige ich Ihnen ein einfaches Swingtrading-Modell. Das Regelwerk wird nun auf verschiedenen Aktien Datensets (Portfolios) auf verschiedenen Börsenplätzen zur Anwendung kommen. Der Testzeitraum reicht von Januar 1997 bis Dezember 2012, es sind also 16 Jahre.

Als erstes Portfolio verwenden wir die 30 Aktien aus dem deutschen Dax (Ticker ^GDAXI). Wir lassen den Test laufen und bekommen damit folgendes Ergebnis:

Backtest Performance Report | Range: 03.01.2000 to 31.12.2012 (3374 Bars)

	All Trades	Long Trades	Short Trades	Buy & Hold
Starting Capital	€ 100.000,00	€ 100.000,00	€ 100.000,00	€ 100.000,00
Ending Capital	€ 154.613,99	€ 133.603,95	€ 121.010,05	€ 280.607,51
Net Profit	€ 54.613,99	€ 33.603,95	€ 21.010,05	€ 180.607,51
Net Profit %	54,61%	33,60%	21,01%	180,61%
Annualized Gain %	3,41%	2,25%	1,48%	8,26%
Exposure	39,84%	31,38%	13,20%	91,52%
Total Commission	-€ 25.979,82	-€ 16.347,06	-€ 9.632,76	-€ 39,09
Return on Cash	€ 0,00	€ 0,00	€ 0,00	€ 0,00
Margin Interest Paid	€ 0,00	€ 0,00	€ 0,00	€ 0,00
Dividends Received	€ 0,00	€ 0,00	€ 0,00	€ 0,00
Number of Trades	3.372	2.111	1.261	30
Average Profit	€ 16,20	€ 15,92	€ 16,66	€ 6.020,25
Average Profit %	0,12%	0,12%	0,14%	171,79%
Average Bars Held	3,69	3,98	3,20	2.728,07
Winning Trades	1.879	1.103	776	20
Win Rate	55,72%	52,25%	61,54%	66,67%
Gross Profit	€ 961.945,59	€ 616.070,24	€ 345.875,35	€ 198.547,69
Average Profit	€ 511,95	€ 558,54	€ 445,72	€ 9.927,38
Average Profit %	2,86%	3,11%	2,51%	283,60%
Average Bars Held	3,47	3,97	2,77	2.560,95
Max Consecutive Winners	30	21	17	8
Losing Trades	1.493	1.008	485	10
Loss Rate	44,28%	47,75%	38,46%	33,33%
Gross Loss	-€ 907.331,59	-€ 582.466,29	-€ 324.865,30	-€ 17.940,18
Average Loss	-€ 607,72	-€ 577,84	-€ 669,83	-€ 1.794,02
Average Loss %	-3,32%	-3,16%	-3,65%	-51,83%
Average Bars Held	3,97	3,99	3,91	3.062,30
Max Consecutive Losses	14	15	10	5
Maximum Drawdown	-€ 48.618,14	-€ 48.597,43	-€ 46.211,06	-€ 185.502,79
Maximum Drawdown Date	05.06.2012	03.03.2009	16.03.2012	06.03.2009
Maximum Drawdown %	-33,86%	-38,82%	-29,39%	-57,04%
Maximum Drawdown % Date	07.04.2003	31.03.2003	16.03.2012	06.03.2009
Wealth-Lab Score	5,66	4,40	7,91	3,88
Sharpe Ratio	0,31	0,22	0,23	0,52
Profit Factor	1,06	1,06	1,06	11,07
Recovery Factor	1,12	0,69	0,45	0,97
Payoff Ratio	0,86	0,98	0,69	5,47

Abb. 89, Quelle: Quelle:Wealth-Lab

Die Performance ist mit 3,41 Prozent pro Jahr eher dürftig und der Schluss liegt nahe, dass die Strategie nicht besonders gut funktioniert. Doch noch gilt es, keine voreilige Aussage zu treffen. Sehen wir weiter und versuchen wir als

Nächstes, das gleiche Modell auf die Aktien des CAC 40 (Ticker ^FCHI), den wichtigsten französischen Aktienindex, anzuwenden. Werden die Ergebnisse ähnlich schwach bleiben oder zeigt sich eine Verbesserung?

Backtest Performance Report | Range: 03.01.2000 to 31.12.2012 (3382 Bars) |

	All Trades	Long Trades	Short Trades	Buy & Hold
Starting Capital	€ 100.000,00	€ 100.000,00	€ 100.000,00	€ 100.000,00
Ending Capital	€ 348.369,73	€ 215.407,85	€ 232.961,87	€ 740.521,19
Net Profit	€ 248.369,73	€ 115.407,85	€ 132.961,87	€ 640.521,19
Net Profit %	248,37%	115,41%	132,96%	640,62%
Annualized Gain %	10,08%	6,08%	6,72%	16,66%
Exposure	50,19%	53,85%	17,82%	99,01%
Total Commission	-€ 68.995,45	-€ 43.287,92	-€ 25.707,54	-€ 80,35
Return on Cash	€ 0,00	€ 0,00	€ 0,00	€ 0,00
Margin Interest Paid	€ 0,00	€ 0,00	€ 0,00	€ 0,00
Dividends Received	€ 0,00	€ 0,00	€ 0,00	€ 0,00
Number of Trades	4.349	2.713	1.636	37
Average Profit	€ 57,11	€ 42,54	€ 81,27	€ 17.314,09
Average Profit %	0,15%	0,18%	0,10%	607,65%
Average Bars Held	3,71	3,99	3,25	3.063,97
Winning Trades	2.475	1.458	1.017	23
Win Rate	56,91%	53,74%	62,16%	62,16%
Gross Profit	€ 2.011.610,81	€ 1.212.183,33	€ 799.427,49	€ 665.949,66
Average Profit	€ 812,77	€ 831,40	€ 786,06	€ 28.954,33
Average Profit %	3,16%	3,24%	3,04%	1.016,84%
Average Bars Held	3,51	3,97	2,83	2.990,70
Max Consecutive Winners	18	24	20	4
Losing Trades	1.874	1.255	619	14
Loss Rate	43,09%	46,26%	37,84%	37,84%
Gross Loss	-€ 1.763.241,09	-€ 1.096.775,47	-€ 666.465,61	-€ 25.328,47
Average Loss	-€ 940,90	-€ 873,92	-€ 1.076,68	-€ 1.809,18
Average Loss %	-3,82%	-3,36%	-4,74%	-64,60%
Average Bars Held	3,98	4,00	3,93	3.184,36
Max Consecutive Losses	14	13	15	3
Maximum Drawdown	-€ 83.623,13	-€ 86.466,83	-€ 85.163,11	-€ 568.572,70
Maximum Drawdown Date	13.07.2010	02.03.2009	13.07.2010	09.03.2009
Maximum Drawdown %	-39,53%	-65,30%	-34,87%	-65,52%
Maximum Drawdown % Date	17.10.2002	25.02.2003	13.07.2010	09.03.2009
Wealth-Lab Score	12,15	3,92	24,58	5,80
Sharpe Ratio	0,54	0,35	0,47	0,59
Profit Factor	1,14	1,11	1,20	26,29
Recovery Factor	2,97	1,33	1,56	1,13
Payoff Ratio	0,83	0,96	0,64	15,74

Abb. 90, Quelle: Quelle:Wealth-Lab

Interessant. Obwohl man meinen möchte, dass es nicht viel Unterschied macht, ob man nun deutsche oder französische Blue Chips mit demselben System tradet, sieht man doch, dass wir plötzlich 10 Prozent Performance pro Jahr machen, wenn wir das Portfolio wechseln. Versuchen wir unser Glück nun mit den Aktien aus dem Dow Jones (Ticker ^DJI).

Backtest Performance Report | Range: 03.01.2000 to 31.12.2012 (3269 Bars)

	All Trades	Long Trades	Short Trades	Buy & Hold
Starting Capital	€ 100.000,00	€ 100.000,00	€ 100.000,00	€ 100.000,00
Ending Capital	€ 1.173.327,55	€ 939.124,08	€ 334.203,48	€ 387.942,48
Net Profit	€ 1.073.327,55	€ 839.124,08	€ 234.203,48	€ 287.942,48
Net Profit %	1.073,33%	839,12%	234,20%	287,94%
Annualized Gain %	20,87%	18,81%	9,73%	11,00%
Exposure	44,13%	39,40%	31,06%	101,86%
Total Commission	-€ 124.148,64	-€ 81.306,05	-€ 42.842,59	-€ 49,91
Return on Cash	€ 0,00	€ 0,00	€ 0,00	€ 0,00
Margin Interest Paid	€ 0,00	€ 0,00	€ 0,00	€ 0,00
Dividends Received	€ 0,00	€ 0,00	€ 0,00	€ 0,00
Number of Trades	3.955	2.575	1.380	30
Average Profit	€ 271,38	€ 325,87	€ 169,71	€ 9.598,08
Average Profit %	0,47%	0,51%	0,40%	275,41%
Average Bars Held	3,69	3,98	3,15	3.253,53
Winning Trades	2.290	1.425	865	16
Win Rate	57,90%	55,34%	62,68%	53,33%
Gross Profit	€ 4.102.377,79	€ 2.683.965,01	€ 1.418.412,77	€ 309.191,01
Average Profit	€ 1.791,43	€ 1.883,48	€ 1.639,78	€ 19.324,44
Average Profit %	2,82%	3,07%	2,42%	555,26%
Average Bars Held	3,49	3,96	2,71	3.240,88
Max Consecutive Winners	22	18	27	7
Losing Trades	1.665	1.150	515	14
Loss Rate	42,10%	44,66%	37,32%	46,67%
Gross Loss	-€ 3.029.050,23	-€ 1.844.840,94	-€ 1.184.209,29	-€ 21.248,53
Average Loss	-€ 1.819,25	-€ 1.604,21	-€ 2.299,44	-€ 1.517,75
Average Loss %	-2,77%	-2,66%	-3,00%	-44,42%
Average Bars Held	3,97	4,00	3,91	3.268,00
Max Consecutive Losses	18	18	10	3
Maximum Drawdown	-€ 152.720,85	-€ 138.884,25	-€ 254.315,21	-€ 69.932,97
Maximum Drawdown Date	18.05.2012	02.03.2009	07.07.2011	09.03.2009
Maximum Drawdown %	-20,75%	-26,75%	-46,42%	-49,09%
Maximum Drawdown % Date	12.10.2001	02.03.2009	07.07.2011	09.03.2009
Wealth-Lab Score	37,47	34,97	16,79	5,50
Sharpe Ratio	1,26	1,16	0,55	0,35
Profit Factor	1,35	1,45	1,20	14,55
Recovery Factor	7,03	6,04	0,92	4,12
Payoff Ratio	1,02	1,15	0,81	12,50

Abb. 91, Quelle: Quelle:Wealth-Lab

Warum erzielen wir auf einmal eine Performance von mehr als 20 Prozent im Jahr, während wir uns bisher mit maximal 10 Prozent zufriedengeben mussten? Auch der Drawdown liegt erstmals unter dem jährlichen Gewinn und damit schaffen wir endlich eine MAR Ratio, die größer als 1 ist. Versuchen wir das gleiche Modell bei den Aktien des Nasdaq 100 (Ticker ^NDX). Zeigt sich erneut eine starke Veränderung?

Backtest Performance Report | Range: 03.01.2000 to 31.12.2012 (3269 Bars)

	All Trades	Long Trades	Short Trades	Buy & Hold
Starting Capital	€ 100.000,00	€ 100.000,00	€ 100.000,00	€ 100.000,00
Ending Capital	€ 2.586.777,13	€ 1.997.397,96	€ 689.379,17	€ 688.7[illegible]7,24
Net Profit	€ 2.486.777,13	€ 1.897.397,96	€ 589.379,17	€ 588.7[illegible]7,24
Net Profit %	2.486,78%	1.897,40%	589,38%	588,71%
Annualized Gain %	28,45%	25,92%	16,02%	16,01%
Exposure	72,99%	56,63%	84,56%	97,22%
Total Commission	-€ 445.163,35	-€ 244.736,36	-€ 200.426,99	-€ 1[illegible]9,95
Return on Cash	€ 0,00	€ 0,00	€ 0,00	€ 0,00
Margin Interest Paid	€ 0,00	€ 0,00	€ 0,00	€ 0,00
Dividends Received	€ 0,00	€ 0,00	€ 0,00	€ 0,00
Number of Trades	6.403	3.534	2.869	100
Average Profit	€ 388,38	€ 536,90	€ 205,43	€ 5.887,07
Average Profit %	0,40%	0,48%	0,31%	566,22%
Average Bars Held	3,65	3,97	3,25	2.946,44
Winning Trades	3.614	1.870	1.744	62
Win Rate	56,44%	52,91%	60,79%	62,00%
Gross Profit	€ 13.218.271,38	€ 7.559.991,80	€ 5.658.279,59	€ 605.314,48
Average Profit	€ 3.657,52	€ 4.042,78	€ 3.244,43	€ 9.763,14
Average Profit %	3,70%	4,24%	3,12%	940,21%
Average Bars Held	3,40	3,95	2,82	2.909,97
Max Consecutive Winners	22	17	21	6
Losing Trades	2.789	1.664	1.125	38
Loss Rate	43,56%	47,09%	39,21%	38,00%
Gross Loss	-€ 10.731.494,25	-€ 5.662.593,84	-€ 5.068.900,41	-€ 16.607,24
Average Loss	-€ 3.847,79	-€ 3.403,00	-€ 4.505,69	-€ 437,03
Average Loss %	-3,87%	-3,75%	-4,04%	-43,98%
Average Bars Held	3,96	4,00	3,91	3.005,95
Max Consecutive Losses	21	21	9	5
Maximum Drawdown	-€ 385.663,84	-€ 372.479,90	-€ 430.312,89	-€ 292.905,76
Maximum Drawdown Date	08.08.2011	12.07.2012	19.03.2012	23.10.2012
Maximum Drawdown %	-39,81%	-34,28%	-64,60%	-54,94%
Maximum Drawdown % Date	21.09.2001	21.09.2001	01.02.2008	20.11.2008
Wealth-Lab Score	23,46	30,08	6,71	7,42
Sharpe Ratio	1,13	0,98	0,57	0,75
Profit Factor	1,23	1,34	1,12	36,45
Recovery Factor	6,45	5,09	1,37	2,01
Payoff Ratio	0,96	1,13	0,77	21,38

Abb. 92, Quelle: Quelle:Wealth-Lab

Nun steigt zwar die Performance auf über 28 Prozent, aber auch der Drawdown geht merklich in die Höhe und erreicht fast die 40-Prozent-Marke. Mit dieser schlechten MAR Ratio kann man das Modell nicht traden. Aber wir lassen uns nicht entmutigen, denn vielleicht funktioniert diese Strategie ja mit den Aktien des NYSE US 100 Index (Ticker ^NY) besser?

Backtest Performance Report | Range: 03.01.2000 to 31.12.2012 (3269 Bars)

	All Trades	Long Trades	Short Trades	Buy & Hold
Starting Capital	€ 100.000,00	€ 100.000,00	€ 100.000,00	€ 100.000,00
Ending Capital	€ 7.154.531,65	€ 4.599.970,06	€ 2.654.561,59	€ 309.779,96
Net Profit	€ 7.054.531,65	€ 4.499.970,06	€ 2.554.561,59	€ 209.779,96
Net Profit %	7.054,53%	4.499,97%	2.554,56%	209,78%
Annualized Gain %	38,91%	34,27%	28,70%	9,09%
Exposure	67,94%	65,64%	63,73%	99,68%
Total Commission	-€ 806.029,30	-€ 456.054,53	-€ 349.974,77	-€ 107,25
Return on Cash	€ 0,00	€ 0,00	€ 0,00	€ 0,00
Margin Interest Paid	€ 0,00	€ 0,00	€ 0,00	€ 0,00
Dividends Received	€ 0,00	€ 0,00	€ 0,00	€ 0,00
Number of Trades	6.080	3.511	2.569	100
Average Profit	€ 1.160,28	€ 1.281,68	€ 994,38	€ 2.097,80
Average Profit %	0,53%	0,58%	0,45%	203,37%
Average Bars Held	3,64	3,97	3,17	3.197,45
Winning Trades	3.590	1.962	1.628	68
Win Rate	59,05%	55,88%	63,37%	68,00%
Gross Profit	€ 28.425.502,00	€ 16.913.307,99	€ 11.512.194,00	€ 224.778,66
Average Profit	€ 7.917,97	€ 8.620,44	€ 7.071,37	€ 3.305,57
Average Profit %	2,95%	3,32%	2,50%	321,36%
Average Bars Held	3,40	3,95	2,74	3.166,94
Max Consecutive Winners	31	15	26	15
Losing Trades	2.490	1.549	941	32
Loss Rate	40,95%	44,12%	36,63%	32,00%
Gross Loss	-€ 21.370.970,35	-€ 12.413.337,93	-€ 8.957.632,41	-€ 14.998,71
Average Loss	-€ 8.582,72	-€ 8.013,78	-€ 9.519,27	-€ 468,71
Average Loss %	-2,97%	-2,89%	-3,10%	-47,34%
Average Bars Held	3,97	4,00	3,92	3.262,28
Max Consecutive Losses	16	16	14	3
Maximum Drawdown	-€ 839.724,90	-€ 825.424,28	-€ 1.053.659,02	-€ 125.218,62
Maximum Drawdown Date	18.05.2012	03.10.2011	15.04.2010	09.03.2009
Maximum Drawdown %	-18,01%	-41,51%	-48,88%	-52,13%
Maximum Drawdown % Date	24.02.2004	22.01.2009	13.11.2006	09.03.2009
Wealth-Lab Score	46,95	30,53	23,02	4,37
Sharpe Ratio	1,71	1,34	1,04	0,58
Profit Factor	1,33	1,36	1,29	14,99
Recovery Factor	8,40	5,45	2,42	1,68
Payoff Ratio	0,99	1,15	0,81	6,79

Abb. 93, Quelle: Quelle:Wealth-Lab

Wir schaffen erneut eine deutliche Verbesserung auf 38,91 Prozent Performance und auch beim Drawdown (18,01 Prozent) sieht es gut aus. Die MAR Ratio übersteigt die Zahl 2. Sollen wir uns damit nun zufriedengeben? Nein, denn jetzt kommen wir zu etwas Entscheidendem. Auch in Sachen Portfolio sollten wir nichts dem Zufall überlassen. Gerade hier scheiden sich jedoch die Geister. Während mancher Trader meint, mit einem fix und fertig vorgegebenen Portfolio wie dem S&P 100 oder dem S&P 500 arbeiten zu müssen, schwören andere auf einen bestimmen Selektionsprozess bei der Aktienauswahl. Deshalb möchte ich keine Empfehlung abgeben, welcher Weg der richtige ist.

Ich selbst stelle mir meine Portfolios gerne von Hand zusammen und dabei kommt ein simples Verfahren zur Anwendung. Dieser Prozess wurde auch bei dieser Strategie angewendet und damit erreiche ich folgendes Ergebnis.

Backtest Performance Report | Range: 03.01.2000 to 31.12.2012 (3269 Bars) |

	All Trades	Long Trades	Short Trades	Buy & Hold
Starting Capital	€ 100.000,00	€ 100.000,00	€ 100.000,00	€ 100.000,00
Ending Capital	€ 10.872.668,27	€ 7.971.687,77	€ 3.000.980,49	€ 377.650,31
Net Profit	€ 10.772.668,27	€ 7.871.687,77	€ 2.900.980,49	€ 277.650,31
Net Profit %	10.772,67%	7.871,69%	2.900,98%	277,65%
Annualized Gain %	43,45%	40,07%	29,92%	10,77%
Exposure	67,18%	64,20%	66,84%	98,00%
Total Commission	-€ 952.594,54	-€ 549.861,33	-€ 402.733,22	-€ 105,71
Return on Cash	€ 0,00	€ 0,00	€ 0,00	€ 0,00
Margin Interest Paid	€ 0,00	€ 0,00	€ 0,00	€ 0,00
Dividends Received	€ 0,00	€ 0,00	€ 0,00	€ 0,00
Number of Trades	6.081	3.498	2.583	98
Average Profit	€ 1.771,53	€ 2.250,34	€ 1.123,11	€ 2.833,17
Average Profit %	0,57%	0,65%	0,47%	272,57%
Average Bars Held	3,62	3,97	3,15	3.133,07
Winning Trades	3.631	1.982	1.649	72
Win Rate	59,71%	56,66%	63,84%	73,47%
Gross Profit	€ 41.754.613,05	€ 25.357.965,07	€ 16.396.647,98	€ 288.833,69
Average Profit	€ 11.499,48	€ 12.794,13	€ 9.943,39	€ 4.011,58
Average Profit %	2,96%	3,33%	2,51%	386,68%
Average Bars Held	3,39	3,95	2,72	3.089,72
Max Consecutive Winners	21	19	23	10
Losing Trades	2.450	1.516	934	26
Loss Rate	40,29%	43,34%	36,16%	26,53%
Gross Loss	-€ 30.981.944,78	-€ 17.486.277,30	-€ 13.495.667,48	-€ 11.183,39
Average Loss	-€ 12.645,69	-€ 11.534,48	-€ 14.449,32	-€ 430,13
Average Loss %	-2,96%	-2,85%	-3,14%	-43,43%
Average Bars Held	3,97	4,00	3,92	3.253,12
Max Consecutive Losses	15	15	10	3
Maximum Drawdown	-€ 1.297.357,58	-€ 1.270.616,82	-€ 1.580.643,34	-€ 120.944,17
Maximum Drawdown Date	18.05.2012	18.05.2012	15.04.2010	09.03.2009
Maximum Drawdown %	-18,16%	-36,15%	-42,13%	-47,47%
Maximum Drawdown % Date	18.03.2009	20.01.2009	15.04.2010	09.03.2009
Wealth-Lab Score	52,94	39,85	25,91	5,77
Sharpe Ratio	1,77	1,51	1,10	0,71
Profit Factor	1,35	1,45	1,21	25,83
Recovery Factor	8,30	6,20	1,84	2,30
Payoff Ratio	1,00	1,17	0,80	8,90

Abb. 94, Quelle: Quelle:Wealth-Lab

Die Performance steigt nochmals um fast 5 Prozentpunkte auf 43,45 Prozent und gleichzeitig bleibt der Drawdown mit 18,16 Prozent gering. Die MAR Ratio hat einen Wert von 2,39 erreicht. Exzellent!

Ich denke, Sie haben bemerkt, worauf ich an dieser Stelle hinaus will: Eine gute Strategie funktioniert keineswegs in jedem Markt. Wenn Sie sich ein wenig mit Handelsmodellen und Portfolio-Tests beschäftigen, werden Sie diese Aussage nach einem dreiminütigen Test bestätigen können. Wir bekamen vielmehr eine gewaltige Bandbreite von Renditen zu sehen. Sie schwankten von 3,41 Prozent (Dax) bis hin zu 43,45 Prozent (eigenes US-Portfolio) pro Jahr, obwohl wir immer mit der gleichen Strategie gearbeitet hatten. Wir haben lediglich das Portfolio gewechselt.

Anmerkung

Bedenken Sie bitte: Wir blieben bei unseren Tests in den Aktienmärkten. Und schon da waren die Ergebnisse sehr unterschiedlich. Sie können sich nun vorstellen, was geschieht (geschehen muss), wenn Sie ein Regelwerk, das für bestimmte Aktien optimiert ist, ungeprüft zum Beispiel auf diversen Futures traden.

Liest man hingegen in der Trading-Literatur, könnte man glauben, dass ein Hut auf alle Köpfe passt, denn oft werden Regelwerke wie Turtle Trading, Ross-Haken, Elliot Waves oder Markttechnik präsentiert, ohne weiterführende praxisbezogene Hinweise in Sachen Portfolio-Selektion. Leider gehen also viele Fachleute auf die Frage, für welchen Markt ein Regelwerk geeignet ist, nicht weiter ein. Der angehende Trader glaubt deshalb, mit einem irgendwo aufgeschnappten Handelsansatz ein Patentrezept gefunden zu haben. Doch wir wissen nun bereits, dass dem nicht so ist.

Vielleicht ist das Turtle Trading ja wirklich genial? Wenn man den richtigen Markt und die richtige Zeiteinheit erwischt. Vielleicht funktioniert die Markttechnik blendend, wenn man dafür ein passendes Underlying findet. Ross Haken oder Elliot Waves mögen Märtke haben, wo sie greifen. Aber ohne weitere Überprüfung darf man sie nicht in allen Märkten oder Zeiteinheiten zur Anwendung bringen. Kommen wir somit zur eingangs gestellten Frage zurück, ob das Swingtrading von Thomas Vittner auch in anderen Märkten als den Aktienmärkten und in anderen Zeiteinheiten als dem Tageschart funktioniert. Die eindeutige Antwort lautet: Nein!

Mein Swingtrading basierte seit jeher auf dem Handel von ausgewählten Aktien, die an US-Börsen notieren. Sie dürfen nun nicht hergehen und mit diesem Regelwerk Gold oder einen Währungs-Future traden. Ja, Sie sollten mit diesen computergestützten Modellen nicht einmal die deutschen Dax-30-Werte traden, denn wie Sie sehen konnten, funktioniert das nicht besonders gut.

Das lehrt uns wieder einmal, dass man nicht alles ungeprüft glauben soll, was geschrieben steht. Und es lehrt uns, skeptisch zu sein und alles zu hinterfragen. Auch das, was nicht geschrieben steht und somit unausgesprochen bleibt. Es wäre aber leichtsinnig, irgendwas zu handeln, ohne zu wissen, ob der Markt dafür passt. Ein Deckel passt eben doch nicht auf jeden Topf, auch wenn uns das manche Fachbuchautoren suggerieren wollen.

Toms Trading-Insider-Tipp

Auch wenn das Verfahren zur Portfolio-Auswahl an sich einfach ist, der dahinterliegende Testaufwand ist arbeits- und zeitintensiv. Das Statement »Eine gute Strategie funktioniert nicht in jedem Markt« ist daher erst dann mit Sicherheit zu treffen, wenn man zahlreiche Tests in den verschiedensten Ausprägungen durchlaufen hat. Vieles, was in diesem Buch – das wurde schon erwähnt – auf einfache und fast schon spielerische Art und Weise demonstriert wird, hat einen tieferen Hintergrund. Diesen Background muss man sich mühevoll erarbeiten. Nur so gelangt man zu echtem Wissen.

Aber kommen wir nun zu einer wichtigen Anschlussfrage, die Ihnen vielleicht auf der Zunge liegt: Wie wählt man ein Portfolio richtig aus? Nun, verraten möchte ich diesen Prozess eigentlich nicht, weil auch der ein echtes Asset ist. Machen wir also einen Kompromiss: Wenn ich Ihnen erzähle, wie man es nicht macht, dann können Sie den restlichen Job selbst erledigen. Dabei ist vor allem eines wichtig: Weniger ist mehr! Keineswegs sollten Sie ein Aktienportfolio überoptimieren, was grundsätzlich ganz einfach ginge, und das möchte ich anhand des vorhin gezeigten Modells demonstrieren.

Dazu werten wir zunächst die Backtesting-Ergebnisse pro Aktie (pro Einzelsymbol) aus. Dann sortieren wir die Resultate nach den schlechtesten Symbolen. Das heißt, dass nun jene Aktien ganz oben stehen, bei denen die Strategie überhaupt nicht funktioniert hat. Zumindest auf den ersten Blick nicht. Welche Symbole das bei dem von mir individuell zusammengestellten Portfolio (jener Test mit der Performance von 43,45 Prozent) sind, sehen Sie in der nachfolgenden Abbildung.

Symbol	Profit	Buy & Hold Profit	Profit per Bar	B&H per Bar	Trades	Pct Winners
CELG	-€ 253.345,93	€ 13.705,61	-€ 730,10	€ 4,20	97	53,61
GE	-€ 221.235,34	-€ 590,96	-€ 1.436,59	-€ 0,18	42	54,76
HPQ	-€ 206.365,93	-€ 784,00	-€ 921,28	-€ 0,24	63	52,38
HAL	-€ 194.190,89	€ 877,63	-€ 478,30	€ 0,27	114	60,53
EOG	-€ 156.068,96	€ 15.406,44	-€ 481,69	€ 4,71	91	60,44
TGT	-€ 127.947,78	€ 707,18	-€ 456,96	€ 0,22	78	56,41
F	-€ 122.448,76	-€ 778,20	-€ 272,71	-€ 0,24	117	47,01
CVS	-€ 93.331,54	€ 1.658,28	-€ 352,19	€ 0,51	71	57,75
MSFT	-€ 89.200,53	-€ 542,26	-€ 343,08	-€ 0,17	70	51,43
PFE	-€ 81.759,89	-€ 204,61	-€ 434,89	-€ 0,06	51	60,78
SLB	-€ 73.755,28	€ 1.607,54	-€ 196,68	€ 0,49	104	55,77
INTC	-€ 72.348,51	-€ 531,40	-€ 206,12	-€ 0,16	92	55,43
CMCSA	-€ 69.085,80	€ 235,19	-€ 217,94	€ 0,07	85	65,88
MET	-€ 66.054,82	€ 697,76	-€ 347,66	€ 0,22	55	56,36
BAX	-€ 63.021,68	€ 1.238,98	-€ 313,54	€ 0,38	54	57,41
DOW	-€ 59.264,41	-€ 254,08	-€ 234,25	-€ 0,08	73	56,16
T	-€ 47.657,93	-€ 294,70	-€ 270,78	-€ 0,09	48	60,42
LLY	-€ 46.787,11	-€ 239,88	-€ 205,21	-€ 0,07	59	42,37
HD	-€ 37.778,57	-€ 35,40	-€ 167,90	-€ 0,01	63	50,79
JNJ	-€ 29.395,08	€ 563,42	-€ 277,31	€ 0,17	29	65,52
VZ	-€ 28.391,65	€ 78.554,67	-€ 146,35	€ 24,04	49	36,73
DHR	-€ 25.370,72	€ 4.022,34	-€ 192,20	€ 1,23	35	51,43
MDLZ	-€ 21.649,60	-€ 160,25	-€ 156,88	-€ 0,06	36	58,33
PG	-€ 21.571,36	€ 278,40	-€ 172,57	€ 0,09	34	55,88
PEP	-€ 13.565,81	€ 891,36	-€ 141,31	€ 0,27	27	59,26
XOM	-€ 5.361,34	€ 1.291,36	-€ 29,46	€ 0,40	48	58,33
COP	-€ 4.935,59	€ 931,74	-€ 23,62	€ 0,29	56	62,50
BRK.B	-€ 2.828,46	€ 1.655,00	-€ 104,76	€ 0,51	8	62,50
UPS	-€ 185,07	€ 103,10	-€ 2,06	€ 0,03	25	60,00
ABBV	€ 0,00	€ 0,00	€ 0,00	€ 0,00	0	0,00
GOOG	€ 0,00	€ 6.062,70	€ 0,00	€ 2,88	0	0,00
MRK	€ 6.351,03	-€ 391,90	€ 24,81	-€ 0,12	69	57,97
GS	€ 10.192,11	€ 487,16	€ 91,00	€ 0,15	30	63,33
AAPL	€ 10.871,57	€ 18.687,98	€ 42,30	€ 5,72	73	60,27
CL	€ 13.022,75	€ 737,65	€ 137,08	€ 0,23	25	60,00
KMB	€ 14.648,35	€ 340,92	€ 209,26	€ 0,10	19	68,42
SO	€ 15.618,65	€ 962,03	€ 126,98	€ 0,29	33	72,73
IBM	€ 17.497,77	€ 696,95	€ 138,87	€ 0,21	33	60,61
CVX	€ 20.755,20	€ 1.665,75	€ 128,12	€ 0,51	45	53,33
MCD	€ 32.418,78	€ 1.270,40	€ 233,23	€ 0,39	38	55,26
CSCO	€ 33.352,57	-€ 629,90	€ 125,39	-€ 0,19	73	57,53
LOW	€ 34.338,41	€ 1.653,52	€ 96,46	€ 0,51	94	55,32
DIS	€ 34.838,57	€ 691,65	€ 196,83	€ 0,21	49	65,31
NWSA	€ 36.852,87	-€ 237,22	€ 132,09	-€ 0,07	74	56,76
KO	€ 41.832,41	€ 297,22	€ 280,75	€ 0,09	39	58,97

Abb. 95, Quelle: Quelle:Wealth-Lab

Jetzt wäre es einfach, sich selbst zu betrügen und sich reich zu rechnen. Um das Ergebnis besser aussehen zu lassen, werde ich im nächsten Schritt die

Aktien von CELG, GE, HPQ, HAL und EOG (also die schlechtesten fünf) aus dem Portfolio entfernen und dann führe ich den Testlauf erneut aus. Was geschieht dann?

Backtest Performance Report | Range: 03.01.2000 to 31.12.2012 (3269 Bars)

	All Trades	Long Trades	Short Trades	Buy & Hold
Starting Capital	€ 100.000,00	€ 100.000,00	€ 100.000,00	€ 100.000,00
Ending Capital	€ 12.904.757,73	€ 8.995.640,51	€ 4.009.117,22	€ 376.266,04
Net Profit	€ 12.804.757,73	€ 8.895.640,51	€ 3.909.117,22	€ 276.266,04
Net Profit %	12.804,76%	8.895,64%	3.909,12%	276,27%
Annualized Gain %	45,36%	41,38%	32,85%	10,74%
Exposure	65,85%	65,11%	61,72%	97,87%
Total Commission	-€ 908.821,68	-€ 528.208,70	-€ 380.612,97	-€ 102,21
Return on Cash	€ 0,00	€ 0,00	€ 0,00	€ 0,00
Margin Interest Paid	€ 0,00	€ 0,00	€ 0,00	€ 0,00
Dividends Received	€ 0,00	€ 0,00	€ 0,00	€ 0,00
Number of Trades	6.014	3.496	2.518	94
Average Profit	€ 2.129,16	€ 2.544,52	€ 1.552,47	€ 2.939,00
Average Profit %	0,60%	0,67%	0,50%	270,73%
Average Bars Held	3,62	3,97	3,14	3.127,46
Winning Trades	3.601	1.986	1.615	70
Win Rate	59,88%	56,81%	64,14%	74,47%
Gross Profit	€ 41.109.533,53	€ 25.214.040,13	€ 15.895.493,40	€ 286.462,68
Average Profit	€ 11.416,14	€ 12.695,89	€ 9.842,41	€ 4.092,32
Average Profit %	2,95%	3,31%	2,49%	377,79%
Average Bars Held	3,39	3,95	2,71	3.084,80
Max Consecutive Winners	30	17	29	11
Losing Trades	2.413	1.510	903	24
Loss Rate	40,12%	43,19%	35,86%	25,53%
Gross Loss	-€ 28.304.775,80	-€ 16.318.399,62	-€ 11.986.376,18	-€ 10.196,64
Average Loss	-€ 11.730,12	-€ 10.806,89	-€ 13.273,95	-€ 424,86
Average Loss %	-2,90%	-2,80%	-3,07%	-41,52%
Average Bars Held	3,97	4,00	3,91	3.251,88
Max Consecutive Losses	15	15	13	3
Maximum Drawdown	-€ 1.398.100,88	-€ 1.427.920,40	-€ 1.228.747,15	-€ 118.805,42
Maximum Drawdown Date	18.05.2012	18.05.2012	13.12.2010	09.03.2009
Maximum Drawdown %	-19,06%	-31,73%	-34,32%	-47,68%
Maximum Drawdown % Date	12.10.2001	20.01.2009	27.01.2004	09.03.2009
Wealth-Lab Score	55,75	43,39	34,96	5,74
Sharpe Ratio	1,85	1,54	1,19	0,70
Profit Factor	1,45	1,55	1,33	28,09
Recovery Factor	9,16	6,23	3,18	2,33
Payoff Ratio	1,02	1,18	0,81	9,10

Abb. 96, Quelle: Quelle:Wealth-Lab

Und schon habe ich weitere 2 Prozentpunkte gewonnen. Dieses Spiel könnte ich so lange fortsetzen, bis ich alle schlechten Aktien aussortiert habe. Macht das wirklich Sinn?

Die Tatsache, dass das Modell bei Symbolen wie CELG, GE, HPQ, HAL etc. nicht so gut funktioniert, besitzt meiner Meinung nach keine statistische Aussagekraft. Denn zum einen ändert sich diese Verteilung an guten oder (vermeintlich) schlechten Aktien zu rasch, zum anderen, und hier wird es wieder spannend, sind auch die in diesem Buch schon mehrmals angesprochenen Portfolio-Tests selbst für die negative Performance einiger Symbole mitverantwortlich. Warum?

Sie wissen, dass ich meine Signale bei Market Entrys nach überkauft/überverkauft reihen muss. Dazu nutze ich einen simplen Sortiermechanismus und dieser kann für die schlechten Ergebnisse einiger Symbole verantwortlich sein. Dieser Mechanismus bewirkt, dass ich manche Trades auslassen muss, weil die Priorität an vielen Tagen innerhalb der langen Historie zu niedrig ist. Ich mache daher nie alle Trades eines Symbols, die im gesamten Zeitraum möglich wären. Zu kompliziert? Gehen wir praktisch an die Sache ran.

Lassen wir die Strategie nicht auf das ganze Portfolio, sondern auf ein einzelnes Symbol wie HPQ laufen. Das hätte die Folge, dass ich natürlich alle Trades zu diesem Symbol ausführen kann. Hier wird sich also zeigen, ob dieses Modell bei HPQ wirklich nicht greift oder ob meine Annahmen und Argumente von vorhin korrekt sind.

Backtest Performance Report | Range: 03.01.2000 to 31.12.2012 (3269 Bars)

	All Trades	Long Trades	Short Trades	Buy & Hold
Starting Capital	€ 100.000,00	€ 100.000,00	€ 100.000,00	€ 100.000,00
Ending Capital	€ 109.018,82	€ 104.369,79	€ 104.649,03	€ 22.213,06
Net Profit	€ 9.018,81	€ 4.369,78	€ 4.649,03	-€ 77.786,94
Net Profit %	9,02%	4,37%	4,65%	-77,79%
Annualized Gain %	0,67%	0,33%	0,35%	-10,93%
Exposure	3,17%	2,41%	0,84%	105,80%
Total Commission	-€ 1.589,69	-€ 1.064,72	-€ 524,97	-€ 8,94
Return on Cash	€ 0,00	€ 0,00	€ 0,00	€ 0,00
Margin Interest Paid	€ 0,00	€ 0,00	€ 0,00	€ 0,00
Dividends Received	€ 0,00	€ 0,00	€ 0,00	€ 0,00
Number of Trades	265	178	87	1
Average Profit	€ 34,03	€ 24,55	€ 53,44	-€ 77.786,94
Average Profit %	0,23%	0,20%	0,31%	-75,33%
Average Bars Held	3,71	3,95	3,21	3.268,00
Winning Trades	142	88	54	0
Win Rate	53,58%	49,44%	62,07%	0,00%
Gross Profit	€ 71.876,84	€ 49.652,04	€ 22.224,80	€ 0,00
Average Profit	€ 506,17	€ 564,23	€ 411,57	€ 0,00
Average Profit %	3,38%	3,78%	2,71%	0,00%
Average Bars Held	3,47	3,90	2,78	0,00
Max Consecutive Winners	8	6	12	0
Losing Trades	123	90	33	1
Loss Rate	46,42%	50,56%	37,93%	100,00%
Gross Loss	-€ 62.858,02	-€ 45.282,25	-€ 17.575,77	-€ 77.786,94
Average Loss	-€ 511,04	-€ 503,14	-€ 532,60	-€ 77.786,94
Average Loss %	-3,39%	-3,31%	-3,61%	-75,33%
Average Bars Held	3,98	4,00	3,91	3.268,00
Max Consecutive Losses	6	6	5	1
Maximum Drawdown	-€ 17.163,09	-€ 14.962,05	-€ 7.825,90	-€ 119.509,92
Maximum Drawdown Date	31.07.2007	11.04.2003	19.07.2007	09.10.2002
Maximum Drawdown %	-15,03%	-13,57%	-7,20%	-87,75%
Maximum Drawdown % Date	31.07.2007	11.04.2003	19.07.2007	09.10.2002
Wealth-Lab Score	17,89	11,84	38,57	-19,40
Sharpe Ratio	0,23	0,14	0,27	-0,11
Profit Factor	1,14	1,10	1,26	0,00
Recovery Factor	0,53	0,29	0,59	0,00
Payoff Ratio	1,00	1,14	0,75	0,00

Abb. 97, Quelle: Quelle:Wealth-Lab

In den 13 Jahren hätten wir die Aktie von HPQ 265 Mal gehandelt. Vorhin im Portfolio-Test waren es nur 63 Trades. 202 Trades wurden also versäumt, weil die Signalpriorität nicht hoch genug war und oder weil ich vielleicht gerade zu jenem Zeitpunkt, wo ein HPQ-Trade angestanden wäre, kein Geld auf dem Konto hatte, weil es anderweitig investiert war. Der Portfolio-Test tut dieser

Aktie also unrecht. Bei HPQ als Ganzes gesehen würde das Modell sehr wohl greifen. Der Beweis wurde hier erbracht.

Versuchen wir noch ein anderes x-beliebiges Symbol. Welche Performance erreicht das Modell auf dem Symbol CELG?

Backtest Performance Report | Range: 03.01.2000 to 31.12.2012 (3263 Bars)

	All Trades	Long Trades	Short Trades	Buy & Hold
Starting Capital	€ 100.000,00	€ 100.000,00	€ 100.000,00	€ 100.000,00
Ending Capital	€ 139.209,09	€ 121.545,99	€ 117.663,10	€ 1.457.007,14
Net Profit	€ 39.209,09	€ 21.545,99	€ 17.663,10	€ 1.357.007,14
Net Profit %	39,21%	21,55%	17,66%	1.357,01%
Annualized Gain %	2,58%	1,51%	1,26%	22,90%
Exposure	3,41%	2,56%	1,22%	100,54%
Total Commission	-€ 3.960,17	-€ 2.586,76	-€ 1.373,41	€ 93,07
Return on Cash	€ 0,00	€ 0,00	€ 0,00	€ 0,00
Margin Interest Paid	€ 0,00	€ 0,00	€ 0,00	€ 0,00
Dividends Received	€ 0,00	€ 0,00	€ 0,00	€ 0,00
Number of Trades	306	187	119	1
Average Profit	€ 128,13	€ 115,22	€ 148,43	€ 1.357.007,14
Average Profit %	0,79%	0,73%	0,89%	1.310,61%
Average Bars Held	3,64	3,95	3,17	3.262,00
Winning Trades	178	97	81	1
Win Rate	58,17%	51,87%	68,07%	100,00%
Gross Profit	€ 134.988,20	€ 87.148,98	€ 47.839,23	€ 1.357.007,14
Average Profit	€ 758,36	€ 898,44	€ 590,61	€ 1.357.007,14
Average Profit %	4,62%	5,52%	3,54%	1.310,61%
Average Bars Held	3,40	3,90	2,80	3.262,00
Max Consecutive Winners	9	7	14	1
Losing Trades	128	90	38	0
Loss Rate	41,83%	48,13%	31,93%	0,00%
Gross Loss	-€ 95.779,11	-€ 65.602,99	-€ 30.176,13	€ 0,00
Average Loss	-€ 748,27	-€ 728,92	-€ 794,11	€ 0,00
Average Loss %	-4,53%	-4,44%	-4,75%	0,00%
Average Bars Held	3,98	4,00	3,95	0,00
Max Consecutive Losses	5	5	4	0
Maximum Drawdown	-€ 9.274,20	-€ 12.893,18	-€ 6.294,62	-€ 725.946,00
Maximum Drawdown Date	26.04.2001	26.04.2001	02.08.2000	20.04.2009
Maximum Drawdown %	-8,41%	-11,98%	-6,04%	-85,51%
Maximum Drawdown % Date	26.04.2001	26.04.2001	02.08.2000	10.07.2002
Wealth-Lab Score	69,21	52,12	96,89	3,30
Sharpe Ratio	0,67	0,44	0,47	0,58
Profit Factor	1,41	1,33	1,59	+unendlich
Recovery Factor	4,23	1,67	2,81	1,87
Payoff Ratio	1,02	1,24	0,75	0,00

Abb. 98, Quelle: Quelle:Wealth-Lab

Hier beim Einzelsymbol-Test wird ein Gewinn von 2,58 Prozent im Jahr ausgewiesen und es wurden 306 Trades ausgeführt. Im Portfolio-Test oben waren es nur 97 Trades und die Ergebnisse waren negativ. Aber selbstverständlich sind auch Symbole im Portfolio dabei, wo das System wirklich nicht greift. Sehen Sie zum Beispiel die Solo-Performance von GE.

Backtest Performance Report | Range: 03.01.2000 to 31.12.2012 (3269 Bars)

	All Trades	Long Trades	Short Trades	Buy & Hold
Starting Capital	€ 100.000,00	€ 100.000,00	€ 100.000,00	€ 100.000,00
Ending Capital	€ 98.869,13	€ 102.822,78	€ 96.046,35	€ 40.993,50
Net Profit	-€ 1.130,87	€ 2.822,78	-€ 3.953,65	-€ 59.006,50
Net Profit %	-1,13%	2,82%	-3,95%	-59,01%
Annualized Gain %	-0,09%	0,21%	-0,31%	-6,63%
Exposure	2,60%	1,84%	0,76%	105,09%
Total Commission	-€ 1.401,40	-€ 880,66	-€ 520,74	-€ 10,50
Return on Cash	€ 0,00	€ 0,00	€ 0,00	€ 0,00
Margin Interest Paid	€ 0,00	€ 0,00	€ 0,00	€ 0,00
Dividends Received	€ 0,00	€ 0,00	€ 0,00	€ 0,00
Number of Trades	219	143	76	1
Average Profit	-€ 5,16	€ 19,74	-€ 52,02	-€ 59.006,50
Average Profit %	-0,01%	0,16%	-0,35%	-57,25%
Average Bars Held	3,74	4,00	3,26	3.268,00
Winning Trades	128	79	49	0
Win Rate	58,45%	55,24%	64,47%	0,00%
Gross Profit	€ 52.791,99	€ 36.806,72	€ 15.985,27	€ 0,00
Average Profit	€ 412,44	€ 465,91	€ 326,23	€ 0,00
Average Profit %	2,85%	3,21%	2,27%	0,00%
Average Bars Held	3,58	4,00	2,90	0,00
Max Consecutive Winners	10	6	6	0
Losing Trades	91	64	27	1
Loss Rate	41,55%	44,76%	35,53%	100,00%
Gross Loss	-€ 53.922,86	-€ 33.983,94	-€ 19.938,92	-€ 59.006,50
Average Loss	-€ 592,56	-€ 531,00	-€ 738,48	-€ 59.006,50
Average Loss %	-4,05%	-3,59%	-5,12%	-57,25%
Average Bars Held	3,98	4,00	3,93	3.268,00
Max Consecutive Losses	7	7	3	1
Maximum Drawdown	-€ 16.781,74	-€ 12.211,43	-€ 8.320,90	-€ 112.014,00
Maximum Drawdown Date	18.03.2009	02.03.2009	18.03.2010	05.03.2009
Maximum Drawdown %	-15,08%	-11,12%	-8,10%	-91,13%
Maximum Drawdown % Date	18.03.2009	02.03.2009	18.03.2010	05.03.2009
Wealth-Lab Score	-3,87	10,34	-43,94	-12,06
Sharpe Ratio	-0,02	0,14	-0,15	-0,06
Profit Factor	0,98	1,08	0,80	0,00
Recovery Factor	0,00	0,23	0,00	0,00
Payoff Ratio	0,70	0,89	0,44	0,00

Abb. 99, Quelle: Wealth-Lab

Hier wäre der Gewinn mit –0,09 Prozent tatsächlich negativ. Trotzdem denke ich, dass man keineswegs aus Performance-Gründen eine Aktie aus einem Portfolio ausschließen sollte. Denn die Ergebnisse ändern sich vielfach sehr schnell und ein Symbol, das gestern noch negativ war, kann in zwei Wochen mit zwei guten Trades positiv werden.

Toms Trading-Insider-Tipp

Natürlich muss ich nicht alle Werte eines vorgegebenen Portfolios (zum Beispiel S&P 500 etc.) übernehmen, wenn es fundierte Gründe dafür gibt. Ursachen könnten eine zu geringe Notierung der Aktie, gewichtige fundamentale News oder Gerüchte (Übernahmen etc.) oder eine zu kurze Kurshistorie sein. Prominentes Beispiel dazu ist Facebook (Ticker: FB). In manchen meiner Portfolios wäre Facebook enthalten, doch das Unternehmen notiert erst seit Mai 2012 an der Börse. Für meinen Geschmack ist das eine zu kurze Historie. Daher trade ich das Symbol FB derzeit nicht. Aber natürlich ist diese Selektion nicht quantifizierbar und sollte daher mit Vorsicht betrieben werden.

Wie man sich aus technischer Sicht Portfolios zusammenstellt, ist schnell erklärt. Auf www.finviz.com finden Sie einen kostenlosen Stock Screener. Dort können Sie Aktienkörbe nach gewissen Kriterien zusammenstellen, exportieren und in eine Backtesting-Software importieren. Nach welchen Kriterien Sie dabei vorgehen, bleibt Ihnen überlassen. Wichtig ist, dass Sie wissen, was Sie nicht tun sollen: nämlich zu viel Handarbeit einfließen lassen oder, wie es der Profi sagt, Curve Fitting in Sachen Portfolio-Selektion betreiben.

Zur aktuellen Entwicklung (Tag 32)

Die Fed hat gesprochen und die Märkte sind gefallen. Ganz schön sogar. Leider, denn mehrheitlich war ich in Long-Trades engagiert. Somit sind nicht nur alle Gewinne des Monats mit einem Schlag ausradiert, sondern ich rutsche sogar in den Verlustbereich. Wieder gilt das Statement: So schnell kann es gehen. Diesmal bin ich auf dem falschen Fuß erwischt worden. Ich habe mir aber nichts vorzuwerfen, denn ich habe mein System nach Plan ausgeführt. Die Verluste werden verbucht und morgen ist ein neuer Tag.

Dementsprechend reduziert hat sich auch der Kontostand. Wir halten aktuell bei 68.914 Euro. Das macht für den aktuellen Monat ein Minus von 0,96 Prozent.

INTERACTIVE BROKERS

Konto Informationen

Netto Vermögenswert (NAV) in der Basiswährung

	Total
Cash	29,533.11
Cash Sicherheit	968.73
Aktien	39,387.19
Verliehene Securities	-968.73
Verzinsung	-6.18
Total	**68,914.12**

Netto Vermögenswert (NAV) in Zeitserien

Mark-to-Market Performance Übersicht in der Basiswährung

Realisierte & Unrealisierte Performance Übersicht in der Basiswährung

Cash Bericht

Abb. 100, Quelle: Interactive Brokers (IB)

Woche 6 – Tag 33

Derzeit überschlagen sich die Ereignisse an den Märkten förmlich Für die weitere Berichterstattung müssen Sie sich aber trotzdem etwas gedulden, denn es gibt noch einige wichtige Themen, über die wir sprechen wollen. Zum einen wären da einige Bestandteile meiner Ein- und Ausstiegsregeln zu nennen, die der Trader im Fachjargon besser unter Indikatoren kennt.

Die Frage, ob Indikatoren für das Trading etwas taugen oder nicht, wird immer wieder gestellt. Tatsache ist, und das ist ja schon bekannt, dass ich grundsätzlich kein großer Anhänger vieler Indikatoren bin. Und das hat einen einfachen Grund: Die meisten davon funktionieren nicht oder nicht gut genug. Doch es gibt Ausnahmen, die es durchaus ratsam machen, sich auch mit diesem Thema zu beschäftigen.

Zuerst möchte ich mich dem Begriff selbst zuwenden. Das Wort Indikator oder indicator bedeutet nichts anderes als Zeiger oder anzeigen. Im Zusammenhang mit Trading und technischer Analyse bedeutet es, dass ich mir einen Wert anhand des Preises oder des Volumens eines Underlyings (Aktie, Future etc.) durch einen Indikator anzeigen oder ausgeben lassen kann. So weit, so gut.

Um nun eine quantifizierte Aussage machen zu können, ob an der Börse bestimmte Methoden funktionieren, muss ich einem Computer duplizierbare Regeln beibringen, die er in einem (Back-)Test überprüfen kann. Somit ist in vielen Fällen ein Indikator nur eine exakt definierte Ausdrucksform von etwas, das ich auch mit freiem Auge erkenne. Wenn ich zum Beispiel mittels Blick auf den Chart eine Aktie sehe, die in den letzten fünf Tagen gefallen ist, dann werden ganz sicher Indikatoren wie der RSI oder eine Stochastik etc. im überverkauften Bereich zu finden sein. (eine geringe Rückschauperiode des Indikators wird dabei vorausgesetzt).

Sogar simples Kerzenzählen (wie ich dieses Verhalten gerne nenne) kann man mit einem Indikator ausdrücken. Wenn ich als Signalgeber drei Tage mit steigenden Kursen backtesten will, um dann zum Beispiel short zu gehen, macht der Computer einen Indikator draus (»cum up value« – Wert 3). Umgekehrt würden drei Tage fallende Kurse »cum down value – Wert 3« entsprechen ...

Somit sind Indikatoren nicht immer komplizierte Rechenvorgänge, sondern sie drücken durchaus auch simples Marktverhalten aus.

Aber werden wir etwas praktischer. Interessant dabei ist, dass es bei Indikatoren – bei fast allen, auch bei denen, die nicht (besonders gut) funktionieren – gewisse Tendenzen gibt, was die Qualität der Einstellungen anbelangt. Um das zu veranschaulichen, möchte ich mit Ihnen stellvertretend über einen einfachen Indikator sprechen, den RSI.

Der RSI (»Relative-Stärke-Index«) ist ein Vertreter der sogenannten Oszillatoren, der 1978 von Welles Wilder entwickelt wurde. Dieser Indikator wird nicht direkt im Chart, sondern darüber oder darunter angezeigt. Der RSI misst, wie stark eine Aktie überkauft oder überverkauft ist, und schwankt dabei in einem Wertebereich von 0 bis 100. Je niedriger der RSI, desto stärker ist eine Aktie überverkauft. Je höher der RSI, desto stärker ist eine Aktie überkauft. Um diese Werte zu messen, bedient sich der RSI einer frei zu wählenden Rückschauperiode, indem gleitende Mittelwerte aus den Auf- und Abwärtsbewegungen gebildet werden. So viel zur Theorie.

Anmerkung

Wir sind Trader und keine Wissenschaftler. Die exakte Berechnungsformel des RSI sparen wir uns an dieser Stelle. Trotzdem ist es kein Fehler, einen Indikator genauer zu betrachten. Vor allem dann, wenn er funktioniert. In so einem Fall sollte der Trader schon wissen, was ein Indikator macht, wie er funktioniert und wie er errechnet wird.

Beim RSI kann man nun mehrere Ereignisse als Signalgeber für den Einstieg heranziehen. Dazu brauchen wir zunächst eine grafische Darstellung des Indikators, damit Sie mir besser folgen können.

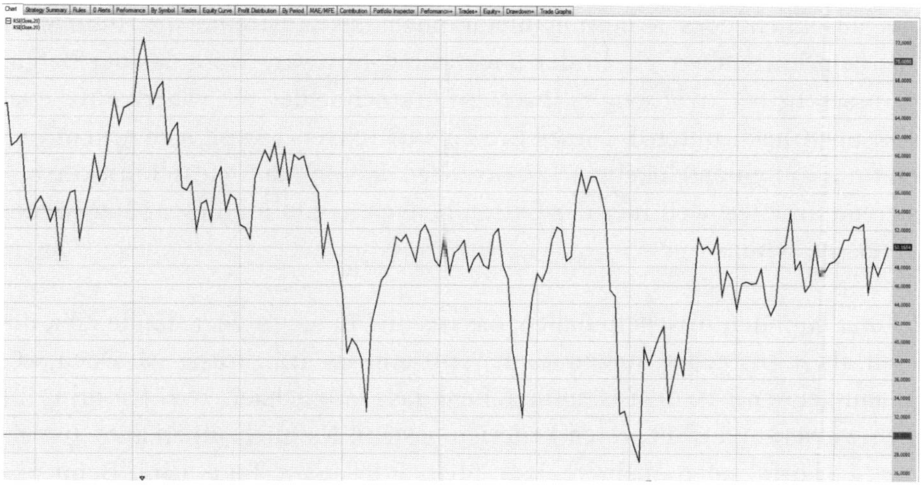

Abb. 101, Quelle: Wealth-Lab

In Abbildung 101 wurde die Rückschauperiode des RSI für Long und Short (Lookback-Periode) mit 20 Tagen gewählt, der obere Schwellenwert liegt bei 70, der untere bei 30. Der RSI selbst wird vom Close (vom Schlusskurs) berechnet. Welche Möglichkeiten gibt es nun, ein Einstiegssignal zu generieren, wenn ich diese beiden Schwellenwerte dazu benutzen will? Womit wir nun bei den sogenannten Indikatorenzuständen oder -kriterien angelangt sind.

Als erstes Kriterium ist das Eintreten (Kreuzen) des Indikators in den Extrembereich anzuführen. In der Backtesting-Software wäre das der Befehl »Crosses above overbought level« (»Kurs schneidet das Überkauft-Level von unten nach oben«). Dieses Ereignis (Kreuzen) kann sich immer nur auf einen einzelnen Tag beziehen, wenn man tagesschlusskursbasierend arbeitet.

> **Anmerkung**
>
> Bleiben wir aus Anschauungsgründen beim oberen Extrembereich, bei dessen Erreichen ein Swingtrader short geht.

Als zweites Kriterium ist das Sich-Aufhalten des Indikators im Extrembereich zu nennen. In der Backtesting-Software wäre das der Befehl »is overbought« (»Kurs ist überkauft«). Dieses Ereignis kann sich auf einen oder auf mehrere Tage beziehen. Natürlich folgt das Sich-Aufhalten (Kriterium 2) unmittelbar dem Eintreten (Kriterium 1). Trotzdem ist es ein Unterschied, wie wir uns später praktisch ansehen werden.

Als abschließendes Kriterium bleibt noch das Austreten des Indikators aus dem Extrembereich. In der Backtesting-Software wäre das der Befehl »Crosses below overbought level« (»Kurs schneidet das Überkauft-Level von oben nach unten«). Dieses Ereignis (»Kreuzen«) kann sich erneut immer nur auf einen einzelnen Tag beziehen, wenn man tagesschlusskursbasierend arbeitet, weil hier der Extrembereich genau an diesem Tag wieder verlassen wird.

Es mag nun den Anschein haben, dass es drei Indikatorenzustände gibt, die man als Signalgeber nutzen kann (Tritt ein, ist drin, tritt aus). Doch wer genau gelesen hat, dem ist aufgefallen, dass Möglichkeit zwei (ist drin) für sich wiederum aus mehreren Kriterien besteht. Nämlich »überkauft« (ist einen Tag drin) oder »mehrere Tage überkauft« (ist x Tage drin). Denn natürlich macht es einen Unterschied, ob sich der RSI nur einen Tag im Extrembereich aufhält oder zum Beispiel drei Tage. Unter anderem wird die Exposure zurückgehen, wenn ich statt einem zwei oder drei Tage als Signalgeber wähle.

Anmerkung

Es gibt noch weitere Indikatorenzustände, die hier keine Beachtung finden sollen, weil sie meiner Erfahrung nach praktisch keine Relevanz besitzen.

Nachdem wir nun wissen, welche Zustände oder Kriterien viele Indikatoren (der RSI war nur ein stellvertretendes Beispiel) annehmen können, schauen wir, was praktisch passiert, wenn der RSI sich dem oberen Extrembereich nähert und ich in Kürze short gehen will. So erkennen wir die Relevanz dieser Indikatorenzustände für die Trading-Praxis.

Nehmen wir an, der Kurs einer Aktie steigt. Der RSI läuft im Gleichklang nach oben und hat gestern den Extrembereich von unten nach oben geschnitten. Mein Signalgeber, der auf »Crosses above« (kreuzt von unten nach oben) eingestellt ist, schlägt heute an und ich könnte den Trade machen. So wie es in der Praxis aber dann oft der Fall ist, habe ich just an diesem Tag kein Geld für den Trade, weil ich gerade voll investiert bin. Ich kann daher das Signal nicht umsetzen. Am nächsten Tag fällt der Kurs der Aktie, der RSI verlässt den Extrembereich. Der Signalgeber schlägt nicht an, weil das Kriterium nicht mehr erfüllt ist. Ich habe den Trade somit nicht gemacht.

Anderes Szenario – ich verwende wieder »Crosses above«: Der Kurs einer Aktie steigt. Ebenso steigt der RSI und schneidet den Extrembereich von unten nach oben. Erneut habe ich für diesen Trade kein Kapital, weil es anderweitig investiert ist. Bis hierher hatten wir es schon. Nun steigt die Aktie aber am nächsten Tag weiter und der RSI befindet sich noch immer im Extrembereich. Zufällig habe ich heute wieder Geld, weil am Vortag zwei Trades beendet wurden. Doch der Signalgeber schlägt nicht mehr an, weil das Kreuzen ja schon am Vortag geschehen ist und das »Sich-darin-Aufhalten« (is overbought = ist überkauft) eben nicht als Kriterium gewählt wurde. Ob ich nun Geld übrig habe oder nicht, ist nicht relevant, der Trade wurde in jedem Fall erneut versäumt.

Verwenden wir nun gleiche Szenarios mit der Einstellung »is overbought« (ist überkauft) und schauen wir nun, ob sich bei beiden Möglichkeiten der Kursentwicklung etwas ändert und ob ich dadurch einen Trade absetzen kann.

Der Kurs einer Aktie steigt. Der RSI wird im Gleichklang nach oben laufen und den Extrembereich von unten nach oben schneiden. Mein Signalgeber (der nun anders – »is overbought« – eingestellt ist) schlägt heute an, weil mit dem Kreuzen am selben Tag auch der Überkauft-Zustand verbunden ist. Ich könnte den Trade also machen. Doch wieder habe ich an diesem Tag kein Geld für diesen Trade, weil ich gerade voll investiert bin. Ich kann daher das Signal nicht umsetzen. Am nächsten Tag fällt der Kurs der Aktie, der RSI verlässt den Extrembereich. Der Signalgeber schlägt nicht an, weil das Kriterium (is overbought) nicht mehr erfüllt ist. Ich habe den Trade somit wieder nicht gemacht. So weit also keine Unterschiede.

Versuchen wir es nochmals – wieder mit »is overbought«: Der Kurs einer Aktie steigt. Ebenso steigt der RSI und schneidet den Extrembereich von unten nach oben. Und wieder habe ich für diesen Trade kein Kapital, weil es anderweitig investiert ist. Nun steigt die Aktie aber am nächsten Tag weiter und der RSI befindet sich noch immer im Extrembereich. Der Signalgeber (»is overbought«) schlägt erneut an, weil der RSI noch immer im Extrembereich ist. Zufällig habe ich heute wieder Geld, weil am Vortag zwei Trades beendet wurden. Ich kann somit shorten, weil die Aktie noch immer überkauft ist. Endlich: Der Trade kann realisiert werden!

Auch wenn es danach aussieht, als ob ich es hier mit den Indikatorenzuständen auf die Spitze treibe und die Nadel im Heuhaufen suche, hat dieses Verhalten praktisch große Bedeutung für Handelsmodelle. Langer Rede kurzer Sinn: Durch die Tatsache, dass ich nicht auf das Kreuzen des Extrembereichs abziele, sondern lediglich auf das Sich-darin-Aufhalten, erhöhe ich meine Trading-Frequenz und somit meine Exposure. Nun wissen wir schon von den vorangegangenen Ausführungen, dass es immer gut ist, wenn mein Kapital (sinnvoll) im Markt ist und arbeiten kann. Wie verhält es sich also hier: Ist es bei den Indikatorenzuständen auch so?

Nehmen wir dazu ein simples Long-only-Handelssystem, das wir mit der Backtesting-Software im Zeitraum von 2000 bis 2012 überprüfen. Als alleiniges Einstiegskriterium dient der RSI. Dabei wenden wir den aus der Fachliteratur bekannten Wert von 30 als untere Schwelle für den Extremwert an. Die Rückschauperiode wird mit zehn Tagen festgemacht. Dabei handeln wir erneut die 30 Aktien aus dem Dow Jones und verteilen unser Geld auf bis zu maximal zehn Trades. Als Ausstiegskriterium verwenden wir einen simplen Zeitausstieg nach fünf Tagen zum Börsenschluss (Close).

Zunächst stellen wir unseren Einstieg auf das Kreuzen des Extrembereichs ab. Sehen Sie dazu nachfolgend den Baukasten der Backtesting-Software mit den entsprechenden Einstellungen.

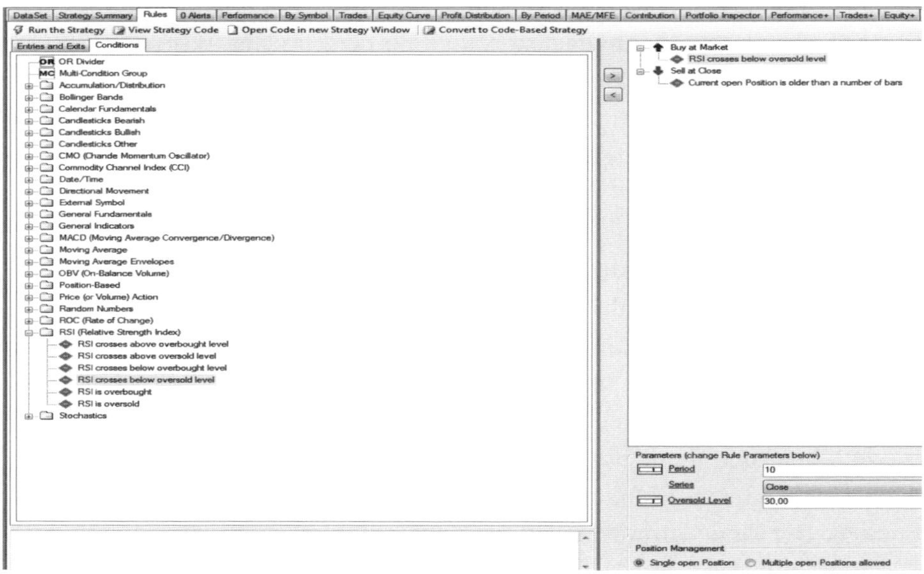

Abb. 102, Quelle: Wealth-Lab

Das Ergebnis dieses Tests sehen Sie in der nun folgenden Abbildung

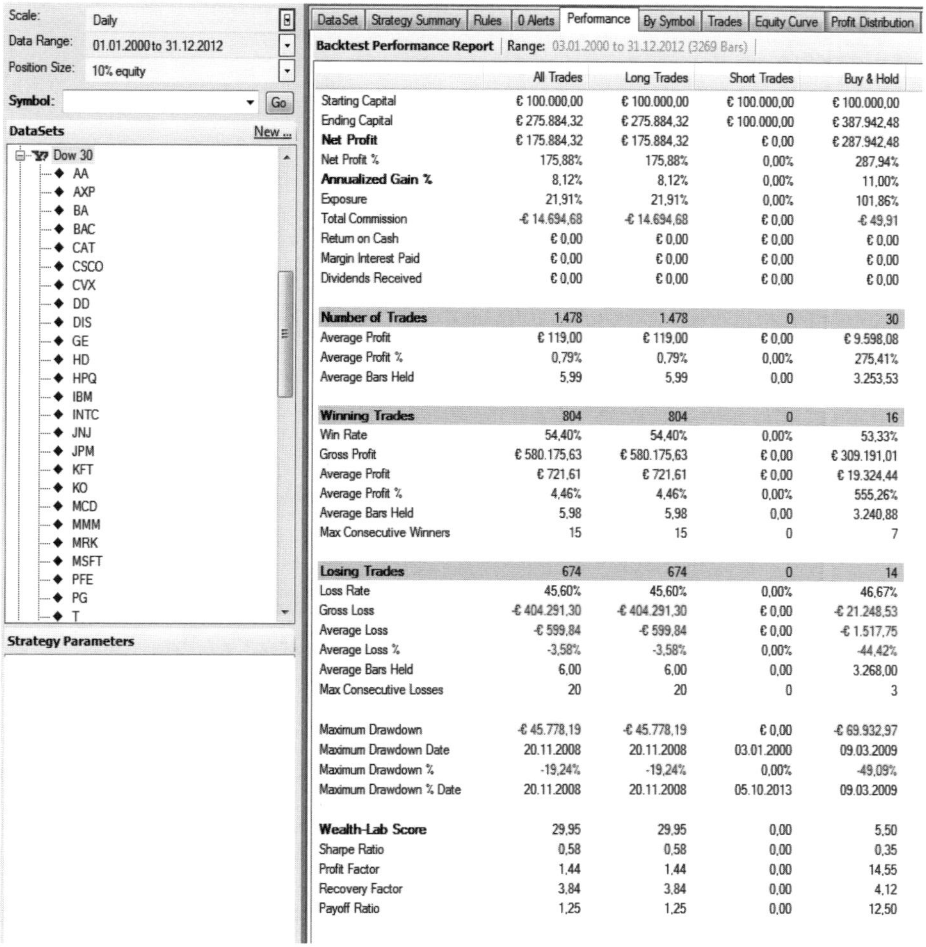

	All Trades	Long Trades	Short Trades	Buy & Hold
Starting Capital	€ 100.000,00	€ 100.000,00	€ 100.000,00	€ 100.000,00
Ending Capital	€ 275.884,32	€ 275.884,32	€ 100.000,00	€ 387.942,48
Net Profit	€ 175.884,32	€ 175.884,32	€ 0,00	€ 287.942,48
Net Profit %	175,88%	175,88%	0,00%	287,94%
Annualized Gain %	8,12%	8,12%	0,00%	11,00%
Exposure	21,91%	21,91%	0,00%	101,86%
Total Commission	-€ 14.694,68	-€ 14.694,68	€ 0,00	-€ 49,91
Return on Cash	€ 0,00	€ 0,00	€ 0,00	€ 0,00
Margin Interest Paid	€ 0,00	€ 0,00	€ 0,00	€ 0,00
Dividends Received	€ 0,00	€ 0,00	€ 0,00	€ 0,00
Number of Trades	1.478	1.478	0	30
Average Profit	€ 119,00	€ 119,00	€ 0,00	€ 9.598,08
Average Profit %	0,79%	0,79%	0,00%	275,41%
Average Bars Held	5,99	5,99	0,00	3.253,53
Winning Trades	804	804	0	16
Win Rate	54,40%	54,40%	0,00%	53,33%
Gross Profit	€ 580.175,63	€ 580.175,63	€ 0,00	€ 309.191,01
Average Profit	€ 721,61	€ 721,61	€ 0,00	€ 19.324,44
Average Profit %	4,46%	4,46%	0,00%	555,26%
Average Bars Held	5,98	5,98	0,00	3.240,88
Max Consecutive Winners	15	15	0	7
Losing Trades	674	674	0	14
Loss Rate	45,60%	45,60%	0,00%	46,67%
Gross Loss	-€ 404.291,30	-€ 404.291,30	€ 0,00	-€ 21.248,53
Average Loss	-€ 599,84	-€ 599,84	€ 0,00	-€ 1.517,75
Average Loss %	-3,58%	-3,58%	0,00%	-44,42%
Average Bars Held	6,00	6,00	0,00	3.268,00
Max Consecutive Losses	20	20	0	3
Maximum Drawdown	-€ 45.778,19	-€ 45.778,19	€ 0,00	-€ 69.932,97
Maximum Drawdown Date	20.11.2008	20.11.2008	03.01.2000	09.03.2009
Maximum Drawdown %	-19,24%	-19,24%	0,00%	-49,09%
Maximum Drawdown % Date	20.11.2008	20.11.2008	05.10.2013	09.03.2009
Wealth-Lab Score	29,95	29,95	0,00	5,50
Sharpe Ratio	0,58	0,58	0,00	0,35
Profit Factor	1,44	1,44	0,00	14,55
Recovery Factor	3,84	3,84	0,00	4,12
Payoff Ratio	1,25	1,25	0,00	12,50

Abb. 103, Quelle: Wealth-Lab

Der durchschnittliche Jahresgewinn liegt bei 8,12 Prozent und die Exposure bei 21,91 Prozent.

Was passiert nun, wenn ich den Einstieg nicht auf das Kreuzen abstelle, sondern einfach darauf, ob die Aktie überverkauft ist? Zunächst sehen Sie die geänderte Einstiegsbedingung (»is oversold«). Alle weiteren Parameter sowie der Zeitausstieg bleiben gleich.

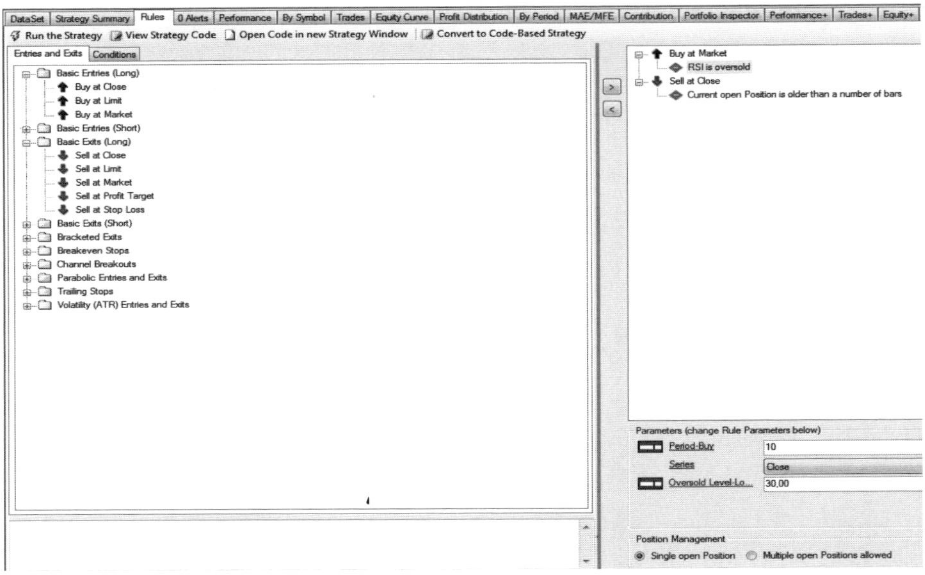

Abb. 104, Quelle: Wealth-Lab

Und siehe da: Die Performance steigt auf 10,82 Prozent. Im Gleichklang erhöht sich auch die Exposure um 2 Prozentpunkte auf 23,77 Prozent.

Toms Trading-Insider-Tipp

Wir haben uns bisher nur mit Indikatoren als Signalgeber für den Einstieg beschäftigt. Genauso gut könnte man einen Indikator aber auch für den Ausstieg benutzen, indem man zum Beispiel einen Trade beendet, wenn der entgegengesetzte Extrembereich erreicht wird und die Aktie somit überverkauft ist.

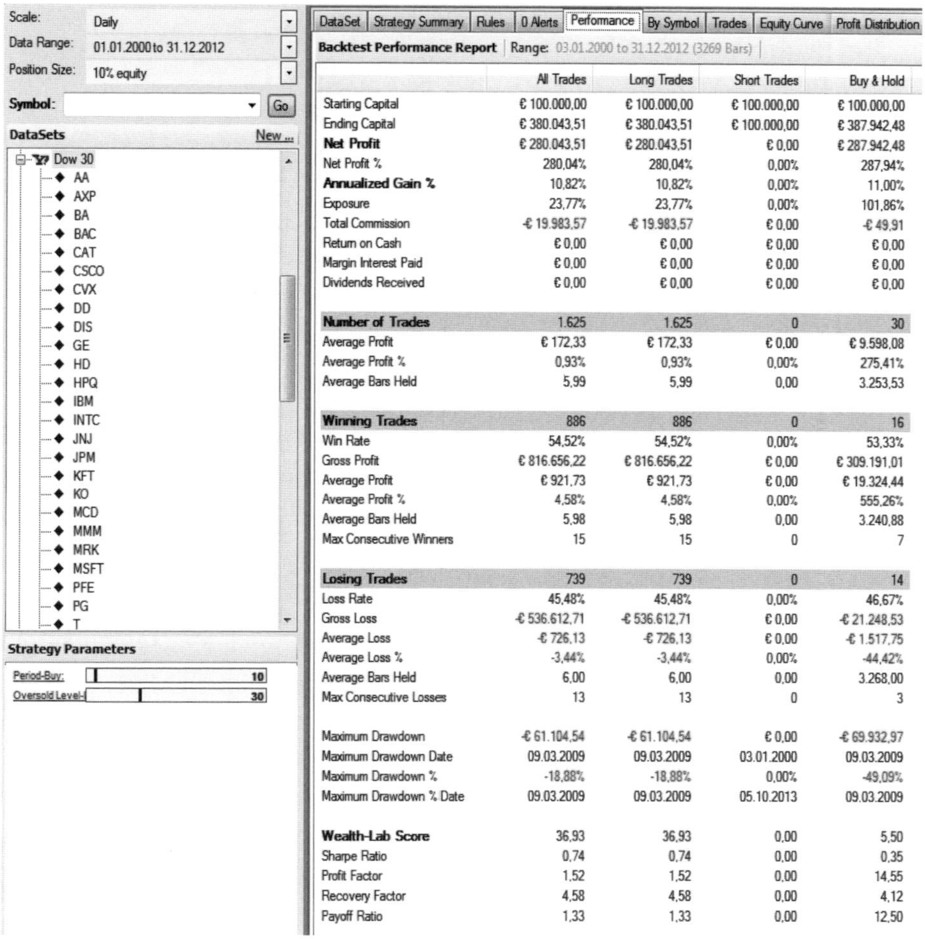

	All Trades	Long Trades	Short Trades	Buy & Hold
Starting Capital	€ 100.000,00	€ 100.000,00	€ 100.000,00	€ 100.000,00
Ending Capital	€ 380.043,51	€ 380.043,51	€ 100.000,00	€ 387.942,48
Net Profit	€ 280.043,51	€ 280.043,51	€ 0,00	€ 287.942,48
Net Profit %	280,04%	280,04%	0,00%	287,94%
Annualized Gain %	10,82%	10,82%	0,00%	11,00%
Exposure	23,77%	23,77%	0,00%	101,86%
Total Commission	-€ 19.983,57	-€ 19.983,57	€ 0,00	-€ 49,91
Return on Cash	€ 0,00	€ 0,00	€ 0,00	€ 0,00
Margin Interest Paid	€ 0,00	€ 0,00	€ 0,00	€ 0,00
Dividends Received	€ 0,00	€ 0,00	€ 0,00	€ 0,00
Number of Trades	1.625	1.625	0	30
Average Profit	€ 172,33	€ 172,33	€ 0,00	€ 9.598,08
Average Profit %	0,93%	0,93%	0,00%	275,41%
Average Bars Held	5,99	5,99	0,00	3.253,53
Winning Trades	886	886	0	16
Win Rate	54,52%	54,52%	0,00%	53,33%
Gross Profit	€ 816.656,22	€ 816.656,22	€ 0,00	€ 309.191,01
Average Profit	€ 921,73	€ 921,73	€ 0,00	€ 19.324,44
Average Profit %	4,58%	4,58%	0,00%	555,26%
Average Bars Held	5,98	5,98	0,00	3.240,88
Max Consecutive Winners	15	15	0	7
Losing Trades	739	739	0	14
Loss Rate	45,48%	45,48%	0,00%	46,67%
Gross Loss	-€ 536.612,71	-€ 536.612,71	€ 0,00	-€ 21.248,53
Average Loss	-€ 726,13	-€ 726,13	€ 0,00	-€ 1.517,75
Average Loss %	-3,44%	-3,44%	0,00%	-44,42%
Average Bars Held	6,00	6,00	0,00	3.268,00
Max Consecutive Losses	13	13	0	3
Maximum Drawdown	-€ 61.104,54	-€ 61.104,54	€ 0,00	-€ 69.932,97
Maximum Drawdown Date	09.03.2009	09.03.2009	03.01.2000	09.03.2009
Maximum Drawdown %	-18,88%	-18,88%	0,00%	-49,09%
Maximum Drawdown % Date	09.03.2009	09.03.2009	05.10.2013	09.03.2009
Wealth-Lab Score	36,93	36,93	0,00	5,50
Sharpe Ratio	0,74	0,74	0,00	0,35
Profit Factor	1,52	1,52	0,00	14,55
Recovery Factor	4,58	4,58	0,00	4,12
Payoff Ratio	1,33	1,33	0,00	12,50

Abb. 105, Quelle: Wealth-Lab

Es ist also nicht das Kreuzen (egal ob von oben nach unten oder umgekehrt), sondern der simple Zustand »is oversold« oder »is overbougt« (»ist überverkauft« oder »ist überkauft«), der etwas bessere Ergebnisse bringt. Auch wenn die Unterschiede nicht dramatisch sind, ist eine klare Tendenz durch fast alle Indikatoren, die ich getestet habe, erkennbar. Auch andere Trader bestätigen das und so arbeiten viele gute Swingtrading-Ansätze mit diesem Indikatorenzustand (»is overbought« oder »is oversold«) und verzichten auf die Abfrage des Kreuzens.

Toms Trading-Insider-Tipp

Auch hier gilt das, was in diesem Buch schon oft gesagt wurde. In der Praxis steckt bei solchen Tests viel mehr dahinter. Der ernsthafte Entwickler testet und optimiert wochenlang, bis er so eine Aussage tätigen kann. Wir halten in diesem Buch aber den Ball flach, weil der interessierte Leser, der es ernst meint, solche Tests ohnehin eigenständig ausführen wird.

Anmerkung

Wir haben eben nur das Kreuzen des Indikators in den Extrembereich hinein getestet, jedoch das Kreuzen aus dem Extrembereich heraus (also das Verlassen) nicht untersucht. Aus meinen Andeutungen oben konnten Sie jedoch herauslesen, dass auch diese Variante keine besseren Ergebnisse bringt als die einfachen Zustände »überkauft« oder »überverkauft.« Doch Sie wissen, dass Sie mir (und niemandem) alles glauben sollen. Bitte prüfen Sie daher auch dieses Indikatorenkriterium selbst.

Die genauen Ursachen für diese doch häufig gleiche Tendenz liegen vermutlich an der höheren Exposure. Das bestätigt zum wiederholten Male, dass wir unser Geld arbeiten lassen müssen, damit es sich vermehrt. Ein gutes System wird dabei selbstverständlich vorausgesetzt. Dass die Exposure in beiden gezeigten Modellen unter der bereits genannten Untergrenze von 35 Prozent liegt, hat aber weniger mit dem »harten« Einstiegskriterium als vielmehr mit »long only«, verbunden mit dem kleinen Aktienportfolio (Dow Jones mit nur 30 Aktien, die Short-Seite fehlt), zu tun.

Ich rate Ihnen abschließend, diese simplen Tests bei anderen Indikatoren selbst auszuführen. Mit diesem Buch bin ich letztlich auch deshalb angetreten, um Ihnen zu demonstrieren, wie leicht man zu echtem Wissen gelangen kann, wenn man sich etwas Mühe gibt. Die Überprüfung einiger simpler Indikatoren und die Überprüfung von deren Zuständen tragen wesentlich zu Ihrem Vorhaben bei, ein erfolgreicher Trader zu werden. Sie müssen lediglich ein wenig investieren. Ihre Zeit und etwas Geld für eine gute Backtesting-Software.

Zur aktuellen Entwicklung (Tag 33)

Zum Abschluss der sechsten Trading-Woche wird es noch einmal so richtig spannend. Und zwar in einem Ausmaß, das mich ehrlich gesagt selbst ein wenig überrascht. Seit zwei Tagen kennen die Börsen nur noch eine Richtung: abwärts. Das Dumme daran ist bloß, dass ich ausschließlich long bin. Somit habe ich in den letzten beiden Tagen in etwa 2500 Euro verloren, was bei einem Kontohöchststand von deutlich über 70.000 Euro einem Drawdown von mehr als 4 Prozent entspricht. Meine Bilanz in Monat 2 ist bisher also eindeutig negativ und auch einige der im ersten Monat realisierten Gewinne haben sich schon in Luft aufgelöst.

Damit Sie die Dimensionen des derzeitigen Geschehens erkennen, möchte ich Ihnen einen Screenshot aus meiner Track-Record-Software (»Trading Diary Pro«) zeigen. Sie zeigt den jeweiligen Werteverlust meines Trading-Kontos in den letzten 12 Monaten. Ganz rechts erkennen Sie den aktuellen Drawdown, der nur noch knapp unter dem Maximalwert 4,95 Prozent liegt.

Überraschend an der aktuellen Entwicklung ist vor allem die Geschwindigkeit, mit der Verluste aufgetreten sind. Fast das ganze Minus wurde in den letzten zwei Tagen angehäuft, während sich beim letzten markanten Drawdown (der breite dunkle Bereich in der Mitte des Bildes) die negative Entwicklung etwas langsamer vollzog.

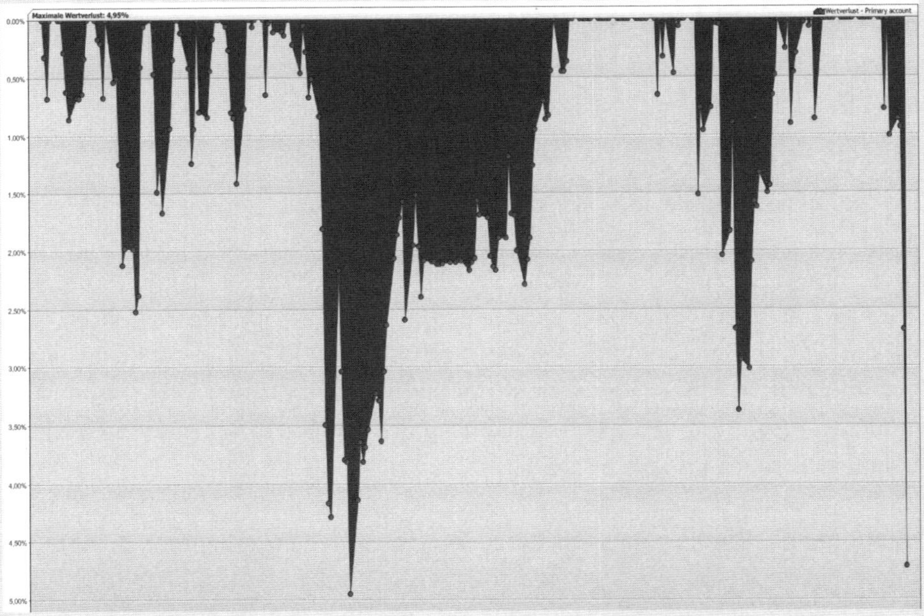

Abb. 106, Quelle: Trading Diary Pro

Wir sehen hier also einen Mini-Crash meiner Systeme. Aber da hilft kein Jammern und kein Klagen. Da muss man durch als Trader. Ich weiß, dass die Strategien sich wieder fangen. Ich kann nur nicht sagen, wann es der Fall sein wird. Jedenfalls bleibt mir für dieses Projekt noch genau eine Woche, um das Minus wieder wettzumachen, denn dann endet auch die Berichterstattung dieses Tagebuchs. Ob das gelingt, ist unmöglich vorherzusehen, denn natürlich wird durch die eindeutige Markttendenz meine Exposure auf der Long-Seite immer höher. Je stärker die Märkte fallen, desto mehr richten sich meine Modelle long aus. Das bedeutet zum einen, dass ich bei wieder steigenden Kursen überdurchschnittliche Gewinne machen werde. Umgekehrt heißt es aber auch, dass sich bei weiterhin fallenden Notierungen das Minus noch vergrößern wird. Ob dann unter dem Strich überhaupt noch ein Gewinn übrig bleibt, wird die Zukunft weisen.

Die Signalausgabe für heute ist ungewöhnlich, denn obwohl ein Modell 29, das andere 7 Signale auswirft, produziert eine Strategie erneut keine Alarme. Ich konnte das ehrlich gesagt selbst nicht glauben und habe den Code des Modells auf Herz und Nieren geprüft. Alles ist korrekt. Nach diesem Regelwerk gibt es heute einfach keine Einstiegskandidaten, obwohl fast alle Aktien in den letzten Tagen ordentlich Verluste hinnehmen mussten.

Im Detail sieht es wie folgt aus.

Alarme Strategie 1

Select All | Place Orders | Stage Orders | Monitor in Quotes Window | Help

Alert Time	Symbol	Account	Action	Qty	Order Type	Price	Scale	Signal Name
20.06.2013	PBR	PaperAccou...	Buy	1009	Market		Daily	E-LONG
20.06.2013	PBR.A	PaperAccou...	Buy	948	Market		Daily	E-LONG
20.06.2013	BIDU	PaperAccou...	Buy	152	Market		Daily	E-LONG
20.06.2013	VOD	PaperAccou...	Buy	518	Market		Daily	E-LONG
20.06.2013	TSM	PaperAccou...	Buy	815	Market		Daily	E-LONG
20.06.2013	AMX	PaperAccou...	Buy	760	Market		Daily	E-LONG
20.06.2013	MO	PaperAccou...	Buy	413	Market		Daily	E-LONG
20.06.2013	HD	PaperAccou...	Buy	192	Market		Daily	E-LONG
20.06.2013	PEP	PaperAccou...	Buy	179	Market		Daily	E-LONG
20.06.2013	SO	PaperAccou...	Buy	334	Market		Daily	E-LONG
20.06.2013	DUK	PaperAccou...	Buy	218	Market		Daily	E-LONG
20.06.2013	T	PaperAccou...	Buy	413	Market		Daily	E-LONG
20.06.2013	CMCSK	PaperAccou...	Buy	378	Market		Daily	E-LONG
20.06.2013	ABT	PaperAccou...	Buy	403	Market		Daily	E-LONG
20.06.2013	GILD	PaperAccou...	Buy	287	Market		Daily	E-LONG
20.06.2013	MDLZ	PaperAccou...	Buy	501	Market		Daily	E-LONG
20.06.2013	DOW	PaperAccou...	Buy	427	Market		Daily	E-LONG
20.06.2013	BAX	PaperAccou...	Buy	208	Market		Daily	E-LONG
20.06.2013	MDT	PaperAccou...	Buy	277	Market		Daily	E-LONG
20.06.2013	INTC	PaperAccou...	Buy	587	Market		Daily	E-LONG
20.06.2013	HAL	PaperAccou...	Buy	339	Market		Daily	E-LONG
20.06.2013	ESRX	PaperAccou...	Buy	231	Market		Daily	E-LONG
20.06.2013	UTX	PaperAccou...	Buy	153	Market		Daily	E-LONG
20.06.2013	VZ	PaperAccou...	Buy	290	Market		Daily	E-LONG
20.06.2013	TWX	PaperAccou...	Buy	252	Market		Daily	E-LONG
20.06.2013	AMGN	PaperAccou...	Buy	147	Market		Daily	E-LONG
20.06.2013	ING	PaperAccou...	Buy	1570	Market		Daily	E-LONG
20.06.2013	CNQ	PaperAccou...	Buy	497	Market		Daily	E-LONG
20.06.2013	BA	PaperAccou...	Buy	142	Market		Daily	E-LONG

Abb. 107, Quelle: Wealth-Lab

Alarme Strategie 2

Select All | Place Orders | Stage Orders | Monitor in Quotes Window | Help

Alert Time	Symbol	Account	Action	Qty	Order Type	Price	Scale
20.06.2013	PBR	PaperAccou...	Buy	1172	Market		Daily
20.06.2013	BBD	PaperAccou...	Buy	1282	Market		Daily
20.06.2013	COV	PaperAccou...	Buy	269	Market		Daily
20.06.2013	BIDU	PaperAccou...	Buy	176	Market		Daily
20.06.2013	AIG	PaperAccou...	Buy	372	Market		Daily
20.06.2013	ESRX	PaperAccou...	Buy	269	Market		Daily
20.06.2013	MDT	PaperAccou...	Buy	322	Market		Daily

Abb. 108, Quelle: Wealth-Lab

Wie gesagt bleiben für das Buch noch sechs Tage. Gleich am Montag erfahren Sie, ob ich zumindest einen Teil der Verluste wieder aufholen konnte. Der Kontostand beträgt derzeit 67.492 Euro. Das Minus im zweiten Monat hat sich dadurch auf 3,00 Prozent erhöht.

INTERACTIVE BROKERS

Konto Informationen

Netto Vermögenswert (NAV) in der Basiswährung

	Total
Cash	7,487.67
Cash Sicherheit	0.00
Aktien	60,016.43
Verliehene Securities	0.00
Verzinsung	-11.78
Total	**67,492.32**

Netto Vermögenswert (NAV) in Zeitserien

Mark-to-Market Performance Übersicht in der Basiswährung

Realisierte & Unrealisierte Performance Übersicht in der Basiswährung

Cash Bericht

Abb. 109, Quelle: Interactive Brokers (IB)

Woche 7 – Tag 34

Der Monat 2 und dieses Tagebuchprojekt gehen in die letzte Handelswoche. Obwohl es noch spannend werden könnte, wie die Sache letztlich ausgeht, ist die kurzfristige Performance genau genommen von geringer Bedeutung. Kommen wir daher zunächst zu etwas, das Sie in diesem Buch vielleicht bisher vermisst haben. Frage: Was finden Sie mit Sicherheit in 99 Prozent aller Trading-Bücher? Richtig: Charts! Grafische Darstellungen der Kursverläufe sind in der Trading-Literatur das Nonplusultra. Aber nicht nur in Fachzeitschriften sieht man Charts, sondern auch in den Wirtschaftsnachrichten und in den Printmedien. Ohne sie geht gar nichts, denn wir wollen ja schließlich sehen, wo die Kurse gerade stehen. Aber hilft uns das?

Früher, als Computer noch nicht so weit verbreitet waren wie heute, gab es solche Abbildungen kaum. Wollte man Charts sehen, musste man sie von Hand zeichnen, indem man die Schlusskurse in ein Diagramm eintrug und mit einer Linie verband. Es war der Amerikaner Charles Dow, der ab dem Jahr 1884 die technische Analyse begründete und die ersten Chartanalysen durchführte. Und dieser Siegeszug setzte sich fort, vor allem seit in jedem Haushalt mindestens ein PC steht, der diese Berechnungen übernimmt. Somit hat heute jeder, der sich mit der Börse beschäftigt, schon einen Chart gesehen. Jeder! Und jeder Trader sowieso.

Wie so oft muss man sich aber die pragmatische Frage stellen, ob ein Chart wirklich hilft. Ich will damit nicht sagen, dass ich gegen Charts bin. Im Gegenteil. Sie können praktisch sein. Trade ich diskretionär, werde ich ohne wohl nur schwer durchkommen. Sicher könnte ich meine Entscheidungen auch anders ableiten und beispielsweise mit Kurslisten arbeiten, aber in der Praxis ist ein Bild, auf das man draufschauen kann, einfach bequemer. Trotzdem möchte ich auch ein wenig Kritik üben, denn nicht umsonst habe ich das Wort »Chartwatching« erfunden. Damit meine ich, dass viele Trader den Sinn dieser Schaubilder missverstehen.

Und daran sind die Broker nicht ganz unschuldig. Sieht man sich moderne Trading-Plattformen an, hat man das Gefühl, vor einer Playstation oder XBox zu sitzen. Ich möchte nicht sagen, dass das von den Anbietern absichtlich so gemacht wird. Ich stelle nur fest, dass mit diesen Tools der Eindruck erweckt wird, man spiele ein Spiel. Dass man aber mit echtem Geld handelt und unter Umständen seine Existenz gefährdet, weil man das Ganze zu spielerisch betrachtet, wird in der Hitze des Gefechtes nur allzu gern vergessen.

In jedem Fall werden Charts dann zweckentfremdet, wenn ich den ganzen Tag vor dem PC sitze und dabei einen Puls von 180 habe. Das hat nichts, aber rein gar nichts mit überlegtem, strategischem und letztlich erfolgreichem Trading zu tun. Fakt ist: Alle Trader, mit denen ich spreche, bestätigen mir, dass sie ein Beobachten eines Live-Charts nervös macht. Und diese Unruhe steigt exponentiell mit der Höhe des Engagements. Interessanterweise ist es dabei jedoch egal, ob der Kurs in die richtige Richtung (man macht Gewinne) oder in die falsche Richtung läuft (man macht Verluste). Und es stimmt: Es wirkt irgendwie beklemmend oder bedrohend, gleichzeitig aber faszinierend, wenn man zum Beispiel den 1-Minuten-Chart des S&P-500-Future betrachtet, zeitgleich long ist und die rote Kerze immer länger und länger wird, weil die Fed überraschenderweise die Zinsen erhöht hat. Das ist großes Kino und kein Filmregisseur schafft es, mit dem Einsatz von noch so vielen Hunderten von Millionen Dollar für Special Effects ähnliche Emotionen beim Zuseher auszulösen.

Ich würde gern ein Experiment durchführen. Versammeln wir 100 angehende Trader in einem Kino. Jeder muss beim Eintritt einen Futures-Kontrakt auf den S&P 500 kaufen. Und dann spielen wir statt einem Film den Live-Chart ein. In einer möglichst kleinen Zeiteinheit wie eine oder zwei Minuten. Am besten bei einem unerwarteten Zinsentscheid der US-Notenbank. Was da im Saal los sein wird, würde ich gerne filmen. In jedem Fall sollten im Vorfeld am Eingang strenge Sicherheitskontrollen durchgeführt werden. Ähnlich wie beim Fliegen müssen gefährliche Gegenstände wie Taschenmesser oder Scheren etc. abgegeben werden. Sonst könnte das mit Verletzungen und einem Polizeieinsatz enden.

Zu viele Charts tun also nicht gut, aber das hat eigentlich nichts damit zu tun, dass Sie bisher keine in diesem Buch fanden. Bei quantitativen Ansätzen, also dann, wenn ich mit Fakten (Backtests) arbeite, haben Charts nur eine untergeordnete Bedeutung. Heute dienen sie mir in erster Linie als Ideengeber. Deswegen betrachte ich sie noch immer gerne – in Maßen. Glaube ich, ein Muster erkannt zu haben, versuche ich im Anschluss, dieses Muster zu evaluieren. Kann ich es testen? Gibt es Indikatoren oder Parametereinstellungen, die das, was ich mit freiem Auge am Chart sehe, einem Computer verständlich machen können? Und schließlich: Funktioniert es?

Wurde die Entwicklung eines neuen Trading-Modells beendet, kann ein Chart ebenso hilfreich sein, denn eine neue Strategie wird von mir nie sofort nach der Fertigstellung live geschaltet. Vielmehr arbeite ich damit einige Zeit am Demo-Konto. Und ich schaue mir die Charts von jenen Aktien an, bei denen Alarme generiert werden. Ich versuche also zu verstehen, wie die Strategie aus charttechnischer Sicht arbeitet und ob das Sinn machen kann.

Ich finde das wichtig, denn eine Kombination von Indikatoren und Filtern, die dann ein Modell ergeben, ist das eine. Zu wissen, wie die Strategie funktioniert, ist das andere. Eine visuelle Überprüfung ist für mich auch deswegen wichtig, um eventuelle Fehler im Coding aufzuspüren. Denn wenn ein Chart vor dem Entry komisch aussieht, werde ich den Code nochmals überprüfen (und den Chart). Vielleicht hat sich ja ein Fehler im Modell eingeschlichen, den man nur mit freiem Auge erkennt?

In der täglichen Ausführung bewährter computergestützer Handelsansätze sind Charts hingegen kein Thema für mich. Wozu sollte ich mir den grafischen Kursverlauf ansehen? Was könnte ich daraus ableiten oder lernen? Noch einmal möchte ich den Minus-22-Prozent-Trade in Erinnerung rufen, über den wir schon mehrmals in diesem Buch gesprochen haben. Jeder angehende Trader hätte verzweifelt auf den Chart gestarrt. Aber wozu? Auch hier habe ich den Chart keines Blickes gewürdigt, denn was hätte es gebracht? Ich kann mir auch so vorstellen, wie er ausgesehen hätte. Ein Riesen-Gap – das war's.

Bei diesem Buch war es übrigens nicht so, dass ich mir von Anfang an dachte, dass es ohne Charts auskommen würde. Doch je mehr ich schrieb und je länger ich dabei ohne Charts auskam, desto klarer wurde mir, dass diese Bilder nur von den wesentlichen Inhalten ablenken würden. Natürlich ist es ungewöhnlich, ein Trading-Buch ohne Charts zu veröffentlichen. Aber auch das ist die Realität. Meine Trading-Realität des computergestützten Börsenhandels. Charts haben dort im Tagesablauf und bei der Orderausführung nichts verloren und helfen mir auch nicht, Ihnen einige Dinge über die Funktionsweise des Marktes beizubringen. Daher werden Sie auch weiterhin in diesem Buch ohne auskommen müssen. Ich hoffe, Sie sehen mir das nach.

Zur aktuellen Entwicklung (Tag 34)

Am Freitag machte der Abstieg der Notierungen nach zwei tiefroten Tagen halt. Meine Long-Trades wurden somit stabilisiert. Doch selbst wenn der starke Kursverfall gebremst wurde, sind auch am heutigen Montag alle neuen Alarme auf der Long-Seite zu finden.

Strategie 1 wirft keinen Alarm aus. Dafür bringt Strategie 2 gleich 43 Stück (alle Long) und Strategie 3, jene, welche in den letzten Tagen überhaupt keine Trades generiert hat, spielt mit zwei Signalen endlich wieder mit. Hier erkennt man erneut sehr schön, mit welch unterschiedlicher Geschwindigkeit sich die drei Regelwerke an das Marktumfeld anpassen. Sie sehen die Signalausgabe des Tages unten dargestellt.

Signale Strategie 2

Select All | Place Orders | Stage Orders | Monitor in Quotes Window | Help

Alert Time	Symbol	Account	Action	Qty	Order Type	Price	Scale	Signal Name
21.06.2013	TSM	PaperAccou...	Buy	960	Market		Daily	E-LONG
21.06.2013	PBR	PaperAccou...	Buy	1195	Market		Daily	E-LONG
21.06.2013	PBR.A	PaperAccou...	Buy	1118	Market		Daily	E-LONG
21.06.2013	VOD	PaperAccou...	Buy	605	Market		Daily	E-LONG
21.06.2013	RDS.A	PaperAccou...	Buy	257	Market		Daily	E-LONG
21.06.2013	MT	PaperAccou...	Buy	1431	Market		Daily	E-LONG
21.06.2013	SAN	PaperAccou...	Buy	2511	Market		Daily	E-LONG
21.06.2013	NKE	PaperAccou...	Buy	272	Market		Daily	E-LONG
21.06.2013	HD	PaperAccou...	Buy	223	Market		Daily	E-LONG
21.06.2013	GILD	PaperAccou...	Buy	337	Market		Daily	E-LONG
21.06.2013	TRV	PaperAccou...	Buy	208	Market		Daily	E-LONG
21.06.2013	QCOM	PaperAccou...	Buy	271	Market		Daily	E-LONG
21.06.2013	POT	PaperAccou...	Buy	420	Market		Daily	E-LONG
21.06.2013	GSK	PaperAccou...	Buy	335	Market		Daily	E-LONG
21.06.2013	KMI	PaperAccou...	Buy	454	Market		Daily	E-LONG
21.06.2013	LVS	PaperAccou...	Buy	315	Market		Daily	E-LONG
21.06.2013	UBS	PaperAccou...	Buy	975	Market		Daily	E-LONG
21.06.2013	RIO	PaperAccou...	Buy	397	Market		Daily	E-LONG
21.06.2013	ERIC	PaperAccou...	Buy	1475	Market		Daily	E-LONG
21.06.2013	SU	PaperAccou...	Buy	558	Market		Daily	E-LONG
21.06.2013	DOW	PaperAccou...	Buy	505	Market		Daily	E-LONG
21.06.2013	CAT	PaperAccou...	Buy	198	Market		Daily	E-LONG
21.06.2013	LOW	PaperAccou...	Buy	417	Market		Daily	E-LONG
21.06.2013	QQQ	PaperAccou...	Buy	234	Market		Daily	E-LONG
21.06.2013	CNQ	PaperAccou...	Buy	586	Market		Daily	E-LONG
21.06.2013	PSX	PaperAccou...	Buy	278	Market		Daily	E-LONG
21.06.2013	UTX	PaperAccou...	Buy	178	Market		Daily	E-LONG
21.06.2013	HAL	PaperAccou...	Buy	394	Market		Daily	E-LONG
21.06.2013	ACN	PaperAccou...	Buy	207	Market		Daily	E-LONG
21.06.2013	AIG	PaperAccou...	Buy	377	Market		Daily	E-LONG
21.06.2013	YUM	PaperAccou...	Buy	239	Market		Daily	E-LONG
21.06.2013	GM	PaperAccou...	Buy	512	Market		Daily	E-LONG
21.06.2013	MSFT	PaperAccou...	Buy	495	Market		Daily	E-LONG
21.06.2013	TEVA	PaperAccou...	Buy	425	Market		Daily	E-LONG
21.06.2013	ING	PaperAccou...	Buy	1864	Market		Daily	E-LONG
21.06.2013	ITW	PaperAccou...	Buy	241	Market		Daily	E-LONG
21.06.2013	NOV	PaperAccou...	Buy	241	Market		Daily	E-LONG
21.06.2013	MS	PaperAccou...	Buy	662	Market		Daily	E-LONG
21.06.2013	PFE	PaperAccou...	Buy	579	Market		Daily	E-LONG
21.06.2013	JPM	PaperAccou...	Buy	317	Market		Daily	E-LONG
21.06.2013	SBUX	PaperAccou...	Buy	255	Market		Daily	E-LONG
21.06.2013	EMC	PaperAccou...	Buy	678	Market		Daily	E-LONG
21.06.2013	HPQ	PaperAccou...	Buy	683	Market		Daily	E-LONG

Abb. 110, Quelle: Wealth-Lab

Signale Strategie 3

Select All | Place Orders | Stage Orders | Monitor in Quotes Window | Help

Alert Time	Symbol	Account	Action	Qty	Order Type	Price	Scale	Signal Name
21.06.2013	HD	PaperAccou...	Buy	192	Market		Daily	E:LONG
21.06.2013	GILD	PaperAccou...	Buy	290	Market		Daily	E:LONG

Abb. 111, Quelle: Wealth-Lab

Die vielen Signale von Strategie 2 nutzen mir jedoch wenig, weil ich bei dieser Strategie im Augenblick voll investiert bin. Daher bleiben für heute nur die beiden Long-Trades von Strategie 3, die ich einstellen kann.

Somit bin ich derzeit bei allen Strategien long only investiert und mit den heutigen beiden Alarmen, die ebenso auf steigende Kurse setzen, exponiere ich mich noch stärker in diese Handelsrichtung. Von 19 möglichen Trades aller Modelle sind derzeit 14 Positionen offen. Bei allen spekuliere ich auf steigende Notierungen. Sie können sich ausrechnen, was das für meinen Kontostand bedeuten kann. Im Positiven wie im Negativen.

Beitragen kann ich dazu natürlich nichts. Und da stoßen wir auf ein wesentliches mentales Problem für viele Trader. Man muss akzeptieren, dass man die Richtung des Marktes nicht beeinflussen kann. Man ist den Geschehnissen einfach ausgeliefert. Man kann nichts dazu beitragen, dass es positiv verläuft. Schlicht gesagt: Man kann nichts tun. Und weiterhin hat man zu verinnerlichen, seinem Regelwerk zu folgen und nicht ständig voreilig einzugreifen. Doch dabei muss man unterscheiden: Der diskretionäre Trader darf und soll eingreifen, das liegt ja in der Natur dieses Trading-Stils. Allerdings nur mit Maß und Ziel und im Rahmen des Regelwerkes. Zugegeben ist das ein schmaler Grat, den die wenigsten beherrschen. Der Systemtrader darf jedoch keinesfalls eingreifen. Er muss sein System weiter ausführen, auch wenn es so wie jetzt gerade eine Herausforderung ist.

Aber was rede ich: In Wahrheit ist das, was derzeit los ist, nicht mehr als ein lauter Kindergeburtstag. Natürlich ist ein gewisser Spannungseffekt enthalten, wie die letzte Handelswoche ausgehen wird. Aber in erster Linie deshalb, weil es dieses Buch gibt und ich mir natürlich einen positiven Abschluss wünsche. Ohne dieses Projekt würde ich nicht einmal einen Gedanken daran verschwenden, ob und wie sich die Dinge in den nächsten Tagen entwickeln könnten. Weil ich weiß, dass ich es ohnehin nicht weiß.

Kommen wir zur aktuellen Entwicklung des Kontostandes. Mit einem Betrag von 67.489 Euro gehe ich in die letzte Handelswoche dieses Projekts. Bedenkt man, dass ich vor ein paar Tagen (intraday) noch über 71.000 Euro auf dem Konto hatte, ist das ein nicht unwesentlicher Drawdown von über 5 Prozent in einer Woche, den wir hier gemeinsam erleben. Dabei kommt aber kein Ärger bei mir auf. Ich wundere mich lediglich, dass die Modelle den letzten Swing auf die Short-Seite nicht besser nutzen und mehr Profit herausholen konnten. Dieser Richtungswechsel wurde weitgehend versäumt und so gilt es nun, den nächsten Swing auf die Long-Seite abzuwarten. Denn solange die Aktien weiter fallen, werde ich mit meiner Positionierung kein Geld aus den Märkten holen können.

In der letzten Woche möchte ich Ihnen ab sofort täglich einen Überblick über die Performance verschaffen. Dazu habe ich die aktuelle Tabelle gestaltet.

Performance Monat 1	**+3,76 %**
Performance Monat 2 – aktuell	**–2,79%**
Performance Gesamtprojekt	**+0,87%**

Tabelle 3

Das könnte knapp werden, was die Gesamtperformance des Beobachtungszeitraumes betrifft. Ob am Ende noch ein Plus unter dem Strich stehen wird? An einen weiteren Wertzuwachs des Kontos insgesamt gesehen zu denken ist mit Sicherheit eine Illusion. Oder doch nicht? Was ist schon sicher an der Börse? Warten wir's ab.

Woche 7 – Tag 35

Aufgrund der spannenden Entwicklung an den Märkten habe ich mich entschieden, in der letzten Handelswoche einen täglichen Live-Bericht abzusetzen. Bevor wir jedoch die aktuellen Geschehnisse besprechen, müssen wir uns über ein immens wichtiges Thema unterhalten, das darüber hinaus zu den aktuellen Geschehnissen passt und somit brandaktuell ist. Sprechen wir über die Frage, wie stark man sich in eine Handelsrichtung (long oder short) exponieren darf.

Wie wir wenig später an der heutigen Entwicklung sehen werden, gewichten sich meine Modelle derzeit zu 100 Prozent in die Handelsrichtung long. Natürlich kann das, wenn der Markt in die andere Richtung tendiert, zu horrenden Verlusten führen. So beginnt der interessierte Trader darüber nachzudenken, ob man es nicht vorsichtiger angehen könnte. Vielleicht wäre es ja besser, den Fuß vom Gas zu nehmen und einige Trades zurückzuhalten? Konkret überlegt man dabei Folgendes: Anstatt bei einer Strategie pro Tag bis zu sieben Trades einzustellen und das gesamte Kapital zu investieren, könnte man ja nur fünf oder drei ausführen und die verbleibende Anzahl für den kommenden Handelstag aufheben. So läuft man nicht Gefahr, vollkommen auf dem falschen Fuß erwischt zu werden.

Besser den Spatz in der Hand als die Taube auf dem Dach (besser ein kleines Plus als ein fettes Minus)? Grundsätzlich ist der Gedankengang charmant. Aber bringt er uns Performance? Andererseits wissen wir, dass unser Geld im Markt regelmäßig arbeiten soll, damit es sich vermehren kann (Gesetz der großen Zahl). Kostet das Zurückhalten von Trades also letztlich Geld? Mit Nachdenken wird sich diese Frage nicht klären lassen, denn Pro und Kontra haben gute Argumente. In der Theorie. Fragen wir lieber den Computer, denn wir wollen uns an Fakten orientieren. Prüfen wir nach und schauen, ob die Performance auf lange Sicht mit mehr Vorsicht besser wird oder wir uns damit die Rendite abgraben.

Betrachten wir ein Swingtrading-Modell im Zeitraum 2000 bis 2012. Gehandelt wird es auf die größten 100 US-Aktien mit einer Position Size von 14,2 Prozent. Somit können bis zu sieben Trades ausgeführt werden. Der Backtest wirft uns bei diesem System eine Rendite von knapp über 38 Prozent aus.

Backtest Performance Report | Range: 03.01.2000 to 31.12.2012 (3269 Bars)

	All Trades	Long Trades	Short Trades	Buy & Hold
Starting Capital	€ 100.000,00	€ 100.000,00	€ 100.000,00	€ 100.000,00
Ending Capital	€ 4.729.904,92	€ 3.550.950,31	€ 1.278.954,62	€ 309.779,96
Net Profit	€ 4.629.904,92	€ 3.450.950,31	€ 1.178.954,62	€ 209.779,96
Net Profit %	4.629,90%	3.450,95%	1.178,95%	209,78%
Annualized Gain %	34,55%	31,62%	21,67%	9,09%
Exposure	63,41%	45,42%	84,54%	99,68%
Total Commission	-€ 507.353,00	-€ 229.868,00	-€ 277.485,00	-€ 107,25
Return on Cash	€ 0,00	€ 0,00	€ 0,00	€ 0,00
Margin Interest Paid	€ 0,00	€ 0,00	€ 0,00	€ 0,00
Dividends Received	€ 0,00	€ 0,00	€ 0,00	€ 0,00
Number of Trades	5.758	2.528	3.230	100
Average Profit	€ 804,08	€ 1.365,09	€ 365,00	€ 2.097,80
Average Profit %	0,50%	0,73%	0,32%	203,37%
Average Bars Held	3,59	3,97	3,29	3.197,45
Winning Trades	3.363	1.431	1.932	68
Win Rate	58,41%	56,61%	59,81%	68,00%
Gross Profit	€ 17.515.956,91	€ 9.464.406,67	€ 8.051.550,24	€ 224.778,66
Average Profit	€ 5.208,43	€ 6.613,84	€ 4.167,47	€ 3.305,57
Average Profit %	2,62%	3,44%	2,01%	321,36%
Average Bars Held	3,32	3,95	2,85	3.166,94
Max Consecutive Winners	22	17	22	15
Losing Trades	2.395	1.097	1.298	32
Loss Rate	41,59%	43,39%	40,19%	32,00%
Gross Loss	-€ 12.886.051,98	-€ 6.013.456,36	-€ 6.872.595,62	-€ 14.998,71
Average Loss	-€ 5.380,40	-€ 5.481,73	-€ 5.294,76	-€ 468,71
Average Loss %	-2,48%	-2,82%	-2,19%	-47,34%
Average Bars Held	3,97	4,00	3,94	3.262,28
Max Consecutive Losses	18	18	10	3
Maximum Drawdown	-€ 663.859,42	-€ 454.763,81	-€ 617.424,03	-€ 125.218,62
Maximum Drawdown Date	08.08.2011	08.08.2011	16.05.2011	09.03.2009
Maximum Drawdown %	-19,18%	-35,79%	-43,68%	-52,13%
Maximum Drawdown % Date	08.08.2011	10.10.2008	16.05.2011	09.03.2009
Wealth-Lab Score	44,04	44,70	14,44	4,37
Sharpe Ratio	1,74	1,35	1,11	0,58
Profit Factor	1,36	1,57	1,17	14,99
Recovery Factor	6,97	7,59	1,91	1,68
Payoff Ratio	1,06	1,22	0,92	6,79

Abb. 112, Quelle: Wealth-Lab

Weiterhin wissen wir aufgrund zahlreicher Tests, dass die Short-Seite tendenziell schlechter performt als die Long-Seite. Vielleicht sollten wir uns daher shortseitig einschränken, long hingegen volles Risiko nehmen und alle Signale umsetzen. Überprüft ist das mit der Backtesting-Software recht einfach, indem wir in den Optionen des Programms die Schaltfläche »Max. short positions« aktivieren und dort die Zahl 5 eintragen. Das heißt also, dass ich immer nur fünf Short-Trades zeitgleich laufen haben darf. Long führe ich hingegen alle erlaubten Trades aus.

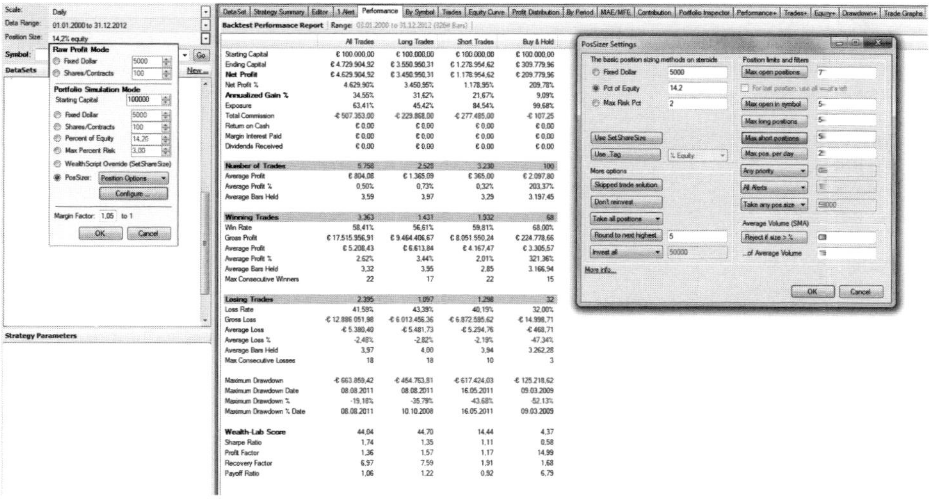

Abb. 113, Quelle: Wealth-Lab

> **Anmerkung**
>
> Ich möchte darauf hinweisen, dass nur jene Eingabefelder ausgelesen bzw. berücksichtigt werden, deren Schaltflächen grau hinterlegt sind.

Gespannt warten wir auf das Ergebnis des Tests ...

Wir sehen, dass Zurückhaltung und Vorsicht in der Theorie zwar gute Argumente sind. In der Praxis werden die Ergebnisse damit jedoch schlechter. Wir verlieren mit dieser Herumzauderei mehr als 1 Prozent pro Jahr an Performance. Auch wenn der Abfall der Rendite nicht dramatisch ist, sieht man, dass es shortseitig nichts bringt, Trades aus Gründen der Vorsicht auszulassen.

Backtest Performance Report | Range: 03.01.2000 to 31.12.2012 (3269 Bars) |

	All Trades	Long Trades	Short Trades	Buy & Hold
Starting Capital	€ 100.000,00	€ 100.000,00	€ 100.000,00	€ 100.000,00
Ending Capital	€ 4.169.629,71	€ 3.439.446,56	€ 830.183,16	€ 309.779,96
Net Profit	€ 4.069.629,71	€ 3.339.446,56	€ 730.183,16	€ 209.779,96
Net Profit %	4.069,63%	3.339,45%	730,18%	209,78%
Annualized Gain %	33,25%	31,29%	17,69%	9,09%
Exposure	59,78%	44,58%	81,12%	99,68%
Total Commission	-€ 415.969,40	-€ 217.136,87	-€ 198.832,53	-€ 107,25
Return on Cash	€ 0,00	€ 0,00	€ 0,00	€ 0,00
Margin Interest Paid	€ 0,00	€ 0,00	€ 0,00	€ 0,00
Dividends Received	€ 0,00	€ 0,00	€ 0,00	€ 0,00
Number of Trades	5.382	2.698	2.684	100
Average Profit	€ 756,16	€ 1.237,75	€ 272,05	€ 2.097,80
Average Profit %	0,52%	0,73%	0,30%	203,37%
Average Bars Held	3,63	3,97	3,29	3.197,45
Winning Trades	3.134	1.530	1.604	68
Win Rate	58,23%	56,71%	59,76%	68,00%
Gross Profit	€ 14.403.900,87	€ 8.798.629,27	€ 5.605.271,60	€ 224.778,66
Average Profit	€ 4.596,01	€ 5.750,74	€ 3.494,56	€ 3.305,57
Average Profit %	2,68%	3,40%	1,99%	321,36%
Average Bars Held	3,39	3,95	2,86	3.166,94
Max Consecutive Winners	20	19	18	15
Losing Trades	2.248	1.168	1.080	32
Loss Rate	41,77%	43,29%	40,24%	32,00%
Gross Loss	-€ 10.334.271,16	-€ 5.459.182,71	-€ 4.875.088,44	-€ 14.998,71
Average Loss	-€ 4.597,10	-€ 4.673,96	-€ 4.513,97	-€ 468,71
Average Loss %	-2,50%	-2,77%	-2,20%	-47,34%
Average Bars Held	3,97	4,00	3,94	3.262,28
Max Consecutive Losses	18	18	9	3
Maximum Drawdown	-€ 477.098,00	-€ 399.324,66	-€ 436.830,88	-€ 125.218,62
Maximum Drawdown Date	10.08.2011	10.08.2011	16.05.2011	09.03.2009
Maximum Drawdown %	-18,05%	-32,06%	-43,31%	-52,13%
Maximum Drawdown % Date	10.10.2008	10.10.2008	16.05.2011	09.03.2009
Wealth-Lab Score	45,59	47,69	12,36	4,37
Sharpe Ratio	1,76	1,45	1,00	0,58
Profit Factor	1,39	1,61	1,15	14,99
Recovery Factor	8,53	8,36	1,67	1,68
Payoff Ratio	1,07	1,23	0,91	6,79

Abb. 114, Quelle: Wealth-Lab

Anmerkung

Obwohl wir hier nur die Exposure der Short-Seite verändern, sollten wir immer auf das Gesamtergebnis des Backtests achten und nicht nur auf die Resultate einer Handelsrichtung. Denn weniger Short-Trades bedeutet in der Praxis zeitgleich auch mehr Long-Trades, weil das übrig gebliebene Kapital dann für Trades auf steigende Kurse verwendet wird. Das beeinflusst letztlich wieder die Performance beider Handelsrichtungen.

Aber vielleicht sind wir noch nicht vorsichtig genug? Machen wir nur vier Short-Trades, während wir weiterhin die Long-Seite voll ausschöpfen. Steigt die Performance dann vielleicht doch noch?

Backtest Performance Report | Range: 03.01.2000 to 31.12.2012 (3269 Bars)

	All Trades	Long Trades	Short Trades	Buy & Hold
Starting Capital	€ 100.000,00	€ 100.000,00	€ 100.000,00	€ 100.000,00
Ending Capital	€ 3.548.247,41	€ 3.056.222,30	€ 592.025,11	€ 309.779,96
Net Profit	€ 3.448.247,41	€ 2.956.222,30	€ 492.025,11	€ 209.779,96
Net Profit %	3.448,25%	2.956,22%	492,03%	209,78%
Annualized Gain %	31,61%	30,11%	14,67%	9,09%
Exposure	56,63%	42,85%	78,53%	99,68%
Total Commission	-€ 336.135,70	-€ 192.657,62	-€ 143.478,08	-€ 107,25
Return on Cash	€ 0,00	€ 0,00	€ 0,00	€ 0,00
Margin Interest Paid	€ 0,00	€ 0,00	€ 0,00	€ 0,00
Dividends Received	€ 0,00	€ 0,00	€ 0,00	€ 0,00
Number of Trades	5.061	2.775	2.286	00
Average Profit	€ 681,34	€ 1.065,31	€ 215,23	€ 2.097,80
Average Profit %	0,53%	0,73%	0,28%	203,37%
Average Bars Held	3,67	3,97	3,30	3.197,45
Winning Trades	2.931	1.577	1.354	68
Win Rate	57,91%	56,83%	59,23%	68,00%
Gross Profit	€ 11.826.012,10	€ 7.757.113,33	€ 4.068.898,77	€ 224.778,66
Average Profit	€ 4.034,80	€ 4.918,91	€ 3.005,10	€ 3.305,57
Average Profit %	2,74%	3,37%	2,00%	321,36%
Average Bars Held	3,45	3,95	2,86	3.166,94
Max Consecutive Winners	19	17	16	15
Losing Trades	2.130	1.198	932	32
Loss Rate	42,09%	43,17%	40,77%	32,00%
Gross Loss	-€ 8.377.764,69	-€ 4.800.891,03	-€ 3.576.873,66	-€ 14.998,71
Average Loss	-€ 3.933,22	-€ 4.007,42	-€ 3.837,85	-€ 463,71
Average Loss %	-2,52%	-2,75%	-2,23%	-47,34%
Average Bars Held	3,97	4,00	3,93	3.262,28
Max Consecutive Losses	19	19	11	3
Maximum Drawdown	-€ 394.900,77	-€ 340.492,02	-€ 327.512,40	-€ 125.213,62
Maximum Drawdown Date	10.08.2011	10.08.2011	16.05.2011	09.03.2009
Maximum Drawdown %	-18,05%	-29,49%	-45,09%	-52,13%
Maximum Drawdown % Date	10.10.2008	10.10.2008	16.05.2011	09.03.2009
Wealth-Lab Score	45,75	49,54	10,26	4,37
Sharpe Ratio	1,73	1,50	0,84	0,58
Profit Factor	1,41	1,62	1,14	14,99
Recovery Factor	8,73	8,68	1,50	1,68
Payoff Ratio	1,09	1,23	0,90	6,79

Abb. 115, Quelle: Wealth-Lab

Auch hier können wir keine Verbesserung erzielen. Im Gegenteil, die Rendite geht um weitere 1,5 Prozentpunkte pro Jahr zurück und statt 34,55 Prozent per anno erhalten wir nun nur noch 31,61 Prozent Performance.

> **Anmerkungen**
>
> Natürlich müssen die Auswirkungen »zurückgehaltener« Trades bei jedem Modell individuell geprüft werden und es wäre voreilig, die Ergebnisse einer Strategie als absolute Referenz für alle Handelsansätze herzunehmen. Doch die Praxis bei Swingtrading-Modellen zeigt, dass es im Regelfall besser ist, die Anzahl der erlaubten Trades pro Tag voll auszuschöpfen. Damit wird die Performance zwar volatiler, aber letztlich auch besser. Um wiederum diese Volatilität in den Griff zu bekommen, handelt der erfahrene Trader daher nicht nur ein Modell, sondern mehrere. Darüber werden wir uns in Kürze noch unterhalten.

Der Vollständigkeit halber prüfen wir nun, was geschieht, wenn wir auf der Long-Seite Trades zurückhalten. Gerade in der aktuellen Situation stellt sich ja die Frage, ob ich wirklich mein ganzes Geld in Long-Positionen investieren soll. Führen wir daher statt sieben möglicher Long-Trades nur fünf aus. Wir aktivieren also die Schaltfläche »Max. long positions« und deaktivieren den gleichlautenden Button für Short-Trades.

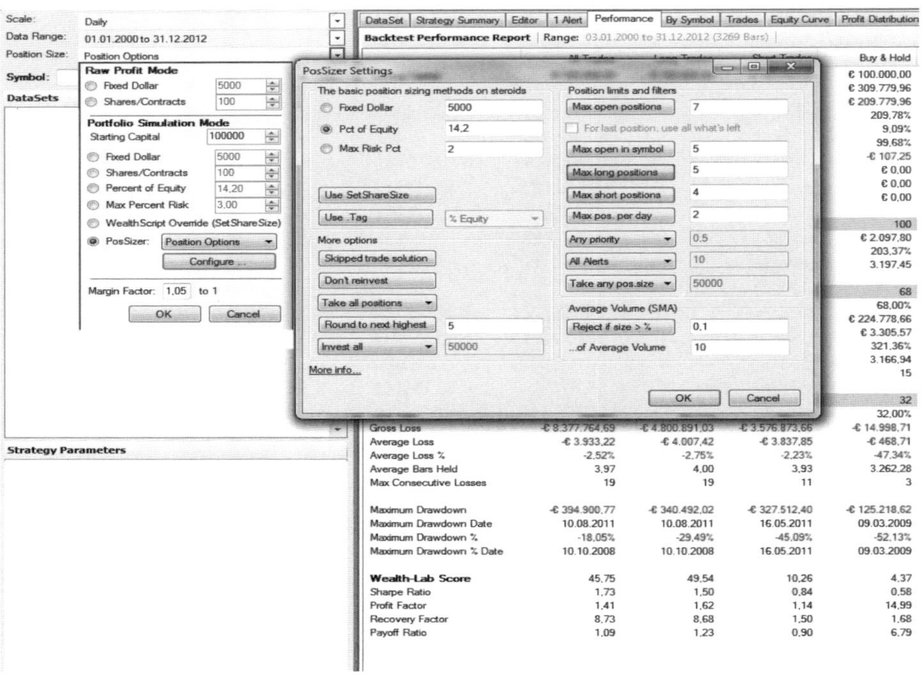

Abb. 116, Quelle: Wealth-Lab

Backtest Performance Report | Range: 03.01.2000 to 31.12.2012 (3269 Bars) |

	All Trades	Long Trades	Short Trades	Buy & Hold
Starting Capital	€ 100.000,00	€ 100.000,00	€ 100.000,00	€ 100.000,00
Ending Capital	€ 3.585.267,71	€ 2.550.372,86	€ 1.134.894,84	€ 309.779,96
Net Profit	€ 3.485.267,71	€ 2.450.372,86	€ 1.034.894,84	€ 209.779,96
Net Profit %	3.485,27%	2.450,37%	1.034,89%	209,78%
Annualized Gain %	31,72%	28,31%	20,56%	9,09%
Exposure	59,54%	41,96%	74,47%	99,68%
Total Commission	-€ 395.781,31	-€ 165.259,78	-€ 230.521,53	-€ 107,25
Return on Cash	€ 0,00	€ 0,00	€ 0,00	€ 0,00
Margin Interest Paid	€ 0,00	€ 0,00	€ 0,00	€ 0,00
Dividends Received	€ 0,00	€ 0,00	€ 0,00	€ 0,00
Number of Trades	5.483	2.203	3.280	100
Average Profit	€ 635,65	€ 1.112,29	€ 315,52	€ 2.097,80
Average Profit %	0,48%	0,71%	0,33%	203,37%
Average Bars Held	3,56	3,97	3,29	3.197,45
Winning Trades	3.209	1.247	1.962	68
Win Rate	58,53%	56,60%	59,82%	68,00%
Gross Profit	€ 13.266.735,62	€ 6.578.057,28	€ 6.688.678,34	€ 224.778,66
Average Profit	€ 4.134,23	€ 5.275,11	€ 3.409,11	€ 3.305,57
Average Profit %	2,54%	3,37%	2,02%	321,36%
Average Bars Held	3,28	3,95	2,85	3.166,94
Max Consecutive Winners	20	16	21	15
Losing Trades	2.274	956	1.318	32
Loss Rate	41,47%	43,40%	40,18%	32,00%
Gross Loss	-€ 9.781.467,92	-€ 4.127.684,42	-€ 5.653.783,50	-€ 14.998,71
Average Loss	-€ 4.301,44	-€ 4.317,66	-€ 4.289,67	-€ 468,71
Average Loss %	-2,43%	-2,76%	-2,19%	-47,34%
Average Bars Held	3,96	4,00	3,94	3.262,28
Max Consecutive Losses	14	14	10	3
Maximum Drawdown	-€ 473.991,15	-€ 285.781,53	-€ 483.323,73	-€ 125.218,62
Maximum Drawdown Date	08.08.2011	08.08.2011	08.07.2011	09.03.2009
Maximum Drawdown %	-17,24%	-28,75%	-38,30%	-52,13%
Maximum Drawdown % Date	08.08.2011	04.02.2009	08.07.2011	09.03.2009
Wealth-Lab Score	44,08	48,07	17,03	4,37
Sharpe Ratio	1,79	1,39	1,17	0,58
Profit Factor	1,36	1,59	1,18	14,99
Recovery Factor	7,35	8,57	2,14	1,68
Payoff Ratio	1,05	1,22	0,92	6,79

Abb. 117, Quelle: Wealth-Lab

Von 34,55 Prozent jährlicher Rendite fallen wir bei zwei weggelassenen Trades auf der Long-Seite auf 31,72 Prozent. Ein etwas deutlicherer Rückgang der Performance als auf der Short-Seite bei nur zwei weggelassenen Trades.

Das bestätigt zum einen, dass auch hier Zurückhaltung der falsche Weg ist. Zum anderen zeigt es, dass es bei Long-Trades noch wichtiger ist, volles Risiko einzugehen. Denn wir wissen ja bereits, dass Aktien auf steigende Kurse immer besser ansprechen als auf fallende.

Machen wir noch ein weiteres Experiment zum Abschluss. Was passiert, wenn ich zwar sieben Trades pro Modell machen darf, pro Tag aber nur vier Signale (egal ob long oder short) ausführen darf? Die restlichen drei Trades hebe ich mir für den Folgetag auf. Ich halte mich also sowohl auf der Long- als auch auf der Short-Seite zurück. Müssen wir dann ebenso mit einem Rückgang der Performance rechnen oder erleben wir eine Überraschung?

Wir aktivieren eine andere Schaltfläche (»Max. pos. per day«), um das auszuprobieren.

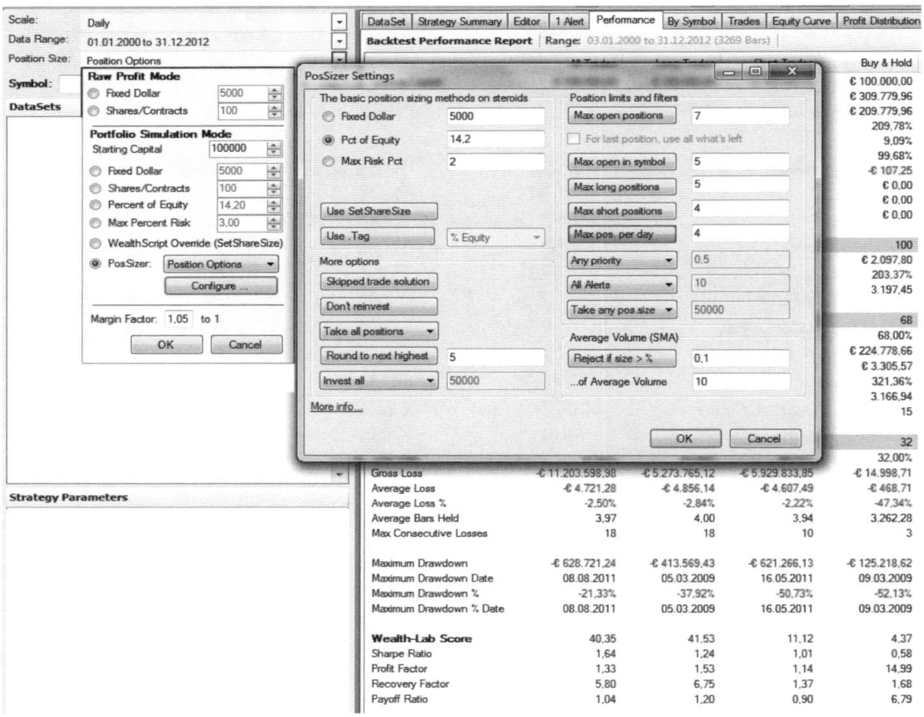

Abb. 118, Quelle: Wealth-Lab

Mit unserem letzten Wissensstand überrascht uns dieses Ergebnis wahrscheinlich nicht mehr.

Backtest Performance Report | Range: 03.01.2000 to 31.12.2012 (3269 Bars)

	All Trades	Long Trades	Short Trades	Buy & Hold
Starting Capital	€ 100.000,00	€ 100.000,00	€ 100.000,00	€ 100.000,00
Ending Capital	€ 3.745.480,29	€ 2.891.286,04	€ 954.194,25	€ 309.779,96
Net Profit	€ 3.645.480,29	€ 2.791.286,04	€ 854.194,25	€ 209.779,96
Net Profit %	3.645,48%	2.791,29%	854,19%	209,78%
Annualized Gain %	32,16%	29,55%	18,96%	9,09%
Exposure	62,69%	44,18%	83,99%	99,68%
Total Commission	-€ 438.457,44	-€ 198.481,34	-€ 239.976,10	-€ 107,25
Return on Cash	€ 0,00	€ 0,00	€ 0,00	€ 0,00
Margin Interest Paid	€ 0,00	€ 0,00	€ 0,00	€ 0,00
Dividends Received	€ 0,00	€ 0,00	€ 0,00	€ 0,00
Number of Trades	5.702	2.497	3.205	100
Average Profit	€ 639,33	€ 1.117,86	€ 266,52	€ 2.097,80
Average Profit %	0,47%	0,70%	0,30%	203,37%
Average Bars Held	3,58	3,97	3,28	3.197,45
Winning Trades	3.329	1.411	1.918	68
Win Rate	58,38%	56,51%	59,84%	68,00%
Gross Profit	€ 14.849.079,26	€ 8.065.051,16	€ 6.784.028,11	€ 224.778,66
Average Profit	€ 4.460,52	€ 5.715,84	€ 3.537,03	€ 3.305,57
Average Profit %	2,60%	3,41%	1,99%	321,36%
Average Bars Held	3,31	3,95	2,84	3.166,94
Max Consecutive Winners	20	19	21	15
Losing Trades	2.373	1.086	1.287	32
Loss Rate	41,62%	43,49%	40,16%	32,00%
Gross Loss	-€ 11.203.598,98	-€ 5.273.765,12	-€ 5.929.833,85	-€ 14.998,71
Average Loss	-€ 4.721,28	-€ 4.856,14	-€ 4.607,49	-€ 468,71
Average Loss %	-2,50%	-2,84%	-2,22%	-47,34%
Average Bars Held	3,97	4,00	3,94	3.262,28
Max Consecutive Losses	18	18	10	3
Maximum Drawdown	-€ 628.721,24	-€ 413.569,43	-€ 621.266,13	-€ 125.218,62
Maximum Drawdown Date	08.08.2011	05.03.2009	16.05.2011	09.03.2009
Maximum Drawdown %	-21,33%	-37,92%	-50,73%	-52,13%
Maximum Drawdown % Date	08.08.2011	05.03.2009	16.05.2011	09.03.2009
Wealth-Lab Score	40,35	41,53	11,12	4,37
Sharpe Ratio	1,64	1,24	1,01	0,58
Profit Factor	1,33	1,53	1,14	14,99
Recovery Factor	5,80	6,75	1,37	1,68
Payoff Ratio	1,04	1,20	0,90	6,79

Abb. 119, Quelle: Wealth-Lab

Sämtliche Versuche, die Tages-Exposure bewusst gering zu halten, scheitern. Egal wie und was man tut, die Performance geht dabei zwar nicht signifikant, aber doch leicht zurück.

Toms Trading-Insider-Tipp

Bei diesen Beispielen sieht man sehr schön, dass manche Ideen oder Gedankengänge ohne Fakten schwer zu quantifizieren sind. Es klingt plausibel, den Fuß vom Gas zu nehmen und sich nicht zu stark zu exponieren, sondern vielmehr noch vorhandenes Kapital für die Folgetage aufzuheben. Doch die Historie lehrt uns erneut etwas anderes.

Trades zurückzuhalten bringt also bei diesen Swing-Modellen nichts. Weder die Einschränkung der Signale generell konnte meinen Strategien einen Performance-Schub verleihen noch die Zurückhaltung bei einer Handelsrichtung. Somit hat das Gesetz der großen Zahl erneut seine Gültigkeit bewiesen. Und ich kann, wie wir gleich sehen werden, volles Risiko nehmen.

Zur aktuellen Entwicklung (Tag 35)

Mit Ausnahme eines Tages fallen nun die Notierungen schon mehrere Perioden lang wie ein Stein und so war es auch am gestrigen Montag. Sämtliche Aktien sind tiefrot und mein Kontostand schmilzt dahin, da ich weiterhin long only positioniert bin. Mein maximaler Drawdown ist auf fast 6 Prozent angewachsen und die Futures halten sich derzeit im negativen Bereich auf. Viel spricht im Augenblick nicht dafür, dass sich die Lage bald verbessert. Aber noch bleiben vier ganze Handelstage, um das Ruder herumzureißen.

Heute wirft der Screener erneut nur Long-Signale aus. Insgesamt sind es 87! Eine sehr große Anzahl, die es in weiterer Folge nach Überverkauftintensität zu reihen gilt. Sie wissen in der Zwischenzeit, dass diese Aufgabe von der Position Priority übernommen wird und ich mir so eine mühsame manuelle Selektion erspare.

Am heutigen Handelstag werden etliche Trade-Plätze frei und so gibt es einiges zu tun für mich. Nach dem üblichen Check der Quartalsberichte müssen neun neue Trades eingestellt werden, aber da ich diesen Prozess schon im Schlaf beherrsche, brauche ich auch mit manueller Eingabe keine zehn Minuten dafür. Mein Konto ist somit zu 100 Prozent long ausgerichtet und 19 Trades warten darauf, dass die Kurse wieder steigen. Man könnte auch sagen, es handelt sich heute um den Tag der Wahrheit.

Harakiri? Nein – das ist bloß die exakte und unaufgeregte Befolgung der Systemregeln. Ohne Emotionen. Ohne Herumzauderei. Wenn Sie sich das nicht zutrauen, dann werden Sie nicht erfolgreich traden können. Als Trader braucht man schon ein wenig Mut!

Denn wir wissen aus den vorherigen Ausführungen, dass das Zurückhalten von Trades aus statistischer Sicht nichts bringt. Aus diesem Grund geht das System im Backtest volles Risiko und ich folge bloß meinen Regeln. Natürlich heißt das nicht, dass es diesmal funktioniert. Es heißt bloß, dass ich meinen Job ordentlich mache.

Kommen wir zur tabellarischen Übersicht, die ich Ihnen wie gesagt in der letzten Woche nun täglich zur Verfügung stelle.

Performance Monat 1	**+3,76 %**
Performance Monat 2 – aktuell	**–3,71 %**
Performance Gesamtprojekt	**–0,08 %**

Tabelle 4

Die Performance war gestern weiterhin negativ und das Gesamtprojekt ist somit ins Minus gelaufen. Der zweite Monat ist ohnehin tiefrot. Kommt das bittere Ende oder dreht sich das Blatt? In ein paar Tagen wissen wir mehr. Der Kontostand hat sich weiter reduziert und liegt bei 66.850 Euro. Das sieht nicht gut aus!

INTERACTIVE BROKERS

Konto Informationen

Netto Vermögenswert (NAV) in der Basiswährung

	Total
Cash	10,752.63
Cash Sicherheit	0.00
Aktien	56,115.48
Verliehene Securities	0.00
Verzinsung	-17.32
Total	**66,850.80**

Netto Vermögenswert (NAV) in Zeitserien

Mark-to-Market Performance Übersicht in der Basiswährung

Realisierte & Unrealisierte Performance Übersicht in der Basiswährung

Cash Bericht

Abb. 120, Quelle: Interactive Brokers (IB)

Woche 7 – Tag 36

Ein entscheidender Grund, warum mich die aktuelle Entwicklung trotz negativen Zwischenstands noch immer kaltlässt, ist die Tatsache, dass ich meinen Modellen vertraue. Ich weiß, dass sie gut sind, und ich weiß, dass sie funktionieren, denn das haben sie schon öfter unter Beweis gestellt. Unter anderem bin ich deshalb voller Zuversicht, weil mir bewusst ist, wie stabil die Strategien sind, denn bei der Entwicklung habe ich diesen Faktor weit höher gewichtet als die Performance. Unterhalten wir uns daher über dieses wichtige Thema, bevor wir schauen, was es an der Börse Neues gibt.

Natürlich versucht jeder Trader, möglichst performante Handelsmodelle zu entwickeln. Trotzdem weiß ein Profi, dass es Faktoren gibt, die ebenso wichtig, wenn nicht noch wichtiger als die Renditen sind. Einer dieser Faktoren gilt der Stabilität eines Trading-Systems und diese Stabilität kann man in vielerlei Hinsicht überprüfen.

Zum einen ist es ratsam, auf die Gewinn- und Verlustverteilung der Einzeltrades zu achten. Wie breit gestreut sind die Ergebnisse? Habe ich – übertrieben formuliert – viele Trades dabei, die +15 Prozent oder die –10 Prozent oder noch mehr gemacht haben? Und wie viele waren es? Denn dann spielen der Zufall und das Glück eine nicht unwesentliche Rolle.

Toms Trading Insider Tipp

Swingtrading-Modelle weisen in der Regel eine kurze Haltedauer auf. Daher wäre es ungewöhnlich, wenn wir ständig besonders hohe Gewinne oder Verluste erzielen, weil die Zeit dafür nicht ausreicht. Vielmehr sollte unsere Rendite aus vielen kleinen Einzelgewinnen bestehen.

Mit modernen Backtesting-Programmen ist es ein Leichtes, die Frage nach der Gewinnverteilung der Einzeltrades zu überprüfen. Zum einen kann man es mit einer Abbildung tun, wie wir es im folgenden Schaubild machen.

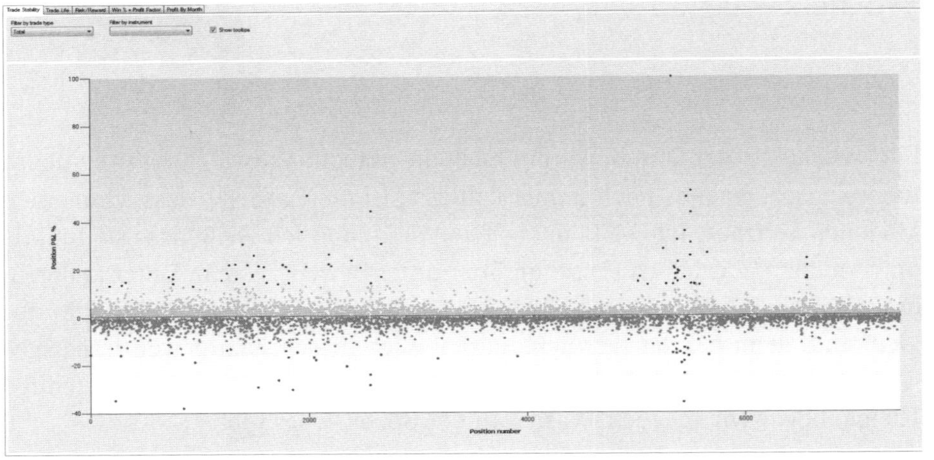

Abb. 121, Quelle: Wealth-Lab

Anmerkung

Je weniger weit entfernt von der Nulllinie die einzelnen Trades liegen, desto besser ist es.

Weiterhin blickt man in Sachen Stabilität auf die sogenannten Outliers. Das sind Trades, deren Standardabweichung im Hinblick auf den durchschnittlichen Profit/Loss über 3 liegt. Bei diesem Modell gibt es verhältnismäßig wenig Trades, die dieses Kriterium erfüllen. Es sind gerade mal 155, wie man in der Abbildung 122 erkennen kann.

Aber die Stabilität eines Trading-Systems kann man noch in vielerlei anderer Hinsicht überprüfen. Da wir aus Platzgründen nicht alles besprechen können, möchte ich stellvertretend die Stabilität von Indikatoren und von deren Parametern ansprechen.

Stellen Sie sich vor, Sie verwenden als Einstiegskriterium den Stochastik D-Indikator. Sie wollen long gehen, wenn der Stochastik D überverkauft ist. Dazu finden Sie bei einer Optimierung einen sehr performanten Parameter. Aber ist dieser auch stabil? Wie sieht es in benachbarten Regionen dieses Parameters aus? Ist gewährleistet, dass das System auch dann gut performt, wenn sich das Marktumfeld geringfügig ändert, oder bricht es dann in sich zusammen? Moderne Backtesting-Programme haben dafür eigene Funktionen, die eine grafische Parameterdarstellung erlauben. Das sehen Sie in Abbildung 123 dargestellt.

Backtest Performance Report – Range: 02.01.1997 to 04.10.2013 (4218 bars) – Activate closed equity	All Trades	Long Trades	Short Trades	Buy & Hold
Closed Trade Drawdown				
Click "Activate..." and re-run backtest.				
Trade statistics				
Total shares traded	268935651	117902145	151033506	15261
Average One Way Commission	167,74	164,40	170,32	1,26
Performance Ratio	0,07	0,12	0,02	0,37
Payoff Ratio (absolute)	0,95	1,30	0,71	35,71
Average Entry Efficiency %	53,07	55,03	51,55	38,96
Average Exit Efficiency %	60,83	56,42	64,25	71,07
Average Total Efficiency %	13,90	11,45	15,81	60,03
Luck Coefficient	36,15	27,06	24,52	14,55
Pessimistic Rate of Return	1,48	1,73	1,21	256,82
Outlier trades				
Standard Deviation of Profits	53.521,68	65.158,97	42.096,69	32.219,36
Total Outliers	155	72	87	3
Positive Outliers	94	50	30	3
Negative Outliers	61	22	57	0
Outlier Profit	10.255.031,90	10.697.642,42	-5.600.519,97	516.215,28
Select Net Profit	17.336.630,69	13.872.795,30	8.621.744,83	686.861,56
Risk/reward				
MAR Ratio	2,09	1,29	0,36	0,32
K-Ratio	0,22	0,31	0,12	0,11
Seykota Lake Ratio	0,04	0,02	0,35	0,12
APD Ratio	0,17	0,33	0,03	35,69
APAD Ratio	1,04	1,30	0,83	38,89
Ulcer Index	4,14	3,84	21,86	17,84
Ulcer Performance Index	9,64	10,14	1,04	0,93
Sortino ratio	5,74	3,00	1,23	1,33
Sharpe ratio	1,91	1,61	0,84	0,83
Sharpe ratio (Wealth-Lab)	1,93	1,67	0,85	0,89
Risk/reward ratio				
System Not Applicable				
Expectancy (traditional)	3.720,06	7.581,13	723,47	12.330,77
New highs/lows				
Percent new highs %	16,74	17,43	7,97	9,72
Longest drawdown	332	259	1071	1343
Average drawdown %	-11,84	-11,64	-12,47	-36,61
The Megan Ratio (S&C)				
MEGAN Ratio	0,05	0,11	0,06	0,00

Abb. 122, Quelle: Wealth-Lab

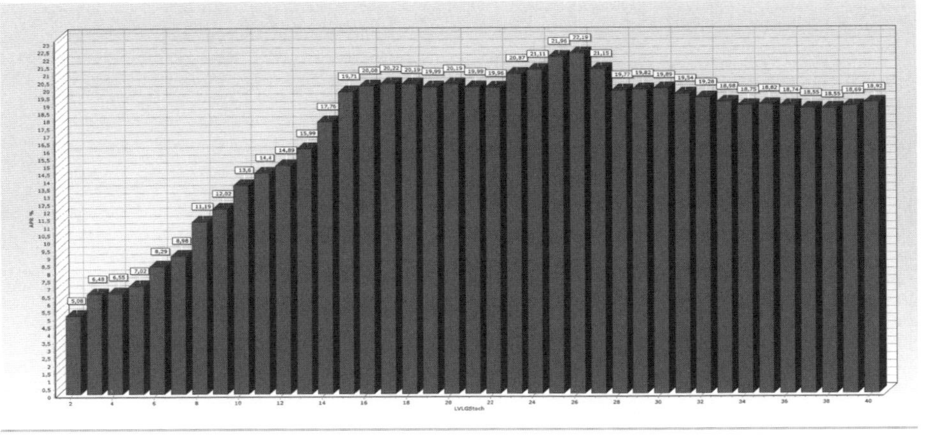

Abb. 123, Quelle: Wealth-Lab

In der Grafik oben sehen Sie so eine Darstellung der Performance beim Schwellenwert der Stochastik D. Der performanteste Wert ist 26. Aber dieser liegt an einer instabilen Schwelle, denn ab 27 fallen die Ergebnisse merklich ab. Ich würde hier 23 oder 24 bevorzugen.

Im nächsten Beispiel betrachten wir die Lookback-Periode des Stochastik D.

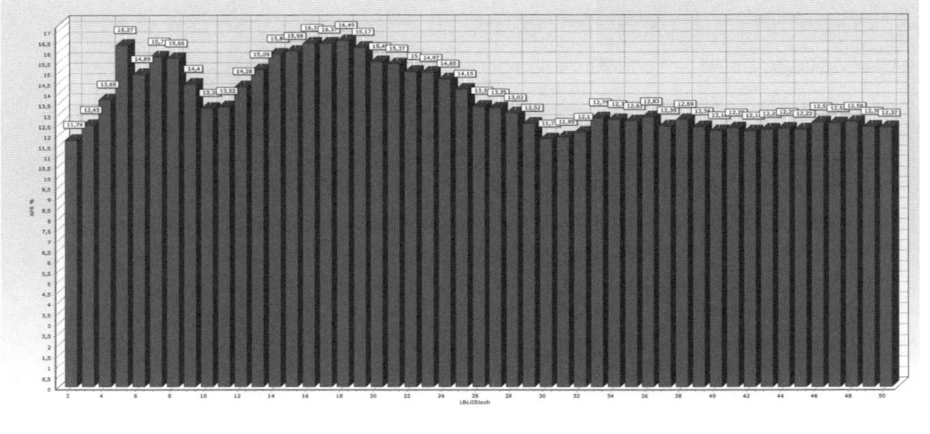

Abb. 124, Quelle: Wealth-Lab

Hier sind die Ergebnisse nicht so schön und gleichmäßig verteilt. Während 5 ein sehr performanter Wert ist, liegt er aber in einer sehr instabilen Region. Besser gefällt mir der Bereich zwischen 15 und 19.

Toms Trading-Insider-Tipp

Ein ernsthafter Entwickler geht sogar noch weiter. Er prüft jeden Parameter von A bis Z, um wirklich stabile Regionen zu erkennen und damit die Qualität eines Modells zu quantifizieren. Er wird sich daher alle Ergebnisse in seinem gesamten Wertebereich (also von 0 bis 100) anzeigen lassen. Man richtet sein Augenmerk somit nicht nur auf Bereiche, in denen das System funktioniert, sondern bewusst auch auf Regionen, in denen es nicht funktioniert.

Stabilitätstests sind zum einen komplex, zum anderen unerlässlich. Auch wenn wir hier nur einen Indikator-Parameter überprüft haben, müssen Sie wissen, dass ein Profi dieses Thema sehr ernst nimmt und viele Analysen macht. Dabei werden zahlreiche Kennzahlen oder Indikatoren-Parameter genauso geprüft wie Aktienportfolios, Prioritäten oder Positionsgrößen.

Viele angehende Trader verstehen diese Tests jedoch falsch. Statt wirklich auf Stabilität zu achten, versuchen Sie auch hier noch, Performance rauszuquetschen. Und wenn man einem Einsteiger sagt, dass er nicht den performantesten, sondern den stabilsten Parameter nehmen soll, kostet das einiges an Überzeugungsarbeit. Wenn nämlich die Rendite leidet, tut das einem angehenden Trader richtig weh. Doch dieser Verzicht bezieht sich einzig und allein auf den Backtest. Im echten Trading wird sich die Performance verbessern oder stabilisieren, wenn nicht nur auf die Rendite geachtet wird.

Letztlich ist bei Stabilitätstests aller Art Fingerspitzengefühl angesagt. Nicht jede Entscheidung können wir dabei quantifiziert (also mit Fakten untermauert) treffen. Manches ist Intuition, vieles ist Erfahrung. Letztlich entscheidet die Stabilität eines Trading-Modells auch über dessen Lebenszyklus und natürlich über die damit generierten Renditen. Bringen wir es abschließend auf den Punkt: Stabilitätstests sind für erfolgreiches Trading unerlässlich!

Zur aktuellen Entwicklung (Tag 36)

Wie Sie wissen, ging ich gestern volles Risiko (19 Mal long) und wurde belohnt. Die Märkte stiegen und meine Long-Trades machten endlich Gewinne. Heute zur Eröffnung werden sechs Trades beendet, es kommen aber wieder zwei neue Long-Positionen dazu. Somit wird die Gewichtung auf der Long-Seite etwas reduziert, ich bin aber mit 15 Positionen immer noch sehr stark auf steigende Kurse ausgerichtet und habe nach wie vor keinen Short-Trade.

Der aktuelle Kontostand ist gestiegen und beträgt derzeit 67.464 Euro. Somit dreht das Gesamtprojekt drei Tage vor dem Ende doch wieder ins Plus, während der zweite Monat negativ bleibt.

Performance Monat 1	**+3,76 %**
Performance Monat 2 – aktuell	**–3,03 %**
Performance Gesamtprojekt	**+0,84 %**

Tabelle 5

Es bleibt spannend. Noch drei Tage!

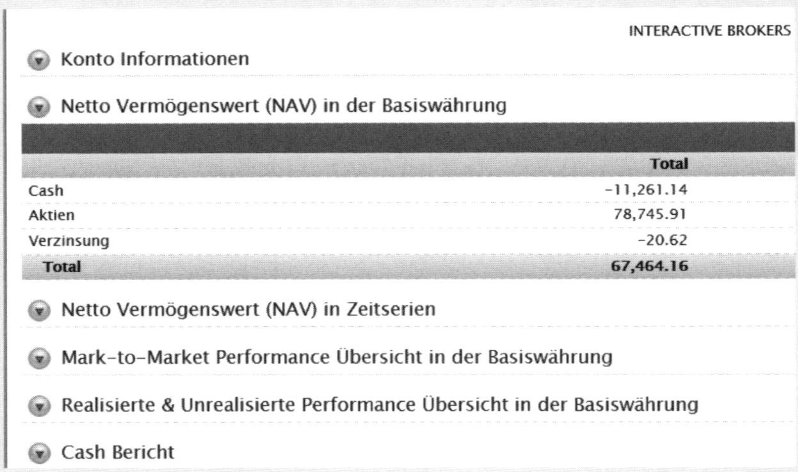
INTERACTIVE BROKERS

Konto Informationen

Netto Vermögenswert (NAV) in der Basiswährung

	Total
Cash	-11,261.14
Aktien	78,745.91
Verzinsung	-20.62
Total	**67,464.16**

Netto Vermögenswert (NAV) in Zeitserien

Mark-to-Market Performance Übersicht in der Basiswährung

Realisierte & Unrealisierte Performance Übersicht in der Basiswährung

Cash Bericht

Abb. 125, Quelle: Interactive Brokers (IB)

Woche 7 – Tag 37

Wir nähern uns schön langsam dem Ende dieses (Tage-)Buches. Auch wenn vieles schon besprochen wurde, müssen wir ein wichtiges Thema noch diskutieren. Dabei geht es um die Renditen oder besser gesagt um den Anstieg unserer Eigenkapitalkurve und wie und warum dieser überhaupt entsteht. Wie wir gleich sehen werden, ist dafür nicht nur unser Geschick als Trader verantwortlich, sondern einfachste Mathematik.

Schon öfter wurde ich gefragt, ob ich deswegen Seminare halte oder Bücher schreibe, weil ich kein erfolgreicher Trader bin und meine Gewinne nicht reichen, um vom Trading zu leben. Doch ich werde gleich zeigen, dass das eine mit dem anderen nichts zu tun hat, und dabei werden wir erneut Fakten statt Worte sprechen lassen. Reden wir dabei über den Zinseszinseffekt und darüber, warum die Vorstellung vieler Menschen vom Leben eines Berufstraders weit an der Realität vorbeigeht.

Den Begriff Zinseszinseffekt kennen wir von der Schule, aber welchen Wert besitzt er im Trading? Wenn ich an der Börse diesen Effekt in seiner ganzen Kraft nutzen will, dann bedeutet das, dass ich erzielte Gewinne sofort wieder in neue Trades investiere und nicht von meinem Konto abhebe. Somit steigen meine Positionsgrößen täglich, weil ich die Gewinne des Vortages am heutigen Trading-Tag bereits in meine Positionsgrößen einfließen lasse.

Was bedeutet das in der Praxis?

Nehmen wir an, mein Kontostand beträgt am Tag 1 33 234 US-Dollar. Ich handle ein Trading-System, das bis zu zehn Trades gleichzeitig machen darf. Meine Positionsgröße beträgt somit 3323,40 US-Dollar. An diesem Tag kann ich massive Gewinne einstreichen und am Tag 2 liegt mein Kontostand bei 33 811 US-Dollar. Aufgrund der Tatsache, dass ich Gewinne gleich in mein Risikomanagement einfließen lasse, erhöht sich meine Positionsgröße am Tag 2 von 3323,40 US-Dollar auf 3381,10 US-Dollar. Sie ist also um 57,70 US-Dollar pro Trade gestiegen. Das ist nicht viel, denken Sie? Natürlich ist der Unterschied, wenn man ihn pro Tag und Position bewertet, nicht besonders groß. Aber Rom wurde ja auch nicht an einem Tag gebaut und dementsprechend dauert es einige Jahre, bis Sie ein großes Konto handeln werden. Vorausgesetzt, Sie investieren Ihre Gewinne regelmäßig.

Anmerkung

Natürlich wirkt der Zinseszinseffekt auch in die entgegengesetzte Richtung. Wenn Sie Verluste machen, reduziert sich am Tag darauf Ihre Positionsgröße. Weiterhin, das sei der Vollständigkeit halber noch gesagt, gibt es Trader, die ihre Positionsgrößen nicht täglich anpassen, sondern wöchentlich oder monatlich. Ich habe mich für die tägliche Anpassung entschieden.

Aber wie groß sind die Unterschiede wirklich? Welche Konsequenzen hat es in der Praxis, ob ich mir meine Gewinne auszahlen lasse, um davon zu leben, oder ob ich sie nicht antaste, damit das Konto größer wird?

Dazu zeige ich Ihnen die Performance eines klassischen Swingtrading-Modells. Der Beobachtungszeitraum erstreckt sich vom 1. Januar 2000 bis 31. Dezember 2012. Gehandelt werden die 100 Aktien aus dem S&P 100 und wir dürfen bis zu zehn Trades parallel ausführen. Broker-Gebühren wurden dabei berücksichtigt.

Die Rendite des Systems beträgt mehr als 40 Prozent pro Jahr. Das sieht man in Abbildung 126. Wie sieht die Performance nun aus, wenn ich meine Gewinne abziehe und sie nicht wieder investiere? Wenn ich also vom Trading leben muss – oder besser gesagt, wenn ich meine Trading-Gewinne zum Leben brauche? Wir lassen alle anderen Parameter des Systems sowie den Testzeitraum unverändert, aktivieren jedoch die Schaltfläche »Don't reinvest«. Achten Sie bitte auf Abbildung 127.

Backtest Performance Report | Range: 03.01.2000 to 31.12.2012 (3269 Bars) |

	All Trades	Long Trades	Short Trades	Buy & Hold
Starting Capital	€ 100.000,00	€ 100.000,00	€ 100.000,00	€ 100.000,00
Ending Capital	€ 8.086.142,81	€ 5.207.633,45	€ 2.978.509,36	€ 309.779,96
Net Profit	€ 7.986.142,81	€ 5.107.633,45	€ 2.878.509,36	€ 209.779,96
Net Profit %	7.986,14%	5.107,63%	2.878,51%	209,78%
Annualized Gain %	40,22%	35,55%	29,85%	9,09%
Exposure	63,67%	61,49%	60,01%	99,68%
Total Commission	-€ 779.820,94	-€ 449.074,66	-€ 330.746,28	-€ 107,25
Return on Cash	€ 0,00	€ 0,00	€ 0,00	€ 0,00
Margin Interest Paid	€ 0,00	€ 0,00	€ 0,00	€ 0,00
Dividends Received	€ 0,00	€ 0,00	€ 0,00	€ 0,00
Number of Trades	8.191	4.827	3.364	100
Average Profit	€ 974,99	€ 1.058,14	€ 855,68	€ 2.097,80
Average Profit %	0,57%	0,63%	0,47%	203,37%
Average Bars Held	3,64	3,97	3,17	3.197,45
Winning Trades	4.844	2.696	2.148	68
Win Rate	59,14%	55,85%	63,85%	68,00%
Gross Profit	€ 28.518.968,40	€ 17.231.090,91	€ 11.287.877,49	€ 224.778,66
Average Profit	€ 5.887,48	€ 6.391,35	€ 5.255,06	€ 3.305,57
Average Profit %	3,02%	3,42%	2,53%	321,36%
Average Bars Held	3,42	3,95	2,75	3.166,94
Max Consecutive Winners	38	19	31	15
Losing Trades	3.347	2.131	1.216	32
Loss Rate	40,86%	44,15%	36,15%	32,00%
Gross Loss	-€ 20.532.825,60	-€ 12.123.457,46	-€ 8.409.368,14	-€ 14.998,71
Average Loss	-€ 6.134,70	-€ 5.689,09	-€ 6.915,60	-€ 468,71
Average Loss %	-2,99%	-2,89%	-3,16%	-47,34%
Average Bars Held	3,97	4,00	3,91	3.262,28
Max Consecutive Losses	22	22	16	3
Maximum Drawdown	-€ 813.291,65	-€ 811.564,70	-€ 928.355,25	-€ 125.218,62
Maximum Drawdown Date	15.12.2011	05.06.2012	15.04.2010	09.03.2009
Maximum Drawdown %	-15,31%	-24,96%	-40,20%	-52,13%
Maximum Drawdown % Date	23.01.2008	21.01.2009	07.03.2005	09.03.2009
Wealth-Lab Score	53,50	43,39	29,74	4,37
Sharpe Ratio	1,89	1,45	1,11	0,58
Profit Factor	1,39	1,42	1,34	14,99
Recovery Factor	9,82	6,29	3,10	1,68
Payoff Ratio	1,01	1,18	0,80	6,79

Abb. 126, Quelle: Wealth-Lab

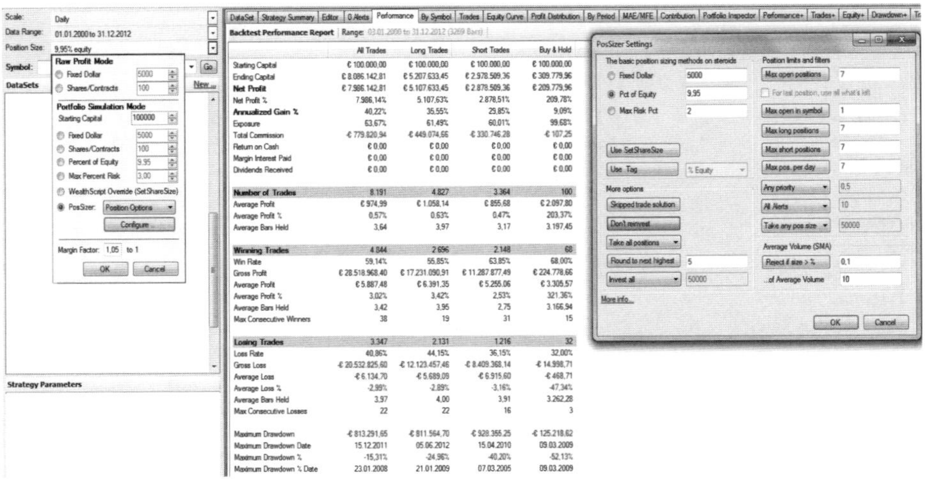

Abb. 127, Quelle: Wealth-Lab

Das Ergebnis mag nun manchen Leser überraschen ...

Wir hatten vorhin eine Rendite von 40 Prozent pro Jahr und nun sind wir bei 20 Prozent gelandet, wie wir in Abbildung 128 sehen können. Mit dem gleichen System. Der einzige Unterschied ist, dass wir die Gewinne nicht reinvestiert haben. Wir haben also auf den ersten Blick die Hälfte der Performance hergeschenkt, weil wir ständige Entnahmen von unserem Trading-Konto tätigen. Aber ist es wirklich nur die Hälfte? Vergleichen wir das Endkapital. Modell 1 (das ohne Entnahmen) produziert in 13 Jahren einen Net Profit von 7986 Mio. US-Dollar oder 7986 Prozent Gewinn. Modell 2 (das mit Entnahmen) kommt hingegen nur auf 987.839.000 und einen Gewinn von 987 Prozent.

Ich hätte also im gesamten Testzeitraum um ca. 7 Mio. US-Dollar weniger eingenommen, wenn ich den Zinseszinseffekt nicht genutzt hätte. Auch bei der Jahresverteilung der Gewinne (Abbildungen 129, 130) wird der große Unterschied deutlich.

Backtest Performance Report | Range: 03.01.2000 to 31.12.2012 (3269 Bars)

	All Trades	Long Trades	Short Trades	Buy & Hold
Starting Capital	€ 100.000,00	€ 100.000,00	€ 100.000,00	€ 100.000,00
Ending Capital	€ 1.087.838,93	€ 766.053,98	€ 421.784,95	€ 309.779,96
Net Profit	€ 987.838,93	€ 666.053,98	€ 321.784,95	€ 209.779,96
Net Profit %	987,84%	666,05%	321,78%	209,78%
Annualized Gain %	20,16%	16,96%	11,71%	9,09%
Exposure	28,69%	27,79%	18,00%	99,68%
Total Commission	-€ 89.668,31	-€ 58.933,09	-€ 30.735,22	-€ 107,25
Return on Cash	€ 0,00	€ 0,00	€ 0,00	€ 0,00
Margin Interest Paid	€ 0,00	€ 0,00	€ 0,00	€ 0,00
Dividends Received	€ 0,00	€ 0,00	€ 0,00	€ 0,00
Number of Trades	18.897	12.348	6.549	100
Average Profit	€ 52,27	€ 53,94	€ 49,13	€ 2.097,80
Average Profit %	0,53%	0,54%	0,49%	203,37%
Average Bars Held	3,68	3,97	3,13	3.197,45
Winning Trades	11.113	6.896	4.217	68
Win Rate	58,81%	55,85%	64,39%	68,00%
Gross Profit	€ 3.467.136,11	€ 2.340.608,11	€ 1.126.528,00	€ 224.778,66
Average Profit	€ 311,99	€ 339,42	€ 267,14	€ 3.305,57
Average Profit %	3,14%	3,42%	2,68%	321,36%
Average Bars Held	3,48	3,96	2,71	3.166,94
Max Consecutive Winners	112	61	117	15
Losing Trades	7.784	5.452	2.332	32
Loss Rate	41,19%	44,15%	35,61%	32,00%
Gross Loss	-€ 2.479.297,17	-€ 1.674.554,12	-€ 804.743,05	-€ 14.998,71
Average Loss	-€ 318,51	-€ 307,14	-€ 345,09	-€ 468,71
Average Loss %	-3,21%	-3,09%	-3,47%	-47,34%
Average Bars Held	3,97	4,00	3,89	3.262,28
Max Consecutive Losses	92	92	19	3
Maximum Drawdown	-€ 89.680,68	-€ 168.395,44	-€ 58.567,22	-€ 125.218,62
Maximum Drawdown Date	08.10.2008	02.03.2009	26.07.2010	09.03.2009
Maximum Drawdown %	-19,26%	-31,06%	-23,50%	-52,13%
Maximum Drawdown % Date	20.09.2001	02.03.2009	11.01.2006	09.03.2009
Wealth-Lab Score	56,75	42,09	49,79	4,37
Sharpe Ratio	1,57	1,24	0,91	0,58
Profit Factor	1,40	1,40	1,40	14,99
Recovery Factor	11,02	3,96	5,49	1,68
Payoff Ratio	0,98	1,11	0,77	6,79

Abb. 128, Quelle: Wealth-Lab

Modell 1 (ohne Entnahmen)

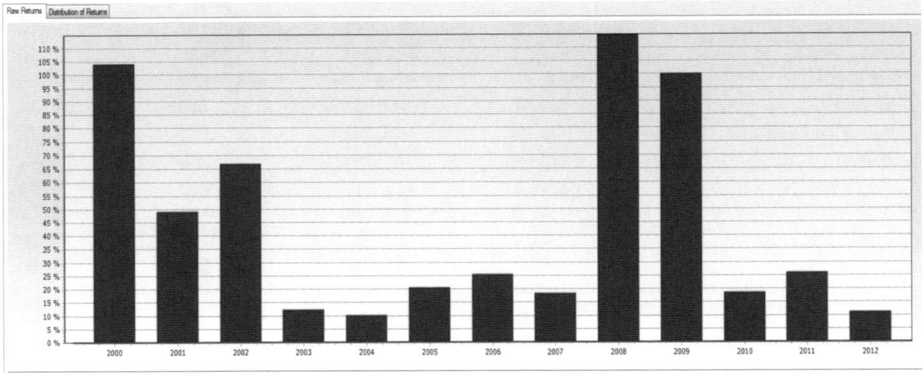

Abb. 129, Quelle: Wealth-Lab

Ohne Zinseszinseffekt sehen die Ziffern nun jedoch ganz anders aus.

Modell 2 (mit Entnahmen)

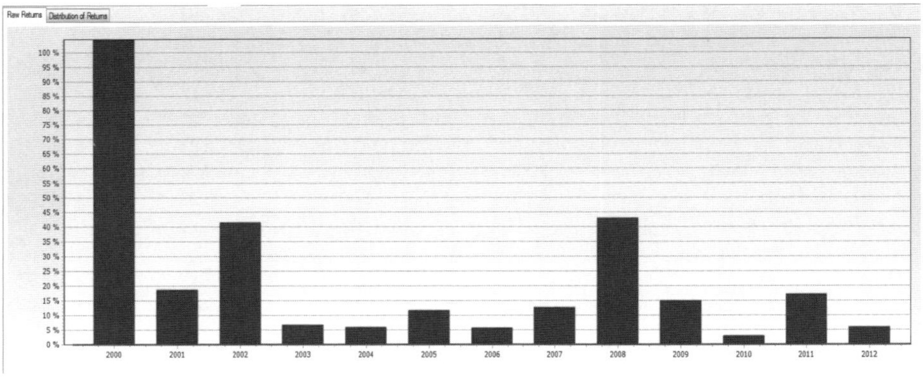

Abb. 130, Quelle: Wealth-Lab

Auch in dieser Betrachtung wirkt sich das Fehlen des Re-Investierens negativ aus. Oder anders gesagt: Wir nehmen deutlich weniger pro Jahr ein, wenn wir ständig unsere Gewinne abheben. Während wir im Jahr 2000 noch ähnliche Werte bei beiden Modellen erhalten, fällt die Performance ohne Zinseszinseffekt ab dem Jahr 2001 zurück. In vielen Perioden (2003, 2004, 2006, 2012) erzielen wir nur noch eine Rendite, die unter 10 Prozent liegt und im Jahr 2010 schrammen wir mit einer Performance von 2,92 Prozent knapp an einem Verlust vorbei. Und alles nur deshalb, weil wir unsere Gewinne nicht arbeiten lassen.

Anmerkung

Natürlich werden die Gewinne besteuert, und daher werden Abhebungen vom Trading-Konto unvermeidlich sein. Aber wir wollen hier ja nur die Macht des Zinseszinseffektes beobachten.

Vom Trading leben! Mythos ist das – je nach Ihren Ansprüchen – keiner. Wenn man die Performance eines guten Modells betrachtet, funktioniert das sogar ohne Einsatz eines Hebels ab einem Konto im mittleren 6-stelligen Bereich. Ich könnte vom Trading leben, weil ich einige dementsprechend große Konten bewege. Aber ich kann oder will es mir nicht leisten, vom Trading leben zu müssen, weil mir die entgangenen Gewinne wehtun. Die Gewinne schenke ich nicht her, sondern investiere damit lieber in den Zinseszinseffekt.

Toms Trading-Insider-Tipp

Versuchen Sie mit aller Anstrengung, ein erfolgreicher Trader zu werden. Bemühen Sie sich, dieses Ziel zu erreichen. Betreiben Sie aber das Trading so lange wie möglich als Nebenjob und bauen Sie sich nebenbei etwas anderes auf, von dem Sie leben können, damit sich Ihr Geld in Ruhe vermehrt. Ich und viele andere erfolgreiche private Trader praktizieren das auch so. Weil wir es uns nicht leisten wollen, auf die mächtigste Waffe zu verzichten, die ein Trader besitzt: auf den Zinseszinseffekt, über den wir auch noch im Anhang für Fortgeschrittene sprechen werden.

Zur aktuellen Entwicklung (Tag 37)

Der S&P 500 ist gestern um 0,96 Prozent gestiegen. Nach dem Ausverkauf in der vorigen Woche kommt es nun also doch zu einer merklichen Erholung. Ich konnte von den steigenden Kursen profitieren, war ich doch ausschließlich long positioniert. Da sich der Anstieg der Notierungen nun schon den zweiten Tag fortsetzt, beginnt ein Modell bereits wieder damit, sich mit neuen Signalen an der Short-Seite zu orientieren. Natürlich kann das nicht die Long-only-Strategie sein, die heute zwei Alarme auf steigende Kurse ausgibt. Beide Trades kann ich aber nicht realisieren, weil die Unternehmen in Kürze entweder einen Quartalsbericht veröffentlichen oder vor wenigen Tagen so einen Report vorgelegt haben. Eine Strategie wirft heute gar keinen Alarm aus. Bleibt Modell 1 und da schauen wir uns gemeinsam die Signalausgabe an.

Select All | Place Orders | Stage Orders | Monitor in Quotes Window | Help

Alert Time	Symbol	Account	Action	Qty	Order Type	Price	Scale	Signal Name
26.06.2013	ABBV	PaperAccou...	Short	327	Market		Daily	E-SHORT
26.06.2013	APC	PaperAccou...	Short	164	Market		Daily	E-SHORT
26.06.2013	AMX	PaperAccou...	Short	712	Market		Daily	E-SHORT
26.06.2013	GILD	PaperAccou...	Short	276	Market		Daily	E-SHORT
26.06.2013	F	PaperAccou...	Short	928	Market		Daily	E-SHORT
26.06.2013	TSM	PaperAccou...	Short	804	Market		Daily	E-SHORT
26.06.2013	AMGN	PaperAccou...	Short	142	Market		Daily	E-SHORT
26.06.2013	EEM	PaperAccou...	Short	373	Market		Daily	E-SHORT
26.06.2013	BIDU	PaperAccou...	Short	151	Market		Daily	E-SHORT
26.06.2013	LVS	PaperAccou...	Short	276	Market		Daily	E-SHORT
26.06.2013	GM	PaperAccou...	Short	436	Market		Daily	E-SHORT
26.06.2013	PBR.A	PaperAccou...	Short	949	Market		Daily	E-SHORT
26.06.2013	VWO	PaperAccou...	Short	373	Market		Daily	E-SHORT

Abb. 131, Quelle: Wealth-Lab

Von diesen 13 Alarmen kann ich vier umsetzen, weil heute bei diesem Modell ebenso viele Trade-Plätze frei werden. Wie bereits erwähnt handelt es sich ausschließlich um Short-Trades. Damit reduziert sich auch die extreme Gewichtung meines Depots auf der Long-Seite ein wenig, mit der Konsequenz, dass die Entwicklung des Kontostandes eine kleine Spur weniger volatil voranschreiten wird, weil die Strategien sich gegenseitig hedgen.

Für den positiven Gesamtabschluss dieses Tagebuchs sieht es also in der Zwischenzeit wieder gar nicht so schlecht aus. Aber ich will den Tag nicht vor dem Abend loben. Es ist noch nicht vorbei und der Schwarze Schwan kann jederzeit um die Ecke kommen. Ich wollte nun fast schon schreiben, dass ich deswegen auf der Hut bleiben muss. Aber das stimmt nicht. Denn kommt es in den nächsten Tagen wirklich zu unvorhergesehenen oder untypischen Entwicklungen, bin ich erneut machtlos. Ich kann nur meine Modelle in Ruhe arbeiten lassen und dann am Ende der Woche Bilanz ziehen.

Die nachfolgende Tabelle zeigt die aktuelle Entwicklung zwei Tage vor Projektschluss.

Performance Monat 1	**+3,76 %**
Performance Monat 2 – aktuell	**–1,55 %**
Performance Gesamtprojekt	**+2,16 %**

Tabelle 6

Der Kontostand ist gestern erneut stark gestiegen und wir halten bei **68.349 Euro**. Die positive Entwicklung setzt sich fort. Ich denke, man erkennt, warum Trading kein Geschäft für emotional unausgeglichene Menschen ist.

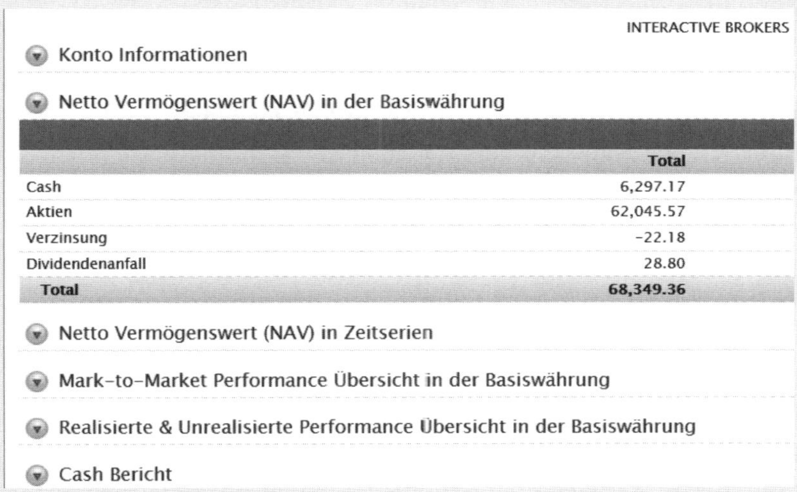
INTERACTIVE BROKERS

Konto Informationen

Netto Vermögenswert (NAV) in der Basiswährung

	Total
Cash	6,297.17
Aktien	62,045.57
Verzinsung	-22.18
Dividendenanfall	28.80
Total	**68,349.36**

Netto Vermögenswert (NAV) in Zeitserien

Mark-to-Market Performance Übersicht in der Basiswährung

Realisierte & Unrealisierte Performance Übersicht in der Basiswährung

Cash Bericht

Abb. 132, Quelle: Interactive Brokers (IB)

Woche 7 – Tag 38

Letzter Trading-Tag! Die Schwankungen der vergangenen Tage waren enorm und ich glaube, man hat ungefähr einen Eindruck davon bekommen, wie mein Trading in der Praxis funktioniert. Aber man hat auch gesehen, dass man mental stark sein muss, um die Ereignisse zu verkraften oder wegzustecken, denn Sie haben mich ja durch einen gar nicht so kleinen Drawdown begleitet. Ein Trader, der noch nicht die Erfahrung und Routine hat, wäre vielleicht nervös geworden oder hätte seine Trades (und das Projekt?) in Panik vorzeitig beendet.

Aber es ist nicht nur die mentale Stärke, die einen Routinier gelassen bleiben lässt. Es ist auch die Tatsache, dass er seine Modelle kennt. Und mit kennen meine ich nicht, dass er weiß, welche Indikatoren darin enthalten sind. Ich meine, dass er sich der Funktionsweise der Strategien bewusst ist und gleichzeitig weiß, wann und warum sie funktionieren. Ich denke, dass dieses Wissen über die großen Zusammenhänge, den Markt ganz allgemein und darüber, wie sich die Handelsansätze darin zurechtfinden, sehr wichtig ist, um erfolgreich zu sein. Vertiefen wir uns also in dieses Thema, bevor wir die aktuelle Entwicklung besprechen.

Wir wissen bereits, dass eine gute Strategie weder in jedem Markt noch zu jeder Zeit funktioniert. Nun werden wir erfahren, warum das so ist und weshalb ein Trading-Modell immer nur eine gewisse Funktionsbandbreite des Marktes abdecken kann. Bewegen sich die Notierungen außerhalb dieser Range, ist die Systemabdeckung im Augenblick negativ und es entstehen Verluste. Der fortgeschrittene Trader fügt daher aus Gründen der Stabilität gerne mehrere Handelsansätze zu einem Systemportfolio zusammen und tradet diese parallel. Dabei sollte man vor allem darauf achten, möglichst unkorrelierte Strategien zu verknüpfen, denn es macht ja keinen Sinn, zwei Ansätze gleichzeitig zu handeln, die weitgehend gleich arbeiten.

Mischt man dabei ein Reversions- mit einem Trendfolge-Modell, wird die Korrelation automatisch schwach ausgeprägt sein, weil diese Regelwerke grundverschieden sind. Kombiniert man aber vom Typus her ähnliche Ansätze, muss man aufpassen, dass sich die Ergebnisse nicht zu stark gleichen. Denn natürlich macht es ebenso Sinn, mehrere Trendfolgeansätze oder mehrere

Kontratrendmodelle zu bündeln. Auch dieses Vorgehen erhöht die Stabilität und glättet die Equity-Kurve. Warum das so ist, versuche ich im Folgenden darzustellen.

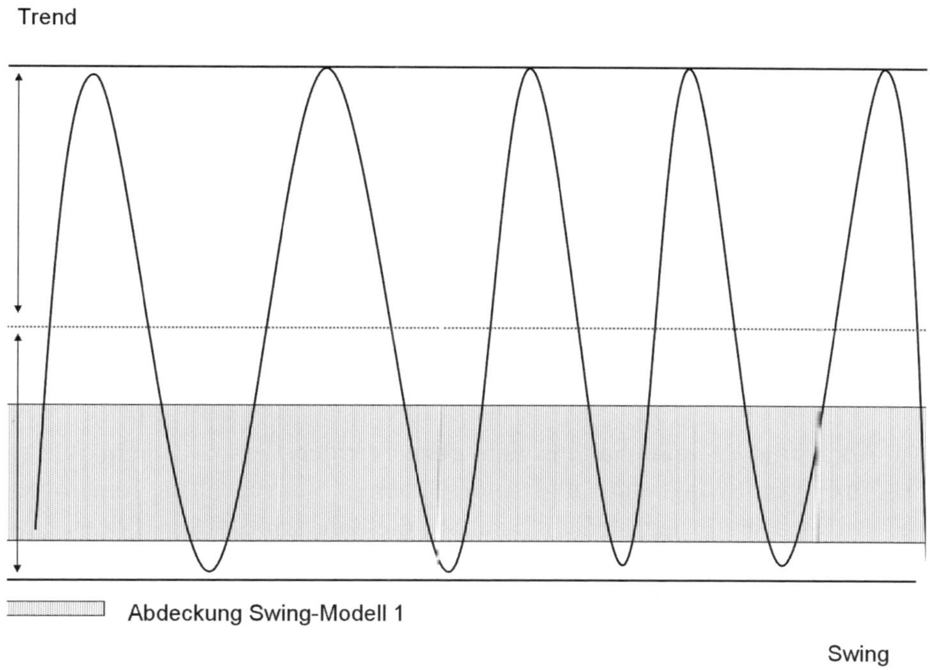

Abb. 133, Marktabdeckung mit einem Modell, eigene Daten

Die abgebildete Kurve soll keinen Kursverlauf darstellen, sondern die schwankende Funktionsweise der Märkte. Der obere Teil ist jener Zyklus, in dem die Märkte zur Trendfolge tendieren. Unten finden Sie jene Phase, in der die Märkte swingen. Getrennt werden beide Abschnitte von einer punktierten Linie.

Anmerkung

Klassische Trading-Systeme werden von vielen Experten in zwei Hauptgruppen eingeteilt. Zu nennen wären hier zum einen Trendfolge- oder Momentumansätze, zum anderen das Kontratrend-Trading. Doch was bedeutet das?

Trendfolge bedeutet, dass man darauf spekuliert, dass eine Bewegung eines Underlyings (Aktie, Future etc.), die gerade begonnen hat, fortgesetzt wird (prozyklisch). Trendfolge wird vielfach gerne mit Markttechnik verwechselt, hat damit aber in dem Zusammenhang, wie ich es verstehe, nur am Rande zu tun. Ein Trendfolger sucht Bewegung und positioniert sich dann in Richtung dieser Bewegung. Somit sind Breakout-Strategien auch in diese Kategorie einzuordnen.

Für Kontratrend-Trading gibt es mehrere Begriffe. Man kann es auch Swingtrading, Contrairian Trading oder Mean Reversal Trading nennen. Letzterer Begriff stammt aus dem englischen und bedeutet grob übersetzt: Rückkehr zum Mittelwert. ***Mean*** ist also der Durchschnitt und ***Reversal*** die Umkehr. Und dieser Begriff erklärt es eigentlich recht gut.

Somit spekuliert ein Swingtrader (bleiben wir zwecks Lesbarkeit bei dieser Bezeichnung) darauf, dass sich eine Bewegung eines Underlyings (Aktie, Future etc.), die gerade begonnen hat, umkehrt (antizyklisch).

Mit Abbildung 133 soll übrigens nicht gesagt werden, dass sich die Märkte zu 50 Prozent im Swingmodus und zu den anderen 50 Prozent im Trendfolgemodus befinden. Es geht lediglich darum, die unterschiedlichen Zyklen grafisch aufzubereiten und das Sich-Aufhalten des Marktes in dem einen oder anderen Cluster festzuhalten.

Kommt nun ein Swingtrading-Modell zum Einsatz, wird diese Strategie nur dann funktionieren, wenn sich der Markt im Swingmodus aufhält. Trendet der Markt, greift das Modell nicht. Aber selbst ein noch so gutes Reversionsmodell kann nicht den gesamten Swingbereich abdecken. Es bleiben Lücken und so kann es vorkommen, dass trotz schwingender Märkte solche Ansätze nicht greifen, wie wir es im Tagebuch in der zweiten Projekthälfte erlebt haben. Mischt man nun ein zweites, nicht stark korrelierendes Kontratrendmodell dazu, erhöht sich die Abdeckung des Swing-Clusters. Das sehen Sie in der nächsten Abbildung dargestellt.

Dabei kommt es, weil die Modelle ähnlich funktionieren, zu Überlappungen. Gleichzeitig erweitert sich jedoch die Funktionsbandbreite des Systemportfolios. Aber selbst dann werden immer noch Swingbereiche im Cluster ganz unten nicht erfasst und der Trendfolgebereich sowieso nicht.

Mischt man ein weiteres Modell dazu, verbessert sich die Abdeckung noch einmal, wie Sie im nächsten Schaubild sehen können.

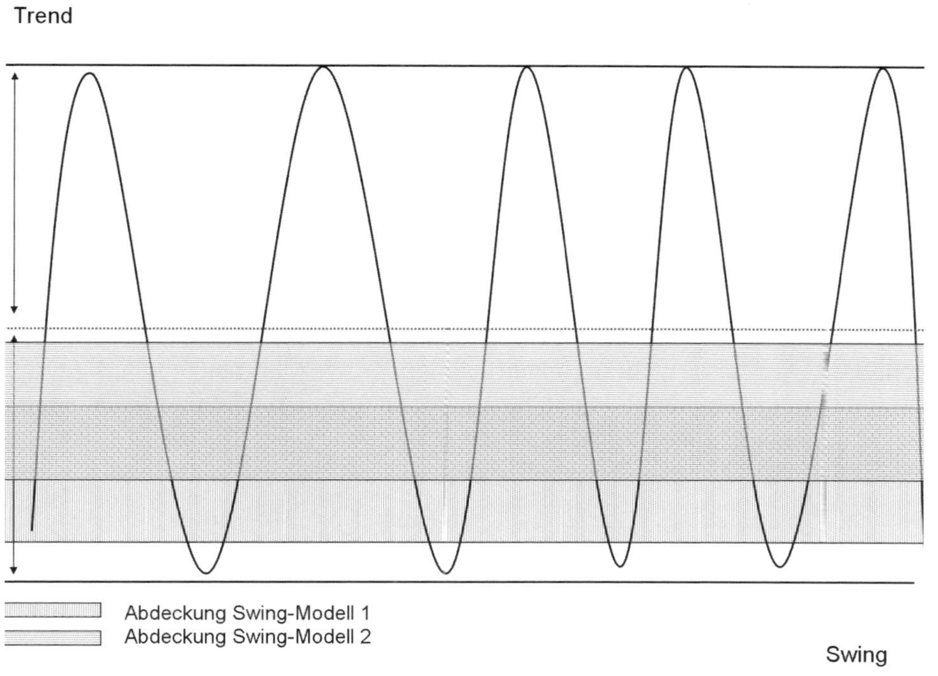

Abb. 134, Marktabdeckung mit zwei Modellen, eigene Daten

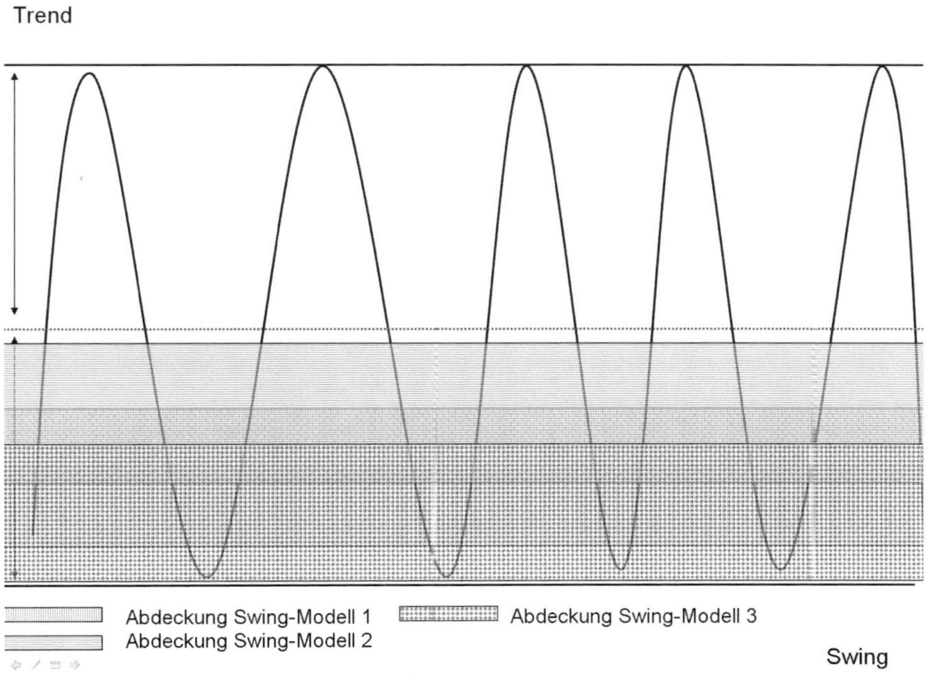

Abb. 135, Marktabdeckung mit drei Modellen, eigene Daten

In dieser Abbildung kommen nun drei Kontratrend-Strategien gleichzeitig zum Einsatz. Doch trotz weiterer Ausdehnung des Funktionsumfanges sehen Sie, dass einerseits noch immer (kleine) Swingbereiche offen bleiben, andererseits, dass drei Modelle nicht drei Mal so viel Bandbreite erfassen wie ein Modell. Wie gesagt liegt das an der Überlappung und daran, dass man nie jede nur erdenkliche Funktionsweise des Marktes erfassen kann, auch nicht innerhalb eines Clusters (Swing vs. Trend). Die Spitzen oben und unten sind jene Bereiche, in denen, etwas salopp formuliert, die Märkte verrücktspielen. In so einem Fall funktioniert gar nichts und der Trader muss darauf warten, dass wieder Normalität einkehrt. Je länger der Markt sich außerhalb des Funktionsumfanges seiner Modelle aufhält, desto mehr Geld wird der Trader dabei verlieren.

Nun liegt es nahe, auch für den oberen Cluster ein Trendfolge- oder Breakout-Modell beizumischen, das dann wiederum ganz andere Marktzyklen erfasst. Das wird in der nächsten Abbildung offensichtlich.

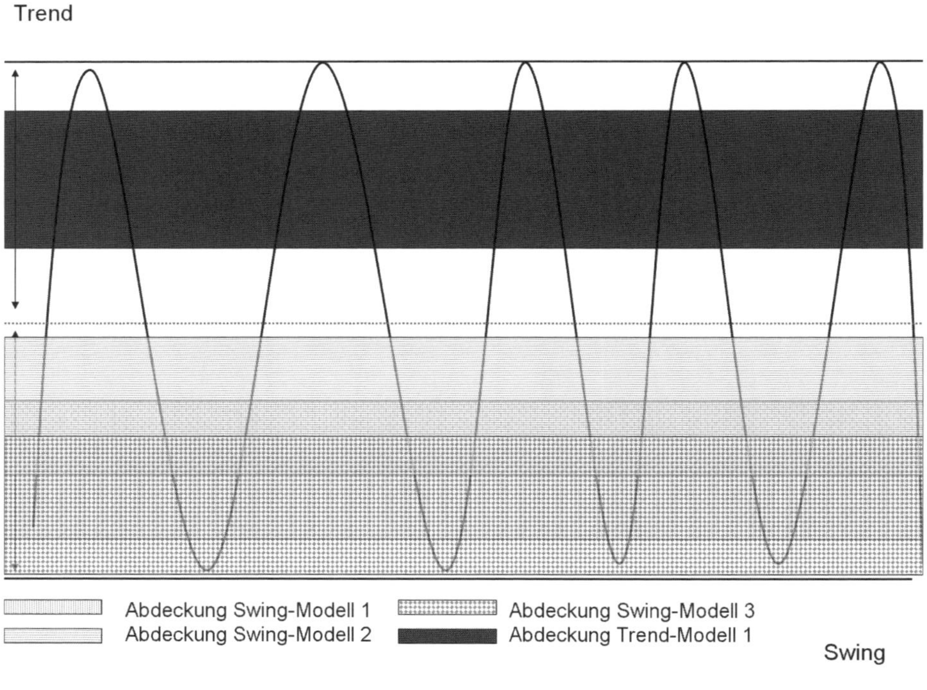

Abb. 136, Marktabdeckung mit vier Modellen, eigene Daten

Je mehr Systeme man auf diesem Weg zusammenführt, desto stabiler wird es insgesamt gesehen. Aus diesem Grund traden erfolgreiche Hedgefonds oder Vermögensverwaltungen niemals nur ein System, sondern einen Korb von bis zu zehn oder mehr Modellen. Diese werden zum Teil korrelieren und so kommt es zu Überlappungen, aber das kann man wie gesagt nicht verhindern. Andererseits ist so gewährleistet, auf viele mögliche Szenarien vorbereitet zu sein, die Equity-Kurve zu glätten und die Drawdowns zu reduzieren.

Anmerkung

Auch diese Erklärung war, wie vieles in diesem Buch, weniger wissenschaftlich als praktisch. Die grundlegende Aussage, dass der Einsatz mehrerer Modelle das Funktionsspektrum erweitert und damit die Equity-Kurve glättet, dürfte aber plausibel wiedergegeben worden sein.

Sie wissen, dass in diesem Buch drei Kontratrend-Modelle zum Einsatz kommen. Damit wird also im Swing-Cluster der Märkte viel, aber eben nicht alles abgedeckt. Laufen wir in einen Drawdown wie im zweiten Monat dieses Projekts, dann hält sich der Markt außerhalb der Funktionsbandbreite der Strategien auf.

Toms Trading-Insider-Tipp

Der Handel von mehreren, weitgehend nicht korrelierenden Strategien (System of Systems oder Systemkorb) bedeutet nicht automatisch, dass die Performance damit besser wird. Oft ist nämlich genau das Gegenteil der Fall und eine einzige Strategie wäre performanter. Die Glättung reduziert nämlich nicht nur den Drawdown, sie schneidet auch die Gewinnspitzen der Einzelmodelle nach oben ab. Der Handel eines Systemportfolios sorgt vor allem für mehr Stabilität. Denn wir wissen ja bereits, dass es nicht nur die Performance ist, auf die ein besonnener Trader achtet.

Wie findet man nun Modelle, deren Korrelation nicht zu stark ausgeprägt ist. Und wie stellt man damit ein Systemportfolio zusammen? Zunächst führt kein Weg daran vorbei, die Strategien einzeln zu entwickeln. Beginnen sollte man im Bereich jener übergeordneten Trading-Strategie, auf die der gewünschte Zielmarkt besser anspricht. Wurden erste performante Modelle entwickelt, vergleicht man deren Equity-Kurven miteinander. So misst man die Korrelationen und kann festlegen, mit welcher Mischung man in die sogenannten Kombinationstests geht.

Toms Trading-Insider-Tipp

Bei Kombinationstests werden mehrere Modelle, die man einzeln entwickelt hat und deren Korrelationen geprüft wurden, miteinander kombiniert und die Testergebnisse kumuliert ausgewertet. Dabei wird unter anderem festgelegt, wie viel Kapital einer einzelnen Strategie zugeordnet wird, wie viele Positionen pro Modell gehandelt werden oder wie und ob die Modelle untereinander priorisiert werden. Wurden die optimalen Parametereinstellungen gefunden, kann man mit diesem ersten kleinen System of Systems beruhigt in den Echtgeld-Handel einsteigen.

Anmerkung

So einfach die letzten Sätze klingen, handelt es sich hier jedoch um Tätigkeiten, die sich über Wochen erstrecken können.

Toms Trading-Insider-Tipp

Selbstverständlich steht manchen Tradern hier eine praktische Hürde im Wege. Nämlich die des verfügbaren Kapitals. Habe ich zum Beispiel nur 10.000 Euro, werde ich damit nicht drei Strategien handeln können. Denn die Positionsgrößen wären zu klein und im Umkehrschluss die Gebühren zu hoch (selbst bei einem günstigen Broker). Auch darauf gilt es zu achten, wenn ich mehrere Handelsansätze zu einem Systemportfolio bündeln möchte.

Um abschließend den Vergleich der Equity-Kurven zu demonstrieren, habe ich Ihnen zwei simple Swingtrading-Modelle mitgebracht. In vieler Hinsicht sind diese Strategien gleich. Beide werden auf die Aktien aus dem S&P 100 getradet. Beide arbeiten mit sieben Positionen und beide haben eine Haltedauer von fünf Tagen sowie ein identisches Kursziel. Auch der Testzeitraum ist gleich. Lediglich der Einstieg ist verschieden.

Die Rahmenbedingungen (Portfolio, Exit, Positionsgrößen, Anzahl Trades) sind also sehr ähnlich, auch der Drawdown und die Anzahl der Trades sind fast gleich. Nur die Performance ist bei Modell A ein wenig besser. Daher möchte man meinen, dass die beiden Modelle stark korrelieren.

Die Performance von System A sehen Sie in der folgenden Abbildung:

DataSet | Strategy Summary | Editor | 0 Alerts | Performance | By Symbol | Trades | Equity Curve | Profit Distribution

Backtest Performance Report | Range: 03.01.2000 to 31.12.2012 (3269 Bars)

	All Trades	Long Trades	Short Trades	Buy & Hold
Starting Capital	€ 100.000,00	€ 100.000,00	€ 100.000,00	€ 100.000,00
Ending Capital	€ 7.154.531,65	€ 4.599.970,06	€ 2.654.561,59	€ 309.779,96
Net Profit	€ 7.054.531,65	€ 4.499.970,06	€ 2.554.561,59	€ 209.779,96
Net Profit %	7.054,53%	4.499,97%	2.554,56%	209,78%
Annualized Gain %	38,91%	34,27%	28,70%	9,09%
Exposure	67,94%	65,64%	63,73%	99,68%
Total Commission	-€ 806.029,30	-€ 456.054,53	-€ 349.974,77	-€ 107,25
Return on Cash	€ 0,00	€ 0,00	€ 0,00	€ 0,00
Margin Interest Paid	€ 0,00	€ 0,00	€ 0,00	€ 0,00
Dividends Received	€ 0,00	€ 0,00	€ 0,00	€ 0,00
Number of Trades	6.080	3.511	2.569	100
Average Profit	€ 1.160,28	€ 1.281,68	€ 994,38	€ 2.097,80
Average Profit %	0,53%	0,58%	0,45%	203,37%
Average Bars Held	3,64	3,97	3,17	3.197,45
Winning Trades	3.590	1.962	1.628	68
Win Rate	59,05%	55,88%	63,37%	68,00%
Gross Profit	€ 28.425.502,00	€ 16.913.307,99	€ 11.512.194,00	€ 224.778,66
Average Profit	€ 7.917,97	€ 8.620,44	€ 7.071,37	€ 3.305,57
Average Profit %	2,95%	3,32%	2,50%	321,36%
Average Bars Held	3,40	3,95	2,74	3.166,94
Max Consecutive Winners	31	15	26	15
Losing Trades	2.490	1.549	941	32
Loss Rate	40,95%	44,12%	36,63%	32,00%
Gross Loss	-€ 21.370.970,35	-€ 12.413.337,93	-€ 8.957.632,41	-€ 14.998,71
Average Loss	-€ 8.582,72	-€ 8.013,78	-€ 9.519,27	-€ 468,71
Average Loss %	-2,97%	-2,89%	-3,10%	-47,34%
Average Bars Held	3,97	4,00	3,92	3.262,28
Max Consecutive Losses	16	16	14	3
Maximum Drawdown	-€ 839.724,90	-€ 825.424,28	-€ 1.053.659,02	-€ 125.218,62
Maximum Drawdown Date	18.05.2012	03.10.2011	15.04.2010	09.03.2009
Maximum Drawdown %	-18,01%	-41,51%	-48,88%	-52,13%
Maximum Drawdown % Date	24.02.2004	22.01.2009	13.11.2006	09.03.2009
Wealth-Lab Score	46,95	30,53	23,02	4,37
Sharpe Ratio	1,71	1,34	1,04	0,58
Profit Factor	1,33	1,36	1,29	14,99
Recovery Factor	8,40	5,45	2,42	1,68
Payoff Ratio	0,99	1,15	0,81	6,79

Abb. 137, Quelle: Wealth-Lab

Die Performance von System B sieht wie folgt aus:

DataSet | Strategy Summary | Editor | 1 Alert | Performance | By Symbol | Trades | Equity Curve | Profit Distribution

Backtest Performance Report | Range: 03.01.2000 to 31.12.2012 (3269 Bars)

	All Trades	Long Trades	Short Trades	Buy & Hold
Starting Capital	€ 100.000,00	€ 100.000,00	€ 100.000,00	€ 100.000,00
Ending Capital	€ 4.729.904,92	€ 3.550.950,31	€ 1.278.954,62	€ 309.779,96
Net Profit	€ 4.629.904,92	€ 3.450.950,31	€ 1.178.954,62	€ 209.779,96
Net Profit %	4.629,90%	3.450,95%	1.178,95%	209,78%
Annualized Gain %	34,55%	31,62%	21,67%	9,09%
Exposure	63,41%	45,42%	84,54%	99,68%
Total Commission	-€ 507.353,00	-€ 229.868,00	-€ 277.485,00	-€ 107,25
Return on Cash	€ 0,00	€ 0,00	€ 0,00	€ 0,00
Margin Interest Paid	€ 0,00	€ 0,00	€ 0,00	€ 0,00
Dividends Received	€ 0,00	€ 0,00	€ 0,00	€ 0,00
Number of Trades	5.758	2.528	3.230	100
Average Profit	€ 804,08	€ 1.365,09	€ 365,00	€ 2.097,80
Average Profit %	0,50%	0,73%	0,32%	203,37%
Average Bars Held	3,59	3,97	3,29	3.197,45
Winning Trades	3.363	1.431	1.932	68
Win Rate	58,41%	56,61%	59,81%	68,00%
Gross Profit	€ 17.515.956,91	€ 9.464.406,67	€ 8.051.550,24	€ 224.778,66
Average Profit	€ 5.208,43	€ 6.613,84	€ 4.167,47	€ 3.305,57
Average Profit %	2,62%	3,44%	2,01%	321,36%
Average Bars Held	3,32	3,95	2,85	3.166,94
Max Consecutive Winners	22	17	22	15
Losing Trades	2.395	1.097	1.298	32
Loss Rate	41,59%	43,39%	40,19%	32,00%
Gross Loss	-€ 12.886.051,98	-€ 6.013.456,36	-€ 6.872.595,62	-€ 14.998,71
Average Loss	-€ 5.380,40	-€ 5.481,73	-€ 5.294,76	-€ 468,71
Average Loss %	-2,48%	-2,82%	-2,19%	-47,34%
Average Bars Held	3,97	4,00	3,94	3.262,28
Max Consecutive Losses	18	18	10	3
Maximum Drawdown	-€ 663.859,42	-€ 454.763,81	-€ 617.424,03	-€ 125.218,62
Maximum Drawdown Date	08.08.2011	08.08.2011	16.05.2011	09.03.2009
Maximum Drawdown %	-19,18%	-35,79%	-43,68%	-52,13%
Maximum Drawdown % Date	08.08.2011	10.10.2008	16.05.2011	09.03.2009
Wealth-Lab Score	44,04	44,70	14,44	4,37
Sharpe Ratio	1,74	1,35	1,11	0,58
Profit Factor	1,36	1,57	1,17	14,99
Recovery Factor	6,97	7,59	1,91	1,68
Payoff Ratio	1,06	1,22	0,92	6,79

Abb. 138, Quelle: Wealth-Lab

Errechnet man aber nun die Korrelation mittels Vergleich der Returns (die aufsummiert die Kurven ergeben), wird ein überraschend geringer Wert von 0,5 ausgeworfen. Was bedeutet dieser Faktor, wie errechnet man ihn und welche Konsequenzen sind daraus abzuleiten?

Um den Korrelationsfaktor zu verstehen, müssen Sie sich zunächst eine x-beliebige Equity-Kurve vorstellen. Duplizieren Sie gedanklich nun diese Equity-Kurve. Sehen beide exakt gleich aus, korrelieren die Modelle zu 100 Prozent miteinander, wie Sie in der nächsten Abbildung sehen. Der Korrelationsfaktor, der immer zwischen –1 und +1 schwankt, liegt in diesem Fall bei +1.

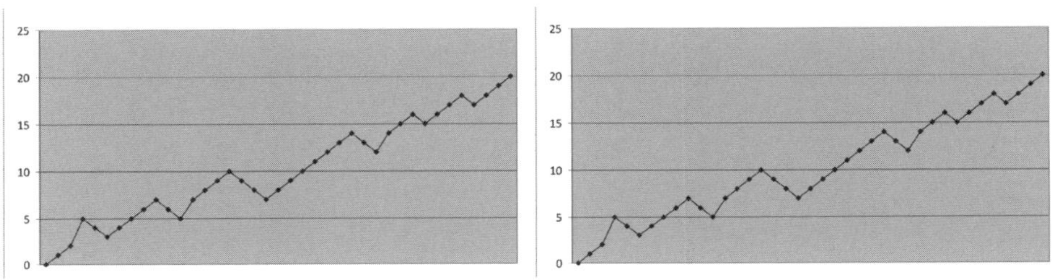

Modell A *Modell B*

Abb. 139, eigene Daten

Stellen Sie nun eine der beiden Kurven auf den Kopf. Sie haben nun zwei Kurven, die perfekt negativ miteinander korreliert sind. Hier wäre der Faktor –1.

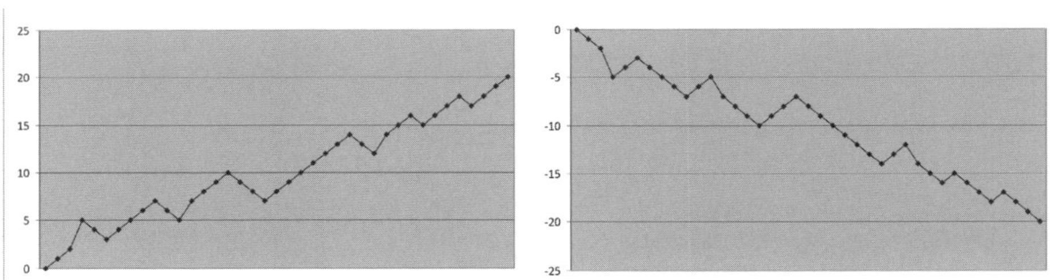

Modell A *Modell B*

Abb. 140, Vergleich zweier Strategien, eigene Daten

Alle Ausprägungen dazwischen werden mit dem Korrelationsfaktor angezeigt. Wenn dieser nun wie bei den beiden vorangegangenen Strategien bei 0,5 liegt, haben wir es trotz ähnlicher Parameter und der gleichen Grundtendenz (Swingtrading) mit wenig korrelierenden Modellen zu tun. Ich würde also beide Systeme durchaus zu einem Strategieportfolio mischen, wenn wir rein den Korrelationsfaktor beachten.

Verwendet man mehrere Handelsansätze, kann man aus den aufsummierten Returns eine sogenannte Korrelationsmatrix erstellen, die beim Einsatz von drei Modellen wie folgt aussehen könnte. Zusätzlich macht noch eine Betrachtung im Hinblick auf die Handelsrichtung (long/short) Sinn.

	A	B	C	D	E	F
1						
2						
3		Modell 1 Long	Modell 1 Short	Modell 3 Long only	Modell 2 Long	Modell 2 Short
4	Modell 1 Long	1	-0,075	0,642	0,498	-0,139
5	Modell 1 Short	-0,075	1	-0,194	-0,174	0,45
6	Modell 3 Long only	0,642	-0,194	1	0,652	-0,208
7	Modell 2 Long	0,498	-0,174	0,652	1	-0,191
8	Modell 2 Short	-0,139	0,45	-0,208	-0,191	1

Abb. 141, Korrelationsmatrix, eigene Daten

Gibt es eine Obergrenze? Und ab wann sind Strategien zu ähnlich und macht es keinen Sinn, sie parallel zu traden? Ich denke, dass die Korrelationen von Zeitreihen (und Aktienkurse sind ja nichts anderes) immer dann als »stark korrelierend« zu bezeichnen sind, wenn der Faktor 0,8 überschreitet.

Praktisch bedeutet das, dass ich auch sehr gute Modelle entwickelt habe, die dann in der berühmten Schublade liegen bleiben. Weil die Korrelation mit anderen Systemen zu hoch ist. Es wäre daher nicht sinnvoll, diese Strategie in mein Systemportfolio aufzunehmen, weil eine Beimischung nicht die erwartete Glättung der Performance-Kurve bringt. Sicher ist es unbefriedigend, gute Systeme nicht einzusetzen. Aber letztlich würde ich nur unnötige Broker-Gebühren erzeugen, wenn ich Handelssysteme trade, die weitgehend gleich arbeiten.

Anmerkung

Es existieren Möglichkeiten, die auch den Einsatz von (zu) stark korrelierenden Modellen ermöglichen. Da dies aber ein äußerst komplexes Thema ist, wollen wir darauf nicht näher eingehen.

Toms Trading-Insider-Tipp

Ein wichtiges Faktum wollen wir noch aus den Aussagen dieses Kapitels ableiten. Seien Sie vorsichtig, wenn Sie sich bei einem Vermögensverwalter, einem Broker oder bei einem Fonds einen eigenen Systemkorb zusammenstellen können. Denn die dem Anleger so gebotene Flexibilität könnte rasch zum Bumerang werden.
Von Laien zusammengestellte Systemportfolios haben alle eines gemeinsam: Sie passen nicht zusammen. Man weiß nicht über den Korrelationsfaktor Bescheid (der Anbieter selbst auch oft nicht). Man wählt daher nach Lust und Laune (und meist nach Höhe der Performance), aber sicher nicht korrekt. Auch wenn Sie als Kunde die Performance der einzelnen Systeme kennen, werden Sie in den seltensten Fällen die richtige Mischung finden. Denn Sie haben weder Zugang zu detaillierten Informationen über die Modelle noch haben Sie Einblick in den täglichen Track Record noch in die Historie. Wenn also ein Anbieter diese Strategieselektion in Ihre Hände legt, dann sollten Sie gewarnt sein. Egal ob es sich dabei um eine Bank oder eine Vermögensverwaltung handelt.
Aber auch Broker tendieren in den letzten Jahren dazu, fertige Systeme anzubieten und ihre Kunden darüber hinaus die anteilige Auswahl treffen zu lassen. Das wird jedoch selten funktionieren, denn die Modelle mögen an sich gut sein, doch die richtige Mischung muss ein Profi durchführen und nicht der Anleger.
Fragen Sie daher den Anbieter Ihrer Wahl, ob er diesen Selektionsprozess für Sie durchführen kann. Und fragen Sie ihn, nach welchen Kriterien er dabei vorgeht. Anhand der Antwort erfahren Sie etwas über die Kompetenz dieses Dienstleisters.

Abschließend noch ein Hinweis zum Thema Korrelationen: Beim Vergleich der Equity-Kurven arbeiten manche Entwickler mit Netto-, andere mit Brutto-Kurven. Was ist damit gemeint? Eine Netto-Kurve stellt die Gewinne ohne Zinseszinseffekt dar. Eine Brutto-Kurve hingegen bildet die Gesamtrendite inklusive der permanent reinvestierten Gewinne ab. Ein wenig mehr Aussagekraft besitzt die Netto-Kurve, aber trotzdem vergleiche ich immer beide Varianten, um eine möglichst exakte Antwort auf die Frage zu bekommen, wie stark zwei oder mehr Modelle miteinander korrelieren.

Toms Trading-Insider-Tipp

Bei der Zusammenstellung eines Systemportfolios gibt es noch andere Aspekte, die der professionelle Entwickler im Auge behält. Die Korrelation ist somit nur ein Faktor von vielen, die bei der Ausgestaltung eines Systemportfolios entscheidend sind. Da diese Methoden aber sehr komplex sind und wir uns im Buch an einfachen Fakten orientieren wollen, werden wir das Thema nicht weiter ausführen.
Doch lassen Sie sich eines versichern: Wenn Sie einige gute Modelle finden, die nicht besonders stark miteinander korrelieren, und diese sinnvoll zu einem kleinen Systemkorb zusammenstellen (das geht mit Kombinationstests recht einfach), werden Sie in einigen Jahren ein sehr großes Konto handeln. Und mehr brauchen Sie als privater Trader auch nicht tun, denn der Mehraufwand steht in keiner Relation zu einer (weiteren) Verbesserung der Performance. Sie wissen: 80/20 ist das Motto für den privaten Trader.

Zur aktuellen Entwicklung (Tag 38)

Noch einmal heißt es heute Morgen für mich Daten updaten, Strategien laufen lassen, Quartalsberichte prüfen und Trades einstellen. Dabei ist »noch einmal« natürlich nur in Zusammenhang mit diesem Buch gemeint, denn natürlich werde ich ab kommendem Montag den Trading-Prozess fortsetzen. Allerdings werde ich ab dann wieder mit dem Autopiloten (also vollautomatisiert) arbeiten.

Auch gestern, am Donnerstag, sind die Märkte gestiegen. Nun bereits den dritten Tag in Folge. Obwohl ich seit gestern auch vier Short-Trades im Depot habe, die aufgrund der letzten Entwicklung leicht im Minus sind, werden diese kleinen Verluste von meinen noch immer zahlreich vorhandenen Long-Positionen mehr als egalisiert.

Somit hat sich mein Kontostand weiter erholt, das Minus des aktuellen Monats schrumpft und schrumpft. Ich habe mir das derzeitige Marktumfeld nicht ausgesucht, aber die aktuelle Entwicklung zeigt einige Dinge, die ich mit diesem Buch praktisch demonstrieren wollte. Nämlich wie rasch es an den Märkten gehen kann. Nach oben und nach unten. Dass man seinem System folgen soll und es nicht ständig außer Kraft setzen darf. Dass man zuversichtlich bleiben muss. Dass es immer noch ein Morgen gibt. Und dass mentale Stärke wichtig ist. Eben zur Demonstration dieser Tatsachen ist die aktuelle Entwicklung das Beste, was passieren konnte.

Heute sehen wir wieder eine geringe Tages-Exposure. Eine Strategie wirft neun Signale aus, eine zweite zwei. Strategie 3 bringt heute keine neuen Alarme.

Alarme Strategie 1

Select All | Place Orders | Stage Orders | Monitor in Quotes Window | Help

Alert Time	Symbol	Account	Action	Qty	Order Type	Price	Scale	Signal Name
27.06.2013	F	PaperAccou...	Short	907	Market		Daily	E-SHORT
27.06.2013	UNH	PaperAccou...	Short	214	Market		Daily	E-SHORT
27.06.2013	LOW	PaperAccou...	Short	345	Market		Daily	E-SHORT
27.06.2013	GM	PaperAccou...	Short	429	Market		Daily	E-SHORT
27.06.2013	HPQ	PaperAccou...	Short	573	Market		Daily	E-SHORT
27.06.2013	LVS	PaperAccou...	Short	268	Market		Daily	E-SHORT
27.06.2013	BBD	PaperAccou...	Short	1078	Market		Daily	E-SHORT
27.06.2013	ITUB	PaperAccou...	Short	1091	Market		Daily	E-SHORT
27.06.2013	VWO	PaperAccou...	Short	368	Market		Daily	E-SHORT

Abb. 142, Quelle: Wealth-Lab

Alarme Strategie 2

Select All | Place Orders | Stage Orders | Monitor in Quotes Window | Help

Alert Time	Symbol	Account	Action	Qty	Order Type	Price	Scale	Signal N...
27.06.2013	WAG	PaperAccou...	Buy	367	Market		Daily	E-LONG ...
27.06.2013	MON	PaperAccou...	Buy	167	Market		Daily	E-LONG ...

Abb. 143, Quelle: Wealth-Lab

Während in meinem Depot heute acht Long-Trades beendet werden und somit nur noch drei Long-Trades über das nächste Wochenende laufen, stehen auf der anderen Seite sieben Short-Positionen, davon vier neue Trades von heute. So wie es derzeit aussieht, hat Mr. Market wohl einen positiven Abschluss des Projektes für mich vorgesehen. Sehen Sie die aktuelle Entwicklung in der Tabelle unten zusammengefasst.

Performance Monat 1	**+3,76 %**
Performance Monat 2 – aktuell	**–0,57 %**
Performance Gesamtprojekt	**+3,18 %**

Tabelle 7

Der Kontostand liegt wieder bei 69.000 Euro, ist somit erneut stark gestiegen. Mittlerweile wäre es sogar möglich, die gesamten Verluste dieses Monats noch aufzuholen. Bedenken wir: In den letzten drei Handelstagen habe ich 3,2 Prozent gutgemacht. Das ist enorm! Nun liegt das Minus bei nur noch 0,57 Prozent und ein Handelstag würde noch verbleiben, um das Unmögliche wahr zu machen, nämlich beide Monate mit Gewinn abzuschließen. Und das alles wird sich am letzten Handelstag entscheiden!

INTERACTIVE BROKERS

Konto Informationen

Netto Vermögenswert (NAV) in der Basiswährung

	Total
Cash	32,844.43
Aktien	36,157.89
Verzinsung	-24.89
Dividendenanfall	50.32
Total	**69,027.75**

Netto Vermögenswert (NAV) in Zeitserien

Mark-to-Market Performance Übersicht in der Basiswährung

Realisierte & Unrealisierte Performance Übersicht in der Basiswährung

Cash Bericht

Abb. 144, Quelle: Interactive Brokers (IB)

Was braucht es für einen positiven Monatsabschluss? Zum einen möglichst hohe Kurse zur Eröffnung, damit meine Long-Trades, die heute bei Handelsbeginn beendet werden, noch einen schönen Gewinn mitnehmen. Andererseits kommen heute einige neue Shorts dazu. Hier wäre eine hohe Eröffnung ebenso ideal, denn so bekomme ich die Aktien günstig (bei Shorts muss man ja »verkehrt« herum denken). Und dann sollten die Notierungen fallen, damit die verbliebenen Shorts Geld verdienen. Wenn das alles so eintreten sollte, könnte der zweite Monat gerade noch mit Gewinn beendet werden. Wirklich wichtig ist das aber nicht, spannend jedoch allemal!

Weil es wirklich ganz knapp werden könnte, werde ich heute ausnahmsweise zur Börseneröffnung einen kurzen Statusbericht absetzen.

Woche 7 (Tag 38 – die Eröffnung)

Die Börsen haben seit zwei Minuten geöffnet. Doch auch wenn die aktuelle Entwicklung alles andere als langweilig ist, habe ich keinen Grund gesehen, den Nachmittag daheimzubleiben. Vielmehr nutze ich meine Zeit, um einige geschäftliche Termine wahrzunehmen. So zeige ich Ihnen diesmal von unterwegs die aktuelle Entwicklung über die App meines Brokers und mache Screenshots.

Die Eröffnung läuft leider gar nicht ganz in meinem Sinne. Notierten die Futures am frühen Nachmittag noch leicht im Plus, rutschten sie, je weiter der Tag fortschritt, immer mehr in den roten Bereich. Das ist natürlich kontraproduktiv im Hinblick darauf, am letzten Tag das Ruder noch herumzureißen, und damit stehen die Chancen nicht mehr gut, den gesamten Wertverlust des aktuellen Monats aufzuholen.

Der nachfolgende Screenshot zeigt mein Portfolio wenige Minuten nach dem Open.

	Letzter Kurs	Veränd.	Position	Unreal P&L
BBD NYSE	12.79	-0.28	-434	10
EMC NYSE	23.40	-0.17	331	-177
F NYSE	15.52	-0.13	-370	-38
ITUB NYSE	12.76	-0.25	-440	-6
LOW NYSE	40.98	-0.17	-139	12
SU NYSE	29.49	-0.01	271	104
WAG NYSE	45.08	+0.18	178	15

Abb. 145, Quelle: Interactive Brokers (IB)

Da die Eröffnung schwach war, wurde bei den meisten Short-Trades, die ich gestern eingegangen war, das Limit getroffen und es konnten Gewinne realisiert werden. Die Long-Trades, die heute zur Eröffnung beendet wurden, fielen hingegen im Vergleich zum gestrigen Schlusskurs zurück. Sie machten zwar auch Gewinne, doch unter dem Strich war das wohl zu wenig, um auch im zweiten Monat noch eine positive Entwicklung ausweisen zu können.

Aktuell sind sieben Positionen offen. Dabei bin ich drei Mal long und vier Mal short. Eine nahezu ausgewogene Positionierung und damit fast ein Patt. Wenn es nun nicht bei einem Einzelwert noch zu einer ungewöhnlichen Bewegung kommt, werden sich die Trades untereinander neutralisieren. Im Normalfall ist daher bis zum Börsenschluss nicht mehr mit viel Veränderung auf dem Konto zu rechnen.

Abb. 146: Quelle: Interactive Brokers (IB)

Der Kontostand ist wieder deutlich zurückgefallen und liegt bei **68.577 Euro**. In 6,5 Stunden wissen wir endgültig, wie die Sache ausgeht!

Woche 7 (Tag 38 – nach dem Close)

Vor wenigen Minuten läutete in New York an der Wall Street die »Closing Bell« und die Börsen setzten ihren Handel für diese Woche aus. Damit ging auch der letzte Trading-Tag im Rahmen dieses Buchprojekts zu Ende . Nun ist es bald an der Zeit, ein Resümee zu ziehen. Doch obwohl es schon später Abend ist, wollen wir vor dem Abschussbericht noch ein wichtiges Fachthema behandeln. Fragen wir uns, wie viel Geld wir einem einzelnen Trade zuweisen und warum. Auch das Thema Positionsgrößen wird in der Fachliteratur selten angesprochen. Zwar zeigen viele Autoren durchaus sinnvolle Einstiegs- und Ausstiegsregeln, erzählen uns aber wenig bis gar nichts darüber, wie viele Trades man (je Modell) ausführen kann und soll. Weil dieser Aspekt aber sehr wichtig ist, verdient er eine detaillierte Aufarbeitung.

In diesem Buch haben uns drei Trading-Modelle begleitet, von denen zwei jeweils mit bis zu sieben Positionen gearbeitet haben und eines mit bis zu fünf Trades. Diese Werte wurden aber nicht zufällig festgelegt oder erraten, sondern vielmehr aus zahlreichen Testserien ermittelt. Sehen wir nun, welche Auswirkung die Positionsgröße auf die Performance hat.

Betrachten wir dazu ein Trading-Modell, bei dem sich der Backtesting-Zeitraum vom 1. Januar 1997 bis Ende 2012 erstreckt. Als Portfolio wird ein Aktienkorb gewählt, der dem S&P 100 nicht unähnlich ist. Die Positionsgröße wird in Test 1 mit 4,9 Prozent des Kapitals festgelegt, was einer Anzahl von 20 Trades entspricht.

Toms Trading-Insider-Tipp

Wenn Sie Portfolio-Tests durchführen, ist es ratsam, bei der Positionsgröße geringfügig abzurunden. Wenn Sie ein Modell mit 10 Positionen testen wollten, sollten Sie nicht 10 Prozent. sondern 9,90 Prozent of Equity eingeben. Bei 5 Positionen wären es nicht 20 Prozent, sondern 19,90 Prozent, bei 20 Positionen 4,90 Prozent und so weiter.

Darüber hinaus ist es ratsam, einen kleinen Margin-Faktor (Hebel) von 1,05 einzustellen. Damit ist sichergestellt, dass jedenfalls noch Kapital für den letzten der gewünschten Trades vorhanden ist, falls Sie an bestimmten Tagen im Backtest aufgrund einer höheren (oder tieferen) Eröffnung nur etwas teurer »Market« hineinkommen.

Nachfolgend finden Sie den Performance-Report der Backtesting-Software.

Backtest Performance Report	Range: 02.01.1997 to 31.12.2012 (4026 Bars)			
	All Trades	Long Trades	Short Trades	Buy & Hold
Starting Capital	€ 100.000,00	€ 100.000,00	€ 100.000,00	€ 100.000,00
Ending Capital	€ 2.330.136,31	€ 1.693.960,22	€ 736.176,10	€ 1.036.064,26
Net Profit	€ 2.230.136,31	€ 1.593.960,22	€ 636.176,10	€ 936.064,26
Net Profit %	2.230,14%	1.593,96%	636,18%	936,06%
Annualized Gain %	21,76%	19,35%	13,29%	15,74%
Exposure	39,99%	26,38%	53,10%	99,73%
Total Commission	-€ 185.790,64	-€ 85.643,16	-€ 100.147,48	-€ [illegible]25,78
Return on Cash	€ 0,00	€ 0,00	€ 0,00	€ 0,00
Margin Interest Paid	€ 0,00	€ 0,00	€ 0,00	€ 0,00
Dividends Received	€ 0,00	€ 0,00	€ 0,00	€ 0,00
Number of Trades	12.371	5.468	6.903	99
Average Profit	€ 180,27	€ 291,51	€ 92,16	€ 9.455,19
Average Profit %	0,54%	0,89%	0,26%	8[illegible]5,08%
Average Bars Held	3,58	3,97	3,27	3.792,75
Winning Trades	7.382	3.196	4.186	90
Win Rate	59,67%	58,45%	60,64%	90,91%
Gross Profit	€ 7.111.061,64	€ 3.926.405,85	€ 3.184.655,80	€ 939.927,55
Average Profit	€ 963,30	€ 1.228,54	€ 760,79	€ 10.443,64
Average Profit %	2,69%	3,54%	2,04%	9[illegible]7,69%
Average Bars Held	3,32	3,95	2,84	3.782,01
Max Consecutive Winners	29	24	26	37
Losing Trades	4.989	2.272	2.717	9
Loss Rate	40,33%	41,55%	39,36%	9,09%
Gross Loss	-€ 4.880.925,33	-€ 2.332.445,63	-€ 2.548.479,70	-€ 3.863,29
Average Loss	-€ 978,34	-€ 1.026,60	-€ 937,98	-€ 429,25
Average Loss %	-2,65%	-2,84%	-2,48%	-40,94%
Average Bars Held	3,96	4,00	3,93	3.900,11
Max Consecutive Losses	41	42	20	1
Maximum Drawdown	-€ 236.109,26	-€ 182.108,86	-€ 210.484,79	-€ 26[illegible].513,99
Maximum Drawdown Date	08.08.2011	08.08.2011	07.07.2011	09.03.2009
Maximum Drawdown %	-13,61%	-18,82%	-30,49%	-51,22%
Maximum Drawdown % Date	08.08.2011	09.10.2008	07.07.2011	23.07.2002
Wealth-Lab Score	47,00	59,55	17,40	7,70
Sharpe Ratio	2,19	1,93	1,10	0,84
Profit Factor	1,46	1,68	1,25	243,30
Recovery Factor	9,45	8,75	3,02	3,49
Payoff Ratio	1,02	1,24	0,82	23,88

Abb. 147: Quelle: Wealth-Lab

Bilden wir aus den Kennzahlen Annualized Gain und Maximum Drawdown die MAR Ratio, von der wir ja bereits wissen, dass es eine sehr wichtige Kennzahl ist. Wir rechnen also 21,76/13,61 und erhalten einen Wert von 1,60. Das ist grundsätzlich gut, auch wenn die Performance mit mehr als 21 Prozent nicht besonders hoch ist.

Machen wir den nächsten Test mit demselben Modell mit einer Positionsgröße von 9,90 Prozent. Wir verteilen unser Geld nun also auf 10 Trades statt wie bisher auf 20.

Backtest Performance Report | Range: 02.01.1997 to 31.12.2012 (4026 Bars)

	All Trades	Long Trades	Short Trades	Buy & Hold
Starting Capital	€ 100.000,00	€ 100.000,00	€ 100.000,00	€ 100.000,00
Ending Capital	€ 15.393.115,14	€ 12.254.021,10	€ 3.239.094,04	€ 1.036.064,26
Net Profit	€ 15.293.115,14	€ 12.154.021,10	€ 3.139.094,04	€ 936.064,26
Net Profit %	15.293,12%	12.154,02%	3.139,09%	936,06%
Annualized Gain %	37,01%	35,07%	24,29%	15,74%
Exposure	56,17%	36,01%	103,27%	99,73%
Total Commission	-€ 1.198.630,17	-€ 529.950,02	-€ 668.680,15	-€ 125,78
Return on Cash	€ 0,00	€ 0,00	€ 0,00	€ 0,00
Margin Interest Paid	€ 0,00	€ 0,00	€ 0,00	€ 0,00
Dividends Received	€ 0,00	€ 0,00	€ 0,00	€ 0,00
Number of Trades	9.139	4.060	5.079	99
Average Profit	€ 1.673,39	€ 2.993,60	€ 618,05	€ 9.455,19
Average Profit %	0,58%	0,97%	0,27%	885,08%
Average Bars Held	3,58	3,97	3,27	3.792,75
Winning Trades	5.440	2.363	3.077	90
Win Rate	59,53%	58,20%	60,58%	90,91%
Gross Profit	€ 48.452.662,26	€ 27.105.233,46	€ 21.347.428,80	€ 939.927,55
Average Profit	€ 8.906,74	€ 11.470,69	€ 6.937,74	€ 10.443,64
Average Profit %	2,78%	3,68%	2,09%	977,69%
Average Bars Held	3,32	3,95	2,84	3.782,01
Max Consecutive Winners	27	21	26	37
Losing Trades	3.699	1.697	2.002	9
Loss Rate	40,47%	41,80%	39,42%	9,09%
Gross Loss	-€ 33.159.547,12	-€ 14.951.212,35	-€ 18.208.334,77	-€ 3.863,29
Average Loss	-€ 8.964,46	-€ 8.810,38	-€ 9.095,07	-€ 429,25
Average Loss %	-2,65%	-2,79%	-2,52%	-40,94%
Average Bars Held	3,97	4,00	3,94	3.900,11
Max Consecutive Losses	23	24	16	1
Maximum Drawdown	-€ 1.808.751,86	-€ 1.239.203,35	-€ 2.253.620,70	-€ 268.513,99
Maximum Drawdown Date	08.08.2011	08.08.2011	07.07.2011	09.03.2009
Maximum Drawdown %	-16,44%	-26,37%	-57,42%	-51,22%
Maximum Drawdown % Date	08.08.2011	06.03.2009	07.07.2011	23.07.2002
Wealth-Lab Score	55,06	71,70	10,01	7,70
Sharpe Ratio	2,18	1,88	1,01	0,84
Profit Factor	1,46	1,81	1,17	243,30
Recovery Factor	8,46	9,81	1,39	3,49
Payoff Ratio	1,05	1,32	0,83	23,88

Abb. 148: Quelle: Wealth-Lab

Hätten Sie so eine dramatische Veränderung erwartet? Bedenken Sie: Das Regelwerk ist gleich. Nur die Positionsgröße wurde verdoppelt. Trotzdem steigt der Jahresgewinn auf 37 Prozent. Gleichzeitig verschlechtert sich aber auch der Drawdown von 13,61 Prozent auf 16,44 Prozent. Die MAR Ratio beträgt bei diesem Versuch 2,25 und steigt damit signifikant.

Versuch 3 wird nun mit noch weniger Positionen durchgeführt. Mit 19 90 Prozent of Equity gehen wir maximal fünf Trades zeitgleich ein. Erneut bleiben die sonstigen Rahmenbedingungen unverändert.

Backtest Performance Report | Range: 02.01.1997 to 31.12.2012 (4026 Bars)

	All Trades	Long Trades	Short Trades	Buy & Hold
Starting Capital	€ 100.000,00	€ 100.000,00	€ 100.000,00	€ 100.000,00
Ending Capital	€ 21.918.568,65	€ 18.535.141,36	€ 3.483.427,29	€ 1.036.064,26
Net Profit	€ 21.818.568,65	€ 18.435.141,36	€ 3.383.427,29	€ 936.064,26
Net Profit %	21.818,57%	18.435,14%	3.383,43%	936,06%
Annualized Gain %	40,07%	38,61%	24,86%	15,74%
Exposure	65,99%	42,78%	119,46%	39,73%
Total Commission	-€ 2.013.406,23	-€ 890.021,59	-€ 1.123.384,64	-€ 125,78
Return on Cash	€ 0,00	€ 0,00	€ 0,00	€ 0,00
Margin Interest Paid	€ 0,00	€ 0,00	€ 0,00	€ 0,00
Dividends Received	€ 0,00	€ 0,00	€ 0,00	€ 0,00
Number of Trades	5.392	2.357	3.035	99
Average Profit	€ 4.046,47	€ 7.821,44	€ 1.114,80	€ 9.455,19
Average Profit %	0,54%	0,90%	0,26%	885,08%
Average Bars Held	3,58	3,97	3,28	3.792,75
Winning Trades	3.182	1.366	1.816	90
Win Rate	59,01%	57,96%	59,84%	90,91%
Gross Profit	€ 79.732.147,86	€ 44.700.020,05	€ 35.032.127,81	€ 939.927,55
Average Profit	€ 25.057,24	€ 32.723,29	€ 19.290,82	€ 10.443,64
Average Profit %	2,77%	3,65%	2,11%	977,69%
Average Bars Held	3,32	3,94	2,84	3.782,01
Max Consecutive Winners	19	15	17	37
Losing Trades	2.210	991	1.219	9
Loss Rate	40,99%	42,04%	40,16%	9,09%
Gross Loss	-€ 57.913.579,21	-€ 26.264.878,69	-€ 31.648.700,52	-€ 3.863,29
Average Loss	-€ 26.205,24	-€ 26.503,41	-€ 25.962,84	-€ 429,25
Average Loss %	-2,67%	-2,90%	-2,49%	-40,94%
Average Bars Held	3,97	4,00	3,94	3.900,11
Max Consecutive Losses	14	14	10	1
Maximum Drawdown	-€ 4.246.777,18	-€ 2.964.618,92	-€ 3.691.404,06	-€ 268.513,99
Maximum Drawdown Date	08.08.2011	06.03.2009	07.07.2011	09.03.2009
Maximum Drawdown %	-22,75%	-41,37%	-57,25%	-51,22%
Maximum Drawdown % Date	08.08.2011	06.03.2009	07.07.2011	23.07.2002
Wealth-Lab Score	46,91	52,92	8,89	7,70
Sharpe Ratio	1,78	1,53	0,88	0,84
Profit Factor	1,38	1,70	1,11	243,30
Recovery Factor	5,14	6,22	0,92	3,49
Payoff Ratio	1,04	1,26	0,85	23,88

Abb. 149: Quelle: Wealth-Lab

Die Performance steigt um weitere 3 Prozentpunkte auf über 40 Prozent, aber leider erhöht sich auch der Drawdown kräftig und liegt nun bei 22,75 Prozent, was ungefähr 6 Prozentpunkte mehr als vorhin sind. Die MAR Ratio reduziert sich somit trotz besserer Performance auf 1,76.

Versuchen wir zum Abschluss einen Mittelweg. Wählen wir acht Positionen und 12,4 Prozent of Equity. Welche Ergebnisse bekommen wir dann?

Backtest Performance Report | Range: 02.01.1997 to 31.12.2012 (4026 Bars)

	All Trades	Long Trades	Short Trades	Buy & Hold
Starting Capital	€ 100.000,00	€ 100.000,00	€ 100.000,00	€ 100.000,00
Ending Capital	€ 27.501.055,67	€ 23.015.159,04	€ 4.585.896,63	€ 1.036.064,26
Net Profit	€ 27.401.055,67	€ 22.915.159,04	€ 4.485.896,63	€ 936.064,26
Net Profit %	27.401,06%	22.915,16%	4.485,90%	936,06%
Annualized Gain %	42,07%	40,50%	27,02%	15,74%
Exposure	61,63%	39,16%	116,72%	99,73%
Total Commission	-€ 2.229.479,43	-€ 971.539,74	-€ 1.257.939,68	-€ 125,78
Return on Cash	€ 0,00	€ 0,00	€ 0,00	€ 0,00
Margin Interest Paid	€ 0,00	€ 0,00	€ 0,00	€ 0,00
Dividends Received	€ 0,00	€ 0,00	€ 0,00	€ 0,00
Number of Trades	7.099	3.131	3.968	99
Average Profit	€ 3.859,85	€ 7.318,80	€ 1.130,52	€ 9.455,19
Average Profit %	0,59%	0,98%	0,29%	885,08%
Average Bars Held	3,58	3,97	3,27	3.792,75
Winning Trades	4.212	1.814	2.398	90
Win Rate	59,33%	57,94%	60,43%	90,91%
Gross Profit	€ 90.779.302,92	€ 50.963.719,51	€ 39.815.583,40	€ 939.927,55
Average Profit	€ 21.552,54	€ 28.094,66	€ 16.603,66	€ 10.443,64
Average Profit %	2,81%	3,75%	2,10%	977,69%
Average Bars Held	3,32	3,95	2,84	3.782,01
Max Consecutive Winners	21	15	22	37
Losing Trades	2.887	1.317	1.570	9
Loss Rate	40,67%	42,06%	39,57%	9,09%
Gross Loss	-€ 63.378.247,25	-€ 28.048.560,48	-€ 35.329.686,77	-€ 3.863,29
Average Loss	-€ 21.952,98	-€ 21.297,31	-€ 22.502,99	-€ 429,25
Average Loss %	-2,64%	-2,83%	-2,48%	-40,94%
Average Bars Held	3,97	4,00	3,94	3.900,11
Max Consecutive Losses	17	17	14	1
Maximum Drawdown	-€ 4.132.753,14	-€ 2.702.211,84	-€ 4.232.364,35	-€ 268.513,99
Maximum Drawdown Date	08.08.2011	08.08.2011	16.05.2011	09.03.2009
Maximum Drawdown %	-19,09%	-30,08%	-57,45%	-51,22%
Maximum Drawdown % Date	08.08.2011	06.03.2009	16.05.2011	23.07.2002
Wealth-Lab Score	55,24	72,31	9,85	7,70
Sharpe Ratio	2,00	1,70	1,00	0,84
Profit Factor	1,43	1,82	1,13	243,30
Recovery Factor	6,63	8,48	1,06	3,49
Payoff Ratio	1,06	1,32	0,84	23,88

Abb. 150: Quelle: Wealth-Lab

Mit mehr als 42 Prozent Performance pro Jahr erreichen wir hier den Bestwert. Der Drawdown reduziert sich ebenso merklich auf 19 Prozent. Die MAR Ratio liegt bei 2,20.

Toms Trading-Insider-Tipp

Im Zweifel oder bei ähnlichen Ergebnissen würde ich mehreren Trades pro Einzelstrategie immer den Vorzug geben. Hier gilt wieder das Gesetz der großen Zahl. Bedenken wir: Trader handeln einen statistischen Effekt und der kann erst greifen, wenn wir besonders viele Versuche durchführen.

Mit kleineren Positionen schützt man sich des Weiteren besser vor dem Einzelaktien-Verlustrisiko, über das wir uns schon unterhalten haben (wir wissen bereits, dass uns ein Stopp-Loss nicht schützen kann). Denn es ist nicht angenehm, wenn Sie von einem Fünftel Ihres Kapitals 30 Prozent oder mehr verlieren, weil Sie zum Beispiel in einer Aktie short sind und dieses Unternehmen ein Übernahmeangebot eines Mitbewerbers bekommt und der Kurs daraufhin wie eine Rakete nach oben schießt.

Zum Glück – und auch das ist einer der Gründe, warum ich mich an Blue Chips orientiere – sind Übernahmen bei großen Aktiengesellschaften äußerst selten. Und wenn, dann sind entsprechende Gerüchte oft schon Monate vorher im Umlauf und man kann rechtzeitig reagieren und das betreffende Symbol vom Trading aussetzen.

Fassen wir die Ergebnisse der Testläufe in einer Tabelle zusammen

Anzahl Positionen	Performance %	Drawdown %	MAR Ratio
20	21,76	13,61	1,60
10	37,01	16,44	2,25
8	42,07	19,09	2,20
5	40,07	22,75	1,76

Tabelle 8, Übersicht Kennzahlen je Positionsgröße

Toms Trading-Insider-Tipp

Fast durchgängig durch alle Tests zeigt sich, dass Swingmodelle mit etwas größeren Positionen (und somit mit weniger Trades) tendenziell eine bessere Performance bei gleichzeitig höherem Drawdown ausweisen. Das ist auch logisch, weil wir aggressiver sind, wenn wir unser Geld auf fünf Positionen verteilen, als wenn es zehn oder mehr sind. So machen wir mehr Gewinn, sind aber nicht mehr so breit gestreut, wenn es gegen uns läuft.

Der Entwickler hat nun also die Qual der Wahl. Worauf achtet er? Auf den höchsten Gewinn, auf den geringsten Drawdown oder auf die beste MAR Ratio? Denn schließlich muss er ja entscheiden, mit wie vielen Positionen er in das Live-Trading einsteigt. In der Praxis achtet er auf vieles mehr und dabei sind einige Kennzahlen, die wir schon im Laufe dieses Buches angesprochen haben.

Im konkreten Fall würde ich mich für das Modell mit acht Positionen entscheiden, wenn ich diese eben gezeigten Fakten als alleiniges Auswahlkriterium heranziehen würde. Hier ist die Performance am höchsten und auch der Drawdown ist angenehm niedrig. Das spiegelt sich in der zweithöchsten MAR Ratio von 2,20.

Toms Trading-Insider-Tipp

Kommt ein ganzes Systemportfolio zum Einsatz und nicht nur eine Strategie, werden in Sachen Positionsgröße die Karten neu gemischt.

Solche Tests zur Positionsgröße sind zentrales Element des Entwicklungsprozesses, auch wenn wir das Thema hier nur kurz gestreift haben. Jeder ernsthafte Trader (auch der diskretionäre) sollte sich mit der Frage »Wie viele Trades mache ich insgesamt?« beschäftigen, sobald sein Portfolio aus mehr als einem Underlying besteht.

Anmerkung

Es gibt noch weitaus mehr Möglichkeiten, die Positionsgrößen zu bestimmen. Aber auch hier handelt es sich um ein sehr komplexes Thema mit vielen Varianten und Ausprägungen. Daher verzichten wir auf weitere Ausführungen.

Angemerkt sei noch, dass ich auch als diskretionärer Trader ähnlich vorgehe. Dort – das ist ja aus meinen Büchern bekannt – verteile ich mein Geld auf bis zu 6 Trades, die sich im Risiko befinden.

Abschlussbericht (Tag 38)

Aus, vorbei, Ende! Zumindest für dieses Buch! Aber nicht für mich als Trader, denn schon am kommenden Montag grüßt mich das Murmeltier erneut.

Kommen wir nun zur aktuellen Entwicklung. Wie ging der letzte Tag aus?

Meine Annahme wurde leider bestätigt. Durch die Pattstellung meines Kontos (vier Mal short, drei Mal long) kam es zu keinen nennenswerten Bewegungen mehr beim Kontostand. Dieser liegt nun mit 68.427 Euro zwar weit von seinen Tiefstständen in diesem Monat entfernt (das Konto war vor ein paar Tagen – intraday = maximaler Drawdown – ja schon auf 66.100 Euro gesunken), konnte aber die angestrebte Zielmarke (Endstand Monat 1 – 69.424 Euro) nicht mehr erreichen.

Aufgrund der Aufholjagd der letzten Tage schien es bis gestern noch möglich, die Verluste des zweiten Monats vollständig auszugleichen und sogar noch ein kleines Plus auszuweisen. Das heutige Marktverhalten machte mir leider einen Strich durch die Rechnung, was aber nicht weiter schlimm ist. Das Hauptziel wurde jedenfalls erreicht: Das Projekt findet einen positiven Gesamtabschluss.

Gehen wir ins Detail und fassen den vergangenen Monat in gewohnter Form mit einigen Kennzahlen zusammen. Danach sprechen wir noch über den gesamten Beobachtungszeitraum.

Statistik Monat 2	
Anzahl Trades	48
Long-Trades	34
Short-Trades	14
Win Rate	68,75 %
Win Rate long	64,71 %
Win Rate short	78,57 %
Durchschnittlicher Gewinn long	EUR +140,99
Durchschnittlicher Gewinn short	EUR +99,58
Max. Drawdown	–5,60 %
Höchster Einzelgewinn	EUR 325,38
Höchster Einzelverlust	EUR 759,19
Kontostand Ende Monat 2	EUR 68.427,69
Abzüglich Einzahlungen (kein Zusammenhang mit dem Projekt)	EUR 304,89
Kontostand netto Ende Monat 2	EUR 68.122,11
Kontostand netto Anfang Monat 2	EUR 69.423,75
Nettoergebnis	EUR –1.301,64
Brokergebühren bezahlt	EUR 144,57
Performance in Prozent	–1,87%

Tabelle 9, Kennzahlen

Kontostand Ende Monat 2

INTERACTIVE BROKERS

Konto Informationen

Netto Vermögenswert (NAV) in der Basiswährung

	Total
Cash	67,684.28
Aktien	720.56
Verzinsung	-27.57
Dividendenanfall	50.43
Total	**68,427.69**

Netto Vermögenswert (NAV) in Zeitserien

Mark-to-Market Performance Übersicht in der Basiswährung

Realisierte & Unrealisierte Performance Übersicht in der Basiswährung

Monat & Jahr zu Datum Leistungs Übersicht in Base

Cash Bericht

Abb. 151, Quelle: Interactive Brokers (IB)

Statistik Monat 2

In der nachfolgenden Abbildung sehen wir die Gewinne und Verluste je Tickersymbol in diesem Monat. Die negative Periode erkennt man sehr schön an der Linkslastigkeit der Abbildung. Zwar ist die überwältigende Mehrzahl der Trades auch im zweiten Monat Gewinner geworden, doch von den absoluten Beträgen her haben die Verlierer-Trades eindeutig die Oberhand. Unter anderem bestätigt diese Abbildung nun auch praktisch, dass eine hohe Trefferquote (68,75%) vollkommen irrelevant ist.

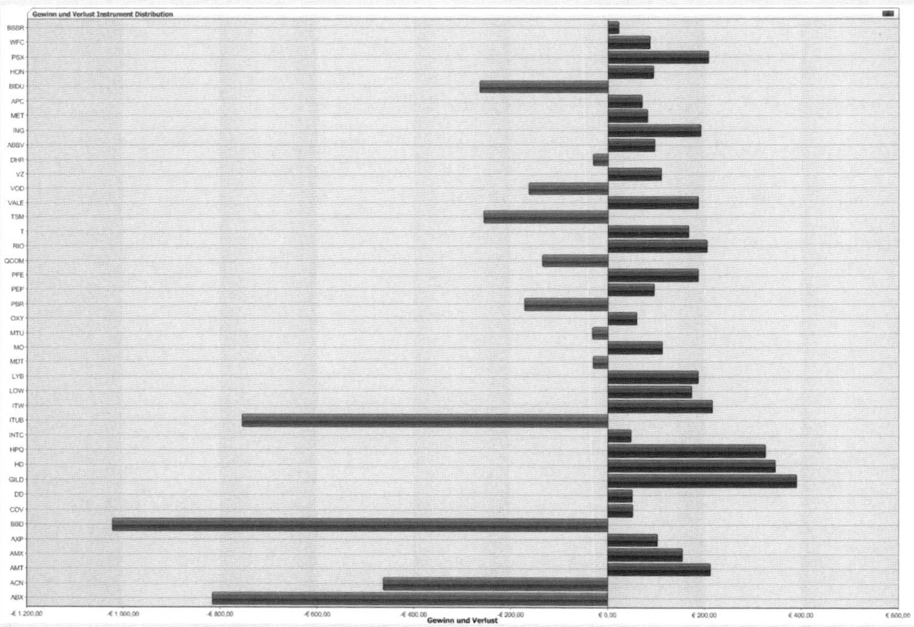

Abb. 152, Quelle: Trading Diary Pro

Statistik Monat 2

Hier sehen wir die Verteilung der Gewinne und Verluste in absoluten Beträgen in einer Glockenkurve dargestellt. Auch in diesem Monat gilt das, was bereits im Vormonat angesprochen wurde: Die meisten Trades enden mit einem kleinen Gewinn oder Verlust. Und ebenso schließen viele Trades mit +/–0. Die Ausreißer auf der Verlustseite sind jedoch häufiger als im Vormonat, was aufgrund des Drawdowns und des negativen Ergebnisses in dieser Periode nicht verwunderlich ist.

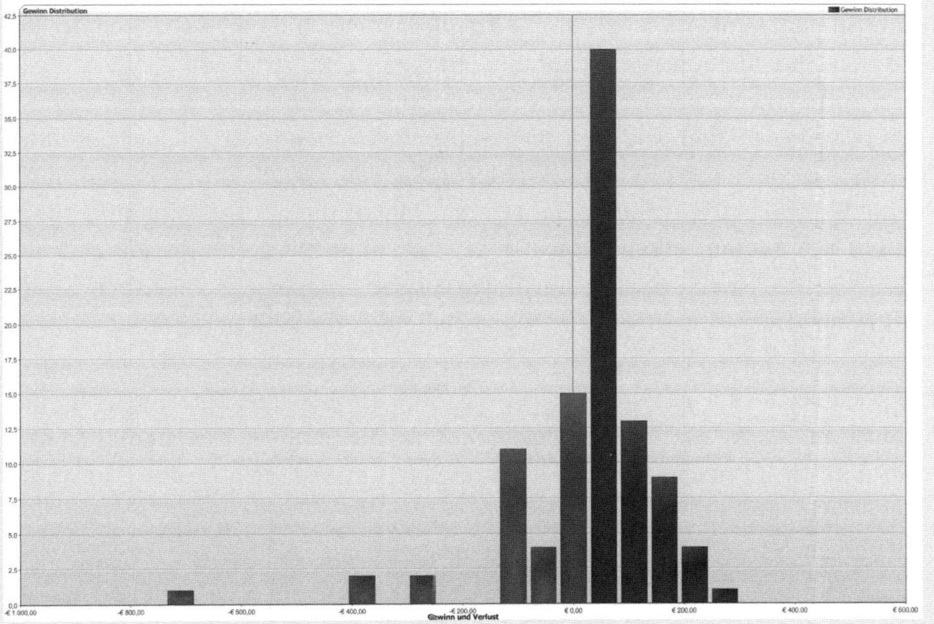

Abb. 153, Quelle: Trading Diary Pro

Toms Trading-Fazit Monat 2

War das ein spannender Trading-Monat! Und Sie waren live mit dabei. So langweilig der erste Monat auch gewesen ist, hat uns der zweite Monat dafür mehr als entschädigt. Wobei ich das etwas relativieren muss. Die ersten Wochen der zweiten Periode waren ebenso langatmig, denn der Kontostand stieg ohne nennenswerte Vorkommnisse um weitere 1,7 Prozent und überschritt intraday die 71.000-Euro-Schwelle. Erst um die Monatsmitte kam durch die Fed Bewegung in die Märkte. Dieser Schwung erwischte meine Modelle jedoch vollkommen auf dem falschen Fuß und ich musste temporär ordentliche Verluste einstecken. Der maximale Drawdown betrug mehr als 5 Prozent. Zum Glück reichte die letzte starke Handelswoche, um einen Großteil der negativen Entwicklung wieder aufzuholen.

Interessant ist dabei, wie verschieden die Vorzeichen in den beiden Monaten dieses Tagebuchs waren. Dominierten in Sachen Trade-Häufigkeit im Monat 1 die Short-Trades, waren es im zweiten Monat die Long-Positionen, die im Guten wie im Schlechten eindeutig den Ton angaben. Denn die Long-Trades verursachten einerseits den Drawdown, waren andererseits aber auch für die Aufholjagd verantwortlich. Die Short-Seite war diesmal unauffällig.

Was vielleicht noch erwähnenswert ist, sind die höheren Einzelgewinne und Einzelverluste im zweiten Handelsmonat. Da die Equity-Kurve in diesem Monat um fast 8 Prozent schwankte (Intraday-Höchststand +1,9 Prozent, Intraday-Tiefststand –6,5 Prozent), ist das aber nicht weiter verwunderlich.

Statistik gesamt	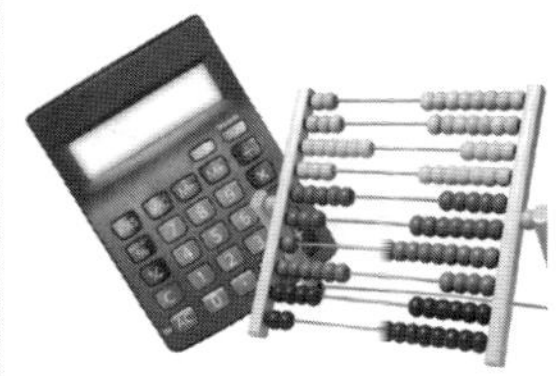
Anzahl Trades	123
Long-Trades	57
Short-Trades	66
Win Rate	60,83 %
Win Rate long	71,93 %
Win Rate short	50,79 %
Durchschnittlicher Gewinn long	EUR +153,91
Durchschnittlicher Gewinn short	EUR 71,42
Max. Drawdown	–5,60 %
Höchster Einzelgewinn	EUR 406,63
Höchster Einzelverlust	EUR 759,19
Kontostand – Höchststand Gesamtprojekt (End of Day)	EUR 70.814,22
Kontostand – Ende	EUR 68.427,69
Abzüglich Einzahlungen *	EUR 460,14
Kontostand netto Ende	EUR 67.967,55
Kontostand netto Projektbeginn	EUR 66.904,81
Nettoergebnis **	EUR 2.518,94
Brokergebühren bezahlt	EUR 300,52
Gesamt-Projekt Performance in Prozent	**+ 1,59 %**

*Tabelle 10, * Wir haben in der Einleitung über die periodischen Einzahlungen gesprochen.*
*** Broker-Gebühren wurden berücksichtigt bzw. abgezogen.*

Statistik gesamt

In der nachfolgenden Abbildung sehen wir die Gewinne und Verluste je Tickersymbol, diesmal über den gesamten Beobachtungszeitraum. Betrachtet man das Schaubild, wirkt es auf den ersten Blick ausgewogen. Doch bei genauerem Hinsehen merkt man, dass die längeren Balken und somit die größeren Beträge links zu finden. Also im negativen Terrain. Rechts ist dafür die Mehrheit der Trades angesiedelt. Es gab also wie gewohnt viele kleine Einzelgewinne. Ungewöhnlich im Sinne des Erwartungswertes war die relativ hohe Zahl von größeren Einzelverlusten. Normalerweise sind diese weitaus seltener. Da wir aber einen sehr kurzen Beobachtungszeitraum hatten, konnte das Gesetz der großen Zahl seine volle Wirkung nicht entfalten.

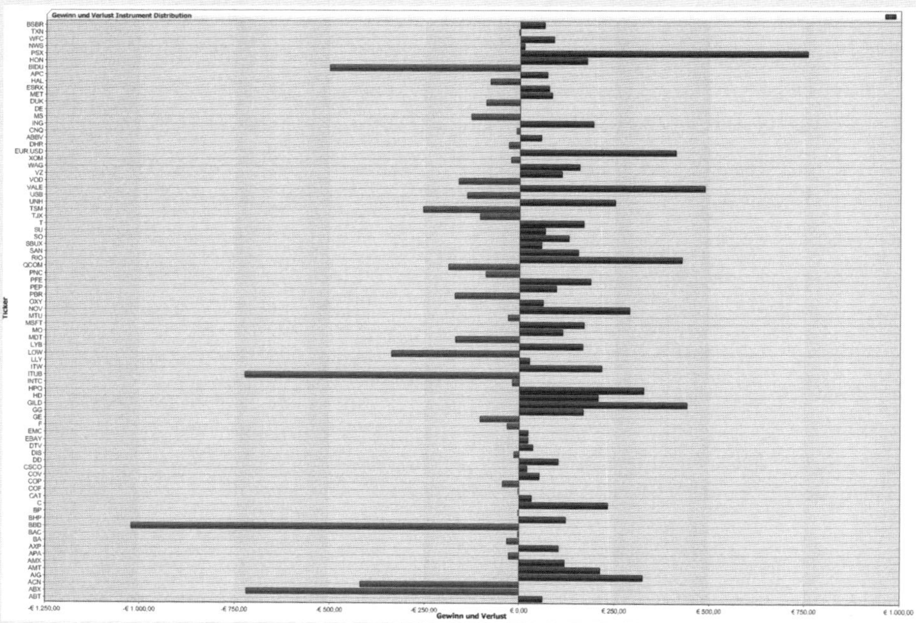

Abb. 154, Quelle: Trading Diary Pro

Statistik gesamt

Abschließend wird in der nächsten Abbildung noch die Anzahl der Trades nach Höhe der Gewinne und Verluste ausgegeben. Dieses Bild unterscheidet sich nur unwesentlich von den Einzelmonatsberichten, weil die Relationen in etwa gleich blieben. Da das Projekt im gesamten Beobachtungszeitraum Gewinne machte, sind die Balken der Gewinn-Trades ausnahmslos höher als die Balken der Verlust-Trades. Praktisch heißt das, dass wir wesentlich mehr und kumuliert auch höhere Gewinntrades produziert haben.

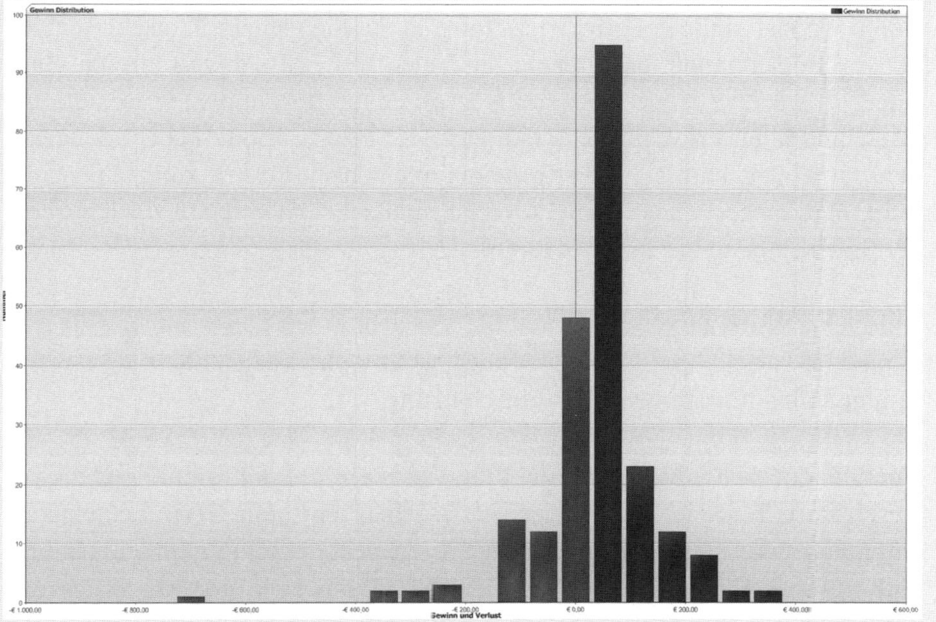

Abb. 155, Quelle: Trading Diary Pro

Das Tagebuch in der Rückschau

Zwei Monate wie Sonne und Mond. So gemächlich es im ersten Monat zuging, so spannend verlief der zweite Monat. In jedem Fall war die Berichterstattung der letzten Wochen eine mentale Kneipp-Kur für mich. Mal kalt, mal warm. Angenehm warm war der Monat 1. Obwohl die Märkte stark trendeten (und kaum Swings vorhanden waren), erwischte ich einfach die richtigen Aktien und der Kontostand stieg ohne nennenswerte Schwankungen beinahe täglich. Ich ahnte aber, dass es nicht immer so weitergehen konnte, und prompt war Monat 2 ein schwieriger Monat, der dieses Projekt wieder auf den Boden der Trading-Realität zurückholte.

Durch die fast tägliche Berichterstattung haben Sie viele Einblicke in meinen aktiven Börsenhandel bekommen. Sie haben weiterhin, davon bin ich überzeugt, in der Zwischenzeit einen Eindruck davon bekommen, wie emotionsloses und damit erfolgreiches Trading in der Praxis funktioniert. Sie verstehen auch, dass man seine Performance nicht beeinflussen kann. Spielt der Markt mit, mache ich Gewinne. Andersrum mache ich Verluste, die ich weder verhindern noch einschränken kann.

Apropos Performance. Was hatten Sie vor dem Lesen dieses Buches für eine Rendite erwartet? Sind Sie positiv oder negativ überrascht? Oder lag das Gesamtergebnis im Rahmen Ihrer Einschätzung?

Unabhängig davon stellt sich die Frage, was ein *optimales* Endergebnis gewesen wäre. Hätte ich in den wenigen Wochen sehr hohe Gewinne gemacht, wäre das eingetreten, was ich keinesfalls erreichen wollte: nämlich das Trading als (zu) einfach darzustellen. Denn ein Plus von 5 Prozent, 10 Prozent, aber auch von 20 Prozent in wenigen Wochen ist natürlich möglich. Möglich, aber nicht wahrscheinlich und schon gar nicht nachhaltig duplizierbar.

So eine Performance wäre nicht mit den typischen Trading-Renditen vergleichbar, was einleuchten muss. Würde ich zum Beispiel jeden Monat »nur« 5 Prozent aus den Aktienmärkten holen, betrüge meine jährliche Performance 60 Prozent. Mit einem (kleinem) Hebel wären wir rasch bei astronomischen Summen angelangt.

Es gibt vielleicht eine Handvoll Hedgefonds weltweit, die im Durchschnitt mehr als 20 Prozent Rendite im Jahr erzielen. Die überwiegende Mehrheit der institutionellen Händler produziert hingegen Verluste oder maximal Gewinne im unteren einstelligen Bereich. Weil der Börsenhandel eben nicht so einfach ist, wie es ein angehender Trader meinen mag und wie einem Anfänger gerne vorgegaukelt wird. Trading ist kein 100-Meter-Lauf, sondern ein Marathon – wie oft habe ich diesen Satz schon gesagt oder geschrieben. So schnell geht's halt nicht und niemand wird rasch reich an den Märkten.

Umgekehrt wäre ein unter dem Strich stehender Verlust im Beobachtungszeitraum kontraproduktiv gewesen, obwohl eine negative Entwicklung in einer Periode von einigen Wochen an sich nicht ungewöhnlich ist. Damit Sie eine Vorstellung vom statistischen Erwartungswert der im Buch gehandelten Modelle bekommen, zeige ich Ihnen deren Gewinnverteilung der letzten 15 Jahre in der Monatsbetrachtung.

Wenngleich die positiven Perioden bei Weitem überwiegen (ca. 77 Prozent der Monate werden mit Gewinn beendet), kommt es auch immer wieder zu Verlustmonaten (auch mehrere hintereinander) oder Verlustquartalen. Es wäre natürlich ungünstig gewesen, genau so einen negativen Verlauf für den Beobachtungszeitraum des Tagebuchs zu erwischen, obwohl es im echten Trading keine Bedeutung besessen hätte.

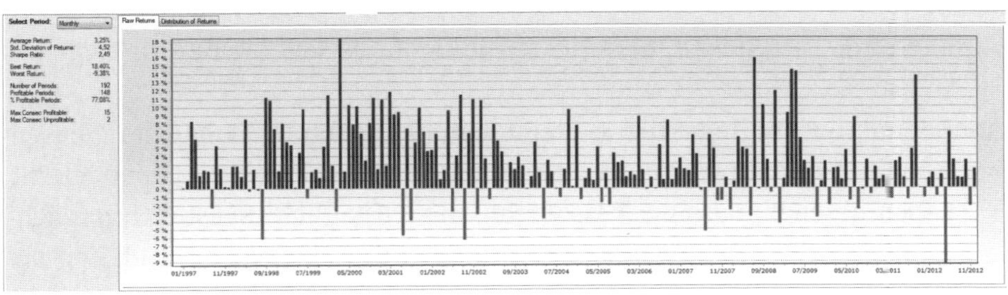

Abb. 156, Quelle: Trading Diary Pro

Letztlich hatte ich Glück, denn einen besseren Verlauf hätte ich mir für das Projekt nicht wünschen können. Ich muss mich also bei Mr. Market wirklich bedanken, denn die Dramaturgie der Ereignisse war perfekt, weil es bis zum letzten Tag spannend blieb. Ein Plus von 1,59 Prozent in diesen wenigen Wochen ist eigentlich das Beste, was im Sinne dieses Buches hat passieren können.

Dieser nicht zu kleine und nicht zu große Gewinn zeigt, wie schwierig Trading ist. Er zeigt, wie viel Geduld man aufbringen muss. Er zeigt, dass man den Tag nie vor dem Abend loben soll, und er zeigt, wie ungerecht der Börsenhandel sein kann. Er zeigt aber auch, dass erfolgreiches Trading möglich ist. Wenn man seine Hausaufgaben macht und bereit ist, sich weiterzubilden. Trading ist somit kein Glücksspiel, sondern verlangt strategisches Denken und Handeln.

Aber reden wir nicht nur über die Performance. Reden wir über Wichtigeres, zum Beispiel über die Ausführung der Systeme. Sprechen wir also über die eigentliche »Tagesarbeit« eines Traders.

Mein aktiver Trading-Prozess

Trading hat nichts mit leicht verdientem Geld zu tun. Das hat der zweite Monat eindrucksvoll bewiesen. Trading hat aber etwas mit Ruhe und Gelassenheit zu tun. Ich arbeite viel und hart an meinem Business, aber dies passiert abseits des Marktgeschehens. Ich arbeite am intensivsten, wenn ich meine Modelle verbessere oder neue Ansätze entwickle. Dann läuft meine Testmaschine nächtelang, um die besten Parametereinstellungen zu finden. Dann wird getüftelt, verglichen, bewertet, ausgesiebt, bis sich die Balken biegen.

Aber der aktive Trading-Prozess bleibt dennoch schlank. Sie haben in diesem Buch mein halbautomatisches, computergestütztes Trading kennengelernt. Sie haben gesehen, dass die Ressourcen, die ich täglich investiere, vernachlässigbar sind. Vielleicht werden Sie in Ihrem bürgerlichen Job nach Zeit bezahlt, aber an der Börse gibt es keine Stechuhr. Die Märkte verlangen bloß, dass Sie ein gutes Regelwerk einsetzen und dieses konsequent umsetzen.

Dazu kommt, das ein Trader unaufgeregt sein muss, woran ich mich ausnahmslos halte. Was sollte mein Gemüt auch strapazieren, wenn ich in der Früh meine Signale abrufe und die Orders platziere? Ich trade eigentlich komplett abseits des Börsengeschehens, wenn man es so formulieren will. Ich kriege oft gar nicht mit, ob die Aktienmärkte gestern gestiegen oder gefallen sind. Diese Informationen brauche ich nicht, um erfolgreich zu sein. Ich schaue mir auch keine Wirtschaftsnachrichten an, weil ich daraus keinen Nutzen ziehen kann. Und bei Smalltalk mit Freunden versuche ich meist, so rasch wie möglich vom Thema Börse wegzukommen, weil diese Diskussionen (»... Was glaubst du, wird der Markt wieder steigen ...?«) nutzlos und sinnfrei sind.

Erfolgreiches Trading ist somit letztlich nur dann möglich, wenn man einen Plan hat, den man sauber ausführt. Dieser Plan muss nicht aus computergestützten Modellen abgeleitet werden. Aber er muss valide sein. Er muss Sinn machen. Er muss also funktionieren. Viele, ach was rede ich, die meisten privaten Trader haben keinen Plan. Sie setzen sich zur Trading Station und schauen, was der Tag wohl bringen mag, aber dieses Vorgehen führt fast immer zu Verlusten. Doch Sie und ich sind an der Börse, um Gewinne zu machen. Um sich ein Zusatzeinkommen zu erwirtschaften oder um vom Trading zu leben.

Das gelingt aber nur, wenn Sie wissen, was Sie tun. Wenn Sie stimmige Strategien emotionslos umsetzen. Ein Systemtrader ist hier einem diskretionären Trader überlegen. Er genießt die Sicherheit der Backtests. Und er weiß definitiv, was funktioniert hat, und kann damit antizipieren, was auch künftig mit hoher Wahrscheinlichkeit funktionieren wird. Trotzdem ist auch erfolgreiches diskretionäres Trading möglich und ich denke, dass auch für diese Händler in diesem Buch viele wertvolle Hinweise enthalten waren.

Was lernen wir noch aus diesem Buch?

Mit dem Einsatz einiger guter, wenig korrelierender Trading-Modelle werden Sie die Märkte auf lange Sicht schlagen. Sie werden auch mehr Renditen erwirtschaften als die klassischen Investoren, weil wir Trader auch in fallenden Märkten Geld verdienen können. Auch wenn die breite Masse meint, Investing sei der bessere, der sicherere Weg, um an der Börse Geld zu verdienen, muss ich auch hier Einspruch erheben. Trading ist sicherer als Investing, weil ich mich nicht an eine Wette klammere, mit der ich sang- und klanglos untergehen kann. Auch bei der Annahme, dass Investoren mehr Geld aus den Märkten holen könnten als Trader, handelt es sich um einen Mythos, der irgendwann von irgendwem erzählt wurde und den nun alle wiederkäuen, ohne sich an Fakten zu orientieren. Womit wir wieder beim Anfang des Buches angekommen sind. Was glauben Sie nun im Hinblick auf den Börsenhandel? Lassen Sie uns darüber im Nachwort sprechen.

Nachwort: Trading lernen, zahlt sich das aus?

Wer nichts weiß, muss alles glauben!

Wir sind nun am Ende dieses Buches angelangt. Was glauben Sie nun? Wem glauben Sie künftig? Was wissen Sie jetzt, morgen, in einem Jahr? Wissen Sie jetzt, was Wissen ausmacht? Oder klappen Sie das Buch zu und glauben – an wen oder an was auch immer – weiter? Das glaube ich nun wieder nicht, weil ich weiß, dass Sie sich vielleicht erstmals über echtes Börsenwissen Gedanken gemacht haben.

Ist es schwierig, das Trading auf professionellem Niveau zu lernen? Mit Sicherheit! Kostet es Zeit, Geld und Nerven? Mit Sicherheit! Lohnt es sich? Mit Sicherheit hoch drei.

Erfolgreiches Trading ist einer der lukrativsten Jobs der Welt (für Normalsterbliche). Klar – wenn Sie Profi-Fußballer bei Bayern, Dortmund oder Barcelona sind, werden Sie mehr verdienen. Wenn Sie mit einem Song Nummer 1 in den Charts werden, ebenso. Wenn Sie der CEO von Google oder Apple sind, werden Sie für die Renditen eines privaten Traders nur ein müdes Lächeln übrighaben.

Aber: Wie wahrscheinlich ist das alles? Wie viel Glück braucht man, um ein Star zu werden, oder wie viel Zeit muss man in seine Ausbildung und den Job investieren, um einen Weltkonzern zu führen, und wie viel (Frei-)Zeit hat man dann, wenn man es geschafft hat? Wie viel Zeit investiert ein Trader in sein operatives Tagesgeschäft? Zehn Minuten?

Anmerkung

Erneut weise ich auf monatelange Testphasen hin. Aber mit den zehn Minuten pro Tag ist die tägliche »Normalarbeitszeit« des Traders gemeint.

Aus Erfahrung weiß ich, dass die meisten Trader, die sich einer fundierten Ausbildung unterziehen, nach einem halben oder dreiviertel Jahr mehr Wissen angehäuft haben als 99 Prozent aller anderen privaten Börsenhändler. Und eben so lange dauert es, bis diese Trader einige gute Trading-Strategien entwickelt haben, die sie fortan erfolgreich einsetzen. Wer nicht bereit ist, diesen vergleichsweise geringen Aufwand zeitlicher oder finanzieller Natur auf sich zu nehmen, der sollte sich von den Märkten fernhalten.

Trading kann nie ein Hobby sein, das man mit Halbwissen ausübt. Wenn ich heute Gitarre spiele, kann niemand von mir fordern, dass ich täglich übe, bis die Finger bluten. Niemand setzt voraus oder erwartet, dass ich ein zweiter Eric Clapton oder Mark Knopfler werde. Um Freude daran zu finden, genügt es, dass ich das Instrument ein bisschen spielen kann. Das gilt genauso für zahlreiche andere Beschäftigungen. An der Börse macht so ein Verhalten hingegen keinen Sinn. Dort gibt es nur drei Möglichkeiten: Ich mache es ordentlich. Ich lasse es bleiben. Ich gebe mein Geld jemandem, der es ordentlich macht.

Man muss sich ja nicht selbst um seine Börsengeschäfte kümmern. Niemand zwingt einen dazu. Wenn man es aber tut, dann sollte man sich darüber im Klaren sein, dass man nur dann Geld verdienen kann, wenn man sein Geschäft zu 100 Prozent beherrscht. Damit man es beherrscht, ist mehr nötig, als regelmäßig Börsenzeitschriften zu lesen, die Wirtschaftsnachrichten zu schauen, auf alle Trading-Messen zu laufen oder alle neuen Trading-Bücher zu kaufen.

Weil Sie aber zum Glück dieses Buch gekauft und bis hierher gelesen haben, weiß ich, dass Sie es ernst meinen. Ich war aber bereits am Anfang so fair, Ihnen zu sagen, dass dieses Buch dazu nicht ausreicht. Jetzt wissen Sie auch, warum das so ist. Weil es viel zu lernen gibt. Ich lege Ihnen wirklich ans Herz, sich nach einer fundierten Ausbildung umzusehen. Sie sparen Zeit, Nerven und viel Geld. Ziehen Sie es hingegen allein durch, wird, so hoffe ich, dieses Buch wird Ihr Wegweiser sein und Sie in diesem Lernprozess auf Schritt und Tritt begleiten. So oder so werden Sie es nicht bereuen, das verspreche ich Ihnen.

Der Trader Thomas Vittner

Bei allem, was man tut, entwickelt man sich weiter. Das gilt natürlich auch für mich. Ich begann den Börsenhandel »bewaffnet« mit einigen Magazinen, in denen heiße Aktien-Tipps aufgelistet wurden. Ich kaufte die Aktien ohne weitere Analyse (in den Heften stand ja, diese Aktien »müssen« steigen), doch leider war das Marktumfeld negativ und so verlor ich fast meine halben Ersparnisse. So hatte ich vom Investing die Nase voll und sattelte auf Trading um, was Monate vorher für mich noch undenkbar gewesen wäre.

Doch ich verzockte mein Geld weiter, weil ich keinen Plan und keine Ahnung hatte. Bis mir schließlich klar wurde, dass ich es entweder ordentlich machen oder es bleiben lassen musste. Die dritte Möglichkeit (siehe voriges Kapitel), mein Geld anderen zu geben, schied für mich aus. Ich wählte also »ordentlich« und lernte, wie man richtig spekuliert. Dazu las ich alle Fachbücher, die ich in die Hände bekommen konnte, und dachte viel nach. Ich glaube, dass mich das Nachdenken mehr vorangebracht hat als das Lesen. Das Nachdenken über die Funktionsweise der Märkte. Das Beobachten. Das monatelange Chartwatching, um Muster in all dem Chaos zu finden. Und so entstand mein diskretionäres Swingtrading.

Ich wurde bekannt, weil mich mein Broker damit auf Roadshow schickte. Kaum ein Kunde dieses Anbieters verdiente konstant Geld. Ich schon. Und so war ich ein gutes Aushängeschild. Und obwohl mein diskretionäres Trading verglichen mit dem anderer Trader nie wirklich kompliziert oder zeitaufwendig war, merkte ich nach einigen Jahren trotzdem, dass es mich auslaugte. Jeden Tag musste ich mich durch Hunderte von Charts klicken. Jeden Tag musste ich um 15:30 Uhr vor dem PC sitzen und die Börseneröffnung in den USA abwarten. Jeden Tag musste ich viele Entscheidungen treffen, von denen ich wusste, dass sie nie richtig oder falsch sein konnten (wer kann schon in die Zukunft blicken?), trotzdem aber signifikante Auswirkungen haben würden. Das ging an die Substanz.

Doch unerwartet öffnete sich eine neue Tür für mich: der computergestützte Börsenhandel. Backtesting. Auch hier galt: War es vor Monaten noch undenkbar für mich, ein Regelwerk backzutesten, lernte ich schnell, die Vorzüge dieser für mich neuen Welt zu schätzen. So folgte erneut eine intensive Einarbeitungs- und Lernzeit, die aber jede aufgewendete Minute wert war.

Heute agiere ich in beiden Trading-Welten. Ich handle immer noch diskretionär, obwohl meine großen Trading-Konten nur noch mit quantifizierten Modellen arbeiten. Und auch das soll nicht das Ende gewesen sein, denn neulich tat sich wieder eine Türe für mich auf. Jene in die Welt der Vermögensverwaltung. Da die Performance meiner Strategien exzellent war, ergab rasch das eine das andere und heute biete ich meine Trading-Systeme anspruchsvollen Investoren exklusiv über eine Wiener Vermögensverwaltung an.

Wo wird die Reise hingehen? Ich mag keine Pläne. Vielleicht habe ich mir das an der Börse abgewöhnt, denn heute plane ich kaum mehr etwas. Weder was ich morgen anziehe oder esse noch meine Performance und auch nicht die Entwicklung der Vermögensverwaltung oder meine persönliche Entwicklung ganz allgemein. Wer weiß: Vielleicht schnuppere ich in einigen Monaten in ganz andere Märkte hinein und handle Währungen. Oder ich wechsle die Zeitebene und werde Daytrader. Oder ich beschäftige mich mit Optionen. Oder ich gründe ein Unternehmen, das gar nichts mit dem Börsenhandel gemein hat. Ich will heute nie mehr sagen, dass ich etwas von vornherein ausschließe.

Ich werde immer für alles offen bleiben, doch eines weiß ich dabei mit Sicherheit: Ich werde bei allem, was ich an der Börse tue (oder handle), niemals wieder von Fakten abrücken. Egal ob ich Gold oder Schweinebäuche trade oder ob ich Optionen schreibe oder kaufe. Egal ob ich am Wochenchart agiere oder im Minutenchart. Ich brauche Tatsachen, auf denen ich mein Regelwerk aufbaue.

Denn der Glaube, und damit schließt sich der Kreis, ist an der Börse viel zu weit verbreitet. Der Glaube führt zu Verlusten, weil man ohne Wissen ständig im Nebel seiner eigenen Gefühle stochert. Ich hoffe, dass Sie ab sofort versuchen werden, den Glauben durch Wissen zu ersetzen. Wissen ist kostbar und kann Ihnen nie wieder weggenommen werden. Wenn Sie versuchen, dieses Wissen zu verinnerlichen, verspreche ich Ihnen, dass es auch für Sie eine neue Türe aufstoßen wird. Eine Pforte zu etwas bisher nicht Gekanntem. Es wird zwar auch nicht der Heilige Gral sein, den sie finden werden, denn den gibt es an der Börse nicht. Es wird einfach ein Schatz von Wissen sein, der Sie über 99 Prozent aller anderen Marktteilnehmer stellen wird. Und mit diesem Wissen gehören Sie auf lange Sicht an der Börse zu den (wenigen) Gewinnern.

Wer vieles weiß, muss nichts mehr glauben!
Das sollte ab sofort Ihr neues Motto sein.
Ich wünsche Ihnen viel Erfolg und mögen die Märkte mit Ihnen sein!
Wien, im Winter 2014
Thomas Vittner

Anhang für Fortgeschrittene

Anmerkung

Bei diesem Anhang durfte ich auf die Unterstützung eines guten Freundes zurückgreifen, der es aber vorgezogen hat, anonym zu bleiben.

Wie eingangs bereits mehrmals erwähnt, möchte ich Ihnen abschließend einige Fachthemen aus einem wissenschaftlichen Blickwinkel präsentieren. Dabei fasse ich mich aber bewusst kurz. Das heißt, dass ich mir stellvertretend für die vielen Themen, die in diesem Buch besprochen wurden, drei wichtige Kernaspekte herausgesucht habe, die ich im Folgenden wissenschaftlich herleiten möchte.

Sie müssen dieses Kapitel weder lesen noch verstehen, um an den Märkten erfolgreich zu sein. Sie können es aber dann gerne lesen, wenn es Sie interessiert, wie man manche Themen auf einem anderen Niveau abhandeln kann. Darüber hinaus gibt es drei wesentliche Gründe, warum ich mich dafür entschieden habe, dieses Kapitel aufzunehmen.

Ich will zeigen, dass bei den Themen, die im Buch auf sehr einfache und fast schon spielerische Art präsentiert wurden, noch »mehr« dahintersteckt und dass man viele Aspekte auch auf einer mathematischen Basis behandeln kann.

Ich will damit Lust auf mehr machen, damit Sie wissen, wo und wie Sie bei Interesse weiterforschen können.

Gleichzeitig möchte ich angehenden Tradern etwas »Respekt« einflößen, damit sie sehen, mit welchen »Waffen« an der Börse unter anderem gekämpft wird.

Doch es wurde schon gesagt: Wissen alleine ist noch lange kein Garant für den Erfolg! Sie können diese Formeln büffeln, solange Sie wollen. Wenn Sie praktisch nicht wissen, wie Sie ein Handelssystem entwickeln, werden Sie keinen Cent aus den Märkten holen.

Gedacht sind die nachfolgenden Seiten somit für Leser (oder für institutionelle Marktteilnehmer, die trotz meiner »Warnung« das Buch gelesen haben), die Freude dran finden, Themen wirklich in der Tiefe zu behandeln oder mit Formeln herzuleiten. Viel Vergnügen.

> **Anmerkung**
>
> Die Themendarstellung erfolgt in alphabetischer Reihenfolge.

Kelly-Faktor, Leverage, optimaler Hebel

In diesem Beitrag wollen wir der Frage des »optimalen« Hebels nachgehen. Wir wollen herausfinden, wie stark man eine Strategie hebeln kann und darf, um maximales Wachstum zu erzielen und gleichzeitig einen Bankrott auszuschließen. Denn wie wir gleich sehen werden, liegen beide Möglichkeiten eng beieinander.

Beginnen wir mit einem einfachen Spiel, bei dem man den Einsatz mit WS p verdoppeln und $1-p$ verlieren kann. Das wäre beispielsweise beim Roulette der Fall, wo ich immer nur auf Rot und Schwarz (lassen wir die 0 dazu beiseite) setze.

Wählen wir dabei den Einsatz so, dass er proportional zum vorhandenen Kapital K_n (man kann theoretisch nicht pleitegehen) gewählt wird. Der Gewinn-/Verlustbetrag r ergibt sich demnach aus:

$$r = K_n \times f$$

wobei f als »Kelly-Faktor« in der einschlägigen Fachliteratur bekannt ist.

> **Anmerkung**
>
> Zum Beispiel kann man den Kelly-Faktor im Spielkasino anwenden. Ermittelt wird damit der Einsatz, um einen optimalen Gewinn »f« zu erreichen. Allerdings ist zu beachten, dass die Gewinne und Verluste (wie bereits gesagt beim Roulette) im Voraus feststehen. Das ist natürlich an der Börse nicht der Fall.

Aber wir wollen ja, dass unser Kapital nicht nur wächst, sondern dass es möglichst schnell wächst! Die Frage, die sich dabei nun stellt, ist folgende: Für welches *f* wächst es am schnellsten, oder anders gesagt: Wie viel von unserem momentanen Kapital müssen wir auf die nächste »Wette« (der nächsten Trade) setzen, um unser Kapital nicht nur zu vergrößern, sondern um es schnellstmöglich wachsen zu lassen?

Wie muss man also die gegebene Gewinnwahrscheinlichkeit *p* und den Kelly-Faktor *f* nun wählen um maximales Wachstum *G* des Kapitals zu erreichen? Definieren wir dazu:

$$G \equiv \lim_{N \to \infty} \frac{K_N}{K_0} = p \log(1+f) + (1-p) \log(1-f)$$

Ein Ableiten und Auflösen nach *f* ergibt

$$f_{max} = 2\mathrm{p} - 1 \; f_{max}$$

Das ist jener Faktor, für den *G* maximal wird.

Für *p = 0,5* ist das Spiel ist »sinnlos«, da der statistische mittlere Gewinn null ist!

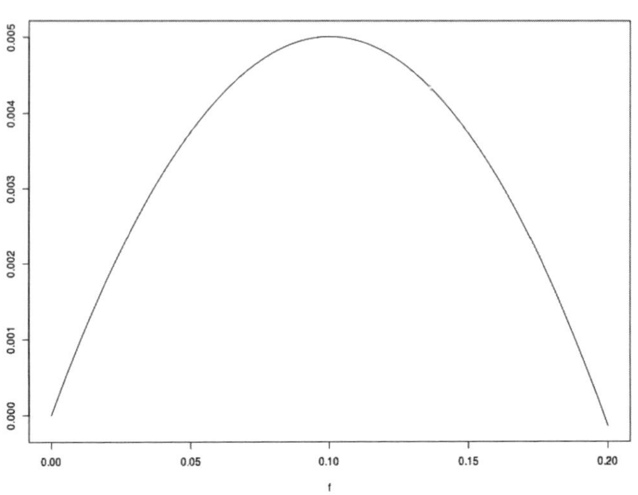

Abb. 157, eigene Daten

Sehen wir uns G für $p = 0{,}55$ an:

Wie man sieht, ist Maximum bei $f_{max} = 0.1$. Man »investiert« bei jeder Wette somit 10 Prozent des gerade vorhandenen Kapitals. Bei Verwendung eines stärkeren »Hebels« würde sich das Wachstum (des Kapitals) wieder reduzieren.

Sehen wir uns jetzt auch Bereich $f > 0{,}2$ an:

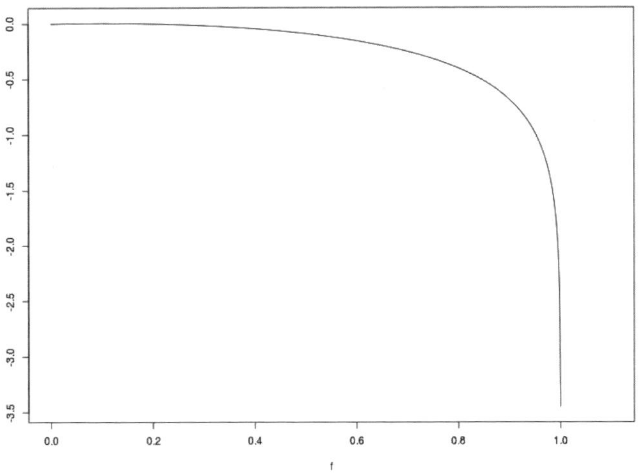

Abb. 158, eigene Daten

Für $f > 0{,}2$ (wir investieren 20 Prozent des vorhandenen Geldes) wird *G* plötzlich negativ! Unser Kapital wächst also nicht mehr. Vielmehr schrumpft es, und das, obwohl wir an der Gewinnverteilung (oder später am Trading-System) selbst nichts geändert haben!

Woher kommt dieses Paradoxon? Negativereignisse (also Verluste) können statistisch gesehen auch mehrfach hintereinander auftreten und so zu Totalverlust führen. Jeder Trader kennt das in der Praxis.

Bei $f = 1$ gehen wir in den Extrembereich, setzen schließlich unser gesamtes Kapital auf einmal. Es ist somit nicht verwunderlich, dass man statistisch gesehen mit Sicherheit Bankrott macht.

Was können wir daraus für unser Trading lernen? Denn auch hier können wir ja einen Hebel nutzen. Zunächst stellt sich die Frage, ob wir überhaupt hebeln sollen, und wenn ja, in welcher Höhe? Nehmen wir tägliche Returns *r* eines Trading-Systems, die Mittelwert *m* und Standardabweichung *s* haben. Für welches ist unser Kapitalwachstum damit maximal?

Anmerkung

Erinnern Sie sich: Die Standardabweichung der Returns ist uns bereits bei den Outlier-Trades begegnet.

Dazu müssen wir unsere Wachstumsfunktion *G* für beliebige Verteilungen *p (r)* verallgemeinern, wir erhalten folgendes Integral:

$$G = \int_{-\infty}^{\infty} dr \; p(r) \log(1 + f\, r)$$

Um das maximale Wachstum *G* zu bestimmen, müssen wir wiederum nach *f* ableiten und das Integral ausführen.

Betrachten wir ein einfaches Beispiel: Nehmen wir an, unsere täglichen Returns r wären zum Beispiel normalverteilt (was sie garantiert nicht sind – Hinweis: Long Tails!):

$$p(r) = \frac{1}{\sqrt{2\pi}\sigma} \exp\left(\frac{-(r-m)^2}{2s^2} \right)$$

Das resultierende Integral ist leider nicht analytisch lösbar, das heißt exakt berechenbar.

Aber wir wollen f_{max} für maximales *G* zumindest näherungsweise berechnen und erhalten (nach Reihenentwicklung für kleine *f*):

$$f_{max} = \frac{m}{s^2 + m^2} \approx \frac{m}{s^2}$$

> **Anmerkung**
>
> Je größer der mittlere Gewinn pro Tag und je kleiner gleichzeitig die Standardabweichung der Einzeltrades ist, desto höher kann (soll?) man hebeln. Also nochmals: Je weniger Outlier-Trades ein System kennt, desto größer darf der Hebel sein.

Zur Erinnerung: Die tägliche Sharpe-Ratio ist definiert als

$$SR(r) \propto \frac{m}{s}$$

Je höher also unsere tägliche Sharpe-Ratio, desto höher kann auch der Hebel sein. Wie hoch er genau sein kann, muss man berechnen.

Als einfaches Zahlenbeispiel nehmen wir $m = 0{,}05$ und s = 1. Laut obiger Lösung liegt das Maximum ca. bei

$$f_{max} \approx 0.05$$

was folgende Abbildung zeigt:

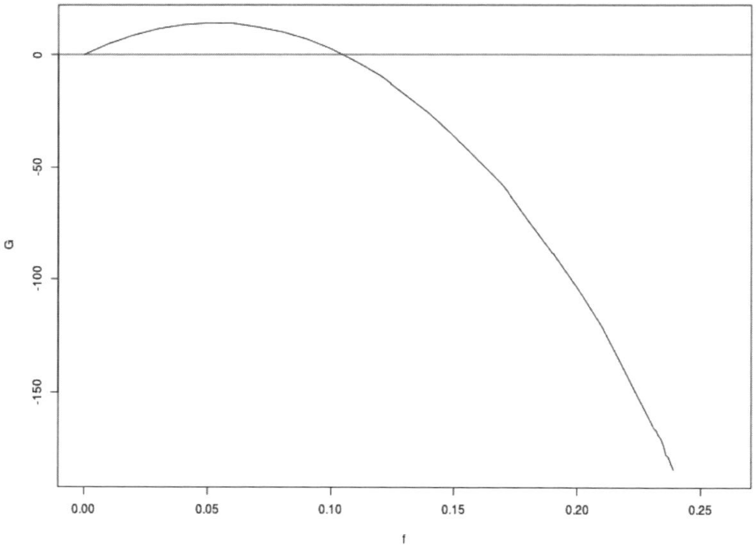

Abb. 159, eigene Daten

Sehen Sie hier also, was passiert, wenn wir zu stark hebeln. Wenn wir also aufs Ganze gehen, weil wir doch vermeintlich wissen, wie es geht. Bei doppelt so viel Hebel ($f \approx 0{,}1$) ist die Wachstumsrate unseres Kapitals wieder bei null angelangt!

Wählt man Hebel letztlich noch höher, macht man mit Sicherheit Bankrott. Es ist nur eine Frage der Zeit. Dazu nochmals zur Erinnerung: Man hat am Trading-System (also Entry- oder Exit-Signalen) nichts geändert, sondern nur die Positionsgrößen angepasst. Das alleine kann also bereits über (statistischen) Erfolg oder Misserfolg entscheiden. Eine Tatsache, die viele Trader (auch institutionelle Händler) gerne übersehen.

> **Anmerkung**
>
> Ich habe hier nur (unrealistische) Beispiele gezeigt (nämlich solche mit normalverteilten Returns). Reale Trading-Systeme haben oft Long Tails (also starke negative Ausreißer = Outliers). Diese verschlechtern die Situation natürlich weiter und verringern damit den Kelly-Faktor zusätzlich.

Bleibt mir abschließend, noch eine deutliche Warnung auszusprechen. Viele Forex- oder CFD-Broker bieten Hebel vom Zigfachen des Kapitals an. 100, 400 oder sogar 1000 sind keine Seltenheit. Vorsicht! In diesem Kapitel haben Sie gesehen, was passieren kann, wenn man zu viel Risiko eingeht. Hebelt man zu hoch, verliert man mit (statistischer) Sicherheit sein Vermögen, es ist nur eine Frage der Zeit! Erneut ein Faktum, das viele Broker-Angebote aus einem ganz anderen Blickwinkel erscheinen lässt.

Aber formulieren wir es noch deutlicher: Ein zu hoher Hebel ist die (fast) sichere Fahrkarte in den Bankrott.

Trefferquote

In der einschlägigen Fachliteratur liest man immer wieder, die Trefferquote müsse größer 50 Prozent sein. Auch angehende Trader glauben an diesen Mythos. Doch das ist so nicht korrekt und dieses Faktum wurde bereits in diesem Buch mit simplen Backtesting-Beispielen widerlegt. Entscheidend ist vielmehr, das wissen wir auch bereits, dass der Erwartungswert des Systems positiv ist. Dieser besteht aber nicht allein aus der Trefferquote, sondern aus mehr, wie wir uns nun ansehen werden. Wir definieren also unseren Erfolg wie folgt:

$$<Erfolg> = \sum_i^N R_i = \sum_k^N_p R_k + \sum_j^N_n R_j$$

Wobei wir in der obigen Formel lediglich unsere Ergebnisse R_i in zwei getrennte Summen aufgeteilt haben, die erste enthält alle positiven $R_k > 0$ und die zweite alle negativen $R_j < 0$. Die Anzahl der positiven bzw. negativen Returns ist N_p bzw. N_n, wobei natürlich gilt:

$$N = N_p + N_n.$$

Damit können wir die Trefferquote für die positiven Trades berechnen, nämlich

$$Trefferquote = N_p / N.$$

Aus obiger Formel sieht man aber, dass für den Erfolg nicht nur N_p, sondern auch R_k, also der Return der positiven Trades, entscheidend ist, es kommt also vielmehr auf die statistische Verteilung der Returns an (man kann sich so eine Verteilung auch in einem Histogramm ansehen).

Warum erkläre ich das hier nochmals mithilfe von Formeln explizit?

Verschiedene Trading-System-Typen (Reversion, Trendfolger etc.) können zum Teil sehr unterschiedliche Return-Verteilungen aufweisen und Trefferquoten können dabei durchaus auch kleiner als 50 Prozent und trotzdem erfolgreich sein. Das muss man wissen, sonst verwirft man ein System viel zu schnell. Die Trefferquote hängt also auch von der Art des Trading-Modells ab.

Zinseszinseffekt

Der Zinseszinseffekt ist eine der mächtigsten Waffen, die ein Trader einsetzen kann. Anhand einiger Backtests wurde das schon auf den vorhergehenden Seiten beeindruckend demonstriert. Wir wollen nun den Unterschied zwischen Reinvestition bzw. Entnahme von Gewinnen mathematisch näher betrachten.

Angenommen wir starten mit Kapital K_0. Nach jeder Periode (z.B. Jahr, Monat) machen wir (hoffentlich) Gewinn von $G = K_0 p$, ($p > 0$). Nach der ersten Periode haben wir somit das Kapital:

$$K_1 = K_0 + K_0 p = K_0 (1+p)$$

Dieses investieren wir wieder in der nächsten Periode und erhalten am Ende:

$$K_2 = K_1 (1+p) = K_0 (1+p)^2$$

Wir verallgemeinern und erhalten nach N Perioden:

$$K_N = K_{N-1} (1+p) = K_0 (1+p)^N$$

Das ergibt einen Gesamtgewinn (in Relation zu Anfangskapital K_0) von:

$$G = \frac{K_N}{K_0} = (1+p)^N$$

Im Gegensatz dazu haben wir, wenn wir die Gewinne nicht reinvestieren (um zum Beispiel vom Trading zu leben), nach der ersten Periode wie im ersten Fall:

$$K_1 = K_0 + K_0 p$$

Der Gewinn wird nun aber nicht investiert, weil wir unsere Miete davon bezahlen, uns einen neuen Sportwagen kaufen oder einfach auf großem Fuß leben. Wir arbeiten also nur mit K_0, weshalb in zweiter Periode gilt:

$$K_2 = K_1 + K_0 p = K_0 + 2K_0 p$$

Unser Gesamtgewinn ist jetzt also $1+2^*p$, statt $(1+p)^\wedge 2$!

Nach N Perioden gilt:

$$K_N = K_0 + NK_0 p$$

Der relative Gesamtgewinn ergibt:

$$G = \frac{K_N}{K_0} = 1 + pN$$

Zur Illustration sehen Sie nachfolgend einen Vergleich mit einem jährlichen Gewinn von 10 Prozent ($p = 0{,}1$) – was im Mittel durchaus realistisch sein kann – und einem Zeitraum bis zu 40 Jahren. Im linearen Fall (»B«) wird das Kapital um den Faktor 5 vermehrt, im reinvestierenden Fall («A«) um den Faktor 45, also fast das Zehnfache.

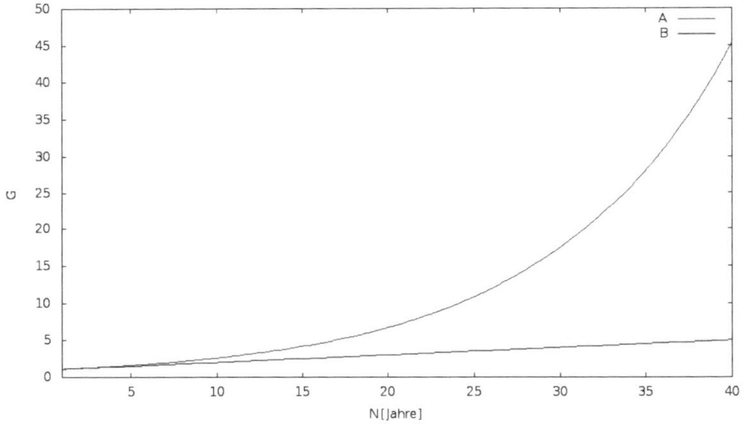

Abb. 160, eigene Daten

Sie sehen nun also auch mit Formeln korrekt hergeleitet, warum man es sich als Trader einfach nicht leisten kann, auf den Zinseszinseffekt zu verzichten.

Resümee

Mit den vorangegangenen Beispielen konnten Sie vielleicht einen Eindruck davon gewinnen, warum ich immer sage, dass Trading sehr viel mit Statistik und Mathematik zu tun hat. Doch die gute Nachricht lautet: Sie müssen sich weder mit diesen Formeln beschäftigen noch diese Themen in der Tiefe verstehen. Orientieren wir uns an der Aussage vom Anfang dieses Buches: Wir private Trader bleiben pragmatisch. Für uns gilt die 80/20-Regel, also das Pareto-Prinzip.

Sie haben in diesem Anhang für Fortgeschrittene einen Einblick in die 20 Prozent dieses Prinzips bekommen. Damit wollte ich Sie sensibilisieren, damit Sie verstehen, dass Trading kein Spiel ist und dass der Erfolg nichts mit Glück oder Pech zu tun hat. Trader handeln einen statistischen Effekt. Je mehr man das verinnerlicht, desto eher zählt man zu den Gewinnern. Trading hat somit nichts damit zu tun, den einen Trade richtig zu machen. Trading hat aber viel mehr damit zu tun, ein erfolgreiches Trading-System einzusetzen, das einen positiven Erwartungswert besitzt. Emotionen oder Meinungen sind dabei kontraproduktiv. Lösen Sie sich also vom Chartwatching, von den Ergebnissen einer Woche oder eines Monats. Schnell reich wird man an der Börse als Trader nicht. Einer meiner Lieblingssätze, den Sie bereits aus diesem Buch kennen, lautet: »Trading ist kein 100-Meter-Sprint, sondern ein Marathon.« Warum das so ist, konnte in diesem Kapitel nun auch wissenschaftlich hergeleitet werden.

Links

Meine Homepage
www.vittnerpartner.com

Mein Verlag
www.finanzbuchverlag.de

Backtesting-Software
www.wealth-lab.com

Broker
www.interactivebrokers.com/de/main.php

Trading-Tagebuch
www.tradingdiarypro.com

Literaturverzeichnis

Chan, Ernie: Quantitative Trading: How to Build Your Own Algorithmic Trading Business, USA 2008

Johnson, Barry: Algorithmic Trading and DMA, USA 2010

Katz, Jeffrey Owen: The Encyclopedia of Trading Strategies, USA 2000

Pardo, Robert: The Evaluation and Optimization of Trading Strategies, USA 2008

Vidyamurthy, Ganapathy: Pairs Trading: Quantitative Methods and Analysis, USA 2004

Vliet, Benjamin van: Building Automated Trading Systems, USA 2007

Stichwortverzeichnis

T

U

V

W

Z